KB133239

도둑맞은 뇌

The Seven Sins Of Memory Updated Edition: How the Mind Forgets and Remembers by Daniel L. Schacter

Copyright © 2001, 2021 by Daniel L. Schacter
All rights reserved.

This Korean edition was published by Person & Idea Publishing co. in 2023 by arrangement with HarperCollins Publishers LLC through KCC(Korea Copyright Center Inc.), Seoul.

이 책은 (주)한국저작권센터(KCC)를 통한 저작권자와의 독점계약으로
인물과사상사에서 출간되었습니다.
저작권법에 의해 한국 내에서 보호를 받는 저작물이므로
무단전재와 복제를 금합니다.

뇌과학이 발견한
기억의
7가지 오류

도둑맞은 뇌

대니얼 샥터 지음
홍보람 옮김

인물과 사상사

• 일러두기

1. 외래어 인명과 지명 등은 국립국어원 외래어표기법에 따라 표기했다.
2. 단행본·신문·잡지·방송사는『 』, 단편소설·시·신문 기사·논문은「 」, 영화·노래·뮤지컬·TV 프로그램은〈 〉로 표기했다.
3. 국내에 번역된 작품(도서, 노래 등)은 번역된 제목을 따랐고, 국내에 번역되지 않은 작품은 원서 제목을 병기하고 우리말로 번역해 표기했다.

이 책에 쏟아진 찬사들

저자는 기억의 흥미로운 복잡성을 드러내 보여준다.

- 『사이언스 뉴스』

저자는 기억의 일상적인 오작동에 대해 통찰을 제시한다.

- 『USA 투데이』

최근 주요 사건들이 양념처럼 곁들여진 생동감 넘치는 책이다.

- 『커커스 리뷰』

저자는 인간 정신으로 향하는 멋진 여정을 독자들에게 선사한다.

- 『라이브러리저널』

이 책은 엄청난 양의 자료를 재미있고, 유익하고, 신뢰할 만한 형태로 한데 모았다.

- 『네이처』

이 책을 읽는 내내 흥미로웠다. 치명적인 기억의 7가지 오류에 대한 호기심을 자아내는 흥미로운 시선이다.

- 『샌프란시스코 크로니클』

연구 논문을 이보다 더 해박한 지식으로 해설하는 저자는 찾기 힘들다. 이 책의 해설은 알차고, 조언은 신중하다.

-『뉴욕타임스』

명료하고, 재미있으며, 호기심을 자극한다. 이 책은 기억의 복잡성과 허술함에 대해 새로운 방식으로 이해하도록 돕는다.

-『시애틀타임스』

경찰, 변호사, 심리학자뿐만 아니라 기억이 어떻게 실수를 저지르는지 이해하고 싶어 하는 사람이라면 누구나 이 책을 읽어야 한다.

-『애틀랜타저널 컨스티튜션』

기억의 별나고도 놀라운 진실뿐만 아니라 기술적 · 신경학적 · 법적 쟁점까지도 다룬다. 인간으로 존재한다는 것의 핵심 의미를 설명한다.

-『보스턴 글로브』

온 마음으로 이 책을 권하고 싶다. 심리학을 다룬 최고의 책들이 모두 그러하듯 이 책을 읽고 나면 자기 자신뿐만 아니라 인류 정신에 대한 새로운 이해를 얻게 될 것이다.

-『미국 정신의학저널』

우리에게 필요한 기억 연구를 정확히 요약해주는 멋진 책이다. 이 책은 내가 지금껏 읽었던 기억 관련 대중서 중 단연코 최고다. 기억이 왜 그런 식으로 작동하는지, 가끔은 왜 그렇게 작동하지 않는지 알고 싶은 사람이라면 이 책이 매우 유용할 것이다.

-『스켑티컬 인콰이어러』

이 책이 제공하는 심리학적 지식과 면밀히 관찰된 일상은 흥미롭다. 또한 읽는 즐거움을 주는 책이며, 생생하고 명료하다. 대중을 위한 과학 글쓰기에서 최고의 본보기가 되어준다. 저자는 이런 매력적인 주제를 다룰 수 있는 우리 시대 가장 권위 있으면서도 이해하기 쉬운 글을 쓰는 작가다.

– 『시카고 트리뷴』

기억이 무엇인지, 어떻게 작동하는지, 어떻게 실수를 피해가는지 알고 싶은가? 그렇다면 이 책을 읽어야 한다.

– 조지프 르두Joseph LeDoux(미국 신경과학자)

기억이라는 길을 따라 떠나는 멋진 여행, 그 위에는 널따란 길들과 막다른 골목들이 있다. 이처럼 명쾌하고, 흥미롭고, 재미있는 책은 좀처럼 만나기 쉽지 않다.

– 제롬 그루프먼Jerome Groopman(미국 하버드대학 의과대학 교수)

브라보! 역작이다. 일반 독자들을 위해 기억에 관한 새로운 통찰과 기억의 왜곡을 저자만큼 잘 설명할 수 있는 사람은 없다. 그는 기억 생리학 분야에서 가장 흥미진진하고 독창적인 학자다.

– 에릭 캔들Eric Kandel(2000년 노벨생리의학상 수상자)

이 책은 영원히 매혹적인 주제에 대해 흡입력 있게 탐험한다. 세계적인 심리학자인 저자가 쓴 이 책은 뉴스와 일상생활에서 놀라운 예를 들며 독창적이고 우아한 이론을 설명한다. 자아 발견과 현명한 공공 정책을 고민하는 모두에게 일독을 권한다.

– 스티븐 핑커Steven Pinker(미국 하버드대학 심리학과 교수)

차례

제2장
기억은 정신없음으로 잊는다

제3장
기억은 막힌다

제4장
기억은 오귀인을 일으킨다

제7장
기억은 지속성을 갖는다

제8장
기억의 오류는 진화의 부산물이다

"기억은 때로는 내용을 매우 잘 간직해주며 쓸모 있고 순종적이지만,

어떤 때는 너무나 혼란스럽고 약하며, 다른 때는 너무나 포악하고 제멋대로다."

– 제인 오스틴Jane Austen(영국의 소설가)

서문
기억은 어떻게 오류를 일으킬까?

웹사이트 비밀번호가 생각나지 않는다면

●●●

일본의 소설가 가와바타 야스나리川端康成의 단편소설 「유미우라시弓浦市」에서 한 소설가에게 30년 전 그를 만난 적이 있다고 주장하는 여성이 갑자기 찾아온다. 여성은 소설가가 항구 축제 기간에 유미우라시를 방문했을 때 만났다고 말한다. 하지만 소설가는 여성을 기억해내지 못한다. 요즘 기억력이 예전 같지 않아 고생했기에 소설가는 기억 감퇴 때문에 이 일을 기억하지 못한다고 생각한다. 이 상황에 곤란을 느낀 소설가는 자신이 여성의 방에 찾아갔던 날 무슨 일이 있었는지를 전해 듣고 불안해지기 시작한다. "제게 청혼하셨지요." 여성은 기억을 떠올리며 애석해했다. 소설가는 자신이 얼마나 중대한 일을 잊고 있었는지를 알고 가슴이 철렁 내려앉았다. 여성은 소설가와 함께했던 시간을 한시도 잊은 적이 없으며, 그와의 기억 때문에 늘 괴로웠다고 말한다.

혼란에 빠진 소설가는 여성이 떠난 후 지도에서 유미우라시를 찾아 본다. 그러면서 그곳에 대한 기억과 그곳을 가게 된 이유가 떠오르지 않을까 기대한다. 하지만 어떤 지도나 책에도 유미우라는 나와 있지 않다. 그리고 마침내 소설가는 여성이 기억을 더듬어 묘사한 그곳에 가본 적이 없다는 사실을 깨닫게 된다. 여성은 자신의 세세한 기억이 정확하다고 믿었지만, 사실은 완전히 잘못 기억하고 있었던 것이다.

가와바타 야스나리는 이 소설에서 기억이 초래하는 여러 문제를 극적인 방식으로 보여준다. 우리는 기억을 잊기도 하고 왜곡하기도 한다. 마음을 뒤숭숭하게 하는 기억으로 수년간 시달리기도 한다. 그런 반면 기억에 의존해 놀랍게도 다양한 일상 업무를 수행하기도 한다. 친구와 나눈 대화, 가족과 떠간 휴가, 처리해야 할 약속이나 일, 타인과 대화하기 위해 필요한 단어, 자신이 좋아하거나 싫어하는 음식, 새로운 업무에 필요한 지식 등 이 모든 것을 잊지 않기 위해서는 어떻게 해서든 기억에 의존해야 한다. 기억이란 망각이나 왜곡이 일어나기 전까지는 당연하게 여겨질 정도로 일상생활 곳곳에 깊이 스며들어 작용한다.

기억의 오류는 오랫동안 과학자들에게 흥미로운 주제였으며, 우리 사회에서 중요한 위치를 차지해왔다. 고령화가 진행됨에 따라 노인들에게 기억과 관련된 문제가 점차 일반화되고 있다. 무수히 쏟아지는 기사와 책과 블로그를 보면, 분주한 삶 속에서 스트레스와 건망증에 시달리는 여러 연령대에서 기억이 중요한 건강 문제로 자리 잡았다는 것을 알 수 있다.

일과 가정 사이에서 균형을 맞추고 새롭게 등장하는 다양한 통신 기술을 따라잡아야 하는 사람들에게는 누군가와 만났던 일을 잊어버리거나 안경을 놓아둔 자리 혹은 낯익은 얼굴을 기억해내지 못하는 일이 흔하게 일어난다. 음성 메시지나 개인 스마트폰 비밀번호는 차치하고서라도, 단지 인터넷으로 일을 처리하기 위해 기억해야 하는 비밀번호가 몇 개나 되는가? 최근에 설정해둔 웹사이트 비밀번호가 생각나지 않아 새로 만들어야 했던 때가 얼마나 자주 있었는가? 나는 그런 귀찮은 일을 해야 할 때가 너무 많아서 셀 수 없을 지경이다.

우리는 일상적으로 기억 감퇴에 시달릴 뿐만 아니라 알츠하이머병이라는 무시무시한 공포도 피할 수 없다. 2017년 알츠하이머병을 앓았던 미국의 가수 글렌 캠벨Glen Campbell이 세상을 떠나자, 사람들은 알츠하이머병이 얼마나 끔찍한 병인지 더 잘 알게 되었다. 그로 인해 망각이 자신의 삶을 완전히 망가뜨릴 수도 있다고 생각하면서 기억에 더 집착하게 되었다.

유대인 강제수용소에서 보낸 어린아이의 기억

「유미우라시」에 등장하는 여성의 기억이 너무 많이 왜곡되어 있어 실제로 그런 일이 일어날 리 없다고 생각할 수 있지만, 사실 일상에서 그 정도의 왜곡은 늘 존재했고 심지어 그보다 더 심하게 왜곡되기도 한다. 1996년 빈야민 빌코미르스키Binjamin Wilkomirski는 홀로코스트 생존 수기인 『편린들: 어린 시절의 기억 1939~1948Fragments: Memories of a Childhood 1939~1948』에서 강제수용소에서 보낸 생활을 어린아이의 눈으로 잘 묘사해 세계적인 호평을 받았다. 그는 이 책에서 어린 시절에 목격했던 형언 불가능한 공포를 선명하고도 날것 그대로 표현했는데, 그 힘과 호소력이 어찌나 대단했던지 한 비평가는 이 책에 대해 이렇게 말하기까지 했다. "윤리적인 측면에서 매우 중요할 뿐만 아니라 어떤 문학적 기교에도 기대지 않는 글이어서, 내가 이 책에 찬사를 보낼 자격이 있는지 의문이 들 정도다."

이 책이 더 놀라운 점은 그가 심리 치료를 통해 어린 시절의 트라우마를 받아들이기 전까지 그 경험을 기억하지 못하고 성인기의 대부분을 보냈다는 것이다. 그의 경험담은 수많은 사람을 감동시켰고, 그렇게 그는 세계적인 유명인사가 되었으며, 홀로코스트 생존자들에게는 영웅이 되었다.

그러나 1998년 8월 말, 스위스 저널리스트이자 홀로코스트 생존자의 아들인 다니엘 간츠프리트Daniel Ganzfried가 『취리히신문』에 충격적인 기사를 보도하면서 이 이야기의 감춰진 비밀이 드러나기 시작했다. 간츠프리트는 빌코미르스키의 실제 이름이 브루노 도세커Bruno Dossekker이며, 이본느 베르트 그로스진Yvonne Berthe Grosjean이라는 젊은 여성의 아들로 1941년에 태어난 후 고아원에 보내졌다고 보도했다. 어린 시절 브루노 도세커는 전쟁 기간에 양부모인 도세커 부부와 고국인 스위스의 안전구역에서 지냈다. 그가 떠올린 참혹한 나치의 기억이 어디에서 비롯된 것인지는 몰라도, 어린 시절에 강제수용소를 경험했기 때문은 아니었던 것이다. 그가 거짓말을 했던 걸까? 아마도 그것은 아닌 것 같다. 그는 여전히 자신의 기억을 진짜라고 철석같이 믿고 있었기 때문이다.

인간은 누구나 자신의 과거를 왜곡할 수 있다. 고등학교에 입학한 첫해를 떠올리며 다음의 질문에 답해보자. 부모님이 운동을 열심히 하도록 격려해주었는가? 종교가 삶에 도움이 되었는가? 훈육의 형태로 체벌을 받았는가? 미국 노스웨스턴대학의 정신과 의사인 대니얼 오퍼Daniel Offer는 연구자들과 함께 이 질문들을 40대 후반 남성 67명에게 했다. 이렇게 얻어낸 대답이 특별히 흥미로운 것은 이 남성들이 34년 전 고등학교 1학년 때 대니얼 오퍼에게서 동일한 질문을 받았기 때문이다.

남성들이 기억하는 청소년기의 삶은 자신이 고등학교 1학년 때 했던 대답과 비슷한 것이 거의 없었다. 부모님이 스포츠 활동에 적극적으로 참여하도록 권유했다고 기억한 사람은 40퍼센트가 안 되었지만, 청소년기에 그런 권유를 받았다고 대답한 사람은 약 60퍼센트였다. 남성의 25퍼센트가 청소년기에 종교가 도움이 되었다고 말한 반면, 그 당시에 종교의 도움을 받았다고 대답한 사람은 70퍼센트에 육박했다. 또한 체벌을 받았다고 기억하는 남성은 33퍼센트밖에 되지 않았지만, 청소년기에 체벌을 받았다고 대답한 사람은 90퍼센트에 가까웠다.

기억의 오류는 중요한 만큼 흥미로운 주제다. 도대체 기억 체계가 어떻게 구성되어 있기에 가와바타 야스나리의 소설에 등장하는 소설가와 빈야민 빌코미르스키 사례에서 발견되는 기억의 왜곡이나 대니얼 오퍼의 연구에서 확인된 기억의 오류가 발생하는 걸까? 종종 누군가를 만났을 때 분명히 낯익다고 느끼면서도 그 사람의 이름을 기억하지 못하는 이유는 무엇일까? 열쇠나 지갑을 어디에 두었는지 까먹는 등 그와 유사한 실수들은 어떻게 설명될 수 있을까? 왜 어떤 경험은 기억에서 흔적도 없이 사라지는 걸까? 또 고통스러운 기억을 반복적으로 기억해내는 이유는 무엇일까? 이런 기억 체계의 문제들을 피하거나 예방하고 최소화하려면 어떻게 해야 할까?

헬리콥터 피격 경험

●●●

미국의 정신과 의사들과 신경학자들은 기억의 왜곡이나 망각의 특징에 대해서 많은 논문을 발표했다. 그러나 1990년대 말, 나는 기억이 혼란을 일으키는 다양한 방식을 개념화할 통합된 체계가 없다는 사실을 깨달았다. 나는 오랫동안 기억의 오류가 보이는 특징들을 탐구하고, 그것을 고찰할 새로운 방식을 제시하며, 그것이 낳는 폐해를 어떻게 피하거나 줄일 수 있을지 고민해왔다. 그리고 지난 20년간 기억 연구 분야는 놀랄 정도로 진전을 보였다. 동시에 기억의 오류와 관련된 여러 문제가 사회에 큰 파장을 불러오기도 했다. 이 파장은 새롭다 못해 놀라운 방식으로 일어났다.

미국 『NBC』 뉴스의 앵커인 브라이언 윌리엄스Brian Williams는 자신이 2003년 이라크전쟁 취재 중 바그다드행 헬리콥터 안에서 피격을 받은 적이 있다고 언급했다. 하지만 2015년 2월 그는 마지못해 자신의 말이 거짓이었다는 것을 인정해야 했다. 사실 윌리엄스는 헬리콥터 안에서 수류탄을 맞은 사람 뒤편에 있었다. 그는 전국 방송에 출연해 이에 대해 사과를 하고 누군가를 속이려고 했던 것이 아니었다고 주장했지만, 노골적으로 거짓말을 한 것에 대해 큰 비난을 받았다. 윌리엄스는 자신이 직접 겪은 일이라고 믿게 된 헬리콥터 피격 경험은 기억의 오류로 인한 것이었을까? 나처럼 기억을 연구하는 사람들은 고의적인 거짓말이 아닌 기억의 오류로 인해 그런 일이 일어났을 수도 있다는 것을 보여주는 과학적인 증거를 소개하기도 했다(이 관점에서 보았을 때 기이한 점은 2008년까지 윌리엄스가 헬리콥터 피격 경험을 정확히 기억하고 있었으며, 이 기억을 공개적인 자리에서 이야기했다는 것이다. 자신의 거짓말과 상충하는 이야기가 있다는 것을 알고도 고의로 거짓말을 했다면 이는 상식적으로 이해할 수 없는 행위다).

2018년 9월 미국의 모든 사람의 관심이 크리스틴 블래시 포드Christine Blasey Ford의 증언에 쏠렸다. 심리학 박사인 그녀는 브렛 캐버노Brett Kavanaugh가 연방대법원 대법관으로 적합한지를 평가하는 상원위원회에서 진술했다. 그녀는 고교 시절 캐버노가 끔찍한 성폭행을 저질렀으며, 추호의 의심도 없이 그 폭행범이 캐버노가 맞다고 증언했다. 캐버노는 그런 일이 결단코 없었다고 주장했다. 정치인들과 성폭행 피해자들과 심리학자들은 어느 한쪽의 편을 들며 이 논란에 끼어들었다. 그러나 이 사건은 기억의 오류가 누군가의 주장으로 혹은 실제로 일어난 일로 중대한 국가적 사안의 핵심에 자리 잡게 되었다.

게다가 코로나19가 유행하는 동안 신체 질병과 죽음에 대한 공포가 만연해지면서, 코로나19 종식 이후에 기억과 관련된 문제가 발생할 것이라는 우려도 증가했다. 이 우려가 생겨난 것은 코로나19에서 회복한 사람들에게서 발견되는 '브레인 포그brain fog'가 사람들에게 점점 더 자주 입에 오르내렸기 때문이다. 코로나19 환자들은 기억력 저하로 괴롭고 불편하다고 말했는데, 방금 전에 나눈 대화를 잊어버리는 사람이 있는가 하면 최근 12일 동안 프랑스 파리에서 보낸 휴가를 전혀 기억하지 못하는 사람도 있었다. 이 같은 기억력 저하의 이유를 아직 발견하지 못했지만, 신경학자들은 어떻게 코로나19가 뇌에 영향을 주어 기억력 저하를 일으키는지 여러 가능한 설명을 내놓고 있다.

기억은 왜 불완전할까?

사회문제에서 여전히 기억이 중요한 역할을 차지하며 이 분야에 많은 발전이 있었다. 1990년대에 나는 기억의 불완전성에 대해 알고 있는 모든 것을 한데 모은 다음 건망증, 실수, 왜곡이라는 광범위한 현상에 체계를 부여하려고 했다. 당시 다양한 연구 결과를 개념화할 여러 체계를 만들어냈지만 만족스럽지 않았는데, 결국에는 모든 것이 딱 떨어지게 설명해줄 의식 구조를 생각해냈다. 나는 기억의 기능 저하가 7가지 기본적인 오류로 나뉠 수 있다는 것을 알았다. 그것을 소멸消滅, 정신없음, 막힘, 오귀인誤歸因, 피암시성被暗示性, 편향, 지속성이라고 부르게 되었다. 이 기억의 7가지 오류는 일상에서 늘 발생하며, 어느 누구든지 이로 인해 심각한 결과를 맞을 수 있다.

소멸, 정신없음, 막힘은 기억해야 할 것을 잊는 오류다. 다시 말해 기억하고자 하는 사실이나 사건, 생각을 머릿속에서 떠올리지 못하는 것이다. 소멸은 시간의 흐름에 따라 기억이 희미해지거나 사라져버리는 것을 의미한다. 지난 몇 시간 동안 무엇을 했는지 기억해내는 것은 그리 어렵지 않다. 그러나 6주, 6개월, 6년 전에 무엇을 하고 있었는지 묻는다면, 오래된 과거일수록 기억해내는 것이 점점 더 줄어든다. 소멸은 기억의 기본적인 특징이자 기억과 관련된 여러 문제의 원인이다.

정신없음은 주의력과 기억 사이의 연결이 끊어지는 것을 말한다. 열쇠나 안경을 둔 곳을 기억하지 못하거나 점심 약속을 잊어버리는 등 정신없음에 의해 일어나는 기억의 오류는 일반적으로 마음을 산란하게 하는 걱정에 정신이 팔려 기억해야 할 일에 주의를 집중하지 못해서 발생한다. 기억하고자 하는 정보가 시간의 흐름에 따라 사라진 것이 아니다. 주의가 다른 데 쏠려 있어 처음에 정보가 기억에 저장되지 않았거나 그 정보가 필요한 시점에서 제대로 탐색되지 않은 것이다.

막힘은 정보를 불러오려고 애쓰지만 정보 찾기에 실패한 것을 의미한다. 우리는 모두 낯익은 사람의 이름을 기억해내지 못한 적이 있다. 이 답답한 경험은 우리가 그 일에 주의를 집중하고 있을 때도 일어나며, 기억해내려는 이름이 머릿속에서 맴돌고 있을 때도 일어난다. 그리고 그 이름이 몇 시간 후나 며칠 후에는 갑자기 정확히 떠오른다.

오귀인, 피암시성, 편향, 지속성은 모두 기억의 오작동에 의한 오류다. 이를테면 어떤 형태의 기억은 머릿속에는 존재하지만, 그 내용이 부정확하거나 원하는 기억이 아닌 것이다. 오귀인은 기억의 출처를 잘못 기억하는 것이다. 다시 말해 환상을 현실로 오해하거나 신문에서 본 내용을 친구가 해준 말로 잘못 기억하는 것을 말한다. 오귀인은 사람들이 흔히 알고 있는 것보다 훨씬 더 흔하게 일어나며, 법원의 판결에 지대한 영향을 미칠 수 있다. 피암시성은 과거의 경험을 끄집어내려고 할 때 유도 질문이나 암시에 의해 기억이 주입되는 것을 가리킨다. 피암시성도 법원의 판결에서 특히 유의미하게 작용하며 때때로 많은 문제를 초래하기도 한다.

편향은 현재의 지식과 믿음이 과거를 기억하는 방식에 강력한 영향을 미치는 것을 말한다. 우리는 이전에 겪은 경험을 수정하거나 완전히 새롭게 다시 쓰기도 한다. 이런 현상은 지금 우리가 알거나 믿는 것에 비춰 자신도 모르게 무의식적으로 일어난다. 그 결과 인생의 특정 사건이나 그보다 더 장기간 유지된 경험이 왜곡되어 묘사될 수 있다. 여기에는 과거에 일어난 사건보다 우리의 현재 감정에 대한 정보가 더 많이 담겨 있다.

지속성은 머릿속에서 완전히 지우고 싶은 걱정스러운 생각이나 사건을 반복적으로 떠올리는 것을 말한다. 다시 말해 잊고 싶어도 잊을 수 없는 기억이 떠오르는 것을 말한다. 모든 사람이 지속성에 익숙하다. 새벽 3시에 갑자기 깨어나 직장에서 저지른 실수나 중요한 시험에서 실망스런 결과를 받았던 기억을 떨칠 수 없었던 경험을 떠올려보자. 심각한 우울증이나 트라우마와 같은 더 극단적인 상황에서는 지속성이 무기력의 원인이 될 뿐만 아니라 심지어 삶을 위협하기도 한다.

기억의 오류는 인간을 위험에 빠뜨릴까?

이 책에는 신경과학에서 이루어낸 여러 발견이 포함되어 있는데, 이는 학습과 기억이 일어날 때의 뇌 활동을 보여주면서 기억의 7가지 오류의 원인이 무엇인지 분명하게 밝혀준다. 이 연구들은 일상에 큰 영향을 줄 수 있는 기억의 오류나 왜곡이 일어나는 동안 우리 뇌에서 무슨 일이 일어나고 있는지에 대해 새로운 시선으로 관찰할 수 있게 해준다.

나는 기억의 7가지 오류에 대해 새롭게 드러난 정보가 우리가 그것에 대응할 때 어떤 도움을 줄 수 있는지도 살펴보았다. 각 장 끝부분에는 2001년 이후 이 분야의 주목할 만한 연구들을 소개했다. 여기에는 기억의 7가지 오류의 특징을 이해하도록 돕거나 그것이 일상에 어떻게 영향을 미치는지도 포함되어 있다. 나는 새로운 연구가 논문에 소개될 때마다 찾아서 읽었는데, 지난 20년 동안 기억 연구는 그 범위가 포괄적일 만큼 방대했다. 하지만 신중히 추려낸 새 연구 결과와 개념을 살펴본 이 책을 통해 기억의 오류가 일어나는 방식과 그 이유를 다룬 연구에서 어떤 진전이 이루어졌는지를 소개할 수 있게 되었다.

나는 2001년 초판에 실린 근거가 현재에도 유효한지 재평가하는 일도 해야 했다. 과학이 확대되고 발전함에 따라 옛 연구 결과는 새로운 연구 결과로 대체되기 일쑤고, 처음에는 실험 과정 혹은 결과에서 명백히 보이지 않았던 문제들이 연구가 더 진행되면서 명확히 드러나기도 했으니 말이다. 게다가 지난 10년간 심리학자들은 '반복 실험 위기'에 시달려왔다. 이 위기는 반복 실험에서 동일한 결과를 내지 못했던 유명한 실패 사례들이 보고되면서 더 심해졌다. 심리학자들은 이 위기의 정도와 중대성에 대해 서로 다른 견해를 보였다. 하지만 당시 연구 결과들이 시간이 흘렀지만 어느 정도 변하지 않았다는 것을 알게 되었다.

나는 각 장에 실린 연구들을 재검토했다. 내가 확인한 바에 의하면 불과 몇 개만이 세월의 시험을 견디지 못했는데, 신뢰할 수 없거나 근거가 없다고 판단된 실험 결과가 언급되는 일이 없도록 내용을 수정했다. 이외에도 본문에서 몇몇 부분을 손보았다. 예를 들어 연구자의 소속이 현재와 다르게 적힌 부분을 지우고 최근이라고 볼 수 없는 연구를 '최근' 연구라고 언급한 부분을 삭제했다. 또 최신 연구 결과나 개념, 일상 속 예시를 간략하게 추가했다.

나는 기억의 7가지 오류를 더 깊이 이해하기 위해 우리의 기억 체계가 어쩌다 이토록 성가시다 못해 종종 위험천만한 특징을 보이게 되었는지 질문할 필요가 있다고 생각했다. 기억의 7가지 오류는 인간의 진화 과정에서 대자연이 저지른 실수일까? 기억의 7가지 오류는 인간을 불필요한 위험에 빠뜨릴까? 나는 그렇게 생각하지 않는다. 기억의 7가지 오류는 인간 정신의 바람직하면서도 적응적이라고 할 수 있는 여러 특징의 부산물이라는 것이 나의 주장이다.

나는 기억의 7가지 오류는 기억 체계에 내재하는 단점을 나타낸다기보다 기억이 지닌 적응력을 보여주는 것이라고 생각한다. 왜 기억이 지금의 일반적인 방식으로 작동하는지, 왜 지금과 같은 체계로 발달했는지를 정확히 인식하게 도와주는 것이다. 내가 일상에서 초래하는 문제에 초점을 맞추고 있기는 하지만, 인간의 기억을 비웃고 폄하하려는 것이 아니다. 그보다는 왜 기억이 과거와 미래로 접근하게 도와주는 확실한 안내자인지를 보여주고자 한다. 가끔 기억의 오류 때문에 짜증나거나 실망하는 일도 일어나지만 말이다.

기억의 망각 곡선

●●●

제1장에서는 소멸의 특징과 그 중요성을 분석한다. 19세기 말에 선구적인 심리학자들은 가장 먼저 시간에 따른 기억의 소멸을 조사해 그 유명한 '망각 곡선'을 만들어냈다. 그 후 진행된 연구에서는 어떤 종류의 정보가 시간과 관련된 망각에 더 취약하거나 덜 취약한지도 밝혀냈다. 이 연구는 다양한 주제와 관련되어 있다. 빌 클린턴Bill Clinton이 모니카 르윈스키Monica Lewinsky나 버넌 조던Vernon Jordan의 만남에 대해 무엇을 기억하고 있는지 밝혔던 증언이라든지, 사람들이 사무실에서 보낸 하루를 어떻게 기억하는지, 나이를 먹으며 망각이 어떻게 변하는지와 같은 주제와 관련이 있다.

나는 무언가를 배우거나 기억해낼 때 뇌가 어떤 활동을 하는지 보여주는 신경영상 기술의 흥미로운 발전도 다룬다. 나는 새로운 기억이 생겨날 때의 뇌 활동에서 소멸의 근원을 찾고자 했고, 이를 위해 신경영상 기술을 활용해왔다. 소멸의 근거를 이해하게 되면 소멸에 대항할 방법을 유추하는 것도 가능하다. 나는 소멸을 약화시킬 다양한 방법도 다룬다. 이를테면 새로운 정보를 더 잘 부호화encoding할 수 있게 도와주는 심리 기법을 소개하기도 하고, 징코 빌로바Ginkgo biloba(은행나무잎 추출물)처럼 잘 팔리는 상품들이 어떤 효과를 가지고 있는지 보여주기도 한다.

나는 기억과 망각을 관장하는 유전자를 연구하는 신경생물학이 얼마나 발전을 이루었는지도 소개한다. 2006년 처음 설명이 시도되었고 지금은 '과잉 기억 증후군'이라고 알려진 이 흥미로운 증상의 발견에 대해 자세히 알아본다. 이 증상은 개인의 기억에서 자연발생적으로 형성된 '반反소멸'을 나타내는 듯하다. 2001년 이후 공개된 연구와 비교하며 기억의 소멸을 멈추기 위한 방법도 소개한다. 나는 또한 더 중요해진 다음의 질문을 다룬다. 저장된 정보를 다시 불러오거나 경험을 기록·보관하고 주변 환경을 파악할 때, 인간의 기억 체계 대신 구글, 인스타그램, GPS에 의존하는 경향이 점차 높아짐에 따라 우리의 기억력은 저하되는 것은 아닐까?

자동차에 두고 온 아이

●●●

제2장에서는 우리를 가장 짜증나게 하는 정신없음을 집중적으로 다룬다. 우리는 마지못해 인정하는 것보다 자주 열쇠를 잃어버리거나 약속을 잊는다. 정신없음으로 인해 일어나는 실수는 우리 삶에 심각한 문제를 야기할 수 있다. 세계적인 첼리스트 요요마Yo-Yo Ma가 1999년 10월 어느 날 250만 달러에 달하는 악기를 택시 트렁크에 두고 내렸다는 것을 알아차렸을 때처럼 말이다. 다행히도 요요마는 경찰의 도움을

받아 곧바로 악기를 되찾을 수 있었다. 정신없음으로 인한 실수가 왜 발생하는지 그 이유를 이해하기 위해서는 주의와 기억 사이를 잇는 뇌의 영역을 자세히 살펴볼 필요가 있다.

그뿐만 아니라 기억을 상기시키는 단서나 물건이 일상 업무 수행에서 어떤 역할을 하는지 연구하고, 무의식적인 행동이 일상생활에서 중요한 역할을 맡고 있다는 것을 이해할 필요도 있다. 우리는 삶의 대부분을 기계적이면서 자동적으로 살아간다. 이렇게 하면 반복적인 일을 효율적으로 수행할 수 있지만, 동시에 정신없음으로 인한 실수가 일어날 확률도 높아진다. 심리학자들이 '미래기억'이라는 것에 대해 연구를 시작하면서, 정신없음으로 인해 일어나는 여러 종류의 망각이 어떻게 왜 발생하는지 밝혀졌다.

나는 정신없음이 초래하는 실제 사례 중 가장 비극적인 사건을 살펴본다. 바로 정신없음으로 인해 뜨겁게 달궈진 자동차 안에 아이가 있다는 사실을 망각해버린 일이었다. 다른 때에는 아이를 잘 돌보는 훌륭한 부모들이 그런 실수를 저질렀고, 이 때문에 아이가 사망하는 일이 자주 발생했다. 또 딴생각이라는 흥미로운 현상에 대해서도 살펴본다. 딴생각이란 우리의 정신이 직면하고 있는 주 업무에서 떨어져 나오는 때를 말하는데, 지난 20년 동안 이 현상에 대한 연구는 시작 단계에 머물러 있었을 뿐이다. 딴생각은 정신없음으로 인한 기억의 오류, 그중에서도 특히 수업 중에 빈번히 일어나는 실수의 원인이 되기도 한다.

고유명사 실어증

●●●

제3장에서는 왜 우리가 막힘을 경험하게 되는지 설명한다. 사

람의 이름이라든가 일반 상식 퀴즈의 정답 같은 것을 확실히 알고 있다고 생각하면서도 필요할 때 그 정보를 인출할 수 없는 경험처럼 부조화된 경험도 별로 없을 것이다. 인명이나 지명처럼 고유명사를 떠올릴 때는 특히 막힘이 잘 일어나는데, 이런 일이 왜 일어나는지 이해하면 그 이유를 설명하기 쉬워진다. '고유명사 실어증'이라고 알려진 흥미로운 신경 장애를 살펴보면, 이 환자들은 좌반구의 특정 영역이 손상을 입어 인명이나 지명을 기억해내지 못한다. 심지어 보통명사는 쉽게 떠올리는데도 그렇다.

이 환자들은 막힘으로 인해 사람이나 장소를 기억하지 못하면서도 그것에 대해 많은 것을 알고 있다. 그 사람의 직업이라든지, 그 도시의 지도상 위치는 알고 있다. 이들이 겪는 곤경은 주변에서 쉽게 볼 수 있는 설단舌端 현상과 비슷하다. 설단 현상이란 고유명사나 보통명사를 기억해낼 수는 없어도 종종 그 대상에 대한 정보를 많이 가지고 있는 것을 말한다. 즉, 그 단어의 첫 번째 글자와 음절수는 기억한다. 나는 설단 현상을 설명하는 여러 이론을 비교하고 설단 현상과 그와 비슷한 형태의 막힘을 해결할 방법을 제안한다.

막힘은 개인적인 경험을 기억해내려고 할 때도 발생한다. 나는 환자들이 일시적으로 개인적인 과거의 중요한 부분을 기억해내지 못하는 사례들과 이 같은 종류의 막힘이 일어나는 동안 뇌에서 어떤 일이 일어나는지 살짝 엿볼 수 있는 신경영상 연구를 소개한다. 상대적으로 좀더 일상적인 형태의 막힘을 다룬 실험연구들은 범죄 사건 목격자와의 면접과 같은 실제 상황에 대한 흥미로운 시사점을 제공한다. 그중에는 최근에 읽은 단어 목록에서 몇몇 단어를 기억해내는 행위가 다른 기억으로 접근을 막는다는 연구도 포함되어 있다.

최근에 가장 유명한 막힘 사례는 바로 2011년 대선후보 토론 당시 텍사스 주지사였던 릭 페리Rick Perry의 사례가 아닌가 싶다. 여기서는 우리의 이해를 도와줄 설단 현상과 그와 비슷한 종류의 막힘에 대한 최근 연구들을 면밀히 살펴본다. 그 밖에도 나는 기억 억제에 관한 흥미로운 연구들을 소개한다. 기억 억제는 2001년 처음 등장한 후 지금까지 막힘의 원인이 되는 인지 메커니즘과 신경 메커니즘을 이해하는 데 도움이 되고 있다.

실제로 만났던 적이 없는 사람

●●●

제4장은 오귀인을 다룬다. 가끔 우리는 상상만 해본 일을 했다고 기억하거나, 실제 경험과는 다르게 특정 시간이나 장소에서 누군가를 만났다고 기억한다. 즉, 사건을 정확히 기억하지만 그것이 비롯된 출처를 잘못 기억하는 것이다. 나는 어떻게 오귀인으로 인한 실수가 기시감, 비의도적인 표절, 목격자의 잘못된 범인 지목 같은 겉보기에는 이질적인 현상에서 두드러지게 나타나는지를 보여줄 것이다. 1995년 오클라호마 폭발 사건의 악명 높은 제2의 용의자를 기억하는가? 나는 이 사건이 왜 전형적인 오귀인인지를 설명할 것이다.

심리학자들은 실험실에서 강력한 오귀인을 유도할 기발한 방법을 고안했다. 사람들은 가끔 매우 확신을 가지고 일어난 적도 없는 사건을 경험했다고 주장한다. 나는 오기억誤記憶이 왜 일어나는지 설명할 뿐만 아니라, 실제적으로 혹은 이론적으로 중요한 영향을 미칠 수 있는 질문을 탐구해보려고 한다. 이 질문은 '참기억과 오기억의 차이를 구분할 수 있는 방법이 있는가?'다. 나는 신경영상 기술을 사용해 참기억과 오기억을 떠올렸던 실험 참가자들의 뇌를 스캔했다. 그 결과, 오기억이 그토록 설득력을 갖게 되는 이유에 대해 약간의 통찰을 얻을 수 있었다.

우리는 오귀인과 오기억을 잘 일으키는 뇌 손상을 입은 환자들을 만나보게 될 것이다. 한 환자는 자신이 "어디를 가든 영화배우들을 만나게 된다"고 믿었다. 낯선 얼굴을 낯익은 얼굴로 착각한 것이었다. 이 환자들의 문제가 무엇인지 알아내면 건강한 사람들한테서 오귀인이 일어나는 이유를 밝히는 데 도움이 될 수 있다. 이 현상의 주요 특징들을 드러내주는 기시감이 실험실에서 유도되고 연구될 수 있도록 돕는 혁신적인 방법들을 집중적으로 다룰 것이다. 또한 신경영상 기술을 이용해 참기억과 오기억을 구분하는 연구들의 최신 성과도 논의해볼 것이며, 새롭게 발견한 지식이 법정에서 활용되기에 충분한지와 같은 중요한 문제를 두고 고민도 해볼 것이다.

일어나지 않은 일이 일어나기도 한다

●●●

제5장에서는 가장 위험한 피암시성을 다룬다. 우리의 기억은 가끔 외부의 영향을 받기도 한다. 유도 질문이나 타인의 반응을 통해 일어나지도 않은 일이 일어났던 것처럼 오기억이 만들어지기도 하는 것이다. 피암시성은 법정에서 특히 중요하다. 여기서는 몇 가지 사례를 살펴볼 텐데, 하나는 경찰의 암시적인 질문이 목격자의 범인 지목에 심각한 문제를 일으킨 사례이고, 하나는 심리치료사의 암시적인 행위가 존재하지 않았던 트라우마 사건을 기억해내도록 한 사례다. 특히 어린 아이들은 암시적인 질문에 영향을 받기 쉽다. 이는 미국 매사추세츠주의 어린이집에서 일어난 비극적인 사례에서 잘 드러났다. 이 일로 인해

한 가족이 감옥에 가게 되었는데, 내가 보기에 암시적인 질문으로 인해 아이들의 기억이 왜곡되어 일어난 것 같았다.

피암시성을 이용하면 저지르지도 않은 죄를 자백하게 할 수도 있다. 이를 보여주는 여러 사례를 살펴보고, 실험적 증거를 통해 범죄와 관련 없는 상황에서도 거짓 자백을 받아내는 일이 얼마나 놀랍도록 쉬운지 살펴볼 것이다. 이 같은 주장을 과거 연구보다 더 충격적인 방식으로 보여주는 최근의 실험연구를 살펴본다. 거기에서 얻은 증거를 최근 이목이 집중된 거짓 자백 사례와 관련지어 보기도 하고, 피암시성과 관련된 심리치료사와 심리학자의 관점이 지난 20년간 어떻게 진전되어왔는지도 논의해볼 것이다.

우리 인간은 기억을 앨범 속 사진처럼 생각하는 경향이 있다. 잘만 보관하면 앨범에 넣었을 때와 동일한 상태로 정확히 끄집어낼 수 있다고 생각한다. 하지만 이미 알려져 있듯 인간은 카메라처럼 경험을 기록하지 않는다. 기억은 다른 방식으로 작동한다. 우리는 경험에서 핵심 요소를 뽑아내 보관한다. 그런 다음 경험을 재창조하거나 재구조화한다. 경험을 그대로 본뜬 장면들을 불러오는 것이 아니다. 때때로 우리는 재구조화하는 과정에서 그 이후에 받은 느낌이나 신념, 지식을 추가하기도 한다. 다시 말해 과거의 경험이 현재의 감정이나 지식에서 기인한 것이라고 편향적으로 기억한다.

가짜뉴스와 인종 편견

●●●

제6장에서는 기억을 왜곡하는 여러 종류의 편향을 탐구한다. '일관성 편향'은 과거의 감정이나 신념을 재구성해 현재의 감정이나

신념과 비슷하게 만들려고 한다. 여기서는 일관성 편향이 어떻게 기억을 만들어내는지 다양한 상황에서 살펴볼 것이다. 나는 일관성 편향과 새롭게 전개된 사건을 연결 짓는 증거를 살펴볼 것이다. 이 사건은 2016년 미국 대선 캠페인이 있던 이래로 대부분 사람들에게는 너무 익숙한 것으로, 가짜뉴스가 정치적 견해와 사회 여론을 장악할 의도로 퍼져나갔던 사건을 말한다. 2018년 낙태권을 두고 아일랜드에서 국민투표가 실시되었을 당시 투표자들을 대상으로 진행된 한 연구는 일관성 편향이 가짜뉴스에 대한 오기억을 추동할 수 있다는 설득력 있는 증거를 내놓았다. 나는 이것과 다른 가짜뉴스와 거짓 자백이 그 같은 진술들을 사실이라고 평가하게 하는 편향을 강화시킨다는 증거를 제시할 것이다.

이것들은 우리 사회의 시급한 문제가 무엇인지 보여준다. 도널드 트럼프Donald Trump가 증거도 없이 반복적으로 2020년 대선에서 투표자 사기가 광범위하게 이루어졌다고 잘못된 주장을 해서 미국을 분열시킨 것이 그 예라고 하겠다. 광범위한 사회적 관심을 끈 또 다른 종류의 편향은 '암묵적 편견'이다. 나는 2001년에 암묵적 편견에 대한 초기 증거를 살펴보았는데, 그때부터 인종 편견에서 암묵적 편견의 역할을 파헤치려는 연구와 논란은 폭발적으로 증가해왔다. 2020년 5월 25일 조지 플로이드George Floyd가 미니애폴리스 경찰에 의해 끔찍하게 살해된 후 일어난 항의 물결이 암묵적 편견을 다시 한번 세상의 관심을 받게 만들었다. 나는 암묵적 편견 훈련의 유효성을 살펴본 연구들과 함께 이 연구의 결과를 간단히 언급할 것이다.

불행은 왜 오랫동안 기억되는가?

제7장은 몸과 마음을 악화시키는 지속성을 다룬다. 당신의 삶에서 가장 실망했던 일을 생각해보라. 직장이나 학교에서 한 실패 혹은 시들어버린 연인 관계 같은 것 말이다. 아마도 당신은 그 경험을 며칠 후나 몇 주 후에도 반복해 회상했을 것이다. 심지어 그 일을 잊어버렸으면 하고 바랐더라도 말이다. 지속성은 우울과 반추라는 감정적 상태에서 더 잘 작동하고, 심리적 건강에 심각한 영향을 줄 수 있다. 미국 캘리포니아 에인절스의 야구선수 사례처럼 단 한 번의 투구 기억이 계속되어, 말 그대로 그 기억에 시달리다가 죽음에 이른 것처럼 말이다. 지속성의 원인을 이해하기 위해 나는 입력되는 정보에 대한 인식과 감정이 밀접하게 연결되어 있으며, 이는 결국 새로운 기억의 형성에 영향을 미친다는 것을 뒷받침하는 증거를 살펴볼 것이다.

지속성의 위력이 가장 강해지는 때는 트라우마 경험 이후다. 전쟁, 자연재해, 심각한 사고, 어린 시절 성적 학대와 같은 경험을 겪고 난 후에 그렇다. 거의 모든 사람이 트라우마의 여파로 그 사건을 끊임없이 기억하게 된다. 하지만 그중 몇몇 사람만이 수년 혹은 수십 년 동안 과거에 갇혀 지내게 되는데, 나는 왜 이런 일이 일어나는지 탐구해보려고 한다. 트라우마는 감당하기 너무 힘들 수 있고, 그래서 그 기억을 다시 경험하지 않으려는 것이 너무도 당연하다. 그러나 역설적이게도 끔찍한 사건을 기억하지 않으려는 시도가 그 사건을 장기간 계속 기억하게 될 확률을 높일 때도 있다.

뇌 구조를 다룬 연구들은 트라우마를 일으키는 지속성의 신경적 토대에 대해 중요한 정보를 제공해줄 뿐만 아니라 지속성을 약화시킬 수 있는 참신한 방법을 제안하기도 한다. 지속성의 유해한 효과를 약화시키는 최근의 어떤 중요한 사건들이 있었는지를 다룬다. 지속성은 '기억 재강화'라고 불리는 현상을 기반으로 한다. 기억을 인출할 때 우리는 그 기억을 처음부터 다시 저장하거나 강화해야 한다. 이 과정은 일시적으로 기억을 혼란에 빠지게 하는데, 이런 특징이 지속적으로 떠오르는 기억을 무력화하는 데 유용할 수 있다. 나는 기억 억제에 대한 새로운 연구가 트라우마를 떠오르게 하는 침투기억과 어떻게 관련이 있는지도 살펴볼 것이다.

기억의 유연성

●●●

이 책을 읽은 독자들은 진화로 인해 인간이 비효율적인 기억 체계를 가지게 되었다고 쉽게 결론을 내릴지도 모른다. 기억이 오류를 일으키기 쉬워서 자주 우리의 행복에 방해되는 기억 체계를 얻게 되었다고 말이다. 나는 이 결론에 이견을 제기할 것이다. 그리고 기억의 7가지 오류가 기억의 적응적 특징으로 얻게 된 부산물이라고 주장할 것이다. 나는 소멸이 기억 체계가 작동하고 있는 환경의 특징에 적응하게 한다는 것을 보여줄 생각이다. 또한 뛰어난 기억을 보여주는 특이한 사례들을 살펴보며, 정신없음을 일으키는 기억의 명백한 한계가 왜 사실은 바람직한지를 보여줄 것이다.

나는 오귀인이 일어나는 방식도 설명할 것이다. 우리의 기억 체계는 정보를 무차별적으로 세세하게 저장하는 대신, 선택적이고 효율적으로 부호화하기 때문이다. 그리고 나는 편향이 어떻게 심리적 행복을 줄 수 있는지도 검토할 것이다. 또한 지속성은 우리가 생존하기 위한 기억 체계를 얻기 위해 치러야 하는 대가라고 주장할 것이다. 다시 말해 나는 진화생물학과 진화심리학의 관점에서 기억의 7가지 오류의 기원을 더 잘 이해할 수 있게 할 것이다.

나는 가장 먼저 지난 20년간 발표된 기억의 7가지 오류의 적응적 특징을 보여주는 새로운 증거들을 살펴볼 것이다. 그런 다음 미래의 경험을 상상할 때 기억의 역할이 기억의 오류에 대한 적응적 기능과 어떻게 관계를 맺고 있는지 논의할 것이다. 나와 동료들이 오랫동안 발전시켜온 이론적 틀에 따르면, 미래기억을 사용하기 위해서는 유연한 기억 체계가 필요하다. 그것은 경험해보지 않았지만 앞으로 있을 법한 미래의 경험을 준비하기 위해 과거의 경험들을 재결합시키기 때문이다. 우리는 그런 기억 체계를 가지고 있지만, 그것을 적응적으로 만드는 유연성이 기억의 오류를 일으키는 원인일 수 있다. 그리고 나는 이런 일이 어떻게 왜 일어났는지를 설명할 것이다.

이 책에 추가된 내용들은 학생들과 동료들이 시간을 내어 읽고 피드백을 보내준 덕분에 더 잘 다듬어질 수 있었다. 또한 기억의 7가지 오류를 다룬 미국 하버드대학 세미나 수업에서 토론에 활발히 참여한 1학년 학생들의 도움도 매우 컸다는 것을 밝히고 싶다. 이 세미나는 내가 2001년부터 몇 년마다 한 번씩 열고 있는 수업인데, 이 책이 세미나 수업에 보탬이 되길 바란다.

가와바타 야스나리의 「유미우라시」에서 일어난 적이 없는 연애 사건을 기억하고 있던 여성은 기억에 대해 곰곰이 생각했다. "우리는 기억에 감사해야 해요. 그렇지 않나요?" 여성이 어리벙벙해하는 소설가에게 물었다. "어떤 상황으로 끝나든지 사람들은 여전히 과거에서 무언가를 기억할 수 있어요. 저는 이것이 신에게서 받은 축복이 틀림없다고 생각해요." 여성은 자신이 찬양하는 그 기억 체계가 자기도 모르게 자신을 망상의 길로 이끌었는데도 이런 아낌없는 찬사를 보냈다.

제1장

기억은 소멸된다

기억은 소리 없이 사라진다

•••

1995년 10월 3일, 세상을 가장 놀라게 한 형사재판의 판결이 나왔다. 배심원단이 O. J. 심프슨O.J.Simpson의 살인 혐의에 대해 무죄를 선언한 것이다. 그의 무죄 평결에 대한 이야기는 매우 빠르게 퍼져나가 많은 사람을 분노하거나 기뻐하게 만들었다. 그 후 몇 주 동안 대부분 사람들이 이 이야기 말고 다른 이야기는 거의 하지 않을 정도였다. 심프슨이 받은 무죄 평결은 사람들에게 언제까지나 생생히 기억될 중대한 사건 같았다. 다시 말해 이 사건에 대해 들었을 때 우리가 어떻게 반응했는지, 어디에 있었는지를 정확히 기억할 것만 같았다.

당신은 이 무죄 평결을 어떻게 알게 되었는지 기억하는가? 아마도 기억하지 못하거나 잘못 기억하고 있을 공산이 크다. 이 판결이 나온 후 연구자들은 캘리포니아의 대학생들에게 이 판결을 알게 된 구체적인 경위를 물었다. 그리고 5개월 후 대학생들에게 당시의 기억을 다시 물었는데, 그중 절반의 대학생만이 판결을 어떻게 알게 되었는지 정확히 기억해냈다. 거의 3년이 흘렀을 때는 정확히 기억하는 대학생이 30퍼센트가 안 되었다. 특히 대학생의 절반 정도는 중대한 기억의 오류를 보이기도 했다.

이런 일은 기억의 소멸 때문에 발생한다. 소멸은 시간이 흐르면서 기억이 사라지는 것을 말한다. 우리는 소멸이 일상생활에 끼치는 영향을 종종 뼈저리게 경험한다. 자신이 1년에 한 번씩 개최되는 비즈니스 모임이나 사교 모임에 참석했다고 상상해보자. 얼굴에 미소를 띤 어떤 사람이 손을 내밀며 저쪽에서 당신의 이름을 부르며 다가온다. 그러고 나서 다시 만나게 되어 기쁘다고 말한다. 당신은 예의 바르게 미소 지으며 시간을 벌려고 애쓰지만 마음속은 타들어간다. '이 사람은 누구지? 왜 만난 기억이 없지?'

상대방은 당신이 곤혹스러워한다는 것을 알고 작년 같은 모임에서 함께 기분 좋게 커피를 마셨던 일을 상기시켜준다. 그때 당신은 상대방과 마찬가지로 날씨가 안 좋아 여행 계획을 망치게 되었고 그 짜증났던 경험에 대해 이야기했다는 것이다. 당신이 이 사람을 1시간 전이나 하루 전에 만났다면 분명히 기억했을 것이다. 하지만 1년 후에는 청혼을 받았다고 주장하는 여성이 기억나지 않아 혼란스러워하던 「유미우라시」의 소설가와 비슷한 느낌을 받게 된다. 그와 만난 일을 기억하려고 아무리 애써도 기억나지 않기 때문이다. '기억이 나기는 하는데……'와 같은 말을 조용히 중얼거리면서도, 사실은 상대방을 처음 만난 것 같다고 느낀다.

우리는 기억의 소멸로 인해 무척 당황하게 될 때가 있다. 결혼식에 초대되어 친구의 남편을 그곳에서 처음 본 나의 지인은 몇 달 후에 친구의 생일 파티에서 구석에 서 있는 낯선 남자를 발견하고 친구에게 그 남자가 누구인지 조심스럽게 물어보았다고 한다. 그런데 알고 보니 그 낯선 남자는 친구의 남편이었다. 그는 그 순간을 생각하면 아직도 민망하다고 말한다.

기억의 소멸은 소리 없이 지속적으로 작용한다. 그리고 새로운 경험이 발생하면서 과거는 계속 희미해진다. 지금껏 심리학자들과 신경과학자들은 기억의 소멸이 왜 일어나는지 밝혀내고, 그것에 대응할 수 있는 방법을 개발해왔다. 이렇게 현대적인 연구는 독일의 한 젊은 철학자가 1870년대 말 유럽을 여행하고 있을 때 프랑스 파리의 한 헌책방을 둘러보던 중 자신과 심리학의 미래를 바꿀 영감을 얻었을 때 시작되었다.

기억은 언제 희미해지는가?

이 철학자는 헤르만 에빙하우스Hermann Ebbinghaus이며, 그때 그에게 영감을 주었던 책은 독일의 철학자이자 과학자 구스타프 페히너Gustav Fechner가 감각 지각 연구를 위한 여러 실험 방법을 저술한 책이었다. 에빙하우스는 1878년 베를린에서 대학교수가 되었을 때, 파리의 서점에서 받았던 통찰처럼 기억도 과학적 방식으로 연구될 수 있다고 생각했다. 에빙하우스의 연구 결과가 발표되기까지는 7년이 걸렸지만, 그의 논문은 향후 수많은 연구의 기초가 되었다.

에빙하우스는 열심히 외우고 또 외웠던 의미 없는 문자(심리학자들은 '무의미한 글자'라고 부른다) 수천 개를 기억 속에서 끄집어 내보는 실험으로 기억의 소멸을 최초로 증명해냈다. 무의미한 글자를 목록으로 만들어 외우고 여섯 차례 자기 자신을 테스트했는데, 그 시기가 짧게는 1시간 후였고 길게는 한 달 후였다. 에빙하우스는 초기 테스트에서 기억력이 빠르게 저하된다는 것을 발견했다. 무의미한 글자들을 암기하고 9시간이 지나 외운 것의 60퍼센트 정도를 잊었던 것이다. 그 후로는 잊히는 단어가 매우 천천히 줄어들었다. 한 달 후, 에빙하우스는 암기했던 단어의 75퍼센트 정도를 잊었는데, 이는 9시간 후에 잊었던 양에 비해 그렇게 심각한 수준은 아니었다.

에빙하우스는 실험실이라는 통제된 공간에서 실험을 진행했는데, 이는 일상적인 삶의 복잡함과는 매우 거리가 먼 환경이었다. 또한 연구 대상도 무의미한 글자들이어서 다채롭고 풍부한 개인의 경험과는 달랐다. 게다가 테스트를 수행한 사람도 에빙하우스 자신뿐이었다. 이렇게 한계가 뚜렷한 실험이었지만, 인간이 무의미한 글자를 어떻게 암기하고 잊는지를 보여주는 이 140여 년 전의 발견은 우리에게 시사하는 것이 있다. 우리는 지난 주 조찬 모임을 6개월 뒤에도 기억할지, 어제 읽은 신문 내용을 몇 시간 혹은 며칠 후에 기억할지 알 수 있다. 에빙하우스는 대부분의 망각이 초기에 일어나고 그 후로 속도가 점차 느려진다고 결론을 내렸는데, 이는 수없이 진행된 실험을 통해 검증되었다. 현대에 와서 연구자들은 에빙하우스의 망각 곡선이 소멸의 핵심 특징이라는 것을 증명해 보이기도 했다.

1990년대 초, 미국 캔자스주립대학의 심리학자 찰스 톰프슨Charles Thompson과 그의 동료들은 대학생들을 대상으로 기억에 대한 연구를 진행했다. 대학생들은 한 학기 동안 매일 그날 일어난 특별한 사건을 일기에 기록했다. 이들의 망각은 빠르게 일어나지는 않았지만, 일상적인 사건에 대한 망각 곡선은 다른 연구자들이 실험실에서 관찰한 망각 곡선과 대체로 비슷했다. 톰프슨이 연구한 대학생들은 특별한 사건을 기록하고 그것을 잊지 않으려고 노력했다. 그 경험 중에는 상대적으로 더 중요하거나 덜 중요한 일도 있었다. 개인적으로 의미 있는 일은 적었으며, 일상적인 경험이 대부분이었다. 이외에도 추수감사절 만찬처럼 많은 사람이 큰 의미를 부여하는 연례 행사와 관련된 연구 결과도 있었는데, 이를 통해 개인적으로 중요한 사건도 에빙하우스의 망각 곡선을 특징 짓는 소멸에서 자유롭지 못하다는 것이 증명되었다.

가장 최근에 참석했던 추수감사절 만찬을 얼마나 자세히 기억할 수 있는가? 대학생 500명 이상을 대상으로 진행된 한 연구를 보면, 이 질문을 정확히 언제 받았느냐에 따라 기억이 달라지는 듯하다. 추수감사절 이후 6개월 동안 일정한 간격을 두고 기억이 얼마나 생생한지, 구체적으로 무엇을 기억하고 있는지 대학생들에게 질문해보니 첫 3개월 동안에는 기억이 빠르게 감소했고 그 후 3개월 동안에는 그 감소세가 점차 약해졌다. 여기서도 에빙하우스의 망각 곡선이 관찰되었는데, 이번에는 기억하는 것이 개인적으로 중요한 사건이었다.

그러나 이 연구에서 관찰된 기억의 소멸은 톰프슨의 일기 쓰기 연구에서처럼 가파르지 않았다. 이 차이는 최근 참석한 만찬이 일반화된 지식을 바탕으로 기억되기 때문인 듯하다. 사람들은 올해 먹은 칠면조에 어떤 특별한 점이 있었는지는 기억하지 못해도 칠면조를 먹었다는 것은 짐작할 수 있다. 또한 가족과 모임을 가졌다는 것도 미루어 짐작할 수 있다. 이렇게 추수감사절에 보통 겪게 되는 일들이 일반적인 지식으로 기억되면 몇 달 만에 기억에서 사라지지 않는다. 만찬 음식과 참석자에 대한 대학생들의 기억이 상대적으로 완만하게 감소했다는 것은 이런 주장과 일맥상통한다. 그러나 최근 추수감사절에 자신을 비롯한

다른 참석자들이 무슨 옷을 입었는지, 어떤 대화를 나누었는지 같은 구체적인 기억은 훨씬 더 빠르게 잊혔다.

기억은 재구성된다

•••

사람들은 직장에서 보낸 하루를 기억할 때도 이와 유사한 과정을 거친다. 다음 3가지 질문에 구체적으로 대답해보자. 보통 직장에서 무엇을 하는가? 어제는 무엇을 했는가? 일주일 전에는 무엇을 했는가? 이 같은 질문을 대규모 사무용품 제조사의 엔지니어링 부서 직원 12명에게 했을 때 직원들이 대답한 하루 전 기억과 일주일 전 기억은 큰 차이를 보였다. 직원들은 일주일 전 활동보다 하루 전 활동을 더 많이 기억했으며, 그렇게 떠올린 일주일 전 활동 중에는 일반적인 하루 일과가 많았다. 일반적이지 않은 활동들은 일주일 전에 일어난 일일 때보다 하루 전 일일 때 기억에 더 잘 남았다.

하루 전 기억은 특정 사건을 있는 그대로 기록한 것에 가까웠다면, 일주일 전 기억은 일반적인 사건을 포괄적으로 묘사한 것에 더 가까웠다. 이와 마찬가지로 톰프슨의 일기 쓰기 연구도 사건이 일어난 장소, 그곳에 있던 사람들, 특정 날짜 등 세부 사항이 사건에 대한 일반적인 느낌보다 더 빨리 잊힌다는 것을 보여주었다. 이 연구 결과를 뒷받침하는 다른 실험연구들도 있는데, 이 연구들을 보면 언제 어디에서 사건이 일어났는지, 누가 무슨 말을 했는지에 대한 기억이 유독 빨리 잊혔다.

에빙하우스의 망각 곡선에서 상대적으로 이른 시기의 기억은 비교적 구체적인 형태로 기록되므로 우리는 완벽하지 않아도 꽤 정확하게 과거를 기억해낼 수 있다. 하지만 시간의 흐름에 따라 세부 내용은 서

서히 사라지고 이후 비슷한 경험을 통해 생겨난 간섭이 기억을 희미하게 만든다. 그렇게 되면 우리는 과거의 사건이나 늘 일어나는 사건에 대한 기억에 더욱 의존하게 되고, 간섭뿐만 아니라 추측까지 동원해 세부 내용을 재구성하려고 한다. 기억의 소멸은 과거의 사건을 그대로 재현하는 구체적인 기억이 그것을 재구성하는 일반적인 묘사로 점차 변화해가는 것을 의미한다.

일반적인 지식에 근거해 과거의 사건을 재구성하려 할 때, 우리는 편향의 영향을 받기가 더 쉬워진다. 이때 현재의 지식과 신념이 과거의 사건에 대한 기억에 스며드는 것이다. 소멸과 편향이 결합하면 문제가 생길 수 있다. 한 경영 컨설턴트가 나에게 어느 회의에서 일어난 일을 이야기해준 적이 있었다. 대기업 직원이 자기 회사의 CEO와 여러 해외 투자자가 참석한 자리에서 주요 고객사를 대상으로 프레젠테이션을 했다. 이 직원은 고객사의 상황과 관련된 이야기를 늘어놓았다. 특정 패스트푸드 체인이 어떻게 가격 인상 전략을 취했는지에 대한 이야기였다. 이 이야기는 직원의 기억 속 한두 해 전 사건을 바탕으로 한 것이었다. 하지만 직원은 과거의 기억에 기대기보다는 자신도 모르게 현재의 지식에서 얻은 세부 내용을 재구성해버렸다.

사실 그 패스트푸드 체인은 가격을 인상한 적이 없었다. 설상가상으로 예전에 그 패스트푸드 체인의 임원이었던 사람이 불편한 기색으로 몸을 들썩거렸다. "직원이 말하는 동안 그 임원의 얼굴이 일그러지기 시작했어요." 경영 컨설턴트가 그때 일을 떠올리며 말했다. "직원이 이야기를 끝내자 그 임원은 자기 옆에 있던 동료에게 속삭이듯 말을 했는데, 유감스럽게도 회의실 반대편까지 들리는 목소리로 이렇게 말했어요. '저 사람은 자기가 무슨 말을 하는지도 모르네요. 그 패스트푸드 체인은 가격을 올린 적이 없어요.'" 당황한 직원은 너무 긴장한 나머지 세부 내용을 기억하지 못했고, 그 사실을 알아채지 못했던 것이다.

낯부끄러운 자기 편의적인 기억

기억의 소멸이 좀더 공적인 사건에서 문제가 된 적도 있었다. 세계적인 관심사로 만든 이 사건은 바로 빌 클린턴의 1998년 배심원단 조사였다. 1998년 8월 17일 오후는 이 조사가 끝내 클린턴의 탄핵으로 이어질지를 결정하는 분기점이었다. 특별검사 케네스 스타Kenneth Starr가 소집한 배심원단 앞에서 클린턴은 르윈스키와의 구체적인 관계와 1998년 1월에 있었던 폴라 존스Paula Jones 소송에서 했던 증언에 대해 질문을 받았다. 8월 17일에 클린턴이 했던 발언은 분명히 많은 사람에게 기억될 것이고 역사에도 남을 것이다. 그 내용은 '성적 관계'라는 용어의 정확한 정의를 두고 검사들과 벌인 여러 논쟁이 될 것이다.

하지만 기억을 연구하는 사람의 관점에서 보자면, 용어를 두고 사소한 것까지 따지던 클린턴의 행동은 그날 오후 두 번째로 벌인 논쟁과 비교하면 전혀 흥미로울 일도 아니다. 이것은 기억의 소멸의 특징과 한계에 관한 것이었다. 많은 사람은 클린턴이 배심원단 증언에서 보인 기억 감퇴와 그전에 있었던 폴라 존스 소송에서 증언한 내용을 두고 낯부끄러운 일을 인정하지 않으려고 한 자기 편의적인 행동이라고 생각했다. 검사들이 이 주장을 입증하려고 했던 것은 자신들의 직관 때문이었다. 그것은 사건 발생 후 각각 다른 시기에 겪은 경험에서 어떤 것을 잊는 것이 합당한지에 대한 것이었다.

기억의 소멸에 대한 논쟁은 클린턴과 정부 법률고문 솔 와이젠버그Sol Wisenberg의 대화에서 선명하게 드러났다. 이 대화는 1997년 12월 19일에 클린턴이 버넌 조던과 만났던 일에 대한 것이다. 그날 오전에 조던은 매우 격앙되어 있는 르윈스키를 만났다. 당시 르윈스키는 자신이 특별검사실에서 소환을 받았다는 사실을 막 알고 있었다. 조던은 나중에 클린턴에게 이 사실을 보고했다. 그리고 8개월이 지난 1998년 8월 17일, 와이젠버그는 클린턴이 조던과의 만남과 관련해 1998년 1월에 했던 말에 집중했다. 당시 폴라 존스의 변호사들이 클린턴에게 특별검사실에서 르윈스키에게 소환장을 보냈다는 사실을 변호사 외의 다른 사람에게서 들었는지 묻자, 클린턴은 "그런 적이 없는 것 같다"고 대답했던 것이다. 와이젠버그는 이 주장이 이상하다고 생각했다. "한 달 전에 조던이 이례적으로 백악관을 방문해 르윈스키가 소환장을 받았고, 그녀가 제정신이 아닐 정도로 혼란스러워했고, 대통령님만 믿는다는 말을 전달했습니다. 그런데 그 일을 기억할 수 없었다는 겁니까?" 클린턴은 자신의 기억이 예전 같지 않다며, 최근에 겪고 있는 건망증에 대해 다음과 같이 말했다.

"제 기억력에 대해 이거 하나는 말씀드릴 수 있습니다. 제가 뛰어난 기억력을 타고났으며 그 이로움을 누리며 살았다는 것입니다. 그런데 저와 제 가족과 친구들은 지난 6년간 제가 너무나도 많은 것을 기억해 내지 못해 충격까지 받았습니다. 아무래도 대통령으로 살면서 스트레스도 받고 주위에서 많은 사건이 일어났기 때문인 것 같습니다. 이것은 4년에 걸친 특별검사단 조사와 그 밖의 모든 일에서 받은 압박 때문에 더 심해졌습니다. 저도 어안이 벙벙합니다. 지난주에 있었던 일 중에 많은 것이 기억나지 않습니다."

와이젠버그는 클린턴이 자신의 기억에 문제가 있다고 고백한 말을 듣고서 이렇게 물었다. "지금 대통령님 말씀은 질문을 받았을 당시 조던이 한 달 전인 12월 19일에 찾아왔고, 르윈스키가 소환장을 받은 그날 르윈스키를 만났다고 말한 것을 잊었다는 건가요?" 클린턴은 확실히 동의하지 않으면서도 조던이 찾아왔던 날의 기억은 잊은 것 같다고 인정했다. "제가 혼동했을 수도 있습니다." 그리고 클린턴은 좀더 단호한 목소리로 말했다. "제가 말씀드릴 수 있는 것은 이 모든 일의 세부사항을 기억하지 못한다는 것입니다."

검사들이 클린턴의 혐의를 입증하려고 혈안이 되었다는 상황을 감안하면, 와이젠버그의 질문이 공격적이면서 마구잡이식 괴롭힘으로 보일 수도 있다. 하지만 다른 증언 녹취록을 보면, 클린턴이 몇몇 상황에서 기억하지 못한다고 말할 때는 와이젠버그가 의심하지 않는다는 것을 알 수 있다. 한 달 만에 잊어버린 일을 두고 벌인 논쟁과 배심원단 증언에서 일어난 일을 비교해보자. 클린턴은 보좌관인 존 포데스타 John Podesta를 7개월 전에 만났던 것에 대해 질문을 받았다. 르윈스키와의 스캔들이 대중에게 공개되고 이틀 후인 1998년 1월 23일, 클린턴은 포데스타에게 르윈스키와 어떤 성관계도 가진 적이 없다고 말했다. 이것에 대해 질문을 받았을 때 클린턴은 자신이 여러 사람에게 부인했다는 것을 조심스럽게 전했으며, 그 사람 중에는 포데스타도 포함되어 있을지 모른다고 했다. 하지만 또다시 세부 사항은 잘 기억나지 않는다고 말했다. 클린턴은 "질문하신 특정 만남이나 구체적인 대화는 기억나지 않습니다"고 말하자, 와이젠버그는 "기억을 못하시는군요"라고 말했고, 클린턴은 "7개월 전의 일을 기억할 방법이 없어요. 기억이 안 납니다"고 말했다. 와이젠버그는 한 달 전 만남을 잊었다고 주장하는 클린턴에게 날카롭게 질문했던 때와 대조적으로 이 주장에는 따져 묻지 않았다. 7개월 전에 나누었던 일상적인 대화는 잘 기억하지 못한다고 인정할 수 있었지만, 고작 한 달 전의 일을 잊었다는 주장은 미심쩍어했던 것이다. 이 문제는 헤르만 에빙하우스의 망각 곡선을 떠오르게 한다. 어떤 사건이 발생한 후 시간의 흐름에 따라 얼마만큼의 기억을 잃어버리는 것이 합당할까?

클린턴의 동기가 무엇이었던 간에, 과거의 세부 사항을 혼동하는 것은 일반적인 연구나 실험연구를 모두 참고했을 때 예상 가능한 소멸의 유형이다. 그렇지만 클린턴이 한 달 전에 있었던 조던과의 만남을 완전히 잊었을 리 없다고 의심하는 와이젠버그의 생각도 일리가 있다. 한편 클린턴은 구체적인 기억과 일반적인 기억의 차이를 예리하게 의식하고 있는 모습을 보였다. 그랬기에 1995~1996년 르윈스키와의 만남들을 묘사할 때, 대략 다섯 번 정도 만났을 것이라고 하면서도 구체적으로 기억하는 만남은 두 번뿐이라고 인정했던 것이다.

"두 번의 만남은 구체적으로 기억합니다. 그것이 언제였는지는 기억나지 않습니다. 하지만 그 두 번의 만남이 어느 일요일 오후였고, 르윈스키가 서류를 제게 가지고 와서 곧장 자리를 뜨지 않고 저와 함께 있는 동안 다른 사람은 없었던 걸로 기억합니다. 그리고 솔직하게 말씀드리자면 구체적으로 기억하는 것은 아니지만 르윈스키를 만난 일이 몇 번 더 있었습니다. 아마도 두세 번 정도 더 만났을 겁니다. 이것이 제가 기억할 수 있는 것을 말씀드리는 겁니다. 그렇지만 그 일이 언제 혹은 몇 시에 있었는지, 세세한 상황이 어떠했는지는 기억나지 않습니다."

클린턴은 수치스러운 일을 인정하지 않으려고 왜곡된 증언을 했던 걸까? 어쩌면 그럴 수도 있다. 하지만 기억에 대한 일반적인 연구나 실험연구를 보면, 이 사례만큼 시간에 의한 기억의 소멸을 잘 보여주는 것도 없다.

노화는 소멸에 영향을 줄까?

당시 50대였던 클린턴이 자신의 기억에 문제가 있다고 고백한 배경이 무엇이었던 간에, 비슷한 나이대에서 이런 문제를 겪는 사람은 비단 클린턴만은 아니었다. 베이비붐 세대가 나이 들어가면서 유례없이 많은 사람이 깜박하는 일이 많아진다며 넋두리를 늘어놓고 있다. 실험연구들은 이 고민이 타당하다는 것을 보여준다. 나이 많은 사람들(60~70대, 가끔은 50대)은 실험자가 학습하라고 준 정보를 기억해낼 때 대학생들보다 더 어려워했다. 더 나아가 이들은 단어 목록이나 다른 실험 자료를 학습한 후 몇 분이 지났을 때 대학생만큼 잘 기억해내기는 했어도, 며칠 혹은 몇 주가 지나 기억은 더 빠른 속도로 희미해졌다.

이 기억의 감소가 두드러지는 때는 나이 많은 사람들에게 특정 사건이 일어난 때와 장소를 정확히 기억하라고 지시할 때다. 나이 든 사람은 구체적인 내용은 잊고, 어떤 일이 일어났다는 것을 기억하는 일반적인 감각에 의지하는 경향이 대학생보다 더 짙다. 그렇다면 노화는 언제부터 기억의 소멸에 영향을 줄까? 이는 40~50대에 접어드는 사람들에게 중요한 문제다. 노화에 따른 기억의 소멸을 조사하는 연구들은 대부분 대학생과 은퇴자들을 비교하고 있어 그 사이에 있는 나이대의 사람들에 대해서는 상대적으로 알려진 것이 많지 않다. 한 연구에서는 30~40대, 50대, 60대, 70대에 들어선 사람들이 1978년에 다양한 기억력 테스트를 받고 1994년에 다시 같은 테스트를 받았다.

1978년에 50대 이상이던 사람들은 단어 목록과 이야기를 기억하는 능력이 1994년에는 더 하락했다. 1978년에 30대이던 사람들은 1994년에는 이야기를 기억하는 능력만 하락했다. 1978년에 30대이던 사람들과 50대이던 사람들을 비교했을 때에는 50대가 단어와 이야기를 기억하는 능력이 상대적으로 떨어졌다. 이 연구에 따르면, 적어도 40대 초중반부터 이야기를 기억하는 능력이 떨어졌지만, 50대가 되기 전에는 단어를 기억하는 능력이 떨어진다는 뚜렷한 증거는 나타나지 않는다. 일반적으로 나이 든 그룹이 젊은 그룹에 비해 10~15퍼센트 정도 덜 기억했다. 60~70대에 접어들면 기억의 소멸은 뚜렷이 나타난다. 하지만 나이 든 그룹에서조차 기억력 저하가 노화의 필연적인 결과로 나타나지 않는다. 다시 말해 기억의 소멸은 나이 많은 사람들에게서도 상당히 개인차를 보인다는 것이다. 한 연구를 보면, 70대 중 약 20퍼센트는 최근 학습한 단어 목록에서 대학생만큼이나 많은 단어를 기억해냈다.

왜 나이 든 사람 중에 어떤 사람들은 대학생들에 비해 기억의 소멸에 취약하고, 어떤 사람들은 기억력 저하를 거의 보이지 않는 걸까? 여러 연구에 따르면, 교육 수준이 중요한 역할을 할 가능성이 있다. 네덜란드의 한 연구에서는 65~69세, 70~74세, 75~79세, 80~85세의 사람들이 학습할 단어 목록을 받은 직후와 30분 후에 단어를 기억해야 했다. 교육을 더 많이 받은 사람보다는 덜 받은 사람에게서 기억의 소멸이 시간의 흐름에 따라 더 빠르게 진행되었다. 65~69세 사람들은 교육 수준과 상관없이 일정 시간 후에 기억하는 내용이 65퍼센트였지만, 교육 수준이 높은 80~85세 사람들은 60퍼센트였고 교육 수준이 낮은 같은 연령의 사람들은 50퍼센트 이하였다.

이 실험을 진행한 연구자들은 교육 수준이 낮은 사람들에게서 알츠하이머병이나 그 밖의 다른 형태의 치매가 많이 발견된다는 사실에 주목했다. 이들은 교육 수준이 높은 사람들보다 사용할 수 있는 '정신적 비축분mental reserve'을 더 적게 가지고 있기 때문인 듯하다. 오랫동안 과학자들은 노화에 따른 양성良性 노인성 건망증과 알츠하이머병 같은 실제 뇌 질환을 수반하는 상태에서 보이는 확연한 기억의 소멸을 구분해왔다. 알츠하이머병 환자의 뇌는 '아밀로이드amyloid'라고 알려진 단백질 침전물인 '노인성 반점'과 '신경섬유 엉킴'이라고 불리는 꼬인 신경세포 섬유들로 손상되어 있는데, 이는 신경세포의 정상적인 작용을 방해한다. 여러 실험에서 알츠하이머병 환자는 건강한 노인에 비해 최근의 경험을 적게 기억한다는 것이 밝혀졌다.

기억과 알츠하이머병

미국의 신경학자 허먼 부시케Herman Buschke와 그의 동료들이 진행한 연구들은 기억 테스트를 통해 망각 수준을 조사하면 건강한 노인과 알츠하이머병 환자를 구분할 수 있다는 것을 보여주었다. 이 테스트에서 실험 참가자들은 각각 다른 범주에 속하는 단어 4개가 쓰인 종이를 받는다. 이때 실험자가 단어에 맞는 범주를 말하면, 실험 참가자들은 그 범주에 맞는 단어를 가리킨다. 이 과정은 실험 참가자들이 단어에 주의를 집중하고 그 뜻을 이해했는지 확실히 해두기 위한 것이다.

그런 다음 몇 분이 지나서 실험 참가자들은 혼자 힘으로 단어를 기억하려고 노력하고, 기억하지 못하는 단어가 있다면 그 단어의 범주를 단서로 받는다. 그 후 학습한 단어를 떠올리지 못했다면, 이는 짧은 시간 동안의 기억상실증을 나타내는 것일 수 있다. 이 테스트에서 낮은 점수가 나오면, 알츠하이머병이나 다른 종류의 치매가 있다고 판단한다. 이 테스트가 가능한 것은 알츠하이머병이 초래하는 기억의 소멸이 정상적인 노화와 관련해 생겨난 변화를 훨씬 뛰어넘기 때문이다. 기억을 연구하는 심리학자들과 신경과학자들은 나이가 들수록 기억의 소멸이 만연하게 나타나며 그 정도도 심해진다고 말한다. 하지만 이들은 '왜 이런 일이 발생하는가?'와 같은 매우 복잡한 질문에 수십 년간 매달려 왔다.

인간의 뇌는 가장 복잡한 것인지도 모른다. 뇌를 구성하는 신경세포인 뉴런은 약 860억 개이며, 그것들을 연결하는 시냅스의 수는 훨씬 더 많다. 신경과학자들은 보통 기억을 연구할 때 쥐, 토끼, 원숭이, 새, 심지어 바다 민달팽이까지 대상으로 삼는다. 이들은 뉴런 하나하나에서 직접 전기나 화학 신호를 포착해 기록할 수도 있고, 뇌의 일부분을 떼어낼 수도 있다. 이렇게 뇌에 자유롭게 접근할 수 있는 신경과학자들을 보면 나 같은 심리학자들은 늘 질투를 느낀다. 심리학자에게는 신경과학자처럼 인간 뇌의 내부 활동을 정밀하게 살펴볼 방법이 없다. 또한 인간의 뇌를 실험 목적으로 손상시키는 것은 윤리적으로 금지된다. 과학을 관장하는 신은 신경과학자들에게 뇌의 성소聖所까지 들어올 수 있도록 하고 심리학자들에게 그곳을 그저 멀리서 볼 수 있게만 한 것 같다.

뇌의 성소를 얼핏이라도 보려고 노력하는 심리학자들은 대체로 일반적인 실험에 의지해왔다. 즉, 뇌의 일부가 손상되어 기억 감퇴를 겪는 환자들을 연구하는 것이다. 지금까지 보고된 사례 중 가장 유명한 것은 1953년 한 젊은 남성이 뇌전증을 치료하려고 수술을 받았던 사례다. 신경외과 의사인 윌리엄 비처 스코빌William Beecher Scoville은 이 환자의 뇌 양옆에 있는 측두엽 일부를 절제했다. 환자는 수술 후 대체로 정상처럼 보였다. 주변 환경을 인지할 수 있었고, 정상적인 대화도 가능했으며, IQ 테스트 결과도 수술 전과 같았다. 하지만 심각한 문제가 있었다. 그는 일상적인 경험을 바로 잊어버렸다. 몇 분 전에 나눈 대화를 기억하지 못했으며, 매일 보는 의사들도 알아보지 못했다. 방금 점심을 먹은 사실도 잊었다. 그는 2008년 사망하기 전까지 약 50년 동안 이례적인 형태의 소멸 때문에 힘들어했다. 그의 기억에 어떠한 변화도 보이지 않았다.

이 환자의 사례를 통해 소멸과 측두엽이 어느 정도 관계가 있다는 사실이 밝혀졌다. 환자의 기억상실증이 매우 심각했기에 연구자들은 이 사례가 보고된 이후 수술로 절제된 해마hippocampus와 해마곁이랑parahippocampal gyrus에 흥미를 느끼며 주시했다. 이 영역들은 알츠하이머병에서 나타나는 신경섬유 엉킴과 노인성 반점에서 가장 빠르고 심하게 타격받는데, 이는 환자들이 최근의 경험을 기억하지 못하는 이유를 설명해줄 단서가 될 수 있다.

과학의 신은 점차 심리학자들에게도 너그러움을 베풀었다. 최근 몇십 년간 고성능의 새로운 신경영상 도구들이 개발되면서, 학습하고 그 내용을 기억해내는 뇌를 들여다보는 것이 가능해졌다. 연구자들이 가장 자주 사용해온 기술은 fMRI(기능성 자기공명영상)다. 이는 뇌의 혈액 공급이 변화하는 것을 탐지하는 기술이다. 뇌의 어떤 한 영역이 더 활발해지면, 더 많은 혈액이 필요해진다. 하지만 혈류가 증가할 때는 특이한 현상이 나타난다. 산소와 결합된 헤모글로빈이 과잉 공급되는데, 이에 따라 fMRI 신호가 커진다. 이 기술을 통해 연구자들은 인지적 활동이 일어나는 동안 뇌의 어느 부분이 활성화되는지 알아낼 수 있다. fMRI를 사용하면 이 변화가 어디에서 일어나는지 꽤 정확하게 알아낼 수 있는데, 오차 범위는 몇 밀리미터 정도다. 천문학자가 망원경을 통해 하늘을 관찰하고, 생물학자가 현미경을 통해 유기체의 세포를 들여다보게 된 것처럼, fMRI와 신경영상 기술인 PET(양전자 방출 단층 촬영) 스캔을 통해 심리학자와 신경과학자는 인간의 뇌를 열어볼 수 있게 되었다.

뇌가 기억하는 것들

●●●

처음으로 fMRI와 PET를 사용했을 때, 연구자들은 마침내 소멸을 이해하는 데 중요한 해마에서 어떤 일이 벌어지는지 목격할 수 있게 되었다는 생각에 흥분했다. 하지만 기대를 모았던 초기 연구들은 대부분 실패했다. 1997년 말, 우리 연구팀은 이 fMRI 문제를 조사해볼 새로운 방법을 찾아냈다. 다음의 질문을 살펴보자. 당신이 단어 목록을 학습하는 동안 내가 당신의 뇌 활동을 조사하면, 당신이 나중에 어떤 단어를 기억하고 기억하지 못할지 알 수 있을까? 인식이 기억으로 변하는 순간에 뇌 활동을 조사하면 미래에 어떤 사건을 기억하고 기억하지 못할지 예측할 수 있을까? 그것이 가능하다면, 뇌의 어떤 영역을 통해 예측할 수 있을까? 기술적 한계로 인해 초기 fMRI와 PET 연구는 이 질문에 답을 내놓을 수 없었다. 하지만 1997년에 fMRI 연구는 적어도 이 질문에 답할 수 있을 만큼 발전했다.

미국의 심리학자 앤서니 와그너Anthony Wagner와 랜디 버크너Randy Buckner가 이끌었던 연구에 참여한 우리 연구팀은 매사추세츠종합병원 영상센터에서 실험 참가자에게 부담이 될 실험을 생각해냈다. 그도 그럴 것이 fMRI 스캐너는 고급 스위트룸이 아니다. 실험 참가자가 등을 대고 반듯이 누워 있으면 실험자가 참가자를 머리부터 좁은 통로 안으로 부드럽게 밀어 넣는다. 그러면 참가자는 꼼짝 않고 누워서 1~2시간 동안 실험자가 제시하는 과제를 수행한다. 이때 강한 자기장이 뇌 활동을 감지하는 동안 끊임없이 삐 소리가 시끄럽게 난다.

이렇게 시끄러운 곳에서 실험 참가자는 특별히 설치된 거울을 통해 컴퓨터가 몇 초마다 1개씩 보내는 단어 수백 개를 보게 된다. 참가자들이 모든 단어에 집중하고 있는지 확인해보기 위해 실험자들은 각 단어가 '생각'처럼 추상적인지 '정원'처럼 구체적인지 질문한다. 스캔 후 20분이 지나면 우리는 참가자에게 스캐너 안에서 본 단어들과 본 적이 없는 단어들을 한데 뒤섞어 보여주었다. 그러고는 기억나는 단어와 기억나지 않는 단어가 무엇인지 물어보았다. 우리는 이미 fMRI 신호의 세기로 참가자들이 나중에 어떤 단어는 기억하고 기억하지 못할지 알고 있었다. 참가자들이 단어가 추상적인지 구체적인지 결정할 때 뇌 활동을 살펴보니 나중에 기억해내지 못한 단어보다 기억해낸 단어에서 뇌 활동이 더 높게 나타났다. 의미심장하게도 그런 활동이 나타난 곳은 측두엽 안쪽이었다. 이곳은 윌리엄 비처 스코빌이 환자의 뇌에서 절제했던 해마결이랑이었다. 기억을 예측하게 도와주는 뇌 활동이 포착된 다른 곳은 전두엽이라고 알려진 영역의 왼쪽 아래에 있었다. 어느 정도 예상했던 결과였다. 이전 신경영상 연구를 통해, 새로운 정보를 이미 알고 있는 것과 연결 지을 때 전두엽의 왼쪽 아랫부분이 활발히 활동한다는 것이 발견되었기 때문이다. 인지심리학자들은 새로운 정보를 부호화할 때 어떤 일이 일어나는지에 따라 기억의 소멸이 영향을 받는다는 것을 알고 있었다. 그러니까 새로운 정보를 정교하게 부호화하는 동안 대체로 기억은 덜 소멸된다.

내가 당신에게 사자lion, 자동차CAR, 식탁table, 나무TREE 같은 단어를 보여주었다고 상상해보자. 나는 단어의 절반에 대해서는 생물인지 무생물인지 판단하고, 나머지 절반에 대해서는 대문자인지 소문자인지 판단하라고 지시한다. 다른 조건은 모두 동일하다고 할 때, 당신은 대문자인지 소문자인지 판단해야 했을 때보다 생물인지 무생물인지 판단해야 했을 때 더 많은 단어를 기억하게 될 것이다. 생물인지 무생물인지 판단하는 행위는 그 단어와 관련해 이미 알고 있는 정보를 바탕으로 연결되지만, 대문자인지 소문자인지 판단하는 행위는 그 단어와 연결되지 못한다. 다른 실험을 보면, 학습해야 할 정보와 이미 알고 있는 사실, 혹은 학습해야 할 정보와 연상되는 것을 연결시키는 문장이나 이야기를 만들어낼 때 기억하는 정보가 많아진다는 것을 알 수 있다.

우리는 fMRI 실험에서도 비슷한 일이 일어날 것이라고 예측했다. 좌측 전두엽이 약하게 활성화되었을 때보다는 강하게 활성화되었을 때, 학습할 단어들을 이미 알고 있는 정보와 관련시켜 연상되는 것이나 이미지를 떠올리는 방식으로 단어를 정교화할 것이다. 그런 다음 해마곁이랑이 이것을 기억 속에 저장하도록 도울 것이다. 뇌의 좌측 전두엽과 해마곁이랑은 서로 협력해 인식된 단어와 그 단어의 표상表象을 담은 장기기억으로 변환되도록 도울 것이다.

우리가 fMRI 연구를 진행했던 때와 거의 같은 시기에 미국 스탠퍼드 대학의 한 연구팀은 이와 관련된 프로젝트를 끝낸 참이었다. 실험 참가자들은 스캔을 받는 동안 일상적인 장면이 담긴 사진들을 꼼꼼히 살펴본 다음에 이 사진들을 기억해내야 했다. 그 결과는 사실상 우리의 연구 결과와 같았지만, 우반구의 활동이 두드러지게 관찰되었다는 것이 달랐다. 우측 전두엽의 아랫부분과 해마곁이랑의 좌우 영역에서 발견되는 활동을 보면, 참가자들이 스캐너 안에서 보았던 사진들을 나중에 기억할지 기억하지 못할지 예측할 수 있었다. 이 결과는 우반구가 주로 사진을 부호화하는 역할을 하고, 좌반구가 단어를 처리하는 역할을 한다는 사실을 밝혀낸 연구들이 있었기 때문에 충분히 이해할 만하다. 또한 누군가의 현재 뇌 상태를 들여다보고 이 사람이 미래에 무엇을 기억하고 기억하지 못할지 알아낼 수 있다는 측면에서 공상과학소설에서나 볼 정도로 흥미롭다고 할 수 있다.

일화기억, 의미기억, 작업기억

●●●

1950년대 말, 『심리학저널』에 실린 논문 2편으로 인해 그 당시 기억을 연구하고 있는 소수의 과학자들은 큰 충격을 받았다. 헤르만 에빙하우스가 망각 곡선을 발견한 후 과학자들은 몇 시간, 며칠, 몇 주의 시간이 지나면서 그려지는 망각 곡선을 발견하는 일에 익숙해져 있었다. 그런데 이 두 논문은 의미 없는 글자 3개를 암기하는 것과 같이 겉보기에 간단한 과제를 사람들이 20초 안에 거의 완전히 잊는다는 결과를 내놓았다. 이 결과는 한 번도 보고된 적이 없었다.

이 이례적인 발견을 이해하기 위해서는 기억이 생성될 때 일어나는 일시적인 단기기억에서 좀더 영구적인 장기기억으로 변화하는 것에 주목해야 한다. 며칠, 몇 주, 몇 년 후에도 정보를 기억할 수 있느냐는 2가지 주요 장기기억 형태로 좌우된다. 일화기억은 특정 시간과 장소에서 일어난 개인적인 경험을 기억하도록 돕는다. 지난주에 참석한 깜짝 생일 파티나 뉴욕에 처음 갔을 때 보았던 브로드웨이 연극을 기억하도록 돕는 것이다. 의미기억은 사실이나 일반적인 지식을 기억해내는 일을 가능하게 한다. 즉, 존 애덤스John Adams와 토머스 제퍼슨Thomas Jefferson이 미국 독립선언문을 완성한 주요 인물이라는 사실이나 뉴욕 양키스타디움의 애칭이 '베이브 루스Babe Ruth가 지은 집The House That Ruth Built'이라는 사실을 아는 것이 가능해진다.

하지만 기억의 세 번째 유형은 지각이 일어나는 순간과 일화기억이나 의미기억이 최종적으로 확립될 때의 중간에 있다. 작업기억은 읽기, 듣기, 문제 해결, 추론, 사고 같은 인지적 활동이 이루어지는 짧은 시간에 적은 정보를 유지하는 역할을 한다. 작업기억은 이 책에 쓰인 문장 하나하나를 이해하기 위해 필요하다. 문장의 앞부분을 기억할 방법이 없다면, 문장의 끝부분에 갔을 때 그 요지를 이해할 수 없을 것이다. 다음의 두 문장을 살펴보자. '그 코스는 길고 고되었는데, 어찌나 어려운지 그는 90 이하로는 칠 수 없었다.' '그 코스는 길고 고되었는데, 어찌나 어려운지 그는 시험에 통과할 수 없었다.' '코스'라는 단어를 문장이 끝날 때까지 기억해두지 않는다면, 이 단어가 골프를 의미하는지 학교 수업을 의미하는지 구분할 수 없다. 이것을 가능하게 하는 것이 작업기억이다. 하지만 작업기억 체계는 그 순간 더는 필요하지 않다고 여겨지는 정보는 끊임없이 버리고, 입력되고 있는 정보를 일시적으로 저장한다. 문장을 반복하는 등 특별한 노력을 기울이지 않으면 정보는 이 작업기억 체계에 입력되고 난 후 거의 곧바로 지워진다.

당시 실험은 망각이 빠르게 이루어지는 과정을 충격적인 방식으로 설명해주는 작업기억의 특성을 잘 활용한 것이었다. 이때 실험 참가자들은 무의미한 글자를 본 후 100부터 3씩 빼며 숫자를 거꾸로 세어야 했다. 무의미한 글자를 반복할 수 없어서 기억에 저장해두지 못한 참가자들은 자신들의 작업기억에서 정보가 빠르게 사라지는 것을 경험해야 했다.

우리는 이와 비슷한 기억의 소멸을 경험한다. 예전에 전화번호 안내 센터에 전화해서 번호를 문의하면 추가 요금을 내고 안내받은 번호로 자동 연결할지 아니면 직접 그 번호로 전화를 걸지 선택해야 했다. 이때 잠깐 동안 무엇을 선택할지 고민하게 되면 전화번호는 기억에서 사라져버리는데, 머릿속으로 암기하지 못했기 때문이다. 어쩌면 이 전화번호 안내센터는 빠른 소멸이 어떤 결과를 초래하는지 잘 이해하고 있었는지도 모른다. 고객이 어떤 것을 선택할지 고민하는 동안 잊어버린 전화번호를 다시 찾아보기보다는 추가 요금을 내고 자동 연결을 선택할 확률이 높다는 사실을 잘 알고 있었던 것이다. 우리는 가벼운 대화 중에 빠른 소멸을 경험하기도 한다. 친구의 말을 듣고 있을 때 중요한 할 말이 있다는 것이 생각나기도 한다. 하지만 친구가 예기치 못하게 대화 주제를 바꾸고 같이 알고 있는 지인의 소식을 이야기하면, 우리는 중요한 이야기를 갑자기 까먹게 된다. 그러면 생각의 흐름을 다시 붙잡아 친구에게 하려던 말을 떠올리려면 많은 노력을 기울여야 한다.

소멸은 작업기억 체계의 일부인 '음운 루프phonological loop'로 인해 빨리 일어난다. 영국의 심리학자 앨런 배들리Alan Baddeley가 처음으로 발견한 음운 루프는 언어 정보를 일시적으로 기억하게 도와주는 역할을 한다. 배들리는 음운 루프를 작업기억이라는 '중앙 관리 체계'를 보조하는 '하위 체계'라고 이해했다. 작업기억 체계는 정보의 흐름을 장기기억으로 저장하도록 돕는다. 하지만 들어오는 정보가 끊임없이 쏟아지기 때문에 이 중앙 관리 체계는 보조를 받아야 할 때가 자주 있다. 이때 음운 루프는 단어나 숫자, 그 밖의 짧은 말을 일시적으로 저장할 수 있는 공간을 제공한다. 이것이 처음으로 발견된 것은 기억 문제를 보이는 뇌 손상 환자들을 대상으로 한 여러 연구에서였다. 이 환자들은 일상적인 경험을 기억하는 장기기억은 없어도 제시된 숫자들을 곧바로 반복하는 데 어려움이 없었다.

뇌가 손상된 환자의 기억

1970년대 초, 미국의 신경심리학자 팀 섈리스Tim Shallice와 엘리자베스 워링턴Elizabeth Warrington은 어떤 한 흥미로운 환자에 대해 연구한 적이 있다. 이 환자는 일상적인 경험을 장기기억에서 불러올 때는 어려움이 없었지만, 두 자릿수 이상 숫자는 기억해내지 못했다. 이 환자와 다른 환자들은 뇌졸중으로 좌반구의 두정엽 뒷부분에 손상을 입었지만, 측두엽 안쪽에는 어떤 영향도 받지 않았다. 이는 음운 루프가 장기기억과는 독립적으로 기능한다는 것을 보여준다. 하지만 이 환자를 대상으로 한 연구들이 내놓은 결과로 인해 음운 루프의 기능에 대한 여러 질문이 제기되었다. 음운 루프가 제대로 기능하지 않아도 장기기억을 만들어내는 데 전혀 문제가 없다면 처음에 음운 루프는 왜 필요한 걸까? 물론 몇 초간 전화번호나 외우자고 음운 루프가 진화한 것은 아니었다. 1980년대에는 그 기능이 잘 알려지지 않아 어떤 사람들은 음운 루프가 '인지認智라는 얼굴에 난 뾰루지'라고 냉소적으로 비웃기도 했다.

현재 사람들은 음운 루프의 손상과 관련된 빠른 소멸이 중대할 뿐만 아니라 심각한 결과를 초래한다는 것을 알고 있다. 이것은 음운 루프가 손상된 환자를 대상으로 한 연구에서 나왔다. 이 환자는 모국어인 이탈리아어로 된 단어쌍을 학습할 때 건강한 뇌를 가진 사람들만큼 빠르게 암기했다. 하지만 이탈리아어가 모국어인 건강한 사람들과는 반대로, 낯선 러시아어와 이탈리아어로 짝지어진 단어쌍은 학습하지 못했다. 이후에 진행된 연구에서도 비슷한 결과가 나왔다. 음운 루프가 손상된 환자들은 외국어 단어를 학습하는 것이 거의 불가능했다.

음운 루프는 새로운 단어를 습득할 때 거쳐야 하는 '관문'이라는 것이 드러났다. 음운 루프는 이 단어들의 여러 소리를 조합하도록 도와준다. 그래서 음운 루프가 제대로 기능하지 않으면 장기기억으로 전환시킬 만큼 충분히 오래 그 소리들을 기억해둘 수 없다. 이런 종류의 빠른 소멸은 뇌 손상을 입은 성인들에게만 영향을 주는 것이 아니다. 어린아이들을 대상으로 한 연구를 보면, 무의미한 단어들을 반복해 말하는 능력이 음운 루프의 기능을 평가하는 척도가 된다는 것을 알 수 있다. 이 테스트에서 높은 수준의 능력을 보이는 어린아이들은 낮은 수준의 능력을 보이는 어린아이들과 비교했을 때 새로운 단어들을 더 쉽게 습득했다. 또한 어린아이가 곧바로 따라 말할 수 있는 무의미한 단어의 수는 어휘 습득을 예측하는 완벽한 지표가 되기도 한다.

앨런 배들리와 심리학자인 수전 개더콜Susan Gathercole은 언어 장애를 가진 어린아이들이 특히 음운 루프 테스트에서 낮은 수준의 능력을 보인다는 사실을 알아냈다. 반대로 다른 연구에서는 언어 학습에 재능이 있거나 여러 언어를 구사할 줄 아는 사람들은 음운 루프 테스트에서 높은 수준의 능력을 보여주었다. 음운 루프는 '인지라는 얼굴에 난 뾰루지'와는 완전히 거리가 멀 뿐만 아니라 오히려 기본적인 인간 능력 가운데 하나인 새로운 언어를 학습하는 일에서 중요한 역할을 한다.

fMRI와 PET 스캔을 사용하는 신경영상 연구들을 통해 빠른 소멸과 관련된 신경 하위 체계 일부가 분명하게 드러나기 시작했다. 그중 하나가 음운 루프의 저장 공간이 두정엽 뒷부분이라는 것이 드러났다. 이는 이미 앞에서 보았듯이 빠른 소멸에 시달리는 뇌 손상 환자들을 보면 이 부분이 손상되어 있기 때문이다. 단기 저장 공간에 보관된 정보를 적극적으로 반복하는 데 결정적인 역할을 하는 음운 루프의 또 다른 부분은 좌측 전전두엽 피질의 아랫부분이다. 이 영역은 정교한 부호화에 기여하는 곳으로 언어를 산출해낼 때 중요한 역할을 한다. 건강한 사람이 빠른 소멸에 시달리거나 말하려던 것을 잊거나 몇 초 전에 보았던 전화번호를 잊을 때 그 이유는 좌측 전전두엽 피질의 아랫부분을 활성화시키지 못했기 때문일 확률이 높다. 그러면 정보는 작업기억에서 사라지고 더 정교하게 부호화되어 장기기억으로 저장될 수 없다. 건강한 사람은 최대한 노력을 해서 정보를 반복하는 방식으로 빠른 소멸을 피해갈 수 있다. 이는 좌측 전전두엽 피질을 자극한다. 하지만 뇌 손상을 입은 환자들은 빠른 소멸을 계속 겪을 수밖에 없는데, 이때 필요한 뇌 구조가 결핍되어 있기 때문이다.

기억을 지우는 간섭

●●●

작업기억과 부호화 과정은 기억의 소멸을 이해하는 데 중요한 열쇠지만 그것이 전부는 아니다. 어떤 경험이 금방 잊힐지 혹은 수년 동안 기억에 남을지는 기억이 만들어지는 처음 몇 초에 의해 결정된다. 인간은 모두 이야기꾼이며, 자기 자신에 대해 이야기를 늘어놓기를 좋아한다. 자신이 경험한 것을 생각하고 말하는 것은 과거를 이해하도록 도울 뿐만 아니라 그것을 기억할 확률에도 영향을 미친다. 우리가 말하고 곱씹는 일화나 사건은 어느 정도 소멸되지 않지만, 생각하거나 언급하지 않으면 더 빠르게 잊힌다. 물론 처음에 곰곰이 생각하고 논의하는 경험이 더 기억할 만한 사건이었을 수도 있다. 1989년 로마 프리에타Prieta에서 지진이 해안 지역을 강타했을 때, 이를 직접 경험한 사람들은 이 독특하고도 충격적인 사건을 너무나도 말하고 싶었기 때문에 주위 사람들은 '지진이 일어났을 때 내가 어디에 있었냐면'이라고 시작되는 끝도 없는 이야기에 시달려야 했다. 얼마 지나지 않아 지진 이야기는 이제 그만하라는 문구가 적힌 티셔츠가 판매되기도 했다.

찰스 톰프슨의 일기 쓰기 연구에서는 대학생들이 가장 자주 떠올리거나 말했다고 보고한 경험이 가장 구체적인 형태로 기억되었다. 수많은 실험연구를 보면, 특정 사건을 생각하거나 말하면 그렇지 않았을 때보다 기억이 더 강화된다는 것이 확실히 입증되었다. 이 연구 결과를 통해 우리는 일상에서 기억의 소멸에 어떻게 대응해야 하는지 추론해볼 수 있다. 그것은 바로 일상적인 경험에 대해 생각하고 말하는 것이 그것을 기억할 수 있는 최고의 방법이다.

또한 기억의 소멸은 경험이 최초로 부호화된 후에 어떤 일이 일어났느냐에 따라 더 약화될 수 있다. 직장에서 보낸 일상적인 날에 대해 무엇을 기억하는지 살펴보았던 연구를 떠올려보자. 그다음 날에는 기억이 풍부하고 세세했지만, 일주일이 지난 다음에는 일반적인 묘사에 그쳤다. 하지만 어떤 사람들은 월요일에 퇴근한 후 휴가를 떠났다고 상상해보자. 이 사람들이 휴가에서 돌아왔을 때는 일주일 내내 일했던 사람들보다 지난 월요일에 직장에서 어떤 일이 있었는지 더 많은 내용을 자세히 기억할 확률이 높다. 기억하고자 하는 경험과 유사한 경험을 하면 기억을 손상시키는 간섭이 일어난다. 휴가를 가지 않은 사람들은 월요일에 했던 일과 매우 유사한 활동들을 화요일부터 금요일까지 수행했기에 상당한 간섭이 일어난다. 그러나 휴가를 떠난 사람들은 월요일에 했던 일과 완전히 다른 활동을 하게 되고, 그로 인해 간섭이 거의 혹은 전혀 일어나지 않는다.

하지만 장기간에 일어나는 소멸은 유사한 경험으로 인한 간섭만으로 발생하는 것은 아니다. 다시 말해 시간의 흐름에 따라 일어나는 정보의 손실은 간섭이 거의 없을 때에도 일어난다. 미국의 심리학자 해리 바릭Harry Bahrick은 고등학교나 대학교에서 스페인어를 공부한 적이 있는 사람들을 대상으로 단어를 얼마나 기억하고 있는지 테스트했다. 스페인어 수업을 그만둔 직후부터 50년이 지난 때까지 다양한 시간 간격으로 테스트를 진행했다. 그는 수업을 그만두고 나서 첫 3년 동안은 스페인어를 기억하는 양이 급격히 줄어들었지만, 그 후에는 기억의 손실이 적었다고 보고했다. 처음 몇 년 동안 일어난 기억 쇠퇴는 자연스러운 정보의 손실에 의한 것일 수 있다.

기억은 어디에 숨어 있을까?

하루가 지나면 기억할 수 있지만, 1년이 지나면 기억할 수 없는 경험에는 어떤 일이 일어나는 것일까? 완전히 사라지는 걸까? 아니면 독특한 목소리나 자극적인 냄새처럼 그 경험을 상기시키는 단서가 나타나기만을 기다리며 숨어 있는 것일까? 기억을 연구하는 사람들은 이 질문들을 둘러싸고 수십 년 동안 토론을 해왔다. 이에 대한 나의 대답은 두 시나리오 모두 부분적으로 맞다는 것이다. 인간 외의 동물을 대상으로 한 여러 신경생물학 연구를 통해 망각이 가끔은 정보의 손실을 의미한다는 증거가 점차 많이 나오고 있다.

대부분 신경생물학자의 말에 따르면, 기억은 여러 뉴런 사이의 연결 강도가 변화되면서 부호화된다. 우리가 어떤 사건을 경험하거나 새로운 사실을 습득할 때 뉴런들을 잇는 시냅스에서 복잡한 화학 변화가 일어난다. 여러 실험은 시간의 흐름에 따라 이 변화들이 소멸될 수도 있음을 보여준다. 그렇기에 기억을 부호화하는 신경 연결은 에빙하우스의 망각 곡선처럼 약해질 수도 있다. 그것은 이후에 경험을 회상하고 이야기함으로써 강화되지 않으면 결국 기억이 불가능할 정도로 약해진다. 그러나 수많은 연구를 보면, 잊어버린 듯 보이는 정보가 경험을 최초로 부호화했던 방식을 기억나게 하는 단서로 인해 복구될 수 있다는 것이 증명되었다. 시간이 흐르고 간섭이 증가하면서 정보는 점차 사라지는데, 마침내 강력한 단서만이 거스를 수 없을 것만 같은 소멸을 막을 수 있다. 이때 이 단서는 계속 약해지는 신경 연결에서 남아 있는 경험의 편린들을 되살리는 역할을 한다.

네덜란드의 심리학자 빌렘 바게나르Willem Wagenaar는 개인적인 기억을 대상으로 진행한 일기 쓰기 연구에서 이것을 정확히 증명해냈다. 바게나르는 4년 동안 매일 특별한 사건에 대해 누가 사건과 관련되어 있는지, 무슨 일이 일어났는지, 언제 어디에서 사건이 발생했는지, 더 나아가 그 사건만의 특징적인 세부 사항을 기록했다. 바게나르는 일기를 쓰는 동안에 자신의 일기를 다시 보지 않았다. 이 일기 쓰기를 끝낸 다음에 다양하게 조합된 단서(누가, 무엇을, 언제, 어디에서)를 가지고 자신의 기억을 테스트했다.

바게나르는 단서가 많을수록 해당 사건의 세부 사항을 기억할 가능성이 더 높아진다는 것을 발견했다. 하지만 단서가 아무리 많아도 기억해내지 못하는 사건이 많았다. 이 경험들이 자신의 기억에서 완전히 사졌는지 궁금했던 바게나르는 '완전히 망각'이라고 분류한 사건 중 10개를 골라 이 사건과 관련된 사람들을 인터뷰했다. 이들이 추가적인 세부 사항을 이야기해주었을 때 바게나르는 이 사건을 기억해낼 수 있었다. 바게나르의 연구는 수개월이나 수년에 걸쳐 일어나는 기억의 소멸의 공통적인 결과가 무엇인지 보여준다. 그것은 바로 기억이 완전히 잊히지 않고 불완전한 상태로 망각되면서 그 경험의 파편들을 여기저기 남겨둔다는 것이다. 익숙한 듯한 인상, 일어난 사건에 대한 일반적인 지식, 경험에 대한 단편적인 세부 사항은 기억의 소멸이 일어났을 때 가장 일반적으로 남겨지는 파편들이다.

시각적 심상 기억술

우리는 소멸이 휩쓸어가고 남은 기억보다 더 많은 것을 기억하기를 바란다. 기억의 소멸을 약화시키고자 한다면 기억이 형성되는 초기에 일어나는 일을 통제해야 한다. 이 순간에는 새로 들어온 기억의 운명을 크게 좌우하는 부호화가 일어난다. 최근에 기억 향상 제품들은 모두 이런 근본적인 통찰에 근거해 만들어졌다. 그리고 사람들에게 새로 유입되는 정보를 어떻게 정교화하는지 가르쳐준다. 많은 책과 기사에도 기억 향상에 대한 유용한 기술이 실려 있다. 가장 자주 추천되는 것이 '시각적 심상 기억술'이다. 이는 기억하고 싶은 정보를 생생하고도 기이하기까지 한 시각적 심상으로 전환해 정교화하는 것이다. 내 이름이 대니얼 샥터Daniel Schacter라는 것을 기억하고 싶다면, 사자 무리에 둘러싸인 내가Daniel in the lion's den 피신할 판잣집shack을 쳐다보고 있는 모습을 상상하면 된다.

시각적 심상 기억술은 지금부터 2,000년 이상을 거슬러 올라간 시기에 그리스인들이 최초로 발견했다. 지금도 많은 전문 기억술사가 자신의 분야에서 화려한 재주를 선보일 때 사용하는 기술이다. 몇 초만 보고도 수백 명의 이름을 외우는 식이다. 실험연구에서도 평범한 사람이 시각적 심상 기억술을 이용해 단어나 이름 등을 더 잘 기억할 수 있다는 것이 관찰되었다. 하지만 여기에는 시각적 심상 기억술이 복잡하기도 하고, 실제로 상당한 인지적 노력이 필요해서 즉흥적으로 사용하기에는 힘들다는 문제가 있다.

처음 몇 번은 기이한 심상과 이야기를 만들어내 새로운 정보를 부호화하는 과정이 도전적이고 재미있을 수 있다. 하지만 기억에 남을 만한 시각적 심상을 반복적으로 만들어내는 일은 결국 부담스러워져서 이 기술을 사용하지 않게 된다. 한 연구에서는 노인들을 대상으로 실험실에서 기억술을 사용하도록 지시하자 이들은 문제없이 사용했다. 하지만 일상생활에서도 기억술을 사용한다고 보고한 사람은 33퍼센트밖에 되지 않았다.

많은 사람을 대상으로 광고하는 '메가 기억Mega Memory' 프로그램은 주로 시각적 심상과 관련된 기술에 의존한다. 이 프로그램은 누구나 연습을 통해 사진처럼 정확하게 기억할 수 있다고 광고한다. '사진 기억'을 통해 이름과 얼굴을 외우고, 약속을 기억해낼 수 있으며, 친구나 가족들에게 자신의 기억력을 뽐낼 수 있다고 말한다. 메가 기억 사용자들의 추천 글에는 이 프로그램을 통해 엄청난 효과를 얻게 되었다는 내용이 암시되어 있다. 이 기억 향상 프로그램이 이 기술을 사용하려고 노력하는 사람들에게 도움이 되지 않을 것이라고 의심할 이유는 없다고 본다. 하지만 일부 사람들은 효과를 보기 위해 특정 사건이나 사실을 기억하려고 할 때마다 매번 이 기술을 사용해야 한다는 것을 제대로 인식하지 못하는 것 같다.

내가 라디오 방송에서 여러 질문을 받았을 때, 한 청취자가 전화를 걸어왔다. 메가 기억 프로그램을 받으면 '뇌 훈련'이 되어 이후에도 '사진 촬영'하듯 기억을 할 수 있냐고 물었다. 이 청취자는 안경이 시력을 높여주듯이 안경을 쓰기만 하면 어떤 노력도 없이 시력이 좋아지는 것처럼, 자신의 기억력이 높아질 수 있을 것이라고 예상했다(혹은 그러길 바랐던 것이다). 나는 이 청취자에게 안타깝게도 기억술은 안경과 다르다고 설명했다. 기억이 향상되는 것은 가능하지만 얼굴, 이름, 사건 등을 부호화할 때마다 엄청난 노력을 기울여 이 기술을 활용해야 하기 때문이다.

전문 배우들의 '능동적인 경험'

●●●

상업적으로 이용 가능한 기억 향상 프로그램들을 대상으로 한 통제된 연구가 얼마 없기는 하지만, 한 연구에서는 메가 기억과 그와 유사한 기억력 녹음테이프를 사용한 훈련이 노인들에게 어떤 효과를 내는지 조사한 적이 있다. 참가자들은 기억 과제들을 완수한 후, 두 훈련 프로그램 중 하나를 받거나 대기자 명단에 올랐다. 참가자들은 대부분 프로그램을 완수했고, 대체로 이에 대한 만족감이 높다고 보고했다. 또한 이들은 훈련을 통해 자신의 기억이 향상된 것 같은 주관적인 느낌도 받았다. 하지만 실망스럽게도 다른 참가자들과 비교했을 때, 메가 기억이나 기억력 녹음테이프 프로그램을 성공적으로 완수한 사람들의 기억이 향상되었다고 뒷받침할 증거는 발견되지 않았다. 연구자들은 노인들에게서 보이는 이 두 프로그램의 효과가 '극도로 과장되었다'고 결론을 내렸다.

기억술이나 정교한 부호화가 더 잘 이루어지게 하는 기술에서 효과를 보려면, 이 기술은 자주 사용할 수 있을 만큼 단순해야 한다. 이 기준에 부합하는 방식이 여러 실험을 통해 입증되었는데, 기억하고자 하는 정보와 이미 알고 있는 정보를 연관 지어 정교화하는 것이다. 이 단순한 방법은 기억하고자 하는 것에 대해 질문하고 스스로 정교화할 수밖에 없는 상황을 만드는 것이다. 다음과 같은 질문을 해볼 수 있다. 방금 만난 여성의 얼굴에는 어떤 특징이 있을까? 여성을 보면 떠오르는 사람이 있을까? 두 사람의 비슷한 점과 다른 점은 무엇일까?

이 방법을 약간 변형한 연구에서도 희망적인 결과가 보고되었다. 이 연구의 대상은 바로 전문 배우들이었다. 1990년대 초에 미국의 심리학자 헬가 노이스Helga Noice와 토니 노이스Tony Noice는 전문 배우들의 대사 암기 방식을 연구하던 중 흥미로운 사실을 발견했다. 배우들은 대본을 그대로 암기하기보다 캐릭터가 사용하는 특정 단어가 어떻게 캐릭터의 특징과 역할에 대한 통찰을 제공하는지 질문하면서 외웠다. 적확한 문법, 구두점, 그 밖의 언어적인 요소가 캐릭터의 계획, 동기, 의도에 대한 단서로 작용한다. 한 배우가 자신이 맡은 캐릭터의 짧은 대사인 "그래, 내가 했어"를 보고, 대본을 분석하며 다음과 같이 알아차리게 된다. "나는 필요한 말 이외에는 어떤 말도 하지 않는군. 짧은 대답들이네." 다른 배우는 "어, 고마워. 고마워"라는 대사를 보며, 이 대사가 암시하는 것을 생각해본다. "쿨하고 세상 물정에 밝은 사람인 척하지만, 나는 약간 말을 더듬고 있어."

두 심리학자는 노인들과 대학생들을 대상으로 전문 배우들의 '능동적인 경험'을 가르쳤을 때도 같은 효과가 나타나는지 살펴보았다. 그 결과는 고무적이었다. 여러 연구를 살펴보면, 이 기술을 짧게 훈련받은 대학생들과 노인들이 무작정 대사를 암기한 사람들보다 대본을 더 정확히 기억해냈다. 시각적 심상 기억술처럼 능동적인 경험도 많은 노력이 필요하기에 사람들이 이 기술을 일상적으로 사용하려고 할지는 여전히 두고 보아야 한다. 하지만 우리는 이 결과들을 통해 기억의 소멸에 대응하기 위해 정교한 부호화를 강화하는 방식과 그 원리를 현실화하는 도구들이 실험적으로 입증되었다는 것을 다시 한번 깨닫게 되었다. 여기서 가장 큰 장애물은 일상생활에서 부호화 기술을 효율적으로 사용하는 것이다.

기억을 향상시키는 약

●●●

정교한 부호화와 시각적 심상 기억술 등은 모두 인지적 노력이 필요하기 때문에 기억의 소멸에 대응할 간단하면서도 영구적인 방법을 찾아낼 수 있다는 것을 웅변하고 있다. 특히 가장 오래된 낙엽수로 꼽히는 은행나무잎 추출물(징코 빌로바)에서 기억술의 '마법의 렌즈'가 발견되었다고 생각하는 사람들이 있다. 우리는 은행을 섭취하면 사고가 예리해지고 기억력이 향상된다고 주장하는 광고를 본 적이 있다. 실제로 많은 연구를 통해 은행에 뇌 순환을 이롭게 하는 효과가 있다는 사실이 확인되었다.

여러 실험에서는 기억과 관련해 심각한 문제가 있는 사람들에게 은행을 섭취하게 하자, 위약僞藥을 섭취한 통제집단에 비해 기억력이 약간 향상되었다는 것이 보고되었다. 하지만 기억과 관련된 문제가 전혀 없거나 거의 없는 사람들은 기억력이 향상되지 않았다. 다른 연구에서는 알츠하이머병을 앓는 환자가 은행을 섭취한 후 여러 증상에서 약간의 호전을 보였는데, 이는 아마도 각성도覺醒度가 일반적으로 높아졌기 때문일 것이다. 하지만 은행이 기억의 소멸에 효과가 있다는 증거는 없다. 은행을 섭취할 것인지, 정교한 부호화 기술을 개발하는 데 시간과 노력을 투자할 것인지 선택해야 한다면, 긴강한 사람은 후자에 집중하는 것이 더 낫다.

여러 가지 다른 약초와 비타민도 기억 향상 제품으로 선전되어왔지만, 그 효능을 입증해주는 증거는 빈약하거나 아예 없다. 여러 연구에서는 포스파티딜세린phosphatidylserine(PS)이라는 영양 보충제에 대해 긍정적인 결과를 보고하기도 했다. 은행처럼 PS도 여러 기억 테스트에서 일반적으로 좋은 효과를 보였다. 일부에서는 PS가 노화에 따른 온갖 종류의 기억력 문제에 치료제로 쓰인다고 광고한다. 그러나 PS가 효과(주의, 집중, 반응 속도 등)를 내는 것처럼 보인다는 것은 그 주된 역할이 자극을 높여주는 것임을 암시한다. 이는 진한 커피 한 잔의 역할과 매우 유사하다. 실제로 '6단계 기억 치료 프로그램'을 만든 사람들은 PS를 주기적으로 복용하도록 하면서도 여러 정교한 부호화 기술도 함께 추천한다. 그들이 임상적인 효과를 보았다고 말하는 것 중에는 이 프로그램에 정교한 부호화 기술이 접목된 탓도 있었을 것이다.

그 밖의 다른 방법은 기억의 소멸과 관련되어 보이는 호르몬에 집중한다. 예를 들어 폐경기 여성에게 에스트로겐 호르몬을 보충해서 그 효과를 조사하는 것이다. 폐경 후 여성들은 종종 기억력에 문제가 생겼다고 호소한다. 또한 고령층 여성을 대상으로 한 연구에서는 에스트로겐 수치가 낮으면, 단어 목록이나 단어쌍 등 언어 정보를 기억하는 능력이 떨어진다는 것이 증명되었다. 여러 실험에서는 에스트로겐을 보충하면, 언어 정보와 시각적 정보를 일정 시간이 지난 후에 더 잘 기억하게 해준다는 것이 증명되었다.

기억의 소멸에 효과적으로 대응하는 치료제는 기억을 보존하는 데 관여하는 생리학적 과정에 직접적으로 작용할 수 있다. 조지프 첸Joseph Tsien이 이끄는 신경생리학 연구팀은 실험용 쥐의 기억력을 크게 향상시킨 유전자를 찾아내 인상적인 실험을 했다. 이 유전자는 기억에서 큰 역할을 하는 NMDAN-methyl-D-aspartate 수용체를 위해 단백질을 만들어낸다. 이 수용체는 뉴런과 뉴런의 틈, 즉 시냅스에서 정보의 흐름을 조정하는 데 도움을 준다. 캐나다의 심리학자 도널드 헵Donald Hebb은 동시에 활성화되는 뉴런들의 시냅스 연결 강도가 높아질 때 기억이 형성된다고 주장했다. 이 현상을 한마디로 요약하자면 '함께 활성화되는 뉴런은 서로 연결되어 있다'가 될 것이다.

NMDA 수용체는 거의 동시에 2개의 다른 신호를 받을 때 열리는데, 이때 '장기 강화long-term potentiation'라고 불리는 신경 처리 과정을 촉발한다. 이는 시냅스 연결을 증가시켜 기억의 형성을 촉진한다고 알려졌다. 이 수용체는 나이가 들었을 때보다는 어릴 때 더 오래 열려 있으며, 그와 동시에 '장기 강화'를 극대화하며 젊은 유기체들이 새롭게 연결되는 것을 더 용이하게 한다. 조지프 첸의 연구팀은 실험용 쥐에게 해당 유전자가 과잉 표현되도록 만들어 NMDA 수용체의 활동이 많아지도록 했다. 해당 유전자를 추가적으로 더 갖게 된 쥐들은 여러 종류의 과제를 수행했다. 쥐들은 공간 구성을 학습하고, 익숙한 대상을 재인식하며, 두려움을 유발하는 충격적인 사건을 회상하는 과제를 수행했다. 이 쥐들은 학습하는 동안 '장기 강화'가 향상된 모습을 보였으며,

3가지 과제를 보통 쥐들보다 더 잘 수행했다. 이 효과는 어른이 되어서도 그대로여서, 사실상 나이 든 쥐들이 어린 쥐들과 비슷한 수준으로 학습할 수 있었다.

조지프 첸의 연구팀은 이 쥐들에게서 발견된 유익한 유전자를 통해 다른 포유류를 대상으로 유전자를 변형해 지능과 기억을 향상시키고자 할 때 유용한 기술이 발견되었다고 보고했다. 하지만 연구 결과가 아무리 흥미롭더라도, 언제 기억 장애 환자나 장애가 없는 보통 사람들을 위한 치료제로 개발될지는 묘연하다. 치료제가 개발될 가능성이 있다는 것은 우리를 혹하게 하면서도 걱정스럽게 한다. 미국의 신경생리학자 팀 툴리Tim Tully는 기억의 유전적 기초에 대해 선구적인 연구를 수행해왔는데, 기억을 향상시키는 약이 결국에는 자신이 우려했던 방식으로 사용될지도 모른다고 생각했다.

"폭탄을 투하하러 가기 전에 비행기 조종사들에게 그 임무의 세부 내용을 30분 동안 전달해야 하는 장군이 느낄 압박에 대해 생각해보세요. 그가 단기간에 벼락치기로 그 정보를 주입한 다음에 기억력 향상제를 먹을 것이라고 생각하지 않으세요? 이 같은 방식으로 기억력 향상제를 사용하고 싶어 안달이 날 겁니다." 툴리는 이렇게 활용하는 것이 자신이나 다른 연구자의 의도를 왜곡한 것이라고 보는 평화주의자다. "저는 이 왜곡된 해석이 전쟁 기술로 쓰이는 것을 보고 싶지 않아요. 공공연하든 은밀하든, 인간이 서로에게 가하는 그 어떤 잔혹 행위에도 쓰이지 않았으면 합니다."

기억력 향상제가 교육에서 사용될 수 있다는 것은 희망적이면서도 염려스럽다. "아이들이 매일 학교에 가기 전에 기억력 향상제를 먹는다면 어떨 것 같습니까? 12년간 교육을 받고 난 아이들의 머릿속은 어떻게 될까요? 그렇게 기억하게 된 정보를 가지고 무엇을 성취할 수 있을까요?" 소멸의 한계에서 자유로운 슈퍼 학습자 세대를 만들 수 있다는 것은 매우 바람직해 보인다. 하지만 그렇게 쏟아지듯 들어오는 정보를 뇌가 잘 처리할 수 있을까? 가장 최근에 출시된 기억력 향상제를 구할 수 없는 아이들은 어떻게 될까? 그들은 학교에서나 이후 인생에서 뒤처지게 될까? "우리는 알 수가 없어요." 툴리가 마지못해 인정하듯 말했다.

이 질문들은 직장에 다니는 성인에게도 적용된다. 직업과 관련된 정보를 더 많이 학습하고 기억할수록 승진할 확률이 높아지고, 이때 기억력 향상제가 도움이 된다고 상상해보자. 이 약을 먹지 못하는 사람은 경쟁에서 불리하게 된다. 당신이 이 상황에 놓인다면 기억력 향상제의 부작용이 있거나 어떤 부작용이 있을지 알려진 것이 없는데도 복용하겠는가? 기억에 대한 신경생물학 연구가 진행되는 속도를 고려해보았을 때, 이 질문들은 결국에 우리가 마주해야 한다.

망각을 줄이거나 없애줄 유전자와 약이 발견될 수 있을지를 두고 사람들은 흥분한다. 이는 어쩌면 알츠하이머병이나 그보다는 좀더 약한 증상을 보이는 정상적인 노화에 따른 기억 감퇴가 가져올 두려움을 반영하는 것인지도 모른다. 이 두려움 때문에 기억의 소멸이 가장 무섭게 느껴질 수도 있다. 기억은 우리가 누구인지를 정의하는 과거의 생각과 행동을 현재의 우리와 연결시켜주는 역할을 하는데, 기억의 소멸이 그런 역할을 방해하기 때문이다.

영국의 시인 윌리엄 워즈워스William Wordsworth는 이것을 잘 인식하고 있었다. 그는 자신의 시 「송가頌歌: 어린 시절을 회상하고 얻은 불멸성의 암시」를 통해 희미해지는 어린 시절 기억의 특징에 대해 사색하며, 서글픈 마음으로 다음과 같이 말했다. "내가 보았던 것들을 이제 나는 보지 못하네." 윌리엄 워즈워스는 과거가 끊임없이 흐려질 때 뒤에 남겨진 희미한 울림이 얼마나 중요한지 노래한다. "그 최초의 애정 때문에 / 그것이 무엇이든 간에 / 여전히 우리 온 생애의 근원인 빛이자 / 우리 시간의 주인인 빛 / 그 어슴푸레한 기억 때문에."

모든 것을 기억하는 여자

●●●

2006년 나는 막 발표된 사례 연구를 재미있게 읽고 있었다. 한 여성이 이전 논문에 보고되었던 사람들과는 다르게 과거의 경험에 대해 뛰어난 기억력을 가지고 있었다. 미국 남부 캘리포니아에 살고 있던 여성은 수년 전에 캘리포니아대학 어바인캠퍼스UCI의 뛰어난 연구자인 제임스 맥거프James McGaugh에게 편지 한 통을 보내 자신의 기이한 능력을 설명했다.

"저는 34세이고, 11세 때부터 과거를 기억해내는 믿기 힘든 능력을 보였어요. 텔레비전 화면이나 다른 곳에서 날짜가 보일 때마다 자동적으로 그날로 돌아가 제가 있었던 장소, 행동, 요일 같은 것들이 계속 끊임없이 떠올랐어요. 이런 현상이 쉬지 않고 계속되고 통제되지 않아 완전히 기진맥진해져요."

그녀의 설명에 흥미를 느꼈던 맥거프와 그의 동료들은 2000대 초반에 그녀를 연구해 그녀의 주장을 뒷받침할 증거를 발표했다. 연구자들이 그녀에게 1974년 이후의 특정 날짜를 말해주면, 그녀는 그날이 무슨 요일인지, 자신이 무엇을 하고 있었는지를 회상할 수 있었다. 그녀는 그동안 일기를 써왔기 때문에 연구자들은 그녀의 회상이 정확한지 일기장을 보고 확인할 수 있었다. 특히 '부활절 테스트'의 결과는 매우 흥미로웠는데, 연구자들은 그녀에게 예고 없이 1980년부터 2003년까지 매년 부활절에 무엇을 했는지 물어보았다. 그녀는 24년 동안의 부활절 날짜를 정확하게 맞혔고, 그날 있었던 일도 구체적으로 대답했다. 1985년 4월 7일에는 "집으로 막 돌아와서는 심하게 아팠다"고 대답하기도 하고, 1993년 4월 11일에는 "하루 종일 놀다가 친구와 함께 저녁에 스파게티를 먹었다"고 대답하기도 했다. 그녀의 기억은 모두 일기장을 통해 사실로 확인되었다.

당신은 지난 20년간 부활절에 무엇을 했는지 기억할 수 있는가? 혹은 그 기간 중 무작위로 고른 날짜에 했던 행동을 기억할 수 있는가? 이 질문에 대답은 '아니오'일 것이다. 그녀가 시각적 심상 기억술 등 다른 기술을 사용하지 않았다는 것은 주목할 만했다. 실험실에서 이루어지는 기억 테스트에는 단어 목록이나 그와 비슷한 것들을 부호화하고 인출하는 활동이 포함되어 있는데, 이 테스트에서 그녀가 보인 능력은 놀랄 만하지도 않으며 어떤 테스트에서는 평균 이하이기도 했다. 그녀의 특별한 기억력은 개인의 일상적인 경험에 국한된 것이었다.

2008년에 그녀는 자신의 놀라운 기억을 기록한 『모든 것을 기억하는 여자The Woman Who Can't Forget』를 펴냈다. 이 책에서 그녀는 질 프라이스Jill Price라는 자신의 진짜 이름을 공개했다. 그녀는 〈식스티 미니츠60 Minutes〉 같은 텔레비전 인터뷰를 여러 번 했다. 이때 맥거프도 함께 출현했는데, 많은 언론에서 흥미를 끌었으며 수많은 사람이 맥거프에게 질문을 했다. 자신도 그녀와 같은 특별한 기억력을 가지고 있다고 주장하는 사람들이었다.

맥거프와 그의 동료들은 질문 내용을 확인했고, 그중에서 실제로 그런 능력을 가지고 있지만, 대부분 사람들은 그렇지 않다는 것을 알게 되었다. 2012년 맥거프의 연구팀은 그녀와 비슷한 11개 사례를 묘사하고 그것을 '매우 우월한 자서전적 기억'이라고 이름 붙였다. 이는 현재 '과잉 기억 증후군'이라고 알려져 있다. 그녀처럼 과잉 기억 증후군을 가지고 있는 사람들이 기억 테스트에서 특별한 능력을 보이지 않는다는 것을 확인시켜준 실험과 함께 연구자들은 fMRI를 수행해 과잉 기억 증후군을 가지고 있는 사람과 통제집단의 뇌 9개 영역을 비교한 후에 그 크기가 서로 다르다는 것을 밝혀냈다.

이 중에서 중앙 측두엽에 있는 해마곁이랑이 자서전적 기억과 관련이 있었는데, 연구자들은 "과잉 기억 증후군을 가진 사람들에게서 발견된 구조적 변화가 동일한 하드웨어를 더욱 효율적으로 사용하는 원인일 수 있다"고 말했다. 2018년 fMRI 연구에서 과잉 기억 증후군을 가지고 있는 사람들은 통제집단과 함께 스캔을 받는 동안 개인적인 과거의 경험을 떠올려보라는 지시를 받았다. 그들은 통제집단에 비해 과거를 회상할 때 뇌의 여러 영역에서 2배 정도 높은 활성화를 보였다. 또한 해마와 전두엽 피질 사이의 결합이 더 강하게 나타났는데, 이 두 영역은 자서전적 기억에 중요한 역할을 한다.

이것은 과잉 기억 증후군의 중요한 특징을 나타내지만, 질 프라이스나 다른 사람들이 어떻게 이 놀라운 기억력을 갖게 되었는지는 여전히 의문이다. 그녀가 자신의 일상을 일기장에 써왔다는 것을 고려해본다면, 테스트에 대비해 그저 일기를 살펴보고 과거의 일을 외웠던 것인지도 모른다. 맥거프와 그의 동료들은 2006년에 그 같은 주장에 반박했다. 그녀가 자신의 일기장을 다시 살펴보지 않았다고 말했으며, 수천 개의 일기 중 어떤 것에 대해 질문을 받을지 미리 알고 있지 않았다는 것을 지적했다. 게다가 이 사람들이 모두 일기를 쓰는 것은 아니다. 어쩌면 그녀와 다른 사람들은 일종의 '사진처럼 정확한 기억'을 가지고 있는지도 모른다. 하지만 이 역시 기존의 증거와 완전히 모순된다. 평범한 사람들을 대상으로 기억의 오류와 왜곡을 찾아내는 테스트를 했을 때, 과잉 기억 증후군을 가진 사람들은 다른 사람들이 저질렀던 것과 동일한 실수를 저질렀기 때문이다.

하지만 과잉 기억 증후군을 가지고 있는 사람들은 개인적인 경험을 회상할 때 우리처럼 기억의 소멸에 취약하지 않다는 증거가 존재한다. 맥거프의 연구팀이 과잉 기억 증후군을 가지고 있는 30명을 대상으로 한 2016년 연구를 보면, 통제집단에 비해 하루 전이나 일주일 전에 일어났던 개인적인 사건을 더 자세히 기억하지는 못했다. 하지만 한 달 전, 1년 전, 10년 전에 일어났던 일에 대해서는 훨씬 더 자세히 기억했다. 또한 이 연구는 과잉 기억 증후군을 가지고 있는 사람들이 높은 수준의 강박 행동을 보인다고 보고했다.

이는 강박 장애를 진단받은 환자들에게서 관찰되는 행동과 비슷했다. 이를테면 주변 환경을 정리해야 한다거나 과거의 경험에 대해 곰곰이 생각하는 경향이 있었다. 이것은 질 프라이스가 자신의 기억에 대해 "쉬지 않고 계속되고 통제되지 않아 완전히 기진맥진해져요"라고 말한 특징과 일치한다. 사실 질 프라이스에 관한 2006년 논문에는 다음과 같이 언급되어 있다. "그녀는 항상 정돈된 삶을 원한다. 그리고 개인적인 과거를 끊임없이 회상하는 자신의 행동을 잘 억제하지 못한다."

이 관찰에 근거해보면, 과잉 기억 증후군을 가진 사람들은 자신의 과거를 자주 인출하기 때문에 소멸의 영향을 받지 않는지도 모른다. 이것은 여러 실험 결과와 잘 맞아떨어진다. 이 실험 결과들은 논문에서 '기억 인출 연습'이라고 지칭되는 현상에 관한 것으로, 지난 20년간 계속 관찰되어왔다. 여기서 '기억 인출 연습'은 사람들에게 기억 속 정보를 인출하라고 하는 것이 단순히 정보를 재학습하게 하는 것보다 기억에 더 도움이 될 수 있다는 것을 의미한다.

자서전적 기억 인출 연습

●●●

기억 속 정보를 인출하는 것이 정보를 강화하고 기억하는 데 유익하다는 일반적인 견해는 심리학에서 오랜 역사를 지니고 있지만, 2000년대 초에 다시 새롭게 관심을 받았다. 이는 미국의 심리학자 헨리 뢰디거Henry Roediger와 제프리 카픽Jeffrey Karpicke이 기억 인출 연습의 극적인 효과와 관련해 내놓은 놀라운 연구에 있다. 이 연구는 최근 몇 년간 교육에서 점점 더 영향력이 높아지고 있는 학습과 관련해 그 중요성이 높아지고 있다. 우리의 논의와 가장 관련 있는 것이 두 심리학자가 내놓은 2006년 연구 결과다.

이 연구에서 두 심리학자는 실험 참가자들에게 기억해야 하는 이야기를 제시한 후에 그들에게 이 이야기를 재학습하게 하거나 정보 인출 시에 필요한 이야기에 대해 테스트를 했다. 그런 다음 5분 후나 이틀 후, 일주일 후에 최종 테스트를 했다. 재학습과 비교했을 때, 기억 인출 연습은 5분 후의 최종 테스트에서는 효과가 없었지만, 이틀 후와 일주일 후의 최종 테스트에서는 극적인 향상을 보였다. 다시 말해 기억 인출 연습은 시간에 따른 망각을 둔화시켰으며, 이는 맥거프의 연구팀이 2016년에 과잉 기억 증후군을 가진 사람들을 대상으로 진행한 연구에서 발견한 내용과 유사했다.

따라서 과잉 기억 증후군을 가진 사람들에게 개인적인 경험을 기억하게 해주는 '반反소멸'의 특징이 존재한다는 사실을 뒷받침할 수 있게 된다. 반소멸은 일종의 '자서전적 기억 인출 연습'의 결과이며, 이는 과거의 경험을 반복적으로 기억하는 것을 의미하며, 과거의 경험에 집착하는 것일 수도 있다. 과잉 기억 증후군과 기억 인출 연습에서 찾은 공통점은 시간이 지나면서 망각이 둔화된다는 것이다. 이 사실이 특별히 주목할 만한 것은 망각에 영향을 줄 실험용 조작이나 조건을 찾기 힘들기 때문이다(부호화나 인출 과정에 영향을 주는 것과는 대조적이다). 그렇지만 최근 보상이 소멸에 영향을 줄 수도 있다는 증거가 점점 늘어나고 있다. 예를 들어, 한 실험에서는 사람들이 금전적인 보상을 주는 범주의 사진들과 보상을 주지 않는 범주의 사진들을 부호화했다. 금전적인 보상은 실험 직후 기억 테스트에는 효과가 없었지만, 3주 후의 기억 테스트에서는 큰 효과가 있었다.

사소한 내용을 기억해야 할 때 금전적인 보상이 기억을 향상시킨다는 연구도 있다. 이 실험에서 금전적인 보상은 일주일 이후의 기억은 향상시켰지만, 10분 후의 기억은 그렇지 못했다. 이것은 뇌의 보상 체계에 영향을 주는 약물 조작을 했을 때도 관찰되었다. 엘도파L-dopa를 투여했을 때, 6시간 후의 기억은 향상되었으나 2시간 후의 기억은 그렇지 못했다. 보상으로 인해 시간에 따른 망각이 감소될 수 있다는 발견은 중요하다. 소멸을 둔화시키는 조작은 실제적으로 영향을 주기 때문이다. 보상이 과잉 기억 증후군을 가진 사람들의 뛰어난 기억력에 한몫하는지는 불확실하다. 하지만 앞으로 이 쟁점에 대해 연구가 이루어진다면 매우 유용할 것이다. 더 일반적으로, 과잉 기억 증후군과 기억 인출 연습, 보상이 소멸을 감소시키는 데 도움이 된다는 것을 보여준 지난 20년간의 연구 결과 덕분에 오늘날 우리는 더 우월한 위치에 서서 기억을 보존하는 효과적인 방법을 만들어낼 수 있게 되었다.

사진을 찍으면 기억할까?

2001년에 인터넷은 이미 일상생활에 큰 위치를 차지하고 있었다. 하지만 구글은 막 등장했고, 스마트폰과 소셜미디어는 수년이 지나 등장했다. 현재 대부분 우리는 구글을 사실이나 일반적인 지식을 저장할 기억 장치로 사용한다. 스마트폰을 이용해 GPS로 길을 찾고, 보존하고 싶은 경험을 기록하고, 그것을 소셜미디어로 공유하기도 한다. 페이스북과 인스타그램은 일상적인 사건들을 담은 사진들로 넘쳐난다.

2019년 미국의 상원의원 엘리자베스 워런Elizabeth Warren은 자신의 대선 캠페인에 참석한 사람들과 10만 장 넘게 셀카를 찍었다고 자랑한 적이 있다. 최근 연구에 따르면, 사람들은 기억을 인출하기 위해 인지적 노력보다는 기억 장치에 의존하는 경향을 보인다고 한다. 이는 '인지적 떠넘기기cognitive offloading'라고 알려진 것인데, 심지어 이것이 최적의 전략이 아닐 때에도 사람들은 같은 경향을 보인다. 기억 장치에 의존해 경험을 기록·보관하고, 정보를 인출하는 것이 우리의 기억력에 도움이 될까?

나는 오랫동안 사진이 기억에 미치는 영향에 대해 관심이 있었다. 1990년대 말 나는 여러 연구를 수행했는데, 최근에는 영상으로 촬영된 사건을 보는 것이 기억에 어떤 영향을 미치는지 관찰하는 연구를 했다. 사진을 보는 행위는 사건에 대한 기억을 강화했지만, 되새기지 않았던 사건의 기억을 약화시켰다. 이 연구에 근거하면, 페이스북이나 인스타그램에 올라온 개인적인 사진들을 보는 행위는 기억에 여러 영향을 미치는 듯 보인다. 사진에 묘사된 사건 회상은 강화시키면서 되새기지 않았던 사건 회상은 방해하는 듯하다.

최근에 연구자들은 사진으로 찍는 행위가 사건에 대한 기억에 어떤 영향을 미치는지를 연구했다. 2014년, 미국의 인지심리학자 린다 헨켈Linda Henkel은 연구 결과를 발표했는데, 이 연구에서 실험 참가자들은 박물관 투어를 하면서 물건들을 사진으로 찍고, 다른 물건들은 그저 바라보기만 하라는 지시를 받았다. 그 후 물건들에 대해 기억 테스트를 받은 참가자들은 사진을 찍지 않았을 때보다 사진을 찍었을 때 그 물건과 그것이 있었던 위치를 덜 기억했다.

한 연구에서도 실험 참가자들이 스탠퍼드대학에 있는 한 교회를 구경했다. 일부 참가자들은 아이팟 터치를 받고, 그 카메라를 사용해 원하는 만큼(최대 5장) 사진을 찍은 다음에 그 사진을 혼자 소장하거나 페이스북에 올리라는 지시를 받았다. 다른 참가자들은 카메라를 가지고 있지 않았다. 사진을 찍었던 참가자들은 사진을 전혀 찍지 않았던 참가자들에 비해 일주일 후 교회의 세부 사항을 덜 기억했다.

사진으로 인해 생겨난 기억의 저하는 '인지적 떠넘기기'를 했던 사람들이 자기 자신의 기억보다 사진에 의존했기 때문에 일어난 걸까? 아마도 아닐 것이다. 이것은 박물관 투어 실험에서도 발견되었는데, 연구자들은 실험 참가자들이 사진을 찍고 곧바로 삭제했을 때에도 기억의 저하가 발생한다는 것을 발견했다. 이것은 최적의 조명과 앵글 등 사진을 찍는 행동에 집중하는 것이 기억을 약화시키는 방식으로 기억을 부호화하는 데 영향을 줄 수 있다는 것이다.

하지만 사물이나 사건을 사진으로 찍으면 필연적으로 기억이 약화된다는 것은 지나친 단순화다. 박물관 투어 실험에서는 참가자들이 물건의 특정 부분을 확대해 사진을 찍었을 때, 오히려 기억이 강화되었다. 게다가 다른 연구를 보면, 참가자들이 언제 사진을 찍을지 스스로 결정했을 때, 사진 촬영 행위가 경험의 시각적 측면을 더 잘 기억하게 했다. 따라서 사진 촬영 이후 무엇을 기억할지는 촬영 당시 우리의 목표와 그 기억이 어떤 방식으로 탐색되는지에 따라 달라지는 것 같다.

구글은 기억력을 떨어뜨릴까?

우리가 정보를 저장하기 위해 컴퓨터를 사용하는 것은 기억의 손상을 가져올 수 있다. 실제로 2001년 연구에 따르면, 실험 참가자들은 컴퓨터에 사소한 내용을 타이핑했는데, 그 내용이 컴퓨터에 저장될 것이라고 들었을 때보다 삭제될 것이라고 들었을 때 그것을 더 잘 기억했다. 하지만 이후 연구에서는 그와 유사한 기억의 손상이 발생하지 않았다. 한 연구에 따르면, 실험 참가자들이 단어 목록을 외우는 대신 그것이 담긴 PDF 파일을 컴퓨터에 저장했을 때, 몇 초 후 받은 두 번째 PDF 파일의 단어 목록을 더 잘 기억했다. 따라서 정보를 저장하고 인출하기 위해 컴퓨터에 의존하는 것이 잠재적으로 기억에 해로울 수 있지만, 이는 기억에 도움이 될 수도 있다.

자신이 운전을 하거나 처음 가본 지역을 걸어다닐 때 구글맵이나 웨이즈Waze 같은 GPS 플랫폼을 자주 이용하는 사람들은 주변 환경에 대해 많은 것을 배울 수 없을지도 모른다. 그것은 우리의 기억에 지속적인 손상을 주는 걸까? 미국의 신경과학자 휴고 스피어스Hugo Spiers가 내놓은 2017년 연구에는 흥미로운 결과가 있다. 이 연구에서 실험 참가자들은 영국 런던 소호 지역을 생중계로 투어하며 그 지역에 대한 광범위한 지식을 얻었다. 다음 날 fMRI를 찍는 동안 참가자들은 기억에 의지해 소호 지역이 촬영된 시뮬레이션을 적극적으로 이용해 투어를 계획하거나, GPS에 의지해 길을 찾아 나섰다. 이 연구를 통해, 투어와 관련된 활동이 기억과 관련이 있는 해마와 공간적 지식과 관련이 있는 전두엽 피질에도 광범위하게 나타난다는 것이 밝혀졌다. 하지만 자신의 기억을 떠올려서 하는 투어일 때만 이 결과가 나왔다.

그러나 실험 참가자들이 GPS 같은 길 안내에 의존해 길을 찾을 때는 해마와 전두엽 피질의 반응은 없었다. 이것이 GPS에 의존하는 것이 공간 기억력을 약화시키는지에 대해서는 말해주지 않지만, 여러 연구는 해마가 투어 전략과 공간 기억에 연관되어 있다는 것을 증명해주고 있다. 따라서 이 연구들은 적어도 GPS에 과도하게 의존해 기억에 기반한 투어 전략을 배제하는 것이 해마 위축에 영향을 줄 수 있는 가능성을 제기한다. 아직 이 가능성을 뒷받침할 직접적인 증거는 없지만 말이다. 연구자들은 이제 구글, 스마트폰, 소셜미디어, GPS가 어떻게 기억에 영향을 미치는지 연구하기 시작했다. 그리고 그 영향이 있다는 것은 이미 명백하지만, 기억 장치에 의존하는 것이 항상 기억을 약화시키는 것은 아니며, 심지어 효과가 있을 수도 있다. 기억을 보존하기 위해 기억 장치에 의존하는 것은 때때로 중대한 문제가 되기도 한다.

제2장

기억은 정신없음으로 잊는다

포스트잇에 의지해 살다

1999년 2월 매섭게 추운 어느 날, 17명의 사람이 미국 맨해튼의 한 고층 빌딩 19층 사무실에 모였다. 그들은 사람들에게 잘 알려지지 않은 '전국 기억력 대회' 타이틀을 차지하기 위해 쟁탈전을 벌였다. 미국 대회 우승자는 몇 달 후 영국 런던에서 열리는 '세계 기억력 대회'에 참가하게 될 예정이었다. 참가자들은 수천 개의 숫자와 단어, 여러 페이지의 얼굴과 이름, 긴 시詩, 재배치된 카드 묶음을 암기해야 했다. 기억술의 달인을 뽑는 이 대회의 승리자는 27세의 행정보좌관 타티아나 쿨리Tatiana Cooley였다. 그는 전형적이라고 할 정교한 부호화 기술을 사용했다. 이것은 입력되는 정보와 이미 알고 있는 정보를 연결시키는 시각적 심상, 이야기, 연상을 만들어내는 것이다. 그는 방대한 정보를 암기할 수 있는 실력이 증명되었으니, 다른 사람들처럼 여러 종류의 기억 문제에 시달리지 않을 것이라고 생각하는 사람이 있을지도 모른다.

하지만 쿨리는 자신의 건망증이 심하다고 기자에게 말했다. "저는 정신없을 때가 정말 많아요." 일상적으로 처리해야 하는 일들을 잊어버릴까봐 걱정하는 쿨리는 포스트잇에 할 일과 기억할 일을 기록한다. "저는 포스트잇에 의지하며 살아갑니다." 쿨리는 애석한 듯 자신의 처지를 이야기했다. 전국 기억력 대회 우승자가 포스트잇에 의존하는 모습은 역설적이면서도 비현실적이기까지 하다. 왜 엄청난 기억력을 가진 사람이 무언가를 적어두어야 한다는 말인가? 마트에서 우유를 사와야 한다는 것을 기억해야 할 때, 단어 수백 개나 숫자 수천 개를 외울 때 사용하는 능력과 기술을 이용할 수는 없었을까? 아무래도 그럴 수는 없었던 것 같다. 전국 기억력 대회에서 우승할 만큼 뛰어난 기억력과 일상생활에서 시달리는 건망증은 기억의 소멸과 정신없음의 차이를 잘 보여준다.

쿨리는 기억술을 익혀 소멸에 대응할 수 있었다. 평범한 사람에게 숫자 목록을 외우라고 하면, 7~8번째 숫자까지 갔을 때는 이미 앞쪽의 숫자는 기억에서 희미해져 있다. 쿨리 같은 노련한 기억술사는 숫자를 부호화한다. 이렇게 부호화된 숫자는 시간이 지나고 더 많은 숫자가 부호화되어도 언제든지 쉽게 인출할 수 있다. 하지만 쿨리가 포스트잇에 할 일이나 약속 등을 메모하며 해결하려고 하는 건망증은 기억의 소멸과 관련이 거의 없다. 오히려 이 같은 기억의 오류는 정신없음을 반영한다. 정신없음이란 주의력이 약화된 상황을 말하며, 그 결과 우리는 부호화가 되었더라도 제대로 부호화되지 않았거나 기억해낼 수는 있지만 인출해야 할 때 정보를 기억하지 못하게 된다. 소멸과 정신없음의 차이를 이해하기 위해서는 다음 예시 3가지를 생각해보아야 한다.

① "한 남자가 골프공을 티에 얹어 페어웨이에 똑바로 떨어지게 쳤다. 파트너가 공을 치는 동안 잠시 기다린 그 남자는 자기가 첫 드라이브를 쳤다는 것을 잊은 채 공을 다시 티에 얹었다."

② "한 남자가 안경을 소파 끝에 놓았다. 그리고 몇 분 후, 남자는 자신의 안경을 어디에 두었는지 기억하지 못해 30분 동안 집 안을 뒤지며 찾았다."

③ "한 남자가 은행을 털려고 했으나 쉽게 잡혀 버렸다. 그가 복면 쓰는 일을 까먹었기 때문이다."

표면상으로는, 이 예시들은 모두 비슷한 종류의 빠른 망각을 반영하는 것처럼 보이지만, 사실은 그와 반대다. 이 예시들은 각각 매우 다른 이유로 일어났을 확률이 크다.

은행 강도가 붙잡힌 이유

첫 번째 예시는 1980년대 초, 내가 한 환자와 함께 골프를 쳤을 때 일어난 사건이다. 이 환자는 내가 진행한 기억 연구에 참여하고 있었다. 알츠하이머병 초기 단계에 있던 환자였는데, 최근의 사건을 기억하는 데 심각한 어려움을 겪고 있었다. 이 환자는 티샷을 치고 나서 곧바로 흥분했다. 공을 중간으로 똑바로 쳤기 때문이다. 이제 그린에 올라가기 쉬운 어프로치샷을 치게 되었구나 하는 생각을 했다. 다시 말해 이 환자는 이 사건을 비교적 정교하게 부호화했던 것이다. 일반적으로 그 정도의 부호화라면 사건을 정확하게 기억하는 데 문제없었을 것이다. 하지만 이 환자는 다시 티업을 하려고 했고, 내가 첫 샷을 치지 않았냐고 묻자, 그는 기억을 전혀 하지 못한다는 표정을 지었다. 이 환자는 기억의 소멸로 고생하고 있었다. 즉, 정교하게 부호화한 정보를 기억할 수 없었고, 아무리 단서나 암시를 받아도 마찬가지였다.

두 번째 예시는 완전히 다른 과정들이 작용한다. 슬프게도 이 예시는 나의 경험에서 가져온 것이다. 또한 이런 일은 내가 생각하는 것보다 자주 일어난다. 나는 스스로 무엇을 하고 있는지 주의를 두지 않은 채 늘 놓던 곳이 아닌 곳에 안경을 두었다. 처음에 이 행동을 부호화하지 않았기 때문에 안경이 사라졌다는 것을 알아차린 후, 나는 어쩔 줄 몰라 했다. 마침내 소파에서 안경을 발견했을 때는 그곳에 안경을 둔 기억이 전혀 없었다. 골프를 치던 알츠하이머병 환자와는 달리, 이 사건의 원인은 소멸이 아니었다. 나는 안경을 어디에 두었는지에 대한 정보를 적절한 방식으로 부호화한 적이 없었고, 그래서 이 기억을 나중에 떠올릴 수 없었다.

세 번째 예시는 2009년 뉴질랜드의 오클랜드Auckland에서 일어난 사건이다. 이 사건은 강도가 복면을 쓰지 않아서 은행 직원이 쉽게 알아볼 수 있었다. 또한 총을 가져가야 했지만 이것을 까맣게 잊었고, 급기야 총을 가져와서 위협한 다음에 돈을 요구할 수 있었다. 물론, 강도가 총이나 복면 없이 은행에 갈 때 무슨 생각을 하고 있었는지는 알 수 없다. 그러나 강도도 은행을 털려면 총을 가져가고 복면을 써야 한다는 것을 충분히 알고 있었다고 보는 것이 합리적인 추측이다. 따라서 이 사건은 기억의 소멸로 일어난 일이 아니었다. 강도가 정신없는 상태에서 기억의 인출에 실패했기 때문에 일어난 사건이다.

정신없음으로 인한 기억의 실패들은 재미있으면서도 우리에게 두려움을 준다. 그 실패의 이유를 이해하기 위해서는 부호화 과정에서 주의가 어떤 역할을 하는지 연구할 필요가 있다. 또한 어떻게 단서와 암시가 우리가 의도한 대로 기억하게 돕는지도 탐구해보아야 한다.

주의가 분산되면 기억은 만들어지지 않는다

우리는 이미 정교한 부호화의 정도와 유형이 소멸에 크게 영향을 준다는 것을 확인했다. 하지만 이 같은 부호화가 모두 실패하면, 우리를 귀찮게 하는 정신없음으로 인한 기억의 오류가 일어날 조건이 충족된다. 정신없음은 종종 주기적으로 발생하는 일상생활의 일부처럼 느껴지기도 한다. 안경을 둔 곳을 잊고, 열쇠를 잃어버리고, 약속을 까먹은 등의 일처럼 말이다. 정교한 부호화를 막는 것은 누군가 새로운 정보를 습득할 때 그 사람이 집중하는 것을 방해하거나 주의를 분산시키는 것이다. 주의 분산을 주제로 한 여러 연구에서는 실험 참가자들이 외워야 할 단어 목록, 이야기, 그림 등을 받았다. 그와 동시에 참가자들은 기억해야 할 자료에서 주의력을 쏟지 못하게 하는 추가 과제도 수행해야 했다. 참가자들은 나중에 테스트를 받을 단어를 학습하는 동안에 아주 높은 음이나 아주 낮은 음이 들리면 반응해야 했다. 혹은 단어를 학습하는 동안 숫자들이 나열되는 것을 듣고 홀수가 세 번 연속 나올 때 반응하라는 지시를 받았다. 학습 목록에 완전히 집중했을 때와 비교해 보면, 주의력이 분산되었을 때는 단어를 기억하는 양이 극도로 적었다.

부호화하는 동안에 주의력을 분산시킨다고 해도 그로 인해 항상 경험에서 얻은 일부 정보의 입력이 방해받는 것은 아니라는 사실을 시사하는 연구도 있다. 연구자들은 과거의 경험을 기억하는 방식인 회상과 친숙성을 구분하는 것이 유용하다는 것을 발견했다. 회상은 과거 경험의 세부 사항을 기억해내는 것을 말한다. 지난주에 식사했던 식당에서

앉았던 곳, 서빙하던 웨이터의 목소리, 주문했던 케이즌 스타일 전채 요리의 양념 종류를 기억해내는 것을 의미한다. 친숙성은 이전에 일어났던 사건을 내가 알고 있다는 원초적인 느낌에 더 가깝다. 이때는 특정 세부 사항을 떠올리지 않는다. 식당에 갔는데 근처 테이블에 앉은 사람의 이름이나 그 사람을 알게 된 상황은 기억나지 않지만, 분명 그 사람을 이전에 본 것 같은 느낌을 받는 것이다.

여러 실험연구를 보면, 부호화하는 동안 주의력을 분산시키는 것이 그 후 회상에 큰 영향을 미치지만 친숙성에는 전혀 혹은 거의 미치지 않는다는 것을 알 수 있다. 이런 현상은 아마도 분산된 주의력이 회상에 필수적인 세부 사항을 정교화할 때 방해하지만, 친숙성을 느끼게 하는 몇 가지 기초 정보를 머릿속에 저장할 때는 방해하지 않기 때문에 일어난다. 주의가 분산되면, 상대방의 이름이나 직업 등 세부 사항을 나중에 기억할 수 있도록 하는 정교화가 충분히 이루어지지 않지만, 그 사람을 다시 만났을 때 친숙성을 느낄 수 있을 만큼의 얼굴에 대한 정보는 여전히 뇌에 저장된다.

정신없음으로 인해 발생하는 수많은 실수는 일상에 만연한 주의력 분산 때문에 일어난다. 다음 날 있을 중요한 프레젠테이션을 계획하느라 정신을 쏟아 메모를 꼼꼼히 읽으면서 자동차 열쇠나 지갑을 늘 두던 장소가 아닌 다른 곳에 놓게 되는 것이다. 설사 이런 일들에서 어떤 친숙성을 느낀다고 하더라도, 그 정도로는 나중에 일어날 망각을 막을 수 없다. 다시 말해 열쇠나 지갑을 어디에 두었는지 구체적으로 회상할 수 있어야 한다.

기억을 부호화할 때 충분히 주의를 기울이지 않으면 고령층이 정신없음으로 인한 실수를 저지르는 주요 원인일 수 있다. 캐나다의 심리학자 퍼거스 크레이크Fergus Craik와 미국의 인지심리학자 래리 저코비Larry Jacoby가 수행한 연구를 보면, 노화가 만성적인 주의 분산과 비슷한 상태를 만들어낼 수 있다는 것을 알 수 있다. 이 연구는 정보에 완전히 집중할 수 있었던 고령층과 주의가 분산된 대학생들이 비슷한 기억 패턴을 보인다는 것을 발견했다. 이 실험에서 두 그룹은 부호화하면서 완전히 집중했던 대학생들과 비교했을 때, 과거의 경험을 더 적게 기억했다. 그러나 세 그룹은 친숙성 측면에서는 비슷한 수준을 보였다. 주의 분산은 정보에 사용될 수 있는 인지적 자원, 즉 부호화를 가능하게 하는 비축된 에너지를 감소시킨다. 마찬가지로, 연구자들은 노화가 인지적 자원 감소와 관련되어 있기 때문에 주의가 분산된 상태에서 기억 수행 능력과 비슷한 결과를 내게 된다고 주장한다.

건망증을 일으키는 부주의

건망증을 일으키는 부주의는 특히 정교한 부호화가 필요하지 않는 일상생활에서 잘 나타난다. 운전이나 타이핑처럼 복잡한 활동을 할 때, 초기 단계에서는 모든 활동에 주의를 쏟아야 한다. 하지만 연습을 해서 능력이 향상되면, 처음에는 많은 노력이 필요했던 활동에 대해 주의가 점점 줄어든다. 여러 종류의 과제와 기술을 연습하면 주의와 노력을 거의 혹은 전혀 집중하지 않고서도 자동적으로 수행할 수 있게 된다는 것을 보여주는 실험이 많다.

'자동 수행'은 운전처럼 한때는 주의가 필요한 일을 수행할 때, 이와 관련 없는 일에 집중할 수 있도록 인지적 자유를 준다. 하지만 '자동 수행'에는 대가가 있다. 그 활동은 사실상 기억에 남지 않는다. 숙련된 운전자들은 대부분 6차선 고속도로에서 시속 100킬로미터 이상으로 달리다가 문득 지나쳐온 8킬로미터에 대한 기억이 없다는 것을 깨닫게 되는 상황에 익숙하다. 운전에 능숙한 사람들은 운전과 전혀 상관없는 일에 푹 빠져 숙련된 기술에 의존해 습관처럼 운전하기 때문에 주변 상황을 정교화하지 않는다. 그래서 기억도 하지 못하는 것이다. 영국의 소설가 새뮤얼 버틀러Samuel Butler는 자동 행동 발달에 큰 중요성을 부여한 정신 진화 이론을 만들어낸 사람인데, 100여 년 전에 기억을 5분짜리 작품을 방금 연주한 피아니스트의 자동 행동으로 묘사하는 통찰을 보였다.

"연주가 끝나고 나면 피아니스트는 5분 동안 선보인 수천 가지 동작 중 어느 하나도 기억하지 못할 것이다. 그가 이 곡을 연주했다는 사실 외의 다른 어떤 것을 기억한다면, 그것은 아마도 가장 어렵게 느껴졌던 익숙해진 지 얼마 안 된 악절일 것이다. 그 밖에 모든 것은 피아니스트가 연주하는 동안 들이쉬었던 숨처럼 완전히 잊힐 것이다."

자동 행동에 대한 기억상실증은 삶에 방해가 되는 망각으로 이어질 수 있다. 내가 안경을 둘 것 같지 않은 장소에 두었을 때 경험했던 망각은 이런 기억상실증 때문에 일어난 일이다. 이보다 더 심한 때도 있다. 사람들은 무심코 자기 머리 위에 올려둔 안경을 정신없이 찾거나 손에 들고 있는 자동차 열쇠를 찾겠다고 온 집 안을 뛰어다닌 적이 있다고 말한다. 나는 지난여름 골프를 끝낸 후 무척 절망적인 '자동 행동 기억상실증'을 경험했다.

나는 골프채를 자동차에 싣고 집으로 가려고 했다. 나는 대개 라운딩하는 동안 자동차 열쇠를 골프 가방에 넣어두는데, 아무리 뒤져보아도 열쇠가 없었다. 나는 가방 속 물건을 모두 꺼내보았지만 헛수고였다. 내 주머니에도 열쇠는 없었다. 골프를 치는 동안 가방 밖으로 떨어진 것이 아닐까 추측하며 나지막하게 악담을 늘어놓았다. 그러면서 이제 어떻게 해야 하나 곰곰이 생각했다. 그런데 그때 열린 자동차 트렁크 문에 열쇠가 꽂혀 있는 것이 흘깃 보였다. 이미 열쇠로 트렁크 문을 열어놓고 기억하지 못했던 것이다.

신경영상 기술은 주의력이 분산된 상태에서 자동 행동이 이루어질 때 뇌에서 어떤 일이 벌어지는지 이해할 수 있게 해준다. 팀 셜리스와 연구자들은 실험 참가자들이 단어쌍 목록을 학습하는 동안 PET 스캔을 해서 주의 분산의 영향을 연구했다. 어떤 스캔은 참가자들이 단어쌍을 부호화하는 동안 주의를 거의 빼앗지 않도록 매번 예측 가능하게 동일한 방향으로 막대기를 옮겨놓는 쉬운 과제를 수행하는 동안 이루어졌다. 어떤 스캔은 주의를 많이 빼앗도록 매번 예측 불가능하게 새로운 방향으로 막대기를 옮겨놓아야 하는 까다로운 과제를 수행하는 동안 이루어졌다.

이렇게 스캔하는 동안 좌측 전두엽 아랫부분을 살펴보니, 주의를 거의 빼앗지 않는 과제에서보다 주의를 많이 빼앗는 과제에서 활성화가 덜 일어났다. 부호화하는 동안의 좌측 전두엽 아랫부분에서 관찰되는 활동은 기억과 망각에 밀접한 관련성을 보인다. 이 실험은 주의력이 분산될 때 좌측 전두엽 아랫부분이 정교한 부호화 과정에서 제 역할을 하지 못한다는 것을 암시한다. 이 영역이 새로운 정보를 부호화할 때 관여하지 않거나 최소한으로만 관여하면 기억을 할 수 없으며, 정신없음으로 인한 망각이 일어날 확률이 높다.

이와 비슷한 다른 신경영상 연구들도 좌측 전두엽과 자동 행동을 관련짓는다. 미국의 신경과학자 마커스 라이클Marcus Raichle과 그의 연구팀은 참가자들에게 보통명사를 보여주고 그 명사와 관련된 동사를 말해보라고 하면서 PET 스캔을 찍었다. '개'라는 명사를 보여주면 참가자는 '짖다', '산책시키다'라는 단어를 생각해내는 것이다. 참가자가 처음 이 과제를 수행했을 때, 동사를 만들어내는 행동은 좌측 전두엽과 뇌의 여러 부분에서도 관찰된 광범위한 활동과 관련성을 보였다. 이 활동은 아마도 개의 특징과 동작에 대해 생각하는 것과 관련 있는 정교한 부호화를 반영하는 듯하다. 하지만 참가자가 동일한 명사와 동사를 가지고 반복적으로 과제를 수행해 점점 더 속도가 빨라지고 자동적으로 행동하게 되면, 좌측 전두엽의 활동은 점차 감소했다. 이 실험 결과는 일상생활에서 일어나는 정신없음의 주요 원인이 좌측 전두엽의 낮은 활동성과 관련이 있다는 것을 암시한다.

보이지 않는 고릴라

•••

앤서니 와그너가 진행한 fMRI 연구에서는 좌측 전전두엽 피질에서 감소된 활동으로 나타난 자동 행동이 또렷한 회상을 어떻게 방해하는지 알려주는 증거를 추가적으로 발견했다. 약 140년 전 에빙하우스가 선구적인 연구들을 세상에 내놓은 이래, 연구자들은 정보를 반복하는 것이 기억에 더 잘 남는다는 사실을 알고 있었다. 그렇기 때문에 일주일 뒤에 볼 시험을 대비해 공부한다면, 한번에 10번을 몰아치듯 읽는 것보다 시간 간격을 두고 10번을 나누어 반복하는 것이 더 좋다(학생들은 종종 시험 직전에 벼락치기로 공부하는데, 그러면 기억이 오래 지속되지 않는다. 그러나 간격을 두어 반복해서 공부하면 일반적으로 기억이 더 오래 지속된다).

우리는 참가자들을 스캐너 안에 들어가게 한 후 테스트를 위해 부호화해야 하는 단어들을 보여주었다. 일부는 스캐너에 들어가기 하루 전에 동일한 단어들을 보여주었고(분산 학습), 일부는 스캐너에 들어가기 몇 분 전에 동일한 단어들을 보여주었다(집중 학습). 그 결과는 예측했던 대로 단어들을 하루 전에 보았을 때가 몇 분 전에 보았을 때보다 기억한 단어가 더 많았다. 여기서 가장 중요한 것은 하루 전에 단어들을 보았을 때보다 몇 분 전에 단어들을 보았을 때 좌측 전전두엽 피질의 활동이 덜 활발했다는 것이다. 시간차를 짧게 두고 반복하면, 두 번째 반복할 때는 좀더 자동적인 부호화가 이루어지는 것 같았는데, 이는 좌측 전전두엽 활동이 저조해지고 기억하는 양이 감소하는 현상과 관련이 있었다. 이 실험 결과는 마커스 라이클의 '동사 만들기' 실험과 잘 들어맞았다. 우리는 왜 자동적인 부호화가 정신없음으로 인한 기억의 오류를 초래하는지, 그 이유를 이해할 단서를 찾게 될지도 모른다.

자동적이거나 피상적인 수준의 부호화는 다른 종류의 정신없음으로 인한 오류를 초래할 수도 있다. 그중 가장 흥미로운 것이 '변화맹變化盲'이라고 알려진 것이다. 변화맹 연구에서 실험 참가자들은 시간의 흐름에 따라 전개되는 여러 장면이나 사물을 관찰한다. 실험자는 참가자들이 변화를 알아차리는지 알아보기 위해 그 장면과 사물에 미묘하거나 크게 변화를 준다. 변화맹은 실험자가 만들어낸 변화를 알아채지 못할 때 일어난다. 미국의 심리학자 대니얼 레빈Daniel Levin과 대니얼 사이먼스Daniel Simons는 변화맹에 대해 가장 독창적인 연구를 수행해왔다.

두 심리학자는 한 연구에서 참가자들에게 영화 한 편을 보여주었는데, 이 영화에서는 금발의 젊은 남성이 의자에 앉아 있는 장면이 나온다. 남성은 의자에서 일어나 방을 나간다. 영화의 장면은 방 외부로 바뀐다. 그곳에서 젊은 남성은 전화를 건다. 이 영화를 보고 있는 참가자들은 모르지만, 의자에 앉아 있는 남성과 전화를 거는 남성은 동일 인물이 아니다. 두 남성 모두 젊고 금발이며 안경을 썼지만 자세히 살펴보면 확실히 다른 사람이다. 그런데 영화를 본 참가자 중 약 33퍼센트만이 이 변화를 알아챘다.

다른 영화에서는 두 여성이 탁자를 사이에 두고 마주 앉아 대화하며 콜라를 마시고 음식을 먹는 장면이 나온다. 카메라가 두 여성을 번갈아 보여줄 때 모든 것이 평범하고 일상적으로 보인다. 영화를 본 사람들에게 이 짧은 영상에서 어떤 변화를 알아챘는지 물어보면 대부분 사람들은 어떤 변화도 감지하지 못했거나 일부만 알아챘다고 말한다. 하지만 모든 장면에서 두 여성의 옷과 테이블 위에 있는 물건 등에서 수많은 변화가 있었다.

두 심리학자는 영화 장면들에서 드러난 변화맹만으로는 만족하지 못했는지 실제 상호작용에서도 같은 효과가 나타나는지 궁금해했다. 이것을 테스트해보기 위해, 실험자가 대학 캠퍼스에 나가 불특정 사람에게 길을 물었다. 두 사람이 이야기를 나누는 동안 남자 2명이 문짝을 들고 그 두 사람 사이를 지나갔는데, 문짝 뒤에는 또 다른 실험자가 숨어 있었다. 두 실험자는 서로 위치를 바꾸었는데, 그 결과 문짝을 운반하는 남자들이 지나갔을 때는 조금 전에 길을 물어보았던 사람이 아닌 다른 사람이 길을 물었다. 놀랍게도 실험 참가자 15명 중 7명만이 이 변화를 눈치챘다고 말했다.

다른 실험에서 대니얼 사이먼스는 한 대상에만 주의를 집중시키는 방식으로 좀더 극적인 효과를 실증해 보여주었다. 당신이 서로 농구공을 패스하고 있는 사람들을 보고 있다고 생각해보자. 이때 고릴라 의상을 입은 사람이 그곳을 가로질러 들어가 멈춰 서서 가슴을 치고 퇴장한다. 물론 당신은 이 고릴라를 곧바로 알아차릴 것이다. 그렇지 않은가? 대니얼 사이먼스와 심리학자인 크리스토퍼 차브리스Christopher Chabris는 이 장면을 영상으로 촬영해 사람들에게 보여주었다. 그러면서 공의 움직임을 관찰하면서 특정 팀의 팀원이 농구공을 패스하는 숫자를 세라고 했다. 이때 실험 참가자의 절반 정도가 고릴라를 알아차리지 못했다.

사람들은 농구공의 움직임에 집중하느라 주의를 두지 않았던 대상에게 어떤 일이 벌어지는지 보지 못했고, 그런 갑작스러운 변화를 부호화하지 못한 것이다. 이와 관련된 실험에서 얻은 뇌 영상이 이 견해를 뒷받침해준다. 참가자들에게 선으로 그린 그림 위에 놓인 문자열에 집중하라고 하면, 좌측 전두엽과 측두엽과 두정엽의 일부가 무작위로 배열된 문자열보다 의미가 있는 단어에 더 강하게 반응한다. 하지만 선으로 그린 그림에 집중하라고 하면 이 영역들은 더는 단어와 무작위로 배열된 문자열에 다르게 반응하지 않는다. 심지어 참가자들이 문자열을 정면으로 바라보고 있는데도 말이다.

이 실험들에서 참가자들이 자신이 원하는 것에 자유롭게 집중한 예를 보자. 이때 변화맹이 일어난 것은 사람들이 극히 낮은 수준에서 장면의 특징들을 부호화하고, 그 장면의 일반적인 요점만 기억하되 구체적인 내용은 기억에 담아두지 않았기 때문이다. 사이먼스와 연구자들의 연구를 다른 식으로 표현하자면, 원래 대상과 변화를 준 대상 사이를 구분해주는 특징을 정교하게 부호화하면 그 변화를 잘 감지해낼 수 있다는 것이다. 문짝을 옮기는 실험 참가자 중 문짝 뒤에서 튀어나온 사람을 알아보지 못한 사람들은 대부분 중년층이나 노년층이었다. 하지만 대학생들은 사람이 바뀌었다는 것을 알아챘다.

고령층은 처음 길을 물었던 젊은 실험자를 포괄적으로 '대학생'이라고 부호화했지만, 대학생들은 또래인 실험자를 좀더 구체적으로 부호화했을 수 있다. 사이먼스와 레빈은 포괄적인 수준에서 부호화하도록 유도하면 대학생도 변화맹을 겪을 수 있는지 알고 싶어 같은 실험을 반복하되 실험자의 의상을 건설노동자로 바꾸었다. 두 심리학자는 대학생들이 실험자를 좀더 포괄적으로 부호화해 결과적으로 변화맹을 겪을 확률이 높아질 것이라고 예측했다. 결과적으로 그 생각이 맞았다. 대학생 12명 중 4명만이 문짝 뒤에서 건설노동자가 나와 길을 물었다는 것을 알아차렸다. 따라서 포괄적인 수준을 넘어서지 못하는 낮은 부호화는 세부 사항을 잘 기억하지 못하게 하며 그 결과 변화맹을 일으키기가 쉽다. 적어도 부분적으로, 변화맹은 머리 위에 올려둔 안경이나 손에 쥔 자동차 열쇠를 찾는 것과 같은 자동적인 부호화로 생겨난다.

미래기억은 왜 기억하지 못할까?

●●●

마르셀 프루스트Marcel Proust가 자신의 기억을 탐구해 집필한 소설 『잃어버린 시간을 찾아서』에는 어린 시절의 사라져버린 순간들을 되찾고자 하는 작가의 열망이 담겨 있는데, 이는 기억의 존재 이유를 함축적으로 보여준다. 기억은 과거와 현재를 연결하기 위해 존재하기 때문이다. 그러나 일상생활에서 기억은 과거에 대한 것인 만큼 미래에 대한 것이기도 하다. 집에 가는 길에 우유와 시리얼 사기, 비행기 예약 전화하기, 동료 사무실에 원고 두고 오기, 내일 점심 약속 확인하기, 담보 대출 납부액 제때 내기, 은행에서 현금 이체하기 같은 목록은 끝도 없이 이어질 수 있다.

심리학자들은 미래에 해야 할 일을 기억하는 행동을 묘사할 때 '미래기억'이라는 용어를 사용한다. 하지만 몇십 년 전까지만 해도 연구자들은 대체로 과거를 기억하는 것에만 초점을 맞춰왔다. 이는 사람들이 기억의 회상적인 측면보다도 미래에 수행해야 할 활동을 기억하는 데 더 많은 관심을 표현해온 것과는 대조적이다. 이것은 이름이나 사실을 잊어버리거나 두 사건이 일어난 때와 장소를 혼동하는 등 과거를 기억하지 못하면 '기억'이 신뢰할 수 없는 것으로 여겨지기 때문이다. 하지만 점심 약속을 잊거나 약속한 대로 소포를 두고 가지 않는 등 미래에 해야 할 일을 기억하지 못하면 그 일을 기억하지 못한 '사람'이 신뢰할 수 없는 사람으로 여겨지기 때문이다.

혹시 매달 내는 담보 대출 납부액이나 신용카드 대금을 까먹고 내지 못한 적이 있는가? 그런 적이 있다면, 기억의 오류가 연체료를 피할 만한 변명거리가 되지 못한다는 것도 잘 알 것이다. 정신없음으로 인해 미래기억에 오류가 생기면 우리는 곤경에 처하게 된다. 그로 인해 발생하는 실질적인 피해는 말할 것도 없고, 기억의 오류가 한 사람의 신뢰성뿐만 아니라 성격까지도 반영한다고 보기 때문이다. 과거의 사실을 잘 기억하지 못할 때는 그렇게 생각하지 않는데 말이다.

미래기억은 왜 기억하지 못할까? 이 질문에 답하기 위해서는 미국의 심리학자 질 아인슈타인Gilles Einstein과 마크 맥대니얼Mark McDaniel이 처음으로 제안한 구분법을 사용하는 것이 유용하다. 두 심리학자는 '사건 기반'의 미래기억과 '시간 기반'의 미래기억을 구분한다. 사건 기반의 미래기억은 특정 사건이 발생할 때 어떤 과제를 수행해야 한다는 사실을 기억하는 것이다. 당신이 친구가 "오늘 사무실에서 해리를 만나면 나한테 전화하라고 전해줘"라고 말한다면, 친구는 당신에게 특정 사건(사무실에서 해리를 만남)이 일어났을 때 특정 행동(해리에게 전화하라고 말함)을 해야 한다는 것을 기억하라고 요청하는 것이다. 이와 반대로 시간 기반의 미래기억은 미래의 특정 시간에 해야 할 일을 기억하는 것이다. 20분 후에 오븐에서 쿠키를 꺼내야 한다거나 밤 11시에 약을 복용해야 한다는 것을 기억하는 것이다.

사건 기반의 미래기억과 시간 기반의 미래기억에 직면했을 때 망각이 일어나는 이유는 다양하다. 사건 기반의 과제에서는 사건이 의도했던 행동을 기억하게 만들어주는데, 이 사건이 기억을 촉발하지 못하면 문제가 발생한다. 사무실에서 해리를 만났는데 친구에게 전화하라고 말하는 것을 기억하지 못하면 문제가 발생한다. 그러나 시간 기반의 과제에서는 의도한 행동을 수행해야 한다고 상기시키는 단서를 만나지 못하거나 그 단서를 만들어두지 못하면 문제가 발생한다. 밤 11시에 약을 먹어야 한다는 것을 기억해야 할 때, 나는 자연스럽게 그때 약을 기억해내거나 정확한 시간에 할 일을 기억하게 할 단서를 준비해두어야 한다. 나는 내가 밤 11시에 잠들기 전 주로 양치질을 한다는 것을 알기 때문에 그 약을 세면대 옆에 둘 수 있다. 이런 관점에서 보면, 사건 기반의 미래기억은 왜 단서로 인해 계획한 일이 저절로 기억나는지 혹은 기억나지 않는지를 이해하는 것이 중요하다. 하지만 시간 기반의 미래기억은 나중에 기억나게 할 단서를 어떻게 만들어내는지를 이해하는 것이 중요하다.

기억을 불러일으키는 단서

●●●

사건 기반의 미래기억을 살펴보자. 친구는 당신에게 해리를 만나면 자신에게 전화하라고 부탁했지만 당신은 그 일을 잊어버렸다. 당신은 실제로 사무실에서 해리를 만났지만 친구의 메시지를 기억해내는 대신 지난밤 대학 농구 시합을 두고 해리와 내기를 걸었던 것이 기억났고, 일을 시작하기 전 몇 분 동안 내기에서 이겼다며 흡족해했다. 나중에 친구가 해리에게 전화하라고 한 일은 어떻게 된 거냐고 묻자, 당신은 자신의 기억력에 문제가 있는 것 같다고 사과한다. 여기서 잘못된 것은 없다. 미래기억이 실패했던 것은 해리를 보았을 때 친구의 메시지 말고도 떠오른 기억이 많았기 때문이다. 미래기억을 가장 잘 떠오르게 하는 단서는 대체로 매우 독특해서 장기기억 내에 연상되는 것이 거의 없으며, 그로 인해 무관한 정보를 떠오르게 할 가능성이 적다.

아인슈타인과 맥대니얼은 사건 기반의 미래기억을 단순한 형태로 옮겨와서 실험실에서 연구했다. 이 연구는 기억을 불러일으키는 단서가 독특하다는 것이 얼마나 중요한지를 입증했다. 참가자들은 나중에 테스트를 위해 학습할 단어 목록을 받았다. 일부 참가자들은 '영화'와 같은 익숙한 단어가 나타날 때마다 버튼을 누르라는 지시를 받았고, 일부 참가자들은 '욜리프'처럼 낯선 단어가 나타날 때마다 버튼을 누르라는 지시를 받았다. 두 심리학자는 영화라는 단어가 떠올리게 하는 연상이 많기 때문에, 참가자들은 이 단어가 나타나면 버튼 누르기를 기억해내는 대신에 다른 연상되는 대상을 떠올릴 수 있을 것이라고 예측했다. 그러나 욜리프는 떠올리게 하는 연상이 거의 없기 때문에 참가자들이 무관한 정보에 주의가 팔리거나 버튼 누르기를 잊어버리지 않을 것이라고 예측했다. 이 실험 결과는 예상대로 영화보다 욜리프가 나타났을 때 참가자들이 버튼을 더 많이 눌렀다.

기억을 불러일으키는 단서는 독특할 뿐만 아니라 충분한 정보를 담고 있어야 한다. 당신은 전화번호를 적어두면서 나중에 전화를 걸어야 한다는 것을 기억할 수 있겠다고 생각했지만, 정작 누구의 전화번호인지를 기억하지 못했던 적이 얼마나 있는가? 나는 기억에 관한 강의를 하기 위해 한 대학을 방문한 적이 있는데, 그때 나를 초청한 사람의 비서가 자신이 하루 전에 포스트잇에 적어둔 단서를 나에게 보여주었다. 이 메모에는 'Nat'라는 단어밖에 없었다. 당시 그녀는 메모를 남기고 하루가 지나서 자신이 어떤 의미로 'Nat'를 적었는지 알지 못했다. 우리가 메모를 남길 때, 모든 주변 정보가 작업기억에 있기 때문에 그 단서는 완전히 적절하다고 믿는다. 하지만 이때 우리는 기억의 소멸을 경험할 때가 많다. 그 정보가 작업기억에 들어 있어서 따로 설명할 필요가 없어 보였던 단서가 시간이 흘러 사라지면서 수수께끼가 된다. 미래기억을 수월하게 만들기 위해서는 작업기억에 들어 있는 세부 사항을 최대한 많이 적어두어야 한다.

사건 기반의 미래기억은 우리가 다른 일에 몰두해 있거나 하려던 일에 주의를 너무 적게 기울이면 어떤 기억도 자연스럽게 떠오르지 않는다. 회사 CEO 앞에서 중요한 프레젠테이션을 하기 몇 분 전에 사무실에서 해리를 본다면, 프레젠테이션 준비에 정신이 쏠려 해리를 보고도 어떤 기억도 나지 않는다. 아인슈타인과 맥대니얼의 방법을 변형한 여러 실험이 이 사실을 뒷받침하고 있다. 실험 참가자들은 단어 목록을 보고 특정 단어가 나타날 때마다 버튼을 누르라는 지시를 받았다. 그중 일부 참가자들은 집중이 필요한 추가 과제도 수행해야 했다.

한 실험에서는 일부 참가자들이 단어 목록을 학습하고 과제를 수행해야 한다는 것을 기억하면서 도중에 빠르게 무작위 순서를 만들어내야 했다. 참가자들은 좀더 느긋한 속도로 무작위 순서를 만들었던 참가자들보다 미래기억에서 더 많은 실수를 보였다. 다시 말해 특정 단어가 나타났을 때 버튼을 눌러야 한다는 것을 더 자주 잊어버린 것이다. 이들은 무작위 순서를 빠르게 만들어내는 일에 집중하게 되어 단어 가 나타났을 때 해야 할 일을 기억해내지 못했다. 이는 프레젠테이션 준비에 정신이 쏠려 있는 사람이 해리에게 동료의 메시지를 전달해주지 못하게 되는 것과 비슷하다. 다른 실험에서는 실험 참가자들이 단어를 학습하고 특정 단어가 나타나면 버튼을 눌러야 한다는 것을 기억하면서 'the'라는 단어를 계속 반복하는 등 상대적으로 주의를 덜 기울이는 과제를 수행했는데, 이때는 미래기억을 더 많이 기억했다.

시간 기반의 미래기억과 사건 기반의 미래기억

PET 스캔을 이용해 사건 기반의 미래기억 과제를 수행하고 있는 뇌 활동을 관찰한 연구는 이런 증거를 더 분명하게 보여준다. 이 연구에서 실험 참가자들은 스캐너 안에 있는 동안 들리는 단어를 따라 하라는 지시를 받았다. 이들은 미래기억도 유지하면서 동시에 특정 단어가 들릴 때마다 스캐너를 두드려야 한다는 것을 기억해야 했다. 단어를 따라 하는 동안 미래기억을 기억하고 있을 필요가 없을 때와 비교해보자면, 미래기억을 기억하는 행위는 전두엽의 여러 영역에서 일어났던 활발한 활동과 관련이 있었다. 이와 동일한 전두엽 영역 중 일부는 이전 작업기억과 관련이 있었다. 즉, 짧은 시간 동안에 그대로 정보를 유지하는 것이다.

이것이 일상에서 일어나는 '정신없음'과 어떤 관련이 있는지 아직은 알 수 없지만, 미래기억이 이루어지는 동안 활동이 증가한 전두엽 일부 영역이 주의를 분산시키는 활동, 다시 말해 머릿속에서 떠나지 않고 미래기억이 실패하는 데 일조하는 활동들에 '사로잡히는' 것이 아닐까 하는 흥미로운 추측을 하게 된다. 해리에게 메시지를 전해달라는 부탁을 받았는데, 그날 아침 회의에서 내가 무슨 말을 했는지에 골몰해 있을 때 해리를 만난다면 어떤 일이 생길까? 미래기억을 잘 수행하게 도와주는 전두엽 일부 영역은 마음속으로 혼잣말을 중얼거리느라 미래기억을 가능하게 만드는 역할을 해내지 못할 수 있다. 결과적으로 계획한 행동을 해야 한다는 단서를 보아도 해야 할 일을 생각해내지 못할 수 있다.

노화를 겪고 있는 성인 중에는 정신없음으로 인한 기억의 오류가 인지 저하나 알츠하이머병의 초기 신호가 아닐까 걱정하며 스트레스를 받는 사람들이 있다. 이런 사람들은 대부분 사람들이 집중이 필요한 문제에 골몰할 때 미래에 할 일을 알려주는 단서를 보고도 할 일을 기억해내지 못할 때가 자주 있다는 사실을 위안으로 삼으면 좋을 것이다. 어쩌면 이들이 걱정해야 할 것은 서로 경쟁하는 관계에 있는 직업적·개인적 관심사가 산재해 있다는 것일지도 모른다.

이런 관심사들은 우리의 정신적 에너지를 빼앗아가며 일상적이지만 필수적인 일상생활 과제들을 수행하도록 돕는 단서들이 효과적으로 작동하지 못하게 할 수도 있다. 실제로 여러 실험연구를 보면, 사건 기반의 미래기억에서 고령층과 젊은층 사이에 능력 차이가 거의 없다는 것을 알 수 있다. 특정 과제 수행을 상기시키는 단서를 주었을 때, 고령층은 무리 없이 해야 할 일을 기억해냈다.

노화는 시간 기반의 미래기억 과제에 더 뚜렷한 영향을 미친다. 잠자기 전 약을 복용해야 하는 것처럼 미래의 특정 시간에 어떤 행동을 수행해야 할 때, 우리는 그 일을 상기시켜줄 단서를 스스로 만들어내야 한다. 아인슈타인과 맥대니얼이 진행한 실험연구에서 고령층과 젊은층은 10분 후와 20분 후에 키를 누르라는 지시를 받았다. 이때 실험 참가자 뒤에는 시계가 놓여 있어서 시간이 얼마나 지났는지 알 수 있었다. 노년층은 젊은층에 비해 키를 누르는 것을 잊어버릴 때가 더 많았다. 고령층은 단서가 없을 때 젊은층에 비해 스스로 할 일을 떠올릴 때가 더 적었다. 이것은 노년층이 스스로 기억을 상기하는 데 어려움을 느낀다는 다른 연구들과 일치한다. 스스로 기억을 상기하기 위해서는 광범위한 인지적 노력이 필요한데, 그것은 노화에 의해 감소하기 때문에 이런 결과가 나타난 것 같다.

하지만 고령층은 시간 기반의 미래기억 과제를 사건 기반의 미래기억 과제로 전환해 잘 수행할 수 있다. 즉, 적절한 시간에 해야 할 일을 상기시키는 단서를 만들어내는 것이다. 실험자가 특정 시간에 전화를 걸라고 지시하면, 일부 고령층은 전화를 걸어야 하는 때에 일어나는 일상적인 사건과 시간 기반의 과제를 연결시켜 결과적으로 시간 기반의 과제를 사건 기반의 과제로 전환시킨다. 한 참가자는 설거지를 하는 곳 옆에 전화 걸기라는 메모를 붙여두기도 했고, 한 참가자는 전화 걸기를 아침 커피와 결부시켰다.

이것은 약을 먹는 것처럼 중요한 일상적인 미래기억 과제에 대해 시사하는 점이 있다. 대부분 고령층은 여러 가지 약을 복용하는데, 약을 제시간에 복용하는 것은 건강에 매우 중요하다. 여러 연구에 따르면, 고령층의 절반 정도가 약 복용 시간을 지키지 않는다고 한다. 직접적인 관찰 연구에서는 이런 문제가 70~80대 고령층에서 주로 발견된다. 다시 말해 고령층 중에서도 '젊은' 축에 속하는 60대는 일반적으로 약 복용 시간을 잘 지키는 편이다. 밤 11시에 약을 먹어야 한다는 것을 기억하는 것은 시간 기반의 미래기억 과제인데, 이것을 사건 기반의 미래기억 과제로 바꿀 수 있다. 즉, 약을 칫솔 옆에 두고 약을 먹어야 한다는 단서를 만드는 것이다. 약 복용 시간을 잘 지키지 못하는 원인은 많지만, 이처럼 시간 기반의 미래기억 과제를 사건 기반의 미래기억 과제로 전환해 나아질 수 있다.

시간 기반의 미래기억은 사건 기반의 미래기억보다 훨씬 더 자주 실패하는 것 같은데, 그것은 사람들이 다른 관심사에 사로잡혀 있어 적절한 단서를 만들어내려는 시도조차 하지 못하기 때문이다. 참가자에게 특정 시간에 전화를 하라고 지시한 연구에서 참가자들이 전화하지 못한 이유로 가장 많이 거론한 것이 다른 일에 '몰두해 있었다'거나 '주의가 분산되어 있었다'였다. 안타깝게도 우리는 미래의 어느 시점에 어떤 과제를 수행해야 한다고 다짐할 뿐, 그렇게 하도록 도와줄 구체적인 단서를 만들지 않는다. 당신은 책상 앞에 앉아 자기 자신에게 진지한 말투로 이렇게 말한다. "내일 아침에 신용카드 대금 보내는 것 잊지 마." 하지만 다음 날 아침 출근하기 전에 눈에 띌 만한 장소에 청구서를 놓아두는 등 단서를 만들어서 시간 기반의 미래기억 과제를 사건 기반의 미래기억 과제로 바꿔놓지 않는다면, 청구서는 그대로 책상에 남아 있을 확률이 높다. 이와 비슷한 일에 대해 미국의 심리학자 수전 휘트번Susan Whitbourne은 특히 성가셨던 사건을 나에게 말해준 적이 있다.

"볼티모어로 여행을 떠나면서 나는 아침에 집에서 콘택트렌즈를 사용한 후 케이스를 챙겨야 한다고 스스로 '다짐'했어요. 하지만 그날 밤 가방을 뒤져보고 케이스를 챙기는 것을 잊어버렸다는 것을 알게 되었어요. 그런데 종이 뚜껑이 있는 빈 컵 2개가 보이더군요. 각 컵에 렌즈를 하나씩 넣고 뚜껑을 덮어놓으면 되겠다는 생각이 들었어요. 그 당시 나는 긴 여행을 하고 저녁에는 사람들을 만나느라 많이 지쳐 있었어요. 다음 날 아침에 세면대를 보니 정말 놀랍게도 오른쪽 컵이 다른 곳에 놓여 있었어요. 한밤중에 스스럼없이 마셨던 그 물속에는 다시는 쓸 수 없는 렌즈가 들어 있었죠. 다행히도 그날 나는 콘택트렌즈 하나만 착용한 채 강연할 수 있었어요. 그래도 그날은 비참한 경험으로 기억에 남았어요. 매우 값비싼 실수였다는 것은 말할 것도 없고요."

콘택트렌즈를 삼킬 뻔한 위험을 감수했지만, 휘트번이 겪은 정신없음은 비록 짜증스러울 수 있었어도 그 결과는 상대적으로 무난했다고 할 수 있다. 하지만 다른 상황에서는 시간 기반의 미래기억이 실패함으로써 더 심각한 결과가 초래될 수 있다. 항공 교통 관제소가 좋은 예다. 관제사는 어떤 행동을 바로 하지 않고 나중에 그 일을 수행해야 한다는 것을 기억해두어야 하는 상황에 자주 처하게 된다.

누가 기억을 훔쳐갔을까?

한 비행기 조종사가 더 높은 고도를 요청했는데, 다른 비행기가 지나갈 때까지 그것을 승인할 수 없는 상황이 있을 수 있다. 이 사실을 기억하기 위해 관제사는 '비행 진행 기록지'라고 불리는 직사각형 모양의 종이를 사용한다. 이 종이에는 관제사가 관리해야 하는 각 항공기의 고도, 항로, 목적지 정보와 그 밖의 특징들이 적혀 있다. 고도 상향을 연기시킨 관제사는 이 종이에 표시를 남기거나 다른 종이들과 따로 분리해 기억을 상기시키는 단서로 사용할 수도 있다.

'비행 진행 기록지'는 자동 전자 기록으로 대체될 예정인데, 그렇게 되면 관제사가 기록용 종이를 보관할 필요가 없어진다. 관제사가 어떻게 자동 전자 기록을 가장 효율적으로 사용하는지 알아보기 위해 미국 오클라호마대학의 연구자들은 미국연방항공국FAA과 공동으로 항공 교통 통제 모형을 연구했다. 한 관제사가 델타 692편의 고도 상향 요청을 받았는데 다른 비행기가 지나갈 때까지 그것을 보류해놓고, 1분 후에 요청을 허가할 것을 자동 전자 기록에 입력해두었다고 해보자.

이때 가정해볼 수 있는 첫 번째 시나리오는 자동 전자 기록 장치가 요청이 보류되고 있는 1분 동안 계속 작동해 관제사가 그 명령을 '반복 기억'하게 만들고 명령이 실행되어야 하는 순간에는 작동을 멈추는 것이다. 두 번째 시나리오는 자동 전자 기록 장치가 명령을 기억해내서 실행되어야 하는 순간에만 작동하는 것이다. 세 번째 시나리오는 자동 전자 기록 장치가 요청이 보류되고 있을 때뿐만 아니라 기억을 불러내야 하는 순간에도 작동하는 것이다. 자동 전자 기록 장치가 없는 통제 상황과 비교했을 때, 기억을 떠올려야 하는 순간에 단서를 제공했을 때만(두 번째 시나리오와 세 번째 시나리오) 미래기억이 향상되었다. 요청이 보류되고 있을 때만 단서를 제공하는 것은 아무 효과가 없었고, 보류하는 동안과 명령해야 할 때 모두 단서를 제공하는 것은 명령해야 할 때만 단서를 제공한 것과 별 차이가 없었다.

사전에 단서를 제공하기보다는 의도한 행동을 해야 할 그때가 되었을 때 단서를 제공하는 것이 중요하다는 사실은 내가 어느 날 아침 집에서 아내의 전화를 받았을 때 뼈아프게 느꼈다. 아내는 청소 도우미에게 줄 현금을 두고 나가라고 일러주었는데, 매주 한 번 방문하는 날이 그날 오후였던 것이다. 또한 아내는 청소 도우미가 현관문 비밀번호를 모르니 보안 경보 장치를 켜놓고 가지 말라는 말도 했다. 나는 즉시 현금을 꺼내 주방 테이블 위에 올려두었다. 그러고는 나는 일을 다시 하다가, 오전이 지나기 전에 출근했다.

그리고 2시간 후, 우리 집 경보음이 울렸다는 보안 회사의 알림을 받았다. 곧 경찰이 출동했고, 청소 도우미는 집을 털려고 온 게 아니라 청소하러 왔다고 설명해야 하는 난처한 상황에 처했다. 현금을 두고 가라고 했던 아내의 단서가 효과적이었던 것은 내가 그 행동을 즉시 했기 때문이다. 그러나 보안 경보 장치를 켜놓지 말라고 했던 아내의 단서는 나를 '준비'하게 만들었고, 나는 그것을 잊지 말자고 '다짐'했다. 이는 콘택트렌즈 케이스를 챙겨야 한다고 다짐했던 휘트번의 사례와 비슷했다. 결국 보안 경보 장치를 켜두지 않아야 한다는 단서가 효과가 없었던 것은 막상 집을 나섰을 때 그 단서가 제공되지 않았기 때문이다.

미래기억은 의도한 행동을 기억하게 하는 단서가 있느냐에 따라 좌우되기 때문에 정신없음으로 인한 오류를 막는 가장 효과적인 방법은 효율적인 기억 보조 장치를 만들어 사용하는 것이다. 가장 효과적인 단서가 되려면 충분한 정보가 담겨 있어야 하고, 특정 행동을 수행할 때 사용되어야 한다. 손가락에 실을 묶어두는 것은 이런 2가지 기준 중 후자는 만족시키지만 전자는 그렇지 못하다. 손가락에 실을 묶으면 항상 눈에 띄기 때문에 도움이 될 수 있다. 하지만 'Nat'라고 적힌 단서가 무슨 의도로 쓰였는지 알 수 없어 좌절했던 비서처럼 그것을 해석할 수는 없을 것이다. 즉, 손가락에 묶인 끈의 의미를 잊어버린다는 것이다. 설사 계획한 행동이 나중에 기억날 만큼 그 내용을 자세히 메모한다고 하더라도, 그 행동이 수행되어야 하는 순간에 그 단서가 눈에 띄도록 해야 한다. 주머니 속에 들어 있는 포스트잇이나 좀체 들여다보지 않는 노트에 세부 사항이 들어 있어도 우리가 그것을 들여다보지 않는다면 아무 소용이 없다.

초등학교와 중학교에서는 학생들에게 흔히 일어나는 정신없음으로 인한 오류, 즉 숙제하는 것을 잊지 않기 위해 기억 보조 장치를 사용해 왔다. 미국 애틀랜타 지역의 한 초등학교에서는 학생들에게 노트에 숙제를 기록하게 하고, 학부모에게는 매일 밤 노트에 서명을 해달라고 한다. 이 학교의 교장은 노트를 수시로 검사해 서명을 잘 받아온 학생들에게 아이스크림이나 작은 사탕을 상으로 준다. 어떤 중학교에서는 학생들에게 노트를 통행증 용도로 가지고 다니게 하고, 어떤 중학교에서는 식수대나 화장실에 갈 때 노트를 들고 다니게 한다.

우리가 일상적으로 사용하는 여러 효율적인 기억 보조 장치를 보면, 정보가 충분히 담겨 있고 그 단서가 정확한 때에 사용된다. 물이 끓으면 소리가 나는 주전자는 그 순간에 정확히 무엇을 해야 하는지 상기시켜준다. 현재는 이보다 훨씬 더 복잡한 전자 장치를 이용해 미래의 행동을 기록하고 계획할 수 있다. 1990년대 초 한 조사에 따르면, 당시 시중에 판매되는 기억 보조 장치가 30종이었는데, 그때부터 지금까지 그 종류는 계속 늘고 있다. 그리고 흥미롭게도 나이와 생활 방식에 따라 여러 기억 보조 장치는 다양하다.

조지프 첸과 연구팀이 유전자 조작을 통해 쥐의 기억력을 향상시킨 획기적인 연구를 내놓았을 때, 언론은 망각을 완전히 몰아낼 최첨단 기억 약물이 나올 것이라고 호들갑을 떨었다. 하지만 1999년 전국 기억력 대회 우승자인 쿨리가 할 일을 잊어버리고 정신없음으로 인한 기억의 오류를 극복하기 위해 고생했던 것처럼, 기억의 소멸을 막는 약물이 정신없음까지도 약화시킬 것이라는 보장은 없다. 그러나 쿨리는 정신없음을 막는 데 유전자 조작은 필요 없다는 것을 발견했다. 쿨리가 의존하는 포스트잇이나 더 복잡한 다른 기억 보조 장치들이 효율적으로만 사용된다면 그것을 극복할 수 있다.

여러 과제를 동시에 쉴 새 없이 처리해야 하는 사람들은 정신없음을 가장 골치 아픈 문제라고 느낀다. 미국의 심리학자 엘런 랭어Ellen Langer는 자동차 열쇠나 안경을 어디에 두었는지 기억하지 못하는 것은 개인적인 고민이나 곧 있을 회의를 어떻게 진행할지 생각하는 일에 정신적인 에너지를 쏟기 때문이라고 말한다. 심각한 문제에 정신이 팔려 자동행동을 하게 되고 그와 관련해 망각을 겪는 쥐가 존재할까? 그런 기억 실패를 극복하도록 도와주는 특정 유전자가 존재할까? 그것이 존재한다면 우리는 이용하고 싶어 할까? 이런 흥미로운 질문에는 명확한 답이 없다. 그렇지만 나는 가까운 미래에 유전공학자가 아닌 인지공학자가 정신없음을 막아낼 수 있는 방법을 찾을 것이라고 생각한다.

기억에서 잊힌 아이

●●●

2001년 가을, 미국 아이오와주 댈러스카운티의 한 변호사에게서 전화 한 통을 받았다. 나는 그에게 망각과 관련된 놀랍고도 비극적인 사건에 대해 들었다. 당시 35세의 병원 이사였던 카리 엥홀름Kari Engholm은 무더운 6월 말 어느 아침에 차를 몰고 출근하고 있었다. 그날도 회의로 가득 찬 바쁜 하루가 예정되어 있었다. 그런데 그날 아침은 여느 날과 달랐다. 카리는 보통 출근하기 전에 세 살배기 아들을 어린이집에 데려다주는데, 그날은 7개월 된 딸을 베이비시터에게 데려다주어야 했다. 남편이 평소에 딸을 베이비시터에게 데려다주었는데, 그날은 그럴 수가 없었던 것이다.

그래서 카리는 아들을 어린이집에 내려준 다음 평소처럼 곧바로 회사로 향했다. 딸을 베이비시터에게 맡기지도 않고 말이다. 베이비시터는 카리의 집으로 전화해서 왜 아이가 오지 않았는지 메시지를 남겼지만, 누구도 이 메시지를 받지 못했다. 무더운 오후가 끝나갈 때쯤, 카리는 아들을 데려오기 위해 어린이집으로 갔다. 그런데 아들을 차에 태우기 위해 차문을 열었을 때 끔찍한 일이 벌어졌다는 것을 알게 되었다. 어린 딸이 뜨겁게 달궈진 뒷좌석에서 죽어 있었던 것이다.

나는 변호사의 이야기를 듣고 깜짝 놀랐는데, 망각이 그렇게 재앙과 같은 결과를 초래하는 사례를 들어본 적이 없기 때문이다. 자동차 안에 아이를 두고 볼일을 보러간 무분별한 부모의 이야기는 들어본 적이 있었지만, 카리는 의식적으로 딸을 차에 두고 간 것이 아니었다. 아들을 어린이집에 내려주고 난 후에 딸이 자동차에 있다는 생각을 하지 못했던 것이다. 오히려 이 일은 정신없음으로 인한 망각을 보여주는 극단적인 사건이었다. 수많은 연구에서 설정한 미래기억과 망각의 원리를 그대로 따르는 사례였다.

나는 어떤 행동이 수행되어야 하는 순간에 단서가 있어야 한다고 이야기했다. 카리는 딸이 자동차 안에 있다는 것을 알아차리지 못했기 때문에 제때 단서를 얻지 못하고 베이비시터에게 딸을 데려다주지 못했던 것이다. 나는 사람들이 계획한 행동을 하지 못한 것은 머릿속에 다른 문제가 가득해서 단서를 만들어내지 않았기 때문이라고 했다. 카리는 곧 있을 회의에 집중하고 있었고, 어린 딸이 자동차 안에 있다는 것을 자신이 잊을 것이라는 생각은 당연히 하지 못했다. 그래서 카리는 단서를 만들어둘 생각조차 하지 않았던 것이다. 자동 행동이 정신없음으로 인한 망각의 원인이 될 수 있다는 증거도 있다. 그 끔찍했던 날, 카리의 반복적인 일과에 변화가 생겼다. 카리는 습관적으로 아들을 어린이집에 두고 곧장 직장으로 자동차를 몰았다. 사실상 카리는 누구도 상상하지 못할 망각이 일어날 완벽에 가까운 최악의 상황을 만났던 것이다.

이 비극적인 사건을 다룬 기사에는 믿을 수 없다는 듯한 주장들이 실리기도 했다. 2001년 7월 5일 『올랜도 센티넬Orlando Sentinel』에 실린 칼럼은 카리의 사례와 유사한 두 사건을 다루면서 분명 많은 사람이 품었을 만한 질문을 제기했다. "어떻게 아이가 차에 있다는 것을 잊어버릴 수 있는가? 두 여자가 주장한 것처럼, 아이를 베이비시터에게 데려다주는 것을 까먹을 만큼 일에 몰두한다는 게 어떻게 가능한가?" 실제로 카리는 아동방임과 과실치사로 기소되어 재판을 받았다. 하지만 2001년 12월에 법원은 카리가 딸의 안전을 경시한 것이 아니라고 판단해 무죄판결을 내렸다.

왜 자동차에 생명을 구하는 알림 장치가 없을까?

●●●

안타깝게도 지난 20년간, 카리의 사례와 유사한 일이 꾸준히 발생했다. 하지만 진 바인가르텐Gene Weingarten이 『워싱턴 포스트』의 「치명적인 방심」에서 지적했듯이, 이런 비극적인 죽음이 발생하기 시작한 것은 좋은 의도로 만든 정책이 의도치 않은 결과를 낳은 후부터였다.

"20년 전에는 이런 사건이 비교적 드물었다. 하지만 1990년대 초, 자동차 안전 전문가들이 조수석 전면 에어백으로 인해 아이가 사망할 수 있다고 공표하면서 아이를 뒷좌석에 태울 것을 권고했다. 그리고 아이를 안전하게 하기 위해 카시트의 방향을 자동차 후면 쪽으로 돌리게 했다. 아이가 어른의 눈에 덜 띄게 됨으로써 초래될 비극적인 결과를 누군가 예측할 수 있었더라면……. 글쎄, 누구를 비난할 수 있을까? 도대체 어떤 사람들이 아이의 존재를 잊어버리는가?"

불행히도, 그 후로 일어난 여러 사건을 보면 꽤 많은 사람이 뒷좌석에 있는 아이의 존재를 잊어버린다는 것을 알 수 있다. 뜨거운 자동차 안에 아이가 있다는 것을 잊어버려 죽음에 이르게 한 사람 중에는 아이를 잘 보살피고, 책임감도 강하며, 능력이 뛰어난 부모가 많다. 2018년 미국안전위원회National Safety Council가 발표한 보고서에 따르면, 1998년 이후 매년 자동차 안에서 사망하는 아이가 40명에 달하며, 그중 54퍼센트가 망각으로 인한 사망이었다. 그러나 부모가 고의로 아이를 자동차 안에 두고 내린 사례는 19퍼센트뿐이었으며, 아이가 스스로 자동차에 들어간 사례는 26퍼센트였다. 카리의 사례처럼 최악의 상황은 가슴 아픈 이야기가 되어 반복적으로 발생했다.

이것은 누구의 잘못일까? 카리의 사례와 비슷한 사건들에 대한 온라인 댓글들을 보면 의견이 분분하다. 일부 사람은 진 바인가르텐의 질문인 "도대체 어떤 사람들이 아이의 존재를 잊어버리는가?"에 격하게 반응했다. 이들은 그런 사람은 부모가 아니며 그들을 범죄자라고 생각했다. 일부 사람은 부모들이 극단적인 망각의 피해자라고 여기며, 그것이 처벌 받아 마땅한 범죄가 아니라고 생각했다. 무엇보다도 이미 부모들은 끊임없이 죄책감으로 고통받고 있다고 생각했기 때문이다.

나는 후자의 견해에 동의한다. 하지만 법원의 판결은 아이 방치 사망 사건에 대해 범죄 혐의를 인정하지 않기도 하고, 중죄로 판단하기도 하는 등 일관적이지 않았다. 2019년, 『뉴욕타임스』에는 이런 비극적인 사건이 법적 기준으로 보았을 때 사고인지 범죄인지에 대해 보도하는 기사가 실렸다. 미국의 어린이 안전사고 예방 단체인 키즈앤드카즈

KidsAndCars의 앰버 롤린스Amber Rollins는 "이 같은 사례들을 어떻게 취급할지에 대해 정확한 기준이 없다"고 딱 잘라 말했다.

부모가 자동차 안에 아이를 두고 잊어버렸을 때, 그 책임 소재에 영향을 주는 요소가 무엇인지에 대한 체계적인 연구는 거의 전무하다. 하지만 2015년에는 이 문제에 대해 처음으로 실증 연구가 진행되었다. 이 실험에서 남녀로 구성된 참가자들은 카리의 사례와 비슷한 사건이 묘사된 짧은 글을 읽었다. 무더운 여름날, 아이의 부모가 어린이집에 아이를 데려다주는 것을 잊는다는 이야기다. 즉, 몇 시간 동안 자동차에 남아 있던 아이가 발견되기 전에 사망한다는 심각한 이야기와 아이가 자동차에 남겨지고 얼마 지나지 않아 발견되어 가벼운 탈수 증상으로 병원에서 치료를 받고 당일 퇴원한다는 가벼운 이야기다. 이 이야기를 읽고 참가자들은 여러 질문이 담긴 설문지를 작성했다. 부모가 남자인지 여자인지 상관없이, 남성 참가자들은 여성 참가자들에 비해 부모의 책임을 더 심각하게 생각했다. 그리고 남녀 참가자 모두 가벼운 이야기에서보다 심각한 이야기에서 부모의 책임이 더 크다고 생각했다.

이 사건에서 부모의 책임 여부와 그 책임의 정도를 어떻게 판단하든, 이 사건을 되돌릴 수 있는 미래기억의 실패로 접근해보자. 이런 비극적인 망각이 충분히 일어날 수 있다는 것을 인식하고, 그것을 줄일 수 있는 단서를 제공할 방법을 찾는 것이다. 우리가 이렇게 인식하는 것은 중요하다. 왜냐하면 자동차 뒷좌석에 아이가 있다는 것을 잊는 것은 대부분 사람들에게는 있을 수 없는 일로 받아들여지는데, 여러 연구가 그렇지 않다는 실험 결과를 내놓았기 때문이다. 사람들은 정신없음으로 인한 망각을 사악한 행동으로 만들기도 한다.

미국안전위원회나 키즈앤드카즈는 이런 사건이 자주 발생하는 여름에 사람들의 인식을 새롭게 하는 캠페인을 실시하고 있다. 이들은 아이가 자동차 안에 있다는 것을 알려주는 장난감이나 인형 같은 시각적 단서를 뒷좌석에 놓아두는 것이 중요하다고 말한다. 일레포스 이클립Elepho's eClip 같은 유용한 제품은 카시트에 부착해 스마트폰으로 시각적·청각적 경보를 보내는데, 운전자에게 아이가 자동차 안에 있다는 사실을 상기시켜준다(운전자가 카시트에서 약 5미터 이상 떨어지면 경고음이 울린다). 자동차 제조사들도 뒷좌석 알림 장치 같은 옵션을 개발하기 시작했다. 심지어 교통 정보를 제공하는 웨이즈에는 목적지에 도착하면 운전자에게 뒷좌석을 확인하라고 알려주는 기능을 탑재하고 있다. 2019년에는 9세 소녀가 최첨단 기술 없이도 늘어나는 끈과 벨크로Velcro 고리를 이용해 자동차 열쇠와 좌석을 연결하는 방식으로 아이가 자동차 안에 있다는 것을 운전자에게 알려주는 장치를 개발했다.

모든 알림 장치가 누구나 쉽게 사용할 수 있을 정도로 간단한 것은 아니지만, 그런 장치가 있는 자동차에서 망각 때문에 사망 사건이 일어난 적은 없었다. 이 사실은 중요한 질문을 제기한다. '왜 새 자동차에는 의무적으로 생명을 구할 수 있는 알림 장치가 없는가?' 2019년 5월 미국 자동차제조업연맹은 새 자동차 구입자 중 6세 미만의 아이를 두고 있는 사람이 13퍼센트밖에 없다는 이유를 들었다. 하지만 이런 주장은 사망 사건에 전혀 도움이 되지 않는다.

2019년 미국 오하이오주 의원인 팀 라이언Tim Ryan이 제출한 핫 카 법Hot Cars Act은 새로 생산되는 자동차에 알림 장치를 의무적으로 적용하게 할 것이며, 미 상원에서도 그와 비슷한 법을 입안한 상태다. 그러나 미국 자동차제조업연맹의 거센 저항에 부딪혔기 때문에 이 법이 2021년 1월 3일 의회에서 한 표도 받지 못한 것은 예상 가능한 일이었다. 이런 법들이 언젠가 입법화가 될 수 있을지는 시간이 지나야만 알 수 있다.

마음이 방랑할 때

●●●

당신이 이 책을 읽다가 한 번쯤 혹은 여러 번 집중할 수 없는 때가 있었을 것이다. 이 책에서 마음이 멀어져 '멍해진 채' 내면의 공상이나 망상에 빠져드는 때도 있었을 것이다. 나는 그런 행동이 기분 나쁘지는 않다. 여러 실험연구를 보면, 참가자들이 다양한 종류의 글을 몇 분 이상 읽었을 때 멍해지는 현상이 일어났다는 것을 알 수 있다. 심지어 레프 톨스토이Lev Tolstoi의 『전쟁과 평화』처럼 명작을 읽어도 마찬가지였다. 요즘 심리학자들은 이런 현상을 '마음 방랑mind wandering'이라고 부른다. 예전에는 심리학자들에게 '마음 방랑'은 그저 일시적인 문제일 뿐이었다. 하지만 미국의 심리학자 조너선 스쿨러Jonathan Schooler와 조너선 스몰우드Jonathan Smallwood의 연구가 이런 인식에 변화를 주었다. 두 심리학자는 '마음 방랑'이 자주 일어난다는 것을 알고, 이것을 실험하고 이론적인 모형을 만들었다. 이제 마음 방랑은 심리학 연구에서 가장 인기 있는 주제가 되었고, 지금도 여전히 그렇다.

마음 방랑은 정신없음과 관련이 있다. 기억을 부호화하는 단계에서 주의가 분산되는 원인으로 작용하기 때문이다. 그중에서 당신이 책을 읽다가 마음 방랑에 빠지게 되면, 나중에 읽은 내용이 기억나지 않을 확률이 높다. 그리고 갑자기 마음 방랑을 멈추고 다시 책으로 돌아가 '멍한 상태로' 읽었던 부분을 다시 읽어야겠다고 결심할 수도 있다.

최근에는 마음 방랑과 정신없음으로 인한 망각이 어떤 관련이 있는지 연구하기도 한다. 특히 교육, 그중에서 교실 수업과 동영상 강의에 관한 것이다. 나 같은 대학 교수들은 학생들이 강의 중에 종종 딴생각을 한다는 사실을 알게 되어도 별로 놀라지 않는다. 하지만 나는 그런 일이 얼마나 자주 일어나는지 알게 되었을 때 놀랐다. 2011년 대학생들을 대상으로 진행된 한 연구에서 연구자들은 50분간 진행되는 심리학 강의 3개를 듣고 있는 대학생들을 조사했다. 각 강의가 진행되는 동안 대학생들에게 다섯 차례 알림 소리를 들려주고 그 순간 무슨 생각을 했는지 기록하라고 지시했다. 이때 33퍼센트 정도가 강의와 관련 없는 생각을 했다고 기록했다. 어쩌면 여기서 가장 중요한 것은 마음 방랑이 더 자주 일어날수록 몇 주 후 강의 자료 암기 테스트에서 더 낮은 성적을 얻었다는 사실일 것이다.

어떤 강사든 대학생들이 강의에 집중하지 않고 딴생각을 한다면 불편해질 것이다. 이 강사가 유별나게 지루한 사람일까? 아마도 아닐 것이다. 심리학, 경제학, 서양 고전학의 각기 다른 예일대학 교수가 녹화한 동영상 강의를 본 학생들의 마음 방랑을 연구한 것을 보면, 비슷한 결과가 나왔다. 이 세 강의가 진행되는 동안 대학생들의 마음 방랑은 43퍼센트에 이르렀으며, 후반으로 갈수록 그 수치가 크게 상승했다. 게다가 각 강의 초반에 마음 방랑이 증가할수록 강의 직후 진행된 테스트에서 기억하는 양이 더 적었다. 다른 연구 결과를 보면, 실제 강의가 이루어지는 동안에는 강의 초반에 마음 방랑이 상대적으로 적었다. 또한 스마트폰이나 노트북으로 소셜미디어를 사용할 때 일어나는 주의산만이 마음 방랑보다 기억에 미치는 악영향이 훨씬 더 많았다. 한 연구에 따르면 일상에서 미디어 멀티태스킹을 자주 하는 사람들은 기억을 잘 하지 못했고, 특히 회상해야 하는 일을 잘 해내지 못했다.

강의 중에 일어나는 마음 방랑과 같은 부주의를 줄이고, 강의 집중도와 기억력을 향상시킬 방법이 있을까? 몇 년 전, 캐나다의 심리학자 칼 스즈푸나르Karl Szpunar는 연구를 하면서 다음과 같은 가설을 세웠다. 동영상 강의에 짧은 퀴즈가 중간에 들어 있으면 강의 집중도가 높아지고 마음 방랑이 줄어들며 강의 내용을 기억하는 양도 많아질 것이라는 것이었다. 20분 분량의 통계학 강의를 시청할 때, 5분씩 분할된 강의가 끝날 때마다 퀴즈를 풀어야 했던 대학생들은 각 강의가 끝날 때마다 같은 자료를 복습한 대학생들이나 수학 문제를 풀었던 대학생들과 비교했을 때 마음 방랑이 절반 정도밖에 되지 않았다. 또 이 그룹은 두 그룹과 비교했을 때 강의가 끝나고 난 뒤 그 내용을 테스트했을 때 기억하는 양이 많았다. 나의 후속 연구에서는 퀴즈가 대학생들에게 동영상 강의를 더 잘 기억할 수 있게 한다는 것이 밝혀졌다.

가장 극단적인 형태의 정신없음으로 인해 아이가 사망하는 사건이 줄어들고 있다. 부모들이 자동차 안에 아이가 있다는 것을 기억하도록 도와주는 단서를 만들어냄으로써 가능한 일이었다. 그리고 강의 중에 퀴즈가 마음 방랑으로 인해 생겨나는 정신없음을 줄이는 데 도움이 된다는 것도 밝혀졌다. 정신없음은 여전히 보편적이고 가끔은 위험하기도 한 기억의 오류지만, 감사하게도 그 영향을 약화시킬 방법들이 존재한다.

제3장

기억은 막힌다

상대방의 이름이 떠오르지 않을 때

●●●

"내가 당신 어머니께 사용해보라고 말했던 물건이 뭐였죠?"

"잠깐만요. 알고 있는데……."

"그 이름이 입안에서 맴맴 돌면서 안 나와요."

"잠깐만요, 알고 있는데."

"내가 무엇을 말하는지 아시잖아요."

"수면과 관련된 것? 아니면 소화불량?"

"입안에서 맴맴 돌기만 하네요."

"잠깐만요. 잠깐. 알 것 같은데……."

미국의 소설가 돈 드릴로Don DeLillo의 소설 『암흑의 세계Underworld』에 등장하는 닉 셰이Nick Shay와 그의 아내 메리언Marian의 이 대화는 우리가 자주 겪는, 분명히 알고 있는 정보가 생각나지 않을 때 느껴지는 답답함을 잘 보여준다. 때때로 기억의 막힘은 이 부부의 대화처럼 약간 짜증스러운 호기심으로 그치기도 하지만, 다른 상황에서는 엄청난 불안을 초래하기도 한다.

파티에서 당신은 동료와 와인을 마시며 대화를 나누고 있다고 해보자. 여러 차례 함께 일했지만 지난 몇 달간 만나지 못했던 젊은 여성이 대화에 끼려고 다가온다. 이때 당신은 여성을 동료에게 소개해야 하는데, 보통 때라면 기꺼이 그렇게 했을 것이다. 그런데 이 여성의 직위가 무엇인지, 이 회사에서 얼마나 일했는지, 어떤 음식을 좋아하는지도 알고 있는데, 정작 그녀의 이름이 떠오르지 않아 초조해진다. 당신이 아무리 생각해내려고 해도 그녀의 이름은 입안에서 맴돌 뿐 떠오르지 않는다. 당신은 당황스러운 상황을 피하기 위해 두 동료가 서로 자신을 소개하게 만든다. "서로 아는 사이지 않나?" 당신은 아무렇지 않게 묻는다. 여성이 동료에게 손을 내밀며 자신을 소개하자 당신은 안도하면서도 자기 자신에게 화가 난다.

기억의 막힘은 소멸이나 정신없음과는 다른 종류의 망각이다. 정신없음으로 인한 기억의 오류와는 달리 떠오르지 않는 이름이나 단어는 부호화를 거쳐 머릿속에 저장되었으며, 다른 때라면 기억할 수 있는 단서도 있다. 또 소멸에 의한 기억의 오류와는 달리 이 정보는 기억에서 희미해진 것이 아니다. 어딘가에 숨어 있어서 조금만 더 끌어내려고 노력하면 갑자기 떠오를 것 같으면서도 생각이 나지 않는다. 특히 막힘이 짜증스러운 것은 이 정보를 기억해낼 수 없다는 것이 분명한데도, 그것을 끄집어낼 수 있을 것 같다는 확실한 느낌을 받기 때문이다.

고유명사를 기억하지 못하는 이유

●●●

기억의 막힘은 다양한 상황에서 일어날 수 있다. 가벼운 대화를 하다가 단어가 막힐 수 있다. 무대에 서는 배우들은 어떤 장면에서 대사가 막히는, 흔하지는 않지만 당황스러운 순간이 올까봐 두려워한다. 또한 학생들은 열심히 공부했던 시험문제의 정답이 막혔다가 시험이 끝나고서야 자연스럽게 떠오를까봐 걱정한다. 하지만 막힘은 사람의 이름을 기억해내려고 할 때 가장 자주 일어난다. 일상생활에서 겪는 다양한 기억의 실패에 대해 설문조사를 하면 항상 높은 순위를 차지하는 것이 잘 알고 있는 사람의 이름이 기억나지 않는 막힘이다. 이것은 특히 고령층에게 골칫거리다. 고령층은 자신이 겪는 어려움 중에서 아는 사람의 이름을 기억해내는 것을 가장 힘들어한다.

이런 경향을 뒷받침하는 객관적인 자료도 존재한다. 20대, 40대, 70대의 사람들은 한 달 동안 입안에서 맴도는 느낌을 동반하는 기억의 막힘이 일어날 때 그것을 일기장에 기록했다. 그 결과 '해조류' 같은 어떤 대상의 이름이나 '관용적인' 같은 추상적인 단어에서 막힘이 일어났다. 하지만 세 그룹에서 가장 자주 발견되는 막힘은 고유명사를 찾지 못해 일어났으며, 그중에서도 국가나 도시 등 지명보다는 사람의 이름에서 더 자주 일어났다. 이런 막힘은 20대 그룹보다는 40대와 70대 그룹에서 더 많이 나타났다. 또한 잘 아는 사람의 이름을 기억하지 못하는 막힘은 70대 그룹에서 가장 빈번히 발생했다.

사람들은 왜 이름을 잘 기억하지 못할까? 이 질문에 대답하기 위해서는 심리학자들이 '베이커-베이커 패러독스baker-baker paradox'라고 부르는 것에 대해 생각해볼 필요가 있다. 두 그룹의 실험 참가자들이 낯선 남성들의 사진을 한번에 한 장씩 본다. 첫 번째 그룹은 얼굴과 관련된 이름 정보를 받고, 두 번째 그룹은 직업 정보를 받는다. 이 실험의 숨겨진 의도는 참가자들에게 같은 단어인 이름과 직업을 알려준다는 것이다. 첫 번째 그룹에는 첫 번째 남성의 이름이 베이커Baker이고 두 번째 남성의 이름이 포터Potter라고 말해준다. 두 번째 그룹에는 첫 번째 남성의 직업이 제빵사baker이고 두 번째 남성의 직업이 도예가potter라고 말해준다. 나중에 실험 참가자들에게 얼굴 사진을 보여주며 그 얼굴에 맞는 정보를 기억해보라고 지시했을 때, 참가자들은 이름보다 직업을 기억할 때가 더 많았다. 이 결과는 '베이커-베이커 패러독스'를 여실히 보여준다. 왜 같은 단어가 이름으로 기억되는지, 직업으로 기억되는지에 따라 단어의 회상 결과가 달라지는 걸까?

'베이커-베이커 패러독스'를 해결하기 위한 현대적인 접근법은 170여 년 전 존 스튜어트 밀John Stuart Mill의 관찰에서 시작되었다. "고유명사는 함축적이지 않다. 고유명사는 그 명사로 불리는 개인을 의미한다. 그러나 그 개인의 어떤 속성을 가리키거나 암시하지는 않는다." 다시 말해 내가 당신에게 내 친구 이름이 존 베이커John Baker라고 말했다면, 나는 그 친구가 비교적 흔한 앵글로색슨 이름을 가지고 있다는 사실 말고, 그 친구의 정보를 거의 알려주지 않은 것이다. 그러나 내 친구를 제빵사baker라고 소개했다면, 나는 그 친구에 대해 꽤 많은 정보를 제공한 것이 된다. 당신은 내 친구가 어디에서 어떻게 하루를 보내는지, 일할 때 어떤 재료를 사용하는지, 어떤 종류의 상품을 만드는지에 대해 이해하게 된다. 직업명인 '베이커'는 이전에 '제빵사'들과 만나보았던 경험을 근거로 풍부한 지식을 떠올리게 한다. 하지만 고유명사(이름)인 베이커는 대체로 독립적으로 존재한다. '베이커-베이커 패러독스' 실험을 보면, 참가자들은 기존의 지식을 활용해 직업명인 베이커를 고유명사인 베이커보다 더 쉽게 부호화하고 기억할 수 있다는 것을 알 수 있다.

고유명사가 그 이름을 가진 사람의 특징에 대해서 알려주는 것이 거의 없다는 것은 왜 사람의 이름을 외우고 기억하는 것이 어려운지 설명해준다. 또한 보통명사에 비해 고유명사가 개념이나 지식과 잘 융합되지 않기 때문에 잘 아는 사람의 이름에서 막힘이 일어난다. 미국의 인지심리학자 서지 브레다트Serge Brédart와 팀 밸런타인Tim Valentine이 연구한 한 실험을 살펴보자. 두 심리학자는 실험 참가자들에게 여러 만화 캐릭터 그림을 보여주었다. 일부는 캐릭터의 독특한 특징을 강조하는 이름(그럼피, 백설 공주, 스크루지)을 가지고 있었고, 일부는 캐릭터의 특징과 관련 없는 임의적인 이름(알라딘, 메리 포핀스, 피노키오)을 가지고 있었다. 두 부류의 이름은 실험 참가자들에게 비슷한 정도로 익숙했지만, 임의적인 이름보다 캐릭터의 특징을 묘사하는 이름에서 막힘이 덜 일어났다.

현대 서구 문화에서 사람의 이름은 그 사람의 특징을 거의 묘사하지 않지만, 다른 문화권에서는 이름에 그 사람의 특징이 담기기도 한다. 미국 애리조나의 유만Yuman 인디언은 아이가 태어난 시간과 장소를 특징 삼아 이름을 짓는다. 그리스의 어떤 마을에서는 부유한 농부들이 중요한 종교적인 관례를 의미하는 성을 가지고 있고, 중산층은 남성적인 이름에서 유래한 성을 가지며, 가난한 양치기들은 우스꽝스러운 별명에서 따온 성을 가진다. 이와 같이 개인의 특징이 반영된 이름을 사용하는 문화권에서는 현대 서구 사회에서보다 막힘이 덜 일어날지도 모른다.

뇌가 시각적 표상만 활성화한다면

●●●

보통명사와 고유명사에 대한 기억의 이론적인 모형은 고유명사의 막힘이 어떻게 지식과의 미약한 연결 때문에 일어날 수 있는지 더 잘 이해하게 도와준다. 대부분의 이론적인 모형은 보통명사나 고유명사를 만드는 데 필요한 여러 종류의 지식을 서로 구분한다. 먼저 3가지 기본 요소를 살펴보자.

첫 번째 요소는 사물이나 사람의 생김새에 대한 시각적 표상이다. 책의 직사각형 모양, 칼의 날카로운 날, 동료의 툭 튀어나온 코와 가늘고 검은 머리카락처럼 말이다. 제빵사의 시각적 표상은 당신이 지금껏 만나온 여러 제빵사에게서 발견한 형태, 특징, 촉감이 혼합된 형태로 구성된다. 존 베이커의 시각적 표상에는 각진 얼굴과 뿔테 안경이라든가 헝클어진 수염 등이 포함되어 있다. 두 번째 요소는 사물이나 사람이 수행하는 기능이나 과제를 구체적으로 표현하거나, 한 개인의 자서전적인 사실을 구체화하는 개념적 표상이다. 제빵사의 개념적 표상에는 '주방에서 일한다', '빵을 굽는다', '일찍 일어난다' 등과 같은 정보가 포함되어 있다. 존 베이커의 개념적 표상에는 '변호사', '마을 대표', '골프를 잘 치는 사람'이 포함되어 있다. 세 번째 요소는 음절을 나타내는 음운적 표상이다. 베이커baker를 구성하는 음절은 베이ba와 커ker다. 제빵사Baker와 베이커baker의 음운적 표상은 같다.

당신이 존 베이커를 만났는데, 당신의 뇌가 그의 시각적 표상만 활성화한다면, 그의 얼굴이 친숙하게 느껴질 수 있어도 그의 이름이나 그에 대한 어떤 것도 기억하지 못할 것이다. 당신의 뇌가 시각적 표상과 개념적 표상만 활성화한다면, 존 베이커를 알아볼 수 있고 같은 동네에 사는 골프 애호가이자 변호사라는 사실도 알 수 있지만 그의 이름은 기억하지 못한다. 대부분 이름 회상 모형에서는 음운적 표상이 개념적 표상과 시각적 표상이 활성화된 이후에만 일어난다고 여겨진다. 이는 이름이 떠오르지 않는 사물이나 사람의 개념적 정보는 기억할 수 있어도 그 반대의 현상은 일어나지 않는 이유를 설명해준다. 찰스 톰프슨의 일기 쓰기 연구를 보면, 어떤 사람의 이름을 떠올리지는 못해도 직업을 기억하기도 하지만, 그 사람의 개념적 정보를 떠올리지 못하면서 그 사람의 이름을 거의 기억하지 못했다.

유명인사의 사진을 보고 이름을 말하게 한 실험에서 '찰턴 헤스턴Charlton Heston'의 이름을 기억해내지 못한 실험 참가자 중에는 그가 배우라는 사실만큼은 기억했다. 하지만 '찰턴 헤스턴'의 이름을 정확히 말한 사람 중에서 그가 배우라는 사실을 모르는 사람은 한 사람도 없었다. 따라서 당신이 존 베이커의 이름을 기억하지 못할 때에도 그가 골프를 좋아하는 변호사라는 사실은 잘 기억해낼 수 있다. 하지만 베이커의 이름이 기억나는데, 그의 개인적인 특징이 하나도 기억나지 않을 가능성은 매우 낮다.

이름 회상이 연속적인 과정에서도 마지막 단계에서 일어나는 일이라면, 많은 것을 알고 지내는 친한 사람의 이름이 기억나지 않는다고 해도 말이 된다. 하지만 이것만으로는 왜 사람들이 보통명사보다 고유명사에서 더 자주 막힘을 겪는지 이해하기 힘들다. 그래서 기억의 특성을 이해하기 위해 또 다른 표상을 추가해 그 구조를 좀더 복잡하게 만들 필요가 있다. 언어 처리 모형들은 일반적으로 개념적 표상과 음운적 표상 사이를 중재하는 표상을 포함하고 있는데, 나는 이것을 '어휘적 표상'이라고 부른다. 어휘적 표상은 단어나 이름이 어떻게 문장처럼 더 큰 언어적인 표현에서 사용되는지를 구체적으로 보여준다. 결정적으로 개념적 표상과 어휘적 표상이 서로 연결되는 방식은 보통명사와 고유명사를 기억해낼 때 다르다.

제빵사와 베이커

미국의 심리학자 데버라 버크Deborah Burke와 도널드 매카이Donald MacKay가 개발한 모형을 살펴보자. 이 모형은 서로를 자극하거나 활성화시킬 수 있는 상호 연결된 표상의 네트워크로 이루어져 있다. 제빵사와 같은 보통명사의 시각적 표상은 '주방에서 일한다', '빵을 굽는다', '일찍 일어난다'와 같은 개념적 표상과 연결되어 있다. 이 표상들은 각각 어휘적 표상인 제빵사와 직접적으로 연결되어 있고, 어휘적 표상은 음운적 표상(음절)과 연결되어 있다. 이 모형에서 이런 분류는 우리가 제빵사를 볼 때 제빵사의 시각적 표상이 활성화되고, 그것은 개념적 표상으로 활성화가 이동한다는 것을 의미한다. 이 개념적 표상들은 각각 활성화되고 그 결과 제빵사의 어휘적 표상으로 수렴된다. 그리고 그 수준이 강하게 활성화되면 그것은 음운적 표상을 자극한다. 그 결과 제빵사라는 단어가 불쑥 나타난다.

하지만 미국의 심리학자 앤드루 영Andrew Young에 따르면, 고유명사에 대해 개별적인 개념적 표상은 각각 어떤 사람의 유일하고 특별한 특징으로 수렴된다. 따라서 개념적 표상인 '변호사'는 존 베이커로 연결된다. 마찬가지로 개념적 표상인 '마을 대표'와 '골프를 잘 치는 사람'도 존 베이커로 연결된다. 이런 방식으로 우리가 존 베이커에 대해 알고 있는 여러 사실이 그를 확인하기 위해 수렴된다.

고유명사와 보통명사의 가장 큰 차이는 이 다음 연결에서 발생한다. 존 베이커의 특징이 존과 베이커라는 어휘적 표상과 연결되는 것이다. 이 연결은 보통명사의 배열과 극명하게 대조를 이룬다. 보통명사에서는 개념적 표상이 어휘적 표상으로 곧장 수렴되어, 확실히 어휘적 표상을 활성화하는 자극을 보낸다. 이와 다르게 고유명사를 구성하는 어휘적 표상은 연결을 통해 더 약하고 손상되기 쉬운 자극을 전달받게 된다. 이 결핍 때문에 고유명사에서 막힘이 훨씬 더 많이 일어날 수 있다. 심지어 시각적 표상과 개념적 표상이 강하게 활성화되고, 우리가 이름을 제외한 그 사람의 모든 것을 알고 있다고 느낄 때에도 그렇다.

이 모형은 나이가 들수록 사람들의 이름이 왜 자주 막히는지 설명해주기도 한다. 개념적 표상과 어휘적 표상 사이의 연결이 고유명사에서 특히 미약해지기 때문에 인지 과정에서 쉽게 방해를 받는다. 많은 연구에서는 고령층에서 인지 처리 속도가 느려진다는 것을 밝혀냈는데, 이는 어쩌면 신경 전달 속도가 저하되었기 때문인 듯하다. 버크와 매카이의 모형에 따르면, 막힘에 가장 취약한 이름은 최근에 만난 적이 없는 사람들의 이름이다.

어떤 사람을 만나면 그 사람에 대한 개념적 표상과 어휘적 표상이 활성화되므로 이 두 표상 간의 상호 연결도 강화된다. 반대로, 우리가 누군가를 오랫동안 만나지 않으면, 개념적 표상과 어휘적 표상 사이의 이미 약해진 고리가 더 약화된다. 게다가 고령층은 젊은층보다 살아온 날이 더 많으므로, 오랜 기간 만나지 못했던 사람이 더 많다. 실제로 버크와 매카이가 진행한 일기 쓰기 연구에서 실험 참가자들이 적어도 수개월간 연락한 적이 없던 사람과 만났을 때 막힘이 자주 일어났다. 이때는 고령층이 사람과 연락을 하지 않고 지냈던 기간이 훨씬 더 길었다.

버크와 매카이의 모형은 기존 지식과 정보의 관계에서 고유명사가 보통명사보다 덜 직접적이라는 것을 공식화했다. 하지만 고유명사가 막힘에 취약한 다른 이유들이 있을 것이다. 고유명사는 단 하나의 음운적 표상(어떤 사람의 정확한 이름)이 떠올라야 한다. 하지만 보통명사에는 여러 음운적 표상을 사용할 수 있다. 다시 말해 동일한 사물을 나타낼 때 유의어가 사용될 수 있다. 당신이 대형 소파davenport에 앉으려고 할 때 그 단어가 생각나지 않으면 카우치couch(몸을 비스듬히 기대어 휴식할 수 있는 소파)나 소파라는 단어를 떠올릴 수 있다. 사물들은 또한 다양한 명칭으로 묘사될 수 있다. 당신 앞에 움직이는 물체를 지칭하고 싶을 때, 차, 자동차, 탈것은 물론이고 어코드Accord, 혼다Honda, 세단sedan으로도 부를 수 있다. 이것은 이름을 생각해낼 때 유연성을 부여해주기 때문에 막힘이 일어날 가능성이 줄어든다.

특정 명칭을 기억하는 것이 고유명사의 막힘과 관련이 있는지 조사해보기 위해 서지 브레다트는 사람들에게 배우 사진을 보여주며 이름을 말해보라고 지시했다. 이 배우 중에는 예명과 사진에 묘사된 배역의 이름으로 알려진 사람들도 있었다. 해리슨 포드Harrison Ford는 '인디아나 존스Indiana Jones'로도 알려져 있으며, 숀 코네리Sean Connery는 '제임스 본드James Bond'로도 알려져 있다. 다른 배우들은 배역의 이름이 아닌 예명으로 알려진 사람들이었다. 리처드 기어Richard Gere나 줄리아 로버츠Julia Roberts는 배역 이름인 잭 마요Zack Mayo와 비비안 워드Vivian Ward로는 잘 알려지지 않은 배우들이었다. 참가자들은 배우의 예명이나 배역 이름으로도 대답할 수 있었다. 이렇게 두 그룹으로 나뉘는 배우들은 참가자들에게 똑같이 친숙했지만, 예명뿐만 아니라 배역 이름으로도 알려진 배우들에서는 막힘이 더 적었다.

이 실험 결과는 문화적인 측면에서 무척 흥미롭다. 어떤 사회에서는 이름이 그 이름을 가지고 사람의 구체적인 특징을 반영한다. 또 어떤 사회에서는 개인이 다양한 이름으로 불리기도 한다. 어떤 아프리카 부족에서는 한 사람을 부를 때 북소리로 부르는 이름과 말로 부르는 이름 외에도 휘파람 소리로 부르기도 하며, 가족 구성원에 따라 부르는 이름이 다르다. 어떤 인디언 부족에서는 인생의 여러 단계에서 이름을 바꾸는 것이 흔하게 여겨진다. 서지 브레다트의 실험은 이런 사회에서는 막힘이 덜 발생할 수 있다는 것을 시사한다.

사람의 이름이 막히는 현상은 우리를 짜증나게 하고 종종 당황스럽게 하지만, 대부분 사람들은 기억하고자 하는 고유명사를 기억해낸다. 특히 고령층은 사람의 이름을 기억하지 못할 때가 평균적으로 한 달에 두세 번을 넘지 않는다고 한다. 하지만 사람의 이름을 기억해내는 것이 다른 어떤 인지 과제보다 더 어려운 사람들도 있다. 그 사람들에게 막힘은 아침에 마시는 커피 한 잔이나 저녁 산책만큼 일상적인 일이다.

누구도 기억하지 못하는 남자

1988년 7월, 철물점에서 일하던 41세의 이탈리아 남성이 말에서 떨어져 머리를 다쳤다. 이 남성은 좌반구의 전두엽과 측두엽 일부에 손상을 입었다. 다행히 인지 능력은 정상이어서 언어를 이해하는 데 어려움이 없었고, 유창하고 명확하게 말할 수 있었으며, 언어 능력 테스트에서 만점을 받았다. 그리고 지각·기억·일반 지능도 거의 그대로였다. 하지만 이 사고는 특정 영역의 능력 저하를 불러왔다. 그는 보통명사를 말하는 데 아무 문제가 없었는데, 고유명사는 거의 기억해내지 못했다. 사람을 만나면 금방 알아볼 수 있어도 그 사람의 이름은 기억하지 못했다. 실험실 테스트에서 이 현상은 뚜렷하게 나타났다. 주위에서 흔하게 볼 수 있는 사물 50개를 보여주었을 때, 그는 그 물건의 이름을 모두 말할 수 있었다. 하지만 다른 사람들이 쉽게 이름을 말할 만한 유명인사 25명의 사진을 보여주었을 때는 2명의 이름만 기억해낼 수 있었다.

그렇지만 이 이름들이 기억에서 완전히 사라진 것은 아니었다. 유명인사의 사진을 보여주고 그 사람의 이름이라고 생각되는 것을 골라보라고 지시하면 그는 문제없이 맞혔다. 게다가 그는 자신이 기억해내지 못했던 이름들도 완벽하게 말했다. 실험자가 어떤 이름을 소리 내어 말하면, 그 이름을 곧바로 따라 할 수 있었다. 하지만 누군가의 얼굴을 보여주거나 그 사람을 자세히 묘사했을 때는 이름을 기억하지 못했다.

이런 회상 문제는 다른 종류의 고유명사에서도 뚜렷이 나타났다. 실험자가 지명이 쓰여 있지 않는 지도의 한 곳을 가리키거나 특정 지역을 묘사하면, 그는 그 도시나 국가의 이름을 기억해내지 못했다. 하지만 그는 이름을 기억해내지 못하는 사람이나 장소에 대해 상당히 많은 개념적 정보를 가지고 있었다. 이름을 기억해내지 못한 사람의 얼굴이 수상首相이라는 것을 정확히 알아맞혔으며, 지도에서 이름을 기억하지 못했던 도시나 국가의 위치를 정확히 가리켰다. 적어도 익숙한 사람이나 장소에 대해서 그 단어가 입안에서 맴도는 상태로 살아가는 것 같았다.

그는 뇌 손상 환자 중에서 고유명사만 기억하지 못하는 최초의 환자였다. 이 증상은 현재 '고유명사 실어증'이라고 불린다. 그의 사례가 발표된 1989년 이래로 비슷한 문제를 겪는 환자가 꾸준히 늘고 있다. 그 중에서 일부는 인명과 지명을 모두 기억하지 못하고, 일부는 인명만을 기억해내지 못했다. 이 모든 사례를 살펴보던 미국의 심리학자 리처드 핸리Richard Hanley와 재니스 케이Janice Kay는 인명을 기억해내는 데 가장 심각한 증상을 보인 환자 중에서만 지명을 기억하지 못하는 환자가 있다는 것을 발견했다. 비교적 가벼운 증상을 보이는 환자들은 지명을 기억해낼 때 어려움을 겪지 않았기에, 지명을 기억해내는 일이 인명을 기억해내는 일만큼 어렵지는 않다는 것을 암시한다. 이는 건강한 사람들이 지명보다 인명에서 막힘을 더 많이 경험한다는 실험 결과와도 잘 맞아떨어진다.

'고유명사 실어증' 환자들이 이름을 말할 수 없는 사람이나 장소에 대해 많은 것을 알고 있다는 것은 놀라운 일이다. 한 환자는 유명인사 40명 중 2명의 이름만 기억해냈지만(건강한 통제집단이 이름을 기억해낸 사람의 수는 25명이다), 그중 32명의 직업은 정확히 말할 수 있었다(건강한 통제집단이 직업을 맞춘 수와 동일하다). 유명인사와 대중에게 잘 알려진 그 배우자가 함께 있는 사진을 보여주었을 때도 이 환자는 두 사람의 이름을 거의 기억해내지 못했다. 하지만 그 배우자의 직업과 같은 여러 특징은 통제집단과 똑같을 정도로 자세히 묘사했다.

그렇다는 것은 그 사람에 대한 개념적 정보와 고유명사를 말할 때 필요한 음절 사이에 연결이 끊어진 것이다(이는 정상적인 뇌에서도 미약한 고리에 의지해 연결된다). 그렇지만 고유명사 실어증 환자들은 여전히 익숙한 사람들의 얼굴을 알아보고, 개념적 정보를 바탕으로 그들을 알아보고, 이름과 얼굴을 짝 짓고, 실수 없이 이름을 따라 말하고, 주위에서 흔히 볼 수 있는 사물들의 이름은 말할 수 있다. 다만 이 환자들이 혼자서 어떤 이름을 기억해내야 할 때는 거의 속수무책이 된다.

이 연구 결과는 고유명사 실어증 환자가 받은 뇌 손상의 신경적 위치를 알게 되면, 뇌의 어느 부분이 개념적 정보에서 고유명사를 인출하게 하는지 밝혀낼 수 있다. 고유명사 실어증 사례들을 보면, 뇌의 좌반구가 손상이 되었다. 환자들마다 좌반구 내의 정확한 위치가 모두 다르지만, 고유명사 실어증은 종종 관자극貫子極이라고 알려진 좌측 측두엽 앞쪽이 손상을 받은 것으로 보인다. 미국의 신경과학자 해나 다마지오Hanna Damasio와 안토니오 다마지오Antonio Damasio는 뇌의 한 영역에만 손상을 입은 신경 환자 100여 명을 관찰한 결과, 좌측 관자극에 손상이 있는 환자들이 고유명사를 기억하지 못한다고 밝혀냈다.

두 신경과학자의 결과를 뒷받침하는 연구도 있었다. 외과 의사들이 47세 환자의 뇌전증을 완화하려고 뇌의 좌측 관자극을 절제했다. 이 환자는 심각한 고유명사 실어증을 보였지만, 그 밖의 다른 인지적 어려움은 거의 없었다. 하지만 좌측 관자극에 손상을 입었다고 해서 이름을 기억하지 못하는 것은 아니다. 또한 고유명사 실어증 환자들은 좌측 측두엽의 다른 영역이나 좌반구의 다른 곳에 손상을 입기도 했다. 건강한 실험 참가자들을 대상으로 한 신경영상 연구에서는 더 많은 증거가 나왔다. PET 스캔을 사용한 실험에서 고유명사를 떠올릴 때 관자극을 포함한 좌측 측두엽 내 여러 영역이 활성화된다는 것이 발견되었다. 보통명사를 떠올릴 때는 동일한 측두엽 영역이 활성화되기는 했지만, 측두엽 뒤쪽에서 활성화가 증가했다. 관자극 밖에 있는 뇌의 다른 영역도 물론 고유명사를 인출하는 데 관여한다. 하지만 어떤 사람의 특징과 그 사람을 부르는 임의적인 명칭 사이의 약한 고리를 만들 수 있는 역할은 대체로 좌측 관자극이 하는 것으로 보인다.

설단 현상

●●●

영국 런던의 교외 지역인 그리니치Greenwich는 본초 자오선이 있어 세계 공식 시간의 표준이 되는 곳으로 유명하다. 그러나 1990년대 후반, 그리니치 주변 지역은 많은 예산이 투여된 거대한 밀레니엄 돔이 건설되는 곳으로도 알려졌다. 밀레니엄 돔은 유럽에서 가장 큰 스포츠 경기장이자 복합문화공간이다. 그 당시 부총리였던 존 프레스콧John Prescott은 1998년 1월 런던 청소년학회에 참석한 수천 명의 학생에게 밀레니엄 돔의 막대한 건설 비용이 왜 계속 늘어나고 있는지 대답해야 했다. 그때 그는 너무 당황한 나머지 "그 자금은, 그, 뭐라고 하더라" 하며 허둥지둥 말을 더듬었다.

그는 국가가 발행한 '복권'이 생각나지 않아 마침내 자포자기하는 심정으로 '추첨'이라는 단어를 뱉어버렸다. 학생들의 웃음과 야유가 쏟아지자 프레스콧은 자기가 이 단어를 알고 있다는 것을 보여주기 위해 "제가 직접 하는 일은 아닙니다"고 힘없이 말했다. 옆에 있던 의장이 '복권'이라고 조심스럽게 말했지만, 이미 실수를 만회하기에는 너무 늦어버렸다. 그의 실수는 다음 날 『타임스』에 보도되면서 그는 또다시 수모를 당해야 했다.

부총리가 공식석상에서 이례적으로 몸소 깨달은 것처럼, 때때로 고유명사가 아닌 단어에서도 '설단 현상'은 일어난다. 처음으로 설단 현상을 조사하고 실험 참가자에게서 이 현상을 발견한 미국 하버드대학의 심리학자 로저 브라운Roger Brown과 데이비드 맥닐David McNeill의 설명을 들어보면 여지없이 존 프레스콧이 떠오른다. 두 심리학자는 이렇게 말했다. "설단 현상에는 분명한 증후가 있어요. 약간 고통에 시달리는 듯 보이죠. 재채기하기 직전처럼. 하지만 단어가 생각나면 엄청나게 안도하고요."

두 심리학자는 일기 쓰기 연구를 통해 설단 현상의 증거를 밝혀냈다. 고령층이 일주일에 2~4회 설단 현상을 겪으며, 대학생은 일주일에 1~2회 설단 현상을 겪으며, 중년층은 그 중간 수준을 보였다. 설단 현상이 가장 자주 일어나는 것은 인명을 떠올릴 때지만, 책 제목이나 영화 제목, 익숙한 선율의 노래 제목, 지명 등의 고유명사와 일반 단어를 떠올릴 때도 일어난다.

단어나 이름이 입안에서 맴맴 도는 느낌은 거의 보편적인 경험인 듯하다. 미국의 인지심리학자 베넷 슈워츠Bennett Schwartz는 51개의 서로 다른 언어를 사용하는 사람들에게 물었다. 그중 45명이 단어가 곧 기억날 것만 같은 상황을 묘사하기 위해 '혀'라는 단어가 담긴 표현을 사용했다. 여러 언어 중 가장 자주 사용되는 표현은 '혀끝에on the tip of the tongue(설단)'와 의미적으로 거의 동일한 단어가 사용되었다. 그중에서도 가장 시적인 표현은 한국어 '혀끝에 맴돌다'가 있었다. 이 조사에서 '혀'라는 단어나 비슷한 표현을 사용하지 않은 언어는 아이슬란드어, 암하라어(에티오피아의 공용어), 사하라 사막 이남의 아프리카어 2개, 인도네시아어, 미국식 수어 등 6가지였다.

왜 '혀끝'이라는 표현과 그와 비슷한 표현이 널리 사용되는 걸까? 아마도 브라운과 맥닐이 포착해낸 '재채기하기 직전'이라는 느낌과 동시에 그 단어에 대해 많이 알고 있다는 느낌이 들기 때문일 것이다. 사람들은 어떤 사람의 이름이 혀끝에서 맴돌아도 그 사람의 직업이나 다른 특징은 알고 있다. 이는 다른 종류의 막힘에서도 마찬가지다. 브라운과 맥닐은 사람들에게 단어의 정의를 들려주고 설단 현상을 경험하도록 유도했다. 아래의 단어에 대한 정의 10가지는 한 실험연구에서 가져온 것이다. 각 정의를 읽고 의도하는 단어가 무엇인지 떠올려보자. 단어가 생각나지 않을 때는 그 단어가 혀끝에서 맴도는지 주목해보자.

① 멀리던지기 경기에서 사용하는 금속 창 혹은 끝이 금속으로 되어 있는 창.
② 염색된 실로 줄무늬나 체크무늬, 격자무늬, 단색으로 짠 무명 직물.
③ 달걀 요리에 종종 사용하는 순하거나 매운 붉은 향신료.
④ 무덤에 새겨진 글.
⑤ 내화재로 사용되는 화학적으로 안정된 불연성 물질.
⑥ 수평선 위에 뜬 별이나 태양의 고도를 측정하는 데 사용되는 항해 도구.
⑦ 뼈대의 일부분을 형성하는 강하고 신축성이 있는 조직.
⑧ 특히 푸줏간에서 사용하는 무겁고 날이 넓은 칼이나 손도끼.
⑨ 모든 식물과 동물 세포의 필수적인 생명 물질.
⑩ 과일이나 꿀 등에 자연적으로 생기는 투명한 결정체의 설탕.

이제 당신이 기억해내지 못한 단어에 대해 다음 질문을 스스로 해보자. 그 단어의 첫 글자는 무엇인가? 그 단어 말고 알고 있는 단어는 무엇인가? 그 단어는 몇 음절로 되어 있는가? 답이 아닌 것은 확실하지만, 그 단어와 관련이 있는 단어가 떠오르는가?(정답은 다음과 같다. ① 창javelin, ② 면직물gingham, ③ 파프리카paprika, ④ 묘비명epitaph, ⑤ 석면asbestos, ⑥ 육분의sextant, ⑦ 연골cartilage, ⑧ 큰 식칼cleaver, ⑨ 원형질protoplasm, ⑩ 포도당glucose).

다른 연구자들은 설단 현상을 겪는 사람들이 막히는 단어의 첫 글자를 가장 많이 알고, 마지막 글자를 그보다 덜 알고, 중간 글자를 가장 알지 못한다는 것을 발견했다. 설단 현상을 겪는 사람들은 대체로 그 단어의 음절수도 기억했다. 사람들은 설단 현상을 겪지 않을 때보다 설단 현상을 겪을 때 막힌 단어의 글자와 음절수를 정확하게 말했다. 당신이 앞의 10개 항목을 읽었을 때 설단 현상을 경험했다면, 최소한 그 단어의 첫 글자나 음절수는 기억하고 있었을 것이다.

이런 종류의 막힘은 괴짜 코미디 〈이르마 벱의 미스터리The Mystery of Irma Vep〉에서 개그 소재로 사용되었다. 이 희극에서 한 고대 이집트 공주가 괴상한 고고학자에 의해 깨어난다. 공주는 흥분하며 소리친다. "카이로Cairo! 카이로!" 공주는 수도首都를 말하려는 것이 아니다. 3,500년 동안 미라로 지내느라 허리가 아파 치료사를 갑자기 부른 것인데, 설단 현상이 일어나 절박한 마음에서 외친 단어다. 마침내 공주가 승리의 환희를 느끼며 "프랙터Practor!"라고 마지막 음절을 기억해내자, 관객들은 공주의 말(카이로프랙터chiropractor, 척추 지압사)을 이해했다.

'몬스터 가족'과 '아담스 패밀리'

사람들은 설단 현상을 경험할 때 단어의 소리와 의미만이 아니라 그 단어의 문법적인 특징까지도 기억한다. 이 현상은 이탈리아어 사용자들을 대상으로 한 설단 현상 연구에서 명백하게 드러났다. 이탈리아어에서 모든 명사는 남성형과 여성형으로 나뉜다. 명사의 성에는 중요한 문법적 함축성이 들어 있다. 즉, 관사와 형용사의 형태가 다르게 사용된다. 하지만 명사의 성은 그 의미와는 관련이 없다. 사소sasso와 피에트라pietra는 모두 돌stone을 의미하지만, 사소는 남성형이고 피에트라는 여성형이다. 또한 명사의 성이 단어의 소리와 관련이 없을 때도 있다.

그렇지만 여러 연구의 결과로 미루어볼 때 설단 현상을 경험하는 동안 이탈리아어 사용자들은 우연히 맞히는 확률보다 높은 확률로 그 단어가 남성형인지 여성형인지 맞힐 수 있었다. 이들은 단어의 소리나 의미와는 관계없이 저장된 추상적인 어휘 정보를 인출할 수 있었다. 고유명사의 설단 현상 연구에서 사람들이 이름을 제외하고 그 사람에 대해 사실상 모든 것을 기억해낼 수 있었던 것처럼, 보통명사의 설단 현상 연구에서도 사람들은 명칭을 제외한 거의 모든 것을 기억해낼 수 있었다.

사람들은 설단 현상을 겪는 동안 대개 찾고자 하는 대상과 소리나 의미에서 관련된 단어를 떠올린다. 당신이 10개 항목 중 1개라도 막혔다면, 찾는 단어가 아니라는 것을 확신하더라도 그 단어와 비슷한 단어를 생각해냈을 것이다. 존 프레스콧은 '복권'이라는 단어를 말하고 싶었을 때 '추첨'이라는 단어를 떠올렸고, 그 막힌 단어가 자신이 관여하는 활동이 아니라는 것도 알고 있었다.

이와 비슷한 일이 설단 현상을 유도하는 실험에서도 일어났다. 실험 참가자들에게 1950~1960년대에 방영된 텔레비전 프로그램의 주제곡을 들려주고, 그 프로그램의 제목이 무엇인지 물어보았다. 〈몬스터 가족The Munsters〉(1964년)이 떠오르지 않은 사람들은 때때로 〈아담스 패밀리The Addams Family〉(1964년)를 떠올렸고, 〈비버는 해결사Leave It to Beaver〉(1957년)를 떠올리지 못한 사람들은 〈개구쟁이 데니스Dennis the Menace〉(1959년)를 떠올렸다. 심지어 어떤 연구자들은 설단 현상을 겪고 있을 때 떠오르는, 관련은 있지만 정확하지 않은 단어가 기억하고

자 하는 단어의 회상을 막는다고 주장하기도 했다.

40명 이상의 사람이 4주 동안 일상에서 겪은 설단 현상을 기록한 일기 쓰기 연구를 보면, 절반이 넘는 사람들에게서 막히는 단어와 소리나 의미에서 관련이 있는 단어를 반복적으로 인출하는 일이 일어났다. 결과적으로 사람들은 막힌 단어를 기억할 수 있었다. 사람들은 막힌 단어보다는 반복적으로 떠오르는 관련된 단어를 더 자주 또는 최근에 접할 때가 많았다고 한다. 이러한 연구를 근거로 연구자들은 관련된 단어들이 막힌 단어의 인출을 억압하거나 방해한다고 주장한다. 최근에 떠올리기를 원하지 않았던 단어들에 자주 노출되었고, 그 단어들이 너무 쉽게 인출되어 평소에는 생각났을 막힌 단어가 떠오를 여지를 없앴던 것이다.

'못생긴 자매'가 설단 현상의 원인인가?

영국의 심리학자 제임스 리즌James Reason은 신데렐라의 이복 언니들이 잃어버린 유리 구두의 주인이라고 거짓 주장하며 왕자의 호감을 사려 했던 이야기를 언급했다. 그는 떠올리기를 원하지 않았던 단어들이 막힌 단어를 못 찾게 하는 '못생긴 자매ugly sisters'라고 불렀다. '못생긴 자매'는 찾고자 하는 단어와의 밀접한 관계를 이용해 과도한 주의를 끌고 인출을 방해할 수도 있다. 1980년대 말에 발표된 실험연구들은 '못생긴 자매'가 설단 현상을 부추기는 원인이라는 명백한 증거를 제시하는 것 같았다.

실험 참가자들은 막힌 단어와 소리가 비슷하지 않은 단어들을 제시했을 때보다 비슷한 단어들을 제시했을 때, 설단 현상을 더 많이 경험했다. 따라서 인큐베이트incubate를 기억해내도록 이 단어의 정의인 '알이 부화할 때까지 따뜻하게 유지함'을 단서로 준 다음에 관련 없는 단어인 시뮬레이션simulation을 제시했을 때보다 알케미alchemy를 기억해내도록 이 단어의 정의인 '중세시대 화학化學의 전신'을 단서로 준 다음에 못생긴 자매인 액시얼axial을 제시했을 때 설단 현상이 더 자주 발생했다.

하지만 못생긴 자매 가설은 그 이후 논란이 되었다. 이전 실험에서 생략된 통제 조건을 좀더 추가한 연구에서 못생긴 자매가 설단 현상을 일으킨다는 주장과 반대되는 결과가 나왔다. 이 연구에서는 실험 참가자들에게 소리가 비슷한 못생긴 자매를 제시해도 설단 현상이 전혀 일어나지 않았다. 다른 연구에서는 비슷한 소리가 많은 단어와 그렇지 않은 단어에서 설단 현상이 얼마나 자주 일어나는지 비교했다. 펀pawn이나 콜드cold 같은 단어는 비슷하게 소리 나는 단어가 많다. 반대로 퍼블릭public이나 신택스syntax와 소리가 비슷한 단어는 별로 없다. 막힌 단어와 소리가 비슷한 못생긴 자매가 설단 현상을 일으킨다면, 비슷하게 소리 나는 단어가 거의 없는 '퍼블릭'이나 '신택스'보다 비슷하게 소리 나는 단어가 많은 '펀'이나 '콜드'에서 설단 현상이 더 자주 일어나야 한다. 하지만 여러 실험에서는 이와 정반대의 결과가 관찰되었다. 이 실험을 통해 자주 사용하는 단어(콜드, 퍼블릭)보다 사용하지 않는 단어(펀, 신택스)에서 설단 현상이 더 자주 일어난다는 것이 밝혀졌다.

못생긴 자매 가설 지지자들에게는 달갑지 않은 소식이지만, 이 실험 결과는 버크와 매카이의 모형을 뒷받침한다. 이 모형에 따르면 막힘과 설단 현상은 음운적 표상이 일부만 활성화될 때 일어나는데, 어휘적 표상과의 약해진 연결 때문이다. 그렇다면 음운적 표상의 활성화를 약화시키는 요인들은 설단 현상 발생 빈도를 높인다는 이야기가 된다. 이는 자주 사용하지 않는 단어에서 설단 현상이 일어난다는 실험 결과와 딱 맞아떨어진다.

다시 말해 그 단어를 정기적으로 사용하지 않으면 음운적 표상과 어휘적 표상 사이의 연결이 약해질 수 있다는 것이다. 이 주장은 최근에 만난 적이 없는 사람의 이름을 떠올리려 할 때 막힘이 자주 일어난다는 실험 결과와도 일치한다. 또한 단어의 정의를 보여주고 그에 해당하는 단어를 물어보기 직전에, 막힘이 일어날 것 같은 단어를 미리 보여주면 설단 현상 발생 빈도가 줄어들 것이라는 점도 시사한다. 버크와 매카이는 여러 실험을 통해 정확히 이와 동일한 결과를 도출해냈다. 또한 이름이 개념적 정보와 분리되어 있어 막힘과 설단 현상이 자주 일어난다는 것이다. 특히 비슷하게 소리 나는 단어가 거의 없는 단어에서 설단 현상이 자주 일어난다는 것은 관련이 없는 정보로 인해 유독 막힘이 잘 일어난다는 것도 알 수 있다.

못생긴 자매가 설단 현상의 원인이 아니라면, 설단 현상에 미치는 영향이 전혀 없다는 것을 의미하는 걸까? 버크와 매카이는 못생긴 자매가 설단 현상을 지속시키는 데 일조한다고 말한다. 처음에는 자주 사용하지 않는 단어가 약하게 활성화되면서 막힘이 일어날 수 있지만, 비슷한 소리의 단어들이 머릿속에 떠오르면서 그 단어가 기억나게 하는 것을 지연시킬 수 있다. 안타깝게도 우리는 찾고자 하는 단어를 생각해낼 수 있을 것이라고 안심하기 때문에 못생긴 자매를 받아들이는 것으로 보인다. 따라서 우리는 기억나지 않는 단어를 생각해내기 위해 못생긴 자매를 자꾸 되뇌게 되는데, 역설적이게도 그 전략이 설단 현상을 지속시키는지도 모른다.

못생긴 자매가 설단 현상의 원인이 아니라 결과라는 주장은 노화와 설단 현상의 관계에 대한 여러 실험 결과도 이해할 수 있게 해준다. 우리는 고령층이 젊은층에 비해 고유명사와 보통명사에서 설단 현상을 더 자주 겪는다는 사실을 살펴보았다. 하지만 여러 연구에서 고령층이 젊은층에 비해 못생긴 자매를 덜 떠올린다는 결과가 나왔다. 못생긴 자매가 설단 현상의 원인이라면, 이와 반대되는 결과가 나왔어야 한다. 게다가 설단 현상을 겪을 때 고령층이 젊은층보다 그 단어의 정보(첫 번째 글자, 음절수 등)를 덜 떠올릴 수 있었다는 결과가 나왔다. 고령층은 설단 현상을 백지 상태로 묘사하지만, 젊은층은 단어의 부분적인 정보나 못생긴 자매를 떠올린다.

단어에 대한 부분적인 정보는 설단 현상을 해결하는 데 도움이 될 수 있다. 단어 전체를 기억하도록 촉발하는 역할을 한다. 못생긴 자매가 설단 현상을 지속시키더라도 소리가 비슷한 단어들은 막힌 단어를 알아내는 단서를 제공하며 설단 현상을 해결하는 데 도움을 줄 수 있다. 버크와 매카이는 어떤 사람을 묘사한 적이 있는데, 그는 캘리포니아의 오하이Ojai('oh-hi'라고 발음된다)라는 단어가 생각나지 않아 좌절하며 '오, 헬Oh Hell'이라고 중얼거렸다. 이렇게 비슷한 소리가 나는 표현을 사용하자 기억이 촉발되었다. '오, 헬'은 그가 찾고자 했던 캘리포니아의 도시와 무관했기 때문에 설단 현상이 일어나거나 못생긴 자매가 방해하지 못한 것이다. 따라서 젊은층은 못생긴 자매로 인해 고령층보다 설단 현상을 오래 겪을 확률이 높지만, 한편으로는 설단 현상에서 빠르게 빠져나올 확률도 높다. 그들은 부분적인 정보와 비슷한 소리의 단어 같은 잠재적인 단서들을 떠올릴 수 있기 때문이다.

기억이 불쑥 떠오를 때

●●●

못생긴 자매가 우리의 주의를 분산시켜 설단 현상이 더 길게 지속될 수도 있기 때문에 사람들은 다른 쪽으로 주의를 돌리라고 조언한다. 못생긴 자매에게 집중하지 않으면 단어가 자연스럽게 떠오를 것이라고 기대하기 때문이다. 어떤 어머니는 자신의 딸에게 단어가 떠오르지 않을 때 초콜릿케이크를 생각하라고 조언했다고 한다. 실제로 일기 쓰기 연구에서 설단 현상의 절반 정도가 난데없이 단어가 불쑥 떠오르며 해결되었다고 한다. 다른 설단 현상들은 알파벳을 처음부터 끝까지 살펴보거나 비슷한 소리의 단어를 의식적으로 떠올려보거나 사전 혹은 백과사전 같은 자료를 찾아서 해결되었다.

단어가 의도하지 않게 갑자기 떠오르며 설단 현상이 해결되는 것은 시간이 지나면서 못생긴 자매의 영향이 사라지기 때문이다. 이처럼 갑자기 떠오르는 것은 자각 밖에서 작용하는 '부화incubation'의 결과를 반영하는 것일 수도 있다. 어쩌면 의식적으로 주의를 다른 곳으로 돌릴 때조차도, 막힘을 해결하기 위해 노력하고 있는지도 모른다. 하지만 이 주장을 뒷받침하는 증거는 없다. 나는 자연적으로 떠오르는 것처럼 보일 때 대부분 우리가 알아차리지는 못했지만, 단어를 생각나게 하는 단서들이 작동한 결과가 아닐까 추측해본다.

미국의 만화가 알 캡Al Capp이 그린 여자 캐릭터 이름이 떠오르지 않았던 어떤 사람이 며칠 후 자전거를 타러 갔다. 그는 '오월의 어느 날에days in May' 자전거를 타니 참 좋다고 혼자 생각하다가 갑자기 떠오르지 않았던 이름인 데이지 메이Daisy Mae가 생각났다. 이처럼 설단 현상을 해결하면 기억을 촉발했던 단서를 간과하거나 잊어버리기 쉽다. 그렇기에 자연스럽게 떠오르는 일이 자주 일어난다고 생각하게 된다. 실제로 실험연구에서 참가자들에게 막힘을 해결하는 동안 떠오르는 생각을 말해보라고 하면, 자신이 스스로 단서를 제공해 대부분 막힘이 해결되었으며, 자연스럽게 떠오르는 사례는 거의 찾아보기 힘들었다. 이런 결과가 나올 수 있었던 것은 참가자들이 자신의 인지 처리 과정에 완전히 집중할 수 있어 기억을 촉발하는 미묘한 단서를 알아챌 확률이 매우 높아졌기 때문이다.

설단 현상을 해결하려는 것과 관련된 여러 실험 결과나 주장은 일상에서 일어나는 막힘을 극복하려는 시도와 관련이 있다. 대부분 설단 현상은 1분 내외에서 해결된다. 어떤 상황에서는 설단 현상이 끝나기를 기다리는 것이 가장 힘들지 않은 해결책일 수 있다. 적당히 나이 든 사람이라면 '노화로 인한 건망증'을 호소하며 기다릴 수도 있다. 설사 설단 현상이 곧바로 해결되지 않더라도 너무 빨리 포기해버리는 것은 좋은 선택이 아닐 수 있다. 여러 연구에서 이름을 생각해내려고 시간을 많이 보낼수록 그 이름이 떠오를 확률은 더욱 높아졌기 때문이다.

매우 친숙한 사람의 이름이 생각나지 않고 그런 티를 내기에는 창피해서, 그 이름이 빨리 떠올랐으면 하고 절박하게 바라게 되는 상황은 어떨까? 그 사람의 첫 번째 글자나 음절수가 자연스럽게 떠오르지 않는다면, 알파벳을 처음부터 끝까지 훑어보는 것이 도움이 된다. 여러 연구를 살펴보면, 유명한 사람의 얼굴을 보고 그 이름이 떠오르지 않는다면 그 사람의 직업에 대한 정보를 제공하는 것보다 첫 번째 글자를 알려주는 게 더 도움이 된다는 것을 알 수 있다. 첫 번째 글자가 이미 떠올랐다면, 그 사람을 만나 이름을 언급했던 상황을 기억해보자. 못생긴 자매의 유혹을 피하는 것도 도움이 될 수 있다. 못생긴 자매는 단어와 소리가 비슷할 수 있고 기억을 촉발하는 단서로 쓰일 수 있다. 하지만 단어와 가까워지는 느낌이 든다고 해서 틀린 단어를 계속 반복하면, 그 현상은 오래 지속될 수 있다.

또 사람의 이름을 미리 준비하는 방법을 강구해두는 것도 가능하다. 고유명사는 개념적 정보와 연결되어 있지 않기 때문에 기억해내기가 어려워 자주 보지 않거나 드문드문 보는 사람들의 이름에 더 많은 의미를 부여해서 체계적으로 되새겨보면 도움이 될 수 있다. 세무사의 이름이 빌 콜린스Bill Collins라는 것을 알아도 그 이름은 그에 대한 어떤 정보도 담고 있지 않다. 게다가 세무사는 1년에 한두 번 만나기 때문에 그 이름을 기억하려고 할 때 막힘이 일어날 수 있다. 하지만 우리는 그 이름에 의미를 부여해서 정교화할 수 있다. 세무사의 주머니에 있는 1달러짜리 지폐a dollar bill를 낚아채는 장난기 많은 보더콜리Border Collie를 상상하는 것이다. 이런 종류의 부호화 기술은 한 번도 들어보지 못한 신기한 이름을 알려줄 때 효과적으로 사용되어왔다. 이 기술은 이미 익숙한 이름을 '재부호화'할 때도 도움이 된다. 고유명사는 개념적 정보와 음운적 정보가 약하게 연결되어 있어 막힘에 취약한데, 그것을 강화시켜주기 때문이다. 과거에 이름을 기억하지 못해 고생했거나 앞으로 그럴 가능성이 높은 이름을 미리 부호화해두면 다시 그 이름을 잊어버리지 않을 것이다.

목격자가 사건을 증언할 때 일어날 수 있는 일

1998년 3월, 생후 23일 된 아이를 살해했다는 혐의를 받고 캐나다 토론토 법정에 선 20세 여성인 신시아 앤서니Cynthia Anthony는 자신의 무죄를 주장했다. 3월 19일 『토론토 선』은 앤서니의 변론이 근거가 있다며, 「아이 엄마, 떨어뜨린 기억이 안 났다」는 제목으로 보도했다. 앤서니는 케이블 텔레비전 줄에 걸려 넘어지는 바람에 아이를 딱딱한 타일 바닥에 떨어뜨렸다고 주장했다. 하지만 아이가 사망한 직후에 경찰이 심문했을 때는 이 사실을 언급하지 않았다.

그녀는 법정에서 끔찍한 사건을 겪어 충격을 받아 "그 일을 기억해낼 수 없었다"고 말했다. 그리고 몇 달이 지난 후 아이의 사진을 보았을 때 기억이 되살아났다며 배심원단에 말했다. 『토론토 선』은 정신과 의사인 그레이엄 글랜시Graham Glancy가 그녀의 이야기를 지지하는 증언을 했다며, 「의사, 기억 막힘 가능하다」는 기사를 내보냈다. 그레이엄은 "아이 엄마가 겪은 비극적인 사건의 엄청난 무게로 인해 기억이 상실될 확률이 높아질 수 있다"고 말했다.

최근에 만난 적이 없는 사람의 이름이나 자주 사용하지 않는 단어에서 막힘이 일어나는 것과 몇 분 혹은 몇 시간 전에 일어난 충격적인 사건에서 막힘이 일어나는 것은 별개다. 막힘은 개인적인 경험이 담긴 일화기억, 심지어 충격적인 사건에서도 일어나는 걸까? 여러 가지 증거는 특정 조건하에서 개인적인 경험을 기억하지 못하는 막힘이 일어난다고 말한다. 앤서니가 주장하는 종류의 기억상실증은 자주 보고되지 않았지만, 아주 드물게 뇌에 물리적인 손상 없이 일어나기도 한다. 이와 반대로 최근에 겪은 정신적 충격은 생생하게 반복적으로 기억되기도 한다.

사람들이 방금 겪은 충격적인 사건을 기억하지 못할 때는 외상外傷이나 알코올, 약물, 의식 상실과 관련이 있다. 이때도 막힘은 기억상실증의 원인이 아닐 수 있다. 처음에 기억이 전혀 부호화되지 않았거나 제대로 저장되지 않았을 확률이 크다. 그렇지만 배심원단은 기억의 막힘이 일어났다고 주장하는 앤서니의 주장에 설득되어 그녀의 살인죄에 대해 무죄를 선언했다.

일화기억에서 막힘이 일어난다는 것을 보여주는 강력한 증거는 감정적으로 중립적인 경험과 관련된 좀더 일상적인 실험연구에서 관찰된다. 다음의 실험을 살펴보자. 내가 당신에게 과일이나 조류 같은 범주에서 가져온 사과·카나리아·종달새·배·까마귀·바나나 등을 보여준다. 그런 다음 기억 테스트에서 내가 배와 카나리아를 제시하고 그 밖의 다른 단어들을 기억해보라고 지시한다. 단어 목록에 있는 단어를 제시하지 않았을 때와 비교했을 때, 배와 카나리아를 제시하는 행위가 다른 단어를 더 많이 기억하게 해줄까? 직관적으로 보면 이 질문에 대한 답은 확실히 '그렇다'일 것이다. 단어 목록에 있는 단어 몇 개를 알려주면 그 단어들이 다른 단어들을 기억하게 하는 역할을 할 것이라고 생각할 수 있다. 그러나 놀랍게도 실험에서는 그와 반대되는 결과가 나왔다. 단어들이 설단 현상에서 떠오른 '못생긴 자매'와 같은 역할을 하는 것 같았다. 이 단어들이 다른 단어에 접근하는 것을 방해하는 역할을 하는 것이다.

또한 여러 실험에서 기억 속 정보를 인출하는 행위가 이후에 관련된 정보를 회상하는 데 방해한다는 것이 밝혀졌다. '빨강-피red-blood', '음식-래디시food-radish' 같은 단어쌍을 학습한 후 단서로 빨강이라는 단어를 주면 그 단어와 한 쌍인 피가 기억나게 된다. 이 기억 행위는 같이 등장한 두 단어의 기억을 강화시켜 다음에 빨강이라는 단어를 주면 피를 떠올리기가 쉬워진다. 하지만 놀랍게도 빨강과 피를 기억하는 행위가 나중에 음식이라는 단어를 제시했을 때 래디시(빨간 무)를 떠올리는 것을 어렵게 만들기도 한다. '빨강-피'라는 단어쌍을 학습할 때 피 이외의 최근에 접한 '빨간 것'이 기억나지 않도록 억압해야 한다. 그래야 찾고자 하는 단어를 기억하는 데 우리 머릿속이 방해가 되는 것으로 어수선해지지 않는다. 하지만 래디시처럼 원하지 않는 단어의 인출을 억압하면 나중에 그 단어를 떠올리기가 힘들어진다. 심지어 '빨간 것'과 전혀 관련 없어 보이는 단서(음식)까지도 떠오르지 않을 수 있다.

이런 현상은 얼마나 자주 일상생활에서 일어날까? 유럽 여행에서 찍은 사진들을 보다가 웨스트민스터 성당 사진을 보니 그 성당의 스테인드글라스 창문이 떠오른다. 이런 회상이 노트르담 성당의 창문을 회상하는 것을 어렵게 만들까? 미국의 심리학자 윌마 쿠츠탈Wilma Koutstaal이 진행한 실험에서 얻어낸 결과를 보면 그럴 수도 있다. 실험 참가자들은 나무토막에 못을 박거나 지구본에서 호주를 가리키는 것과 같은 간단한 활동을 수행했다. 그런 다음 이 활동을 촬영한 사진들을 보았는데, 이 행동이 테스트에서 회상했던 활동에 대한 기억을 향상시켰다는 것이 밝혀졌다. 흥미로운 것은 이 같은 사진을 보는 행동이 사진으로 전혀 보지 않았던 활동을 덜 기억하도록 만들었다는 것이다.

이와 비슷한 일이 법정에서 목격자가 사건을 회상해야 할 때 일어난다. 보통 목격자들은 어떤 사건의 구체적인 경험에 대해 선택적으로 질문을 받는다. 이렇게 질문을 받은 경험을 반복적으로 회상하는 것이 질문을 받지 않은 경험에 대한 기억을 어렵게 만들 수 있을까? 이것은 처음에 묻지 않았던 경험을 나중에 다시 생각해내야 할 때 심각한 부작용을 초래할 수 있어 질문하는 것은 바람직하지 않을 수 있다.

한 실험에서 참가자들은 범죄 현장을 담은 학생의 방이 찍힌 사진을 보았다. 그 후 실험자는 참가자들에게 그 현장에 있었던 특정 물건들에 대해 선택적으로 질문을 했다. 눈에 띄었던 대학 이름이 적힌 운동복 상의에 대해 물어보면서 다른 운동복 상의에 대해 물어보지 않았다. 그 방에 있던 다른 범주의 물건인 교과서에 대해서도 묻지 않았다. 교과서에 대한 기억과 비교해보았을 때, 실험자가 질문했던 운동복 상의에 대한 기억은 향상되었지만 질문하지 않았던 운동복 상의에 대한 기억은 쇠퇴했다. 어떤 물건을 제대로 기억해낸 행위가 기억으로 끄집어내지 않았던 동일 범주의 물건에 대한 기억을 방해했던 것이다.

억압된 기억

●●●

미국의 심리학자 마이클 앤더슨Michael Anderson은 우리가 특정 단서에 반응해 어떤 기억을 선택적으로 인출할 때마다 인출되지 않은 정보는 억제된다는 이론을 제시했다. 당신이 예전의 룸메이트와 대학 시절을 회상하면서 즐거운 저녁 시간을 보낸다면, 그 룸메이트와 함께했지만 대화를 나눈 적이 없는 다른 경험들은 기억에서 억제될 수 있다. 앤더슨은 이 이론이 어린 시절의 성적 학대 경험을 잊거나 되찾는 것에 대한 해결책을 제시해줄지도 모른다고 말한다. 1990년대는 수년 혹은 수십 년간 잊힌 듯하다가 기억이 살아난 것이 정확한지에 대한 열띤 논쟁으로 얼룩졌다. 이때 그 기억이 모두 정확하다고 주장하다는 의견과 사실상 그 기억은 모두 가짜라고 주장하는 의견이 격렬하게 대립했다. 또한 어린 시절의 정신적 충격으로 인해 정확한 기억과 조작된 기억이 있을 수 있다고 주장하기도 했다. 그리고 그 원인이 되는 기제機制가 어떤 특징을 가지는지 알아내려고도 했다.

어렸을 때 성적 학대를 받았다고 말하는 사람들을 대상으로 한 연구에서는 놀랍게도 학대자가 가족이 아닐 때보다 가족일 때 일시적인 망각이 흔하게 일어났다. 그것은 왜일까? 앤더슨은 부모나 다른 보호자가 학대를 저지를 때, 여전히 아이는 정서적으로나 육체적으로 그 사람에게 의존하고 있어 학대자와 기능적인 관계를 유지해야 할 필요가 있다고 말한다. 성적 학대를 받은 기억은 불안과 불신을 만들어내 그 관계를 약화시킬 수 있지만, 보호자와의 긍정적인 경험을 더 많이 회상해서 순응적인 관계가 가능해질 수 있다는 것이다.

따라서 앤더슨은 아이가 보호자와 관련된 충격적인 경험보다는 충격적이지 않은 경험을 선택적으로 기억한다고 주장한다. 다시 말해 가족이라는 특정한 단서에 대해 반응해 기억을 선택적으로 회상할 수 있는 상황에서는 기억이 억제될 수 있다. 이것이 가족에 의해 자행된 충격적인 경험을 되살아나게 하거나 잊히게 하는 데 한몫했는지는 여전히 의문이지만, 이 가설은 타당성이 있는 듯해서 실증적인 연구를 해볼 만한 가치가 있다.

하지만 어릴 적 성적 학대를 망각하는 사례가 전부 가족과 관련된 것은 아니다. 미국의 심리학자 조너선 스쿨러는 30세 남성이 영화를 보면서 성적 학대의 기억으로 괴로워하는 주인공을 보고 감정의 동요를 느꼈던 사례를 연구했다. 이 남성은 12세 때 캠핑에서 교회 목사가 자신을 성적으로 학대한 기억이 불현듯 떠올라 격한 감정에 휩싸였다. 그는 수년 동안 이 사건에 대해 생각해본 적이 없었다. "누군가 이 영화가 상영되던 극장에 들어가는 사람들에게 어린 시절 성적 학대를 받은 적이 있거나 주위에 성적 학대를 받은 사람이 있는지 물어보았다면, 저는 분명히 아무렇지 않게 '아니요!'라고 말했을 겁니다." 이 사건은 1990년대 초반 기억에 대한 논쟁이 일어나기 몇 년 전에 발생했다. "말문이 막혔어요. 약간 혼란스러웠죠. 기억은 매우 생생한데……. 저는 억압된 기억이라는 단어도 몰랐어요."

그는 왜 그토록 오랫동안 성적 학대를 잊고 있었을까? 분명 소멸이 어느 정도 영향을 미쳤을 것이다. 하지만 그의 기억이 생생했다는 것을 보면 소멸만으로는 설명되지 않는 듯하다. 이 사건은 '지시 망각directed forgetting'이라고 알려진 과정을 통해 막혔거나 억제되었을 수 있다. 한 실험에서 참가자들은 방금 학습한 단어 목록을 잊으라는 '지시'를 받고 난 후 예상치 못했던 테스트를 받았는데, 이때 단어 목록을 기억하라는 '지시'를 받았을 때보다 더 적은 수의 단어를 기억했다.

미국 캘리포니아대학 로스앤젤레스캠퍼스UCLA의 심리학자 로버트 비요크Robert Bjork와 그의 동료들은 '지시 망각'으로 인해 종종 기억 억제가 일어날 수 있다는 설득력 있는 주장을 폈다. 이 사건을 처음 경험했던 방식으로 재경험하게 할 수 있을 만큼 강력한 단서를 만나면 기억이 날 수 있다는 것이다. 아마도 성적 학대를 받은 남성은 의식적으로 목사와 만났던 기억을 떠올리지 않으려고 노력했을 것이고, 오랜 기간 기억을 잘 억제했을 것이다. 그러나 영화 속에 잠재되어 있던 강력한 단서가 그 사건을 처음 경험했을 당시 느꼈던 감정을 이끌어냈을 것이다.

'인출 억제retrieval inhibition'라는 개념은 필연적으로 지그문트 프로이트Sigmund Freud의 억압 개념을 떠오르게 한다. 인출 억제는 실험적 근거가 부족해서 비판받아왔던 프로이트의 낡은 개념을 의미하는 것일까? 그렇지는 않다. 프로이트의 억압 개념은 심리적 방어 기제를 수반한다. 이 기제는 의식적인 자각에서 오는 감정적인 위협을 배제하려는 것과 매우 밀접하게 관련되어 있다. 하지만 앤더슨과 비요크가 제시한 이론에서 인출 억제는 감정적인 경험과 비감정적인 경험에 모두 적용되는 훨씬 더 광범위한 개념이다.

기억은 왜 특정 경험만 막힐까?

그렇지만 인출 억제라는 현대적 개념과 막힘을 암시하는 프로이트의 억압 사이에는 흥미로운 점이 있다. 미국의 임상심리학자 린 마이어스Lynn Myers와 영국의 심리학자 크리스 브루윈Chris Brewin은 '억제자repressor'라고 표현되는 사람들에게서 발견되는 인출 억제 방식을 조사했다. 억제자들은 어떤 사람이나 상황에 대해 강렬한 정서적인 반응을 보이는, 자신이 난처하다는 것을 부인하면 얼굴이 붉어질 때도 불안과 스트레스 수준이 낮다. 이들은 다른 사람들이 '방어적'이라고 평가할 만한 사람들이다. 여러 연구에서는 억제자들이 비억제자들에 비해 부정적인 사건을 덜 기억하는 경향이 있다는 것을 밝혀냈다. 두 임상심리학자는 실험 참가자들에게 유쾌하거나 불쾌한 단어들을 학습하게 한 후 그 기억을 잊으라는 '지시 망각'을 사용했다. 억제자들은 비억제자들과 비교했을 때 불쾌한 단어의 기억을 막고 인출 억제를 더 잘했지만, 유쾌한 단어의 기억을 막는 것에는 두 그룹이 차이를 보이지 않았다.

억제자들은 인출 억제를 사용해 불쾌한 사건에 대한 기억을 얼마나 막을 수 있을까? 1998년에 일어난 신시아 앤서니의 사례처럼 최근에 일어난 정신적 충격을 잊을 수 있을까? 이보다 더 큰 삶의 일부를 차단해버리는 것도 가능할까? 우리는 아직 이 질문에 대한 답을 얻지 못했다. 하지만 정신성 기억상실증은 인출 억제가 대규모로 일어날 수 있다는 것은 알려준다. 이 환자들은 다양한 심리적 스트레스를 겪은 후 개인적인 과거의 경험들을 기억에서 차단해버린다. 이 환자들은 대체로 새로운 기억을 형성하고 인출하는 능력은 가지고 있지만, 개인의 정체성 등 과거의 자서전적 기억은 거의 기억하지 못한다. 대개 이 환자들은 정신 장애로 분류되어왔다.

신경영상 기술을 이용한 연구는 일화기억을 막는 데 관여하는 신경기제를 들여다볼 수 있게 해준다. 독일에서 한 환자가 어느 날 갑자기 사라졌는데, 며칠 뒤 수백 킬로미터 떨어진 도시에서 발견되었다. 당시 그는 자신이 누구인지 알지 못했고, 과거의 경험은 거의 기억할 수 없었다. 그는 결국 병원에 입원했고, 수소문해서 가족을 찾았다. 그는 실종되기 전 일상에서 다양한 스트레스로 힘들어했지만, 뇌 손상의 뚜렷한 징후는 없었다. 그는 과거에 겪었던 사건들을 설명해주는 말을 듣는 동안 PET 스캔을 받았다. 건강한 사람들은 감정적으로 중요했던 과거의 경험을 떠올릴 때, 우측 전두엽의 뒷부분과 측두엽의 앞부분에서 활동이 증가했다. 하지만 이 환자는 뇌의 이 영역에서 활동이 관찰되지 않았다. 그 대신 좌반구 내의 아주 작은 부분의 전두엽과 측두엽 영역이 활성화되었다. 이 사실은 다른 연구들이 새로운 기억을 형성할 수 있지만 개인적으로 겪었던 과거의 경험을 대부분 기억하지 못하는 신경 환자들이 우측 전두엽의 뒷부분과 측두엽의 앞부분에 손상을 입었다고 밝히고 있기 때문에 흥미롭다.

한 신경 환자를 대상으로 진행한 PET 스캔 연구에서 추가적인 단서가 나왔다. 어느 환자가 40대에 뇌출혈이 일어나 좌측 전두엽에 손상을 입었다. 또한 최근에 이혼과 직장 생활의 어려움, 개인 파산 등 여러 가지 개인적인 실패로 힘들어했다. 아마도 그는 신경 손상과 최근에 겪은 일들로 인한 정신적 문제가 모두 작용한 결과 뇌출혈 이전인 19년 동안의 기억을 상실한 것 같다. 그는 기억하지 못하는 기간에 찍었던 가족사진과 기억하는 데 어려움이 없었던 그 기간 이전 혹은 이후에 찍은 가족사진을 보며 PET 스캔을 받았다.

기억이 상실된 기간 전후에 찍은 사진을 볼 때보다 기억이 상실된 기간에 찍은 사진을 볼 때 우측 전두엽 일부에서 더 낮은 활동이 관찰되었다. 이 우측 전두엽 일부는 이 환자의 PET 스캔에서는 활동이 보이지 않았지만, 건강한 사람들에게서는 활동이 관찰된 영역과 꽤 가까이 있었다. 특히 흥미로운 결과도 발견되었다. 그는 기억하지 못하는 기간에 찍은 사진을 볼 때 뇌의 뒤쪽 중심 가까이에 있는 영역인 쐐기앞소엽precuneus에서 활동이 증가했다. 이 영역은 건강한 사람들이 과거의 경험을 떠올릴 때 활성화되는 곳이다.

연구자들은 이 활동이 인출 과정이 시작되는 초기 단계를 암시하는 것일 수 있다고 말한다. 기억을 탐색하고 궁극적으로 사진 속 사건을 기억해내려면 인출 과정을 지시하고 통제하는 전두엽 체계가 작동되어야 한다. 하지만 그는 19년 동안의 경험을 떠올리려고 할 때 전두엽 체계가 정지해 있는 듯했고, 그래서 아무것도 기억하지 못했다. 왜 전두엽 체계는 이 기간의 경험만 정지시킨 것일까? 그는 기억상실증 기간 전후의 경험을 기억하려고 할 때는 전두엽 체계가 활성화되었기 때문에 이 체계의 기능 장애는 아니다. 하지만 이 기간에는 그의 인생에서 가장 중요하고 불운한 사건이 발생했다. 그렇기에 그가 그런 부정적인 사건들을 떠올리려고 할 때 야기된 부정적인 감정이 전두엽 체계가 정지하도록 유도한 것이 아닌가 싶다. 쐐기앞소엽과 전두엽 체계 사이의 이런 상호 작용은 프로이트의 억압 개념과 닮은 막힘의 신경적 특징을 나타내는 것일까? 억제자들은 과거의 부정적인 사건에 대해 질문을 받을 때 쐐기앞소엽에서 더 많은 활동이 나타나지만, 전두엽 체계에서는 활동이 줄어들까?

신경영상 연구는 이처럼 드물지만 흥미로운 사례들을 재개념화하고 설명까지 해줄 수 있다는 가능성을 희미하게나마 보여준다. 심지어 신경영상 연구는 뇌 손상 없이 심한 기억상실증 환자를 의사가 치료하도록 도움을 줄 수도 있다. 임상의臨牀醫들은 이 환자들이 법적인 책임이나 다른 개인적인 문제를 회피하기 위해 기억상실증인 척하는 게 아닌가 하고 의심할 때가 있다. 하지만 진짜 기억상실증과 가짜 기억상실증을 구분해주는 신뢰할 만한 검사가 현재는 없다. 신경영상 연구에서 가짜 기억상실증과 구분되는 막힘의 특징을 찾아낸다면, 이는 기억상실증 환자들을 치료하는 중요한 단서가 된다. 아직은 막힘의 변화를 이해하기에는 갈 길이 멀지만, 신경영상 연구는 우리를 가장 성가시게 하는 기억의 막힘을 밝혀낼 확실한 기회를 제공할 것이다.

기억과 스트레스

●●●

2011년 11월 9일, 공화당 대선후보 경선에 참여한 후보자 8명이 미시간주 로체스터에 있는 오클랜드대학에 모였다. 전문가들은 누가 토론에서 승기를 잡을지 서로 의견이 달랐지만, 텍사스 주지사인 릭 페리가 그중에서 가장 부진할 것이라는 데에는 모두 이견이 없었다. "제가 대통령이 되면 3개 부처가 없어질 겁니다." 이렇게 큰소리치던 페리가 곧바로 상무부와 교육부를 언급하더니 세 번째 부처 이름을 기억해내려고 심하게 더듬기 시작했다. 45초 동안 그 이름을 기억해내지 못하더니 다음과 같이 말을 끝냈다. "그 세 번째 부처는, 기억이 안 나네요. 죄송합니다."

몇 분 후 페리는 그 세 번째 부처가 에너지부라는 것을 기억해냈지만, 이제 와서 망신당한 일을 없던 일로 할 수 없었다. 또 이 실수로 인해 언론은 그가 후보자로서 끝난 것이나 마찬가지라고 잔인하게 보도했다. 미국 버지니아대학의 정치학자 래리 새버토Larry Sabato는 트위터에 이런 글을 남기기도 했다. "내 기억에 페리의 건망증은 모든 예비 경선 토론 중에서 가장 충격적인 사건이었다." 이 사건은 6년 후 페리가 에너지부 장관이 되었을 때도 사람들의 입방아에 올랐다. "도널드 트럼프가 선택한 에너지부 장관 내정자 릭 페리는 에너지부라는 부처 이름도 까먹은 적이 있는 사람이다." 이렇게 언론의 머리기사를 장식하며 이 사건이 재조명을 받았다.

나는 2011년 이 토론을 시청한 후 다음 날 『워싱턴 포스트』, 『보스턴 글로브』, 『ABC』, 『NPR』 등에서 이메일을 받았다. 이 사건에 대한 의견을 묻는 내용이었다. 이 사건은 교과서에 나올 법한 막힘 사례였다. 우리는 이미 노화로 인해 막힘이 더 잘 발생할 수 있다는 것을 확인했다. 당시 페리는 노인이라고 할 수 없지만, 61번째 생일을 맞고 8개월이 지난 후였다. 그 정도면 막힘이 일어날 가능성이 높은 나이였다. 우리는 자주 혹은 최근에 인출한 적이 없는 이름에서 막힘이 잘 일어난다는 것을 알고 있다.

페리가 토론 후반부에 에너지부라는 단어를 생각해낸 것을 보면, 그가 토론을 좀더 철저히 준비했다면 그런 일이 일어나지 않았을 것이다. 페리는 기억나지 않은 단어의 부분적인 지식도 가지고 있었다. 이는 막힘의 전형적인 현상이다. 페리와 함께 토론하던 론 폴Ron Paul이 그 세 번째 부처가 '환경보호부'인 것 같다고 말하자, 『CNBC』의 토론 사회자인 존 하우드John Harwood가 페리에게 이 말이 맞느냐고 물었다. 이때 페리는 아니라고 대답할 만큼 그 단어에 대해 충분히 알고 있었다.

전국적으로 방송되는 황금시간대의 토론에 참여한다는 것이 스트레스를 주었을 수도 있다. 스트레스를 받을 때 막힘이 일어난다는 주장은 그럴듯해 보인다. 하지만 놀랍게도 미국의 인지심리학자 로리 제임스Lori James의 실험연구가 있을 때까지 지난 몇 년 동안 스트레스가 설단 현상에 어떤 영향을 주는지 관심을 보인 연구자는 거의 없었다. 연구자들은 스트레스를 유발하기 위해 사회적 스트레스 테스트Trier Social Stress Test라는 공인된 방법을 사용했다.

이 테스트를 이용해 실험 참가자들에게 직장 면접에서 할 법한 발표를 준비하게 했다. 자신이 왜 고용되어야 하는지, 어떤 능력과 장점과 자격증을 가지고 있는지를 설명해야 했고, 실험자는 나중에 참가자들의 발표 능력을 평가했다. 이 발표가 끝난 후 참가자들은 단어의 정의에 대해 암기해야 했다. 제임스와 그의 동료들이 설단 현상을 유도하기 위해 기억하기 어려운 단어를 물어보았기 때문이다. 예를 들어 "새로운 단어나 구절을 만들기 위해 글자를 재배열하는 낱말 찾기 게임은 무엇인가?"라고 물어보면 "애너그램anagram"이라고 대답하는 식이었다.

실험자의 평가 없이 발표를 준비하고 단어의 정의를 암기한 통제집단과 비교했을 때, 실험 참가자들의 스트레스는 결과적으로 설단 현상의 빈도를 높였다. 이는 대학생을 대상으로 한 실험이었지만, 제임스와 그의 동료들은 18~80세까지의 성인들도 스트레스로 인해 설단 현상의 빈도가 높아진다는 것을 밝혀냈다. 이 실험 결과가 페리의 건망증을 확실히 설명해주는지 알 수 없지만, 그가 '에너지부'라는 단어를 기억하지 못한 것은 스트레스에서 비롯되었다고 짐작할 수 있다.

그런데 흥미로운 것은 론 폴이 그 세 번째 부처가 '환경보호부'라고 추측한 것이 페리가 '에너지부'라는 단어를 기억하는 데 방해를 했느냐 하는 것이다. 막힘이 일어난 단어와 관련된 단어들이 설단 현상을 초래하지도 않고 인출을 방해하지도 않을 수 있다는 것을 기억해보자. 그러나 버크와 매카이가 '못생긴 자매'가 설단 현상을 지속시킬지도 모른다고 했던 것도 기억해보자. 그것이 사실이라면, 누군가 설단 현상을 겪는다면 그 사람에게서 '못생긴 자매'를 떼어내는 것이 도움이 될 것이라고 예상해볼 수 있다.

이 주장을 뒷받침할 수 있는 증거가 2005년에 발견되었다. 설단 현상을 겪을 때, 떠올리고자 하는 대상이 아닌 다른 질문에 대답해야 한다면, 설단 현상을 해결할 가능성이 더 높아진다는 것이다. 그 후 연구에서는 설단 현상에 못생긴 자매가 동반되든 안 되든 앞의 연구 결과가 적용된다고 밝혀냈지만, 두 연구는 설단 현상을 일으킨 대상에 주의를 두지 않는 행동이 그 대상을 기억해낼 가능성을 높여준다는 것을 암시한다.

그렇다고 론 폴이 '환경보호부'를 언급했다고 해서 페리의 기억에 방해를 주었다는 것을 의미하는 것은 아니다. 하지만 '에너지부'가 생각나지 않다가 토론 후반부에서 그 단어가 생각난 것은 그 시간에 다른 문제에 집중했기 때문일 것이다. 고령층의 인출 막힘 빈도를 고려해보았을 때, 토론에서 말실수를 하는 정치인이 페리로 끝나지 않을 것이라는 것은 확실하다. 이와 비슷한 일이 2020년 2월 19일 네바다주 라스베이거스에서 열린 민주당 대선후보 토론에서 일어났다.

이 토론이 열리기 전 미국의 스페인어 텔레비전 방송인 『텔레문도

Telemundo』의 기자 과달루페 베네가스Guadalupe Venegas는 미네소타주 상원의원이자 대선후보 경선에 뛰어든 에이미 클로버샤Amy Klobuchar에게 멕시코 대통령 안드레스 마누엘 로페스 오브라도르Andrés Manuel López Obrador의 이름을 대지 못한 것에 대해 질문을 했다. 당시 59세였던 클로버샤는 이 사건을 '순간적인 건망증'이라고 축소시키려고 했다. 하지만 베네가스와 다른 사람들은 클로버샤가 인터뷰에서 멕시코 대통령이나 그의 정책에 대해 어떤 정보도 설명하지 못했다는 점을 지적하며, 막힘이 이 사건의 원인이 맞는지 의문을 제기했다.

지난 20년간 설단 현상 같은 기억의 인출에 영향을 주는 원인을 이해하는 데 진전이 있었지만, 그런 현상이 발생할 때 뇌에서 어떤 일이 일어나는지 아직 많은 부분이 밝혀지지 않았다. 우리 연구팀과 이스라엘의 심리학자 아나트 마릴Anat Maril은 fMRI 연구 결과를 발표했다. 이 연구에서 우리는 스캐너에 들어가 있는 실험 참가자들에게 기억해내기 어려운 이름(로만 폴란스키Roman Polanski)에 대한 2가지 단서('차이나타운'과 '감독')를 주어 설단 현상을 유도했다. 이 과정을 통해 설단 현상을 충분히 이끌어내서 뇌 활동을 분석했다.

이 실험에서는 인지 조절이나 인지 부조화와 관련되었던 뇌의 영역이 인출이 성공적이었거나 인출은 실패했지만 설단 현상은 일어나지 않았을 때보다 설단 현상이 일어나는 동안 활동성이 높아졌다. 우리 연구팀은 젊은층에 집중했지만 좀더 최근에 이루어진 fMRI 연구는 고령층을 대상으로 우리의 실험 결과를 확인해주었다. 더 나아가, 설단 현상에서 관찰되는 노화와 관련된 변화 중에는 특정 인지 기제와 신경 기제가 있다는 것도 밝혀냈다. 이것은 다른 종류의 노화와 관련된 기억 감퇴를 낳는 기제와 완전히 다른 것이다.

생각하기 혹은 생각하지 않기

●●●

아직은 설단 현상의 신경적인 원인을 알아낼 수 없지만, 막힘과 관련된 것으로 보이는 다른 기억 처리 과정의 뇌 활동을 이해하는 데 진전을 이루어냈다. 2001년 마이클 앤더슨은 인출 억제 연구를 위해 '생각하기-생각하지 않기' 과정이라고 불리는 새로운 실험을 소개했다. 연구자들은 실험 참가자들에게 '이끼-북쪽moss-north'과 같이 서로 관련이 없는 단어쌍을 부호화하게 했다. 그런 다음 단어쌍의 첫 단어인 '이끼'를 주고, 다른 단어인 '북쪽'을 떠올리라고 지시하거나(생각하기) '이끼'와 관련된 단어가 떠오르는 것을 의식적으로 억누르라고 지시했다(생각하지 않기).

최종 기억 테스트에서 실험 참가자들은 단어쌍의 첫 단어인 '이끼'를 보고 그와 관련된 단어를 기억해내려 할 때, '생각하지 않기' 조건의 단어를 '생각하기' 조건의 단어보다 덜 기억했다. 이 결과는 '생각하기' 조건의 단어를 더 잘 기억한다는 것처럼 보인다. 하지만 자세히 보면, '생각하기' 조건이나 '생각하지 않기' 조건에도 포함되지 않았던 단어의 최종 기억 테스트 결과와 비교했을 때, '생각하지 않기' 조건의 단어가 기억에 덜 남았다. 이 결과는 실험 참가자가 '생각하지 않기' 단계에서 단어를 억누르려고 해서 최종 기억 테스트 성적이 저하되었다는 것을 보여준다. 심지어 앤더슨이 실험 참가자에게 '생각하지 않기' 조건의 단어를 기억하면 돈을 주겠다고 했을 때도 그 결과는 동일했다. 이전에 '생각하지 않기' 조건에서 단어를 억눌렀던 행동은 돈이 걸렸을 때조차도 해당 단어를 떠올리지 못하게 할 정도로 막힘에 영향을 주었던 것이다.

이 실험 결과는 처음부터 논쟁을 불러일으켰다. 여러 연구자가 2006년에 유사한 '생각하기-생각하지 않기' 과정을 사용했지만, 어떤 억제의 영향도 관찰되지 않았다고 발표했기 때문이다. 심리학계에서 반복 실험의 실패가 뜨거운 쟁점으로 떠올랐고, 회의론자들은 '생각하기-생각하지 않기' 과정에서 인출 억제가 진짜 존재하는지 의문을 품었다. 하지만 2012년 앤더슨의 실험과 다른 연구자들의 실험이 포함된 32개 논문에서 가져온 '생각하기-생각하지 않기' 자료를 검토한 결과, '생각하기-생각하지 않기' 과정에서 억압된 대상이 크지 않지만 기억 저하를 일으켰다는 일관된 증거가 나타났다.

'생각하기-생각하지 않기' 과정을 사용해 건강한 사람들과 불안과 우울을 겪는 사람들 사이에서 억압의 영향이 어떻게 다른지 비교한 25개 연구를 대상으로 2020년에 메타 분석을 했는데, 두 집단 사이에 억압의 영향이 크지 않지만 유의미한 차이가 있다는 것이 확인되었다. 최근 연구들을 통해 우울이나 불안을 겪지 않는 사람들에게서 관찰되는 억압의 영향이 크지 않아도 실제로 존재한다는 것이 확인된 것이다. 사실 fMRI와 그와 비슷한 신경영상 연구의 대상이 될 만큼, 이 억압의 영향은 확실하다고 여겨져왔다. 2004년 앤더슨의 연구팀은 '생각하기-생각하지 않기' 과정에서 기억해야 할 대상을 억압하려고 노력할 때, 인지 조절과 관련된 전전두엽 피질에서는 활동이 늘어났지만, 기억을 잘 해내는 것과 관련이 있는 뇌의 해마에서는 활동이 줄어들었다는 것을 알아냈다. 결정적으로, 뇌의 변화를 관찰하면 막힘의 원인인 기억 저하가 대상에 얼마만큼 영향을 주는지 예측할 수 있다.

이 결과를 바탕으로, 2017년 앤더슨의 연구팀은 '생각하기-생각하지 않기' 과정에서 인출 억제를 조절할 때 가바GABA, Gamma AminoButyric

Acid(감마 아미노부티르산, 핵자기공명분광법을 사용해 측정 가능한 억제성 신경전달 물질)가 어떤 역할을 하는지 연구를 수행했다. 그 결과, 해마에 가바의 활성 농도가 '생각하지 않는' 대상을 억제하는 능력과 관련이 있으며, 해마와 전전두엽 피질 사이의 결합이 더욱 단단해지는 것과도 관련이 있다는 사실을 밝혀냈다. 이 실험 결과는 기억 인출 막힘을 만들어내는 뇌 기제를 새롭게 이해하도록 도움을 준다.

제4장

기억은 오귀인을 일으킨다

기억과 데자뷔

나는 이곳에 와본 적이 있지만,

언제인지 어떻게인지 알 수 없어요.

이 문 저편에 있는 잔디를 알아요.

그 진동하는 달콤한 향,

그 탄식 소리,

해안을 둘러싼 빛들.

- 단테이 게이브리얼 로세티, 「섬광」.

1896년 2월 24일, 프랑스 파리의 정신의학협회 회원들은 한 기이한 기억 혼란 사례에 대해 알게 되었다. 기억상실증으로 고통받는 환자들의 이야기는 1890년대에는 드물지 않았지만, 그날 묘사된 34세의 남자는 전혀 다른 문제를 가지고 있었다. 그는 일어난 적이 없는 사건들을 기억했다. 이 남자는 몇 년 전 말라리아로 고생한 후, 완전히 처음 접하는 상황에서 익숙하다는 느낌에 자주 압도되었다. 남동생의 결혼식에서는 1년 전에 이와 똑같은 결혼식에 왔던 적이 있다고 확신하기도 했다. 이 남자는 감정과 관련된 문제 때문에 새로운 병원에 입원했을 때도 이곳에 와본 적이 있다고 확신했다.

이 남자의 사례를 보고한 프랑스 정신과 의사인 프랑수아-레옹 아르노Francois-Leon Arnaud가 그를 처음 만났을 때에도 이렇게 말했다. "저를 아시지요, 의사 선생님! 선생님은 지난해에도, 같은 날 같은 시간에, 이 방에서 저를 환영해주셨어요. 선생님은 그때도 같은 질문을 하셨고 저는 같은 대답을 했죠." 아르노의 발표를 들으러 파리에 모인 심리학자들과 정신과 의사들은 이 남자에게 큰 관심을 보였다. 19세기 말은 기억 연구의 황금기였고, 이 시기에 프랑스의 심리학은 큰 역할을 차지하고 있었다. 비록 가장 널리 알려진 것은 1885년 헤르만 에빙하우스의 획기적인 실험이지만, 그보다 4년 앞서 프랑스의 심리학자 테오뒬 리보Théodule Ribot는 뇌 손상이나 심리적 혼란이 어떻게 최근 혹은 오래전에 일어났던 일을 기억하지 못하게 하는지를 기술한 『기억의 질병Diseases of Memory』을 펴냈다. 이 책에 리보는 잘못된 기억을 가지고 있는 사례들도 소개했다.

'기억 장애'나 '오기억'이라고 불리는 이 왜곡 현상은 활발하게 열띤 토론으로 이어지기도 했다. 오기억은 일반 대중 사이에서 얼마나 만연해 있을까? 오기억은 임상적 병리가 존재한다는 것을 나타내는 것일까? 기억 장애는 하나의 유형만 있을까? 아니면 여러 유형이 있을까? 이에 반대하는 사람들은 1893년에 발간된 『철학 리뷰Révue Philosophique』

특별호에서 논쟁을 벌였다.

아르노는 1896년에 이 남자의 사례를 발표했다. 이때 그는 비정상적인 기억을 설명할 때 가장 흔하게 사용되던 용어들을 거부해서 당시 진행되던 논쟁에 대치되는 새로운 문제를 제기했다. "저는 오기억이나 기억 장애라는 단어를 사용하지 않는 것이 더 낫다고 생각합니다." 그러면서 아르노는 대담하게 다음과 같이 역설적으로 주장했다. "이 현상은 기억과 전혀 관련이 없습니다." 아르노는 이 남자와 같은 환자들이 느끼는 부적절한 익숙함을 설명할 새로운 표현을 제안했다. 그것은 바로 기시감을 의미하는 데자뷔déjà vu라는 말이었다. 그는 데자뷔가 다른 종류의 기억의 오류와 왜곡과 구분되는 특별한 경험이라고 주장했는데, 그것은 이 현상의 강도와 현재의 경험이 과거의 경험과 똑같다는 확신과 다음에 무슨 일이 일어날지 정확하게 안다는 느낌 때문이라고 했다.

아르노는 데자뷔라는 용어를 일상화하는 역할을 했지만, 그 경험을 최초로 서술한 사람은 아니었다. 영국의 시인 단테이 게이브리얼 로세티Dante Gabriel Rossetti는 1854년에 쓴 시 「섬광Sudden Light」에서 이미 데자뷔 느낌을 포착해냈으며, 영국의 소설가 찰스 디킨스Charles Dickens는 1849년에 『데이비드 코퍼필드David Copperfield』에서 그와 비슷한 경험을 묘사하기도 했다. "그는 내 눈앞에서 부풀고 자라는 것 같았다." 데이비드 코퍼필드는 유라이어 히프Uriah Heap와 만난 일을 이야기한다.

"그 방은 그의 목소리로 가득 차 있는 것 같았다. 나는 이 모든 것이 이전에, 어떤 알 수 없는 시간에 일어난 적이 있다는 느낌, 그가 다음에 무슨 말을 할지 알고 있다는, 누구나 한 번쯤 느껴본 적이 있는 느낌에 사로잡혔다."

그런데 이 남자의 데자뷔가 "기억과 전혀 관련이 없다"고 한 아르노의 주장은 무엇을 의미하는 걸까? 그전까지는 데자뷔를 신비스럽게 해석하기도 했다. 전생의 기억을 나타내는 것으로 윤회輪廻가 존재한다는 증거라고 추측하거나, 텔레파시를 이용해 다른 사람의 기억을 엿들을 수 있다는 억측을 내놓기도 했다. 이보다 좀더 평범한 해석이지만, 현재의 경험이 똑같지는 않지만 비슷한 과거의 경험을 불러일으킬 때 사람들이 데자뷔를 경험한다고 했다. 그러나 아르노에게 데자뷔는 초자연적인 현상이나 과거의 경험과 아무 관련이 없었다. 그 대신 데자뷔가 틀린 판단 같은 것이라고 생각했다. 즉, 현재의 감각과 경험이 과거의 그것으로 오귀인한다는 것이다.

일어난 적이 없는 일을 기억하다

●●●

아르노가 1896년에 어떤 생각을 하고 있었는지 더 잘 이해하려면, 약 100년 뒤인 1993년에 캐나다의 인지심리학자 브루스 휘틀시Bruce Whittlesea가 진행한 실험을 살펴보아야 한다. 이 실험에서 참가자들은 먼저 보통명사로 된 단어 목록을 학습했다. 그리고 기억 테스트에서 실험자는 문장을 만들고 이 문장 끝에 단어 목록에 있던 단어나 새로운 단어를 대문자로 표시해서 넣었다. 그러면 참가자들은 대문자로 쓰인 단어들이 단어 목록에 있었는지를 판단했다. 몇몇 문장은 앞 단어를 통해 끝 단어를 쉽게 예측할 수 있었다. 예를 들어 "사나운 바다가 배를 흔들었다The stormy seas tossed the BOAT" 같은 문장이었다. 하지만 몇몇 문장은 끝 단어를 예측하기가 더 어려웠다. 예를 들어 "그 여자는 돈을 모아 램프를 샀다She saved her money and bought a LAMP" 같은 문장이었다.

대문자로 된 단어가 단어 목록에 없었다면, 참가자들은 '새로운 단어'라고 대답해야 했지만 가끔은 단어 목록에 있는 '보았던 단어'라고 잘못된 대답을 했다. 이 실험에서 무엇보다 중요한 것은, 예측하기 어려웠던 새로운 단어보다 예측하기 쉬웠던 새로운 단어를 보았을 때, 단어 목록에 있던 단어라고 틀리게 주장할 가능성이 더 컸다는 것이다. 또한 참가자들은 예측하기 어려운 단어보다 예측하기 쉬운 단어를 더 빨리 말했다. 휘틀시는 참가자들이 예측하기 쉬운 단어에 빠르게 반응했던 것은 그 단어를 이전에 보았다고 오귀인했기 때문이라고 했다(사실은 본 적이 없었다). 거침없이 빠르게 내놓는 대답을 익숙함이라고 잘못 해석한 것이다. 실험 참가자들은 단어 목록에 있던 단어를 이전에 본 적이 있다고 주장했다. 이는 아르노가 데자뷔에 대해 주장했던 것과 비슷하다. 아르노는 데자뷔가 일어나는 것은 현재 상황의 특징이 과거의 경험에 의해 촉발되었다고 착각하게 하기 때문이라고 생각했다. 아마도 이 반응은 휘틀시의 실험에서 예측 가능한 단어를 빠르게 말하는 행동과 유사하다.

데자뷔는 비교적 드물게 일어난다. 그리고 최근에 들어서야 과학자들은 현재 경험의 어떤 특징이 잘못된 판단을 낳는지 탐구할 획기적인 실험을 개발했다. 하지만 오귀인은 매우 흔하게 발견된다. 때때로 우리는 일어난 적이 없는 일을 기억한다. 정보가 빠르게 처리되거나 머릿속에 생생한 이미지가 떠오를 때 일어나지도 않은 과거의 사건을 기억하기 때문이라고 오귀인하는 것이다. 우리는 무슨 일이 일어났는지는 정확하게 기억하지만, 그 일이 일어난 시간이나 장소를 잘못 기억해서 오귀인을 일으킨다.

오귀인은 종종 다른 방향으로 작동한다. 실제로는 우리가 자각하지 못한 사이 읽거나 들은 어떤 것을 기억해낸 것인데, 자연스럽게 떠오르는 이미지나 생각이 우리의 상상 속에서 온 것이라고 오해한다. 우리는 데자뷔에 대해 더 많이 알고 있고, 다른 형태의 오귀인에 대해서도 많은 것을 알게 되었다. 이렇게 힘겹게 얻어낸 지식은 앞으로 우리 사회에 중요한 영향을 미칠 수도 있다. 오귀인은 예측 불가능한 낯선 방식으로 우리 삶을 바꾸어버릴 수 있기 때문이다.

믿을 수 없는 목격자

1995년 오클라호마 폭발 사건을 기억하는 사람은 누구나 제2의 용의자를 잡지 못한 일도 기억할 것이다. 티머시 맥베이Timothy McVeigh라고 신원이 확인된 제1의 용의자는 그해 4월 폭발이 일어난 직후 체포되었다. 이와 동시에, FBI는 제2의 용의자를 찾기 위해 전국적인 수색을 개시했다. FBI는 맥베이가 사건 이틀 전 캔자스주 정크션시Junction City에 있는 자동차 수리소에서 승합차를 빌릴 때 제2의 용의자가 동행했다고 믿었다. 그의 몽타주에는 단단한 체격을 가진 각진 얼굴의 젊은 남자가 검은 머리에 파란색과 흰색이 섞인 모자를 쓰고 있는 모습으로 묘사되어 있었다. 이 몽타주는 텔레비전을 통해 방송되었으며, 미국 전역의 여러 신문에 실렸다. FBI는 많은 노력을 기울였지만, 제2의 용의자는 찾을 수 없었고 맥베이와 그의 친구인 테리 니컬스Terry Nichols만 기소되었다. 하지만, 여론조사를 보면 미국인 10명 중 7명은 다른 공범이 법망을 피해 달아났고 믿었다. 어떤 일이 있었던 걸까?

FBI는 맥베이가 빌린 승합차를 추적한 후, 자동차 수리소 직원들을 인터뷰했다. 자동차 수리소 주인과 비서는 맥베이의 인상착의와 동일한 남자가 이틀 전인 4월 17일에 승합차를 빌렸으며, 예약할 때 '로버트 클링Robert Kling'이라는 가명을 썼다고 회상했다. 그 과정을 지켜보았던 정비공인 톰 케신저Tom Kessinger는 두 남자를 보았다고 회상했다. 1명은 맥베이처럼 키가 크고 피부는 하얗고 짧은 금발 머리를 하고 있었다고 말했다. 또 1명은 키가 더 작고 체구가 더 단단했으며 검은 머리에 파란색과 흰색이 섞인 모자를 쓰고 있었다고 말했다. 또한 왼쪽 소매 아래에 문신이 있었다고도 말했다. 그러자 제2의 용의자 수색이 시작되었다.

그러나 케신저의 기억은 하루 뒤 이 사건과 전혀 상관없이 방문한 손님에게서 비롯되었다는 것을 알게 되었다. 그날 미군 중사인 마이클 헤르티그Michael Hertig와 그의 친구인 일등병 토드 번팅Todd Bunting이 방문해 케신저가 있는 자리에서 승합차를 빌렸다. 맥베이처럼 헤르티그도 키가 큰 백인이었다. 번팅은 키가 더 작고 체구는 더 단단했으며 검은 머리에 파란색과 흰색이 섞인 모자를 쓰고 있었다. 또한 왼쪽 소매 아래에 문신이 있었다. 제2의 용의자와 인상착의가 일치했다. FBI는 제2의 용의자를 찾으려고 탐문 수사를 하고, 헤르티그와 번팅이 방문한 기록을 검토했다. FBI는 마지못해 제2의 용의자가 사건과 아무 관련도 없는 번팅이었다고 결론지었다. 케신저는 제2의 용의자의 몽타주에 그려진 대로 번팅의 특징을 정확하게 기억했지만, 그 기억은 하루 전에 일어난 전혀 다른 사건에서 비롯된 오귀인의 결과였다.

이 신원 확인 오류는 전혀 새로운 것이 아니다. 1950년대 중반 총을 겨눈 강도에게 돈을 털린 영국인 매표원이 무고한 선원을 강도라고 지목한 사례가 있었다. 이 선원은 사건이 일어나기 전에 매표원에게서 표를 산 적이 있었고, 매표원은 선원의 얼굴에서 느껴지는 익숙함을 오귀인해 강도라고 착각했다. 또 심리학자 도널드 톰슨Donald Thomson이 강간죄로 기소되었다. 강간 피해자가 그의 얼굴을 자세히 기억하고 있었기 때문이다. 그러나 톰슨은 확실한 알리바이가 있어 혐의를 벗었다. 그는 그 시간에 텔레비전 생방송 인터뷰를 하고 있었다(아이러니하게도 기억의 불완전성에 대한 것이었다). 피해자는 이 인터뷰를 보고 그의 얼굴에 대한 기억을 오귀인해 그가 강간범이라고 착각했다.

선원과 톰슨은 운이 좋아서 억울한 옥살이를 피할 수 있었다. 그러나 이와 유사한 오귀인이 부정확한 목격자 증언을 낳고, 무고한 사람을 유죄로 만드는 일이 얼마나 많이 있었을까? 2021년 이노센스 프로젝트The Innocence Project에서 보고한 자료에 따르면, DNA 증거로 인해 유죄 선고가 뒤집힌 사례가 약 375건이 있었는데, 그중 69퍼센트가 목격자 오귀인으로 신원 확인 오류가 있었다. 아직도 바로잡지 못한 이 같은 실수들이 여전히 존재할 것이다. 이 어마어마한 수치를 보면, 목격자 오귀인의 본질을 더 잘 이해하고 시급히 오귀인을 최소화할 조치를 취해야 한다고 느껴진다. 제2의 용의자 사건에서 나타났던 오귀인의 구체적인 유형은 '무의식적 전이unconscious transference'라고 불린다. 이 개념은 케신저와 같은 목격자가 어떤 얼굴에서 익숙함을 느꼈을 때 그 원인을 관련 없는 출처에서 찾는 오귀인을 의미한다. 이런 일이 일어나는 것은 목격자가 무의식적으로 그 얼굴에 대한 기억을 다른 맥락으로 전이시켰기 때문이다.

여러 실험연구에 따르면, 목격자가 용의자의 신원 확인을 잘못했을 때 이전에 어떤 사람을 여러 환경에서 만난 적이 있다는 것을 의식하지 못하는 것은 아니라고 한다. 한 실험에서 참가자들은 강도 영화 한 편을 보았다. 이 영화에는 강도 사건이 일어나는 장면과 무고한 구경꾼이 등장하는 장면이 나온다. 이 영화를 보고 난 참가자들은 종종 구경꾼을 강도로 오귀인했다. 하지만 이 과정이 완전히 무의식적으로 진행된 것은 아니었다. 대부분 참가자들은 구경꾼과 강도가 같은 사람이라고 믿었다. 물론 잘못된 믿음이었지만 말이다.

의식적이든 무의식적이든 제2의 용의자나 다른 사례에서 관찰된 종류의 목격자 오귀인은 사람들이 과거의 경험에 대한 세부 사항(언제, 어디에서, 어떤 사람이나 사물을 접했는가)을 대략적으로 회상하는 일이 자주 있다는 것을 보여주는 다른 연구들과 잘 들어맞는다. 이 모호함은 '출처 오귀인'이 발생하기 좋은 환경을 만든다. 이 출처 오귀인은 이전에 학습한 내용을 올바르게 회상하거나 본 적이 있는 사람이나 사물을 정확하게 알아보지만, 자신들이 알고 있는 정보의 출처를 오귀인하는 것을 말한다. 케신저의 사례처럼, 사람들은 이전에 본 얼굴을 완벽히 기억할 수 있더라도 그 얼굴을 보았던 장소나 시간은 잘못 기억할 수 있다는 것이 여러 실험을 통해 밝혀졌다.

2018년 인지심리학자인 존 윅스티드John Wixted는 DNA 증거로 인해 유죄판결이 뒤집히거나, 초기에 용의자 신원 확인이 얼마나 확실했는지 알려주는 당시의 정보를 확인할 수 있는 사건들을 조사했다. 대부분 목격자들이 처음에 피의자의 신원을 확인할 때 확신하지 못했다는 점을 지적했다. 목격자의 부정확한 용의자 신원 확인은 잘못된 유죄판결의 원인이 되는데, 목격자가 추가로 계속 질문을 받게 되면 부정확한 신원 확인에 대한 자신감이 더 높아지게 된다.

'기억 결합'에서 오는 오류

●●●

어떤 사람의 생김새를 알 수 있는 세부 사항과 그 사람을 본 장소를 기억하는 행위에 관여하는 것이 무엇인지 생각해보자. 당신은 화요일 아침, 화려한 도시의 사무실에서 비즈니스 미팅에 참가해 두 사람의 이사를 만난다. 한 사람은 토머스 윌슨Thomas Wilson으로, 뿔테 안경을 쓰고 푸른색의 수수한 복장을 한 은발의 부회장이다. 또 한 사람은 프랭크 앨버트Frank Albert로, 나비넥타이와 형형색색의 멜빵을 한 30대의 재정 분석가다. 그날 오후에는 비좁은 장소에서 창업한 지 얼마 안 된 유망한 고객 두 사람을 만나러 교외로 향한다. 한 사람은 최근에 대학을 졸업한 컴퓨터 프로그래머인 에릭 머튼Eric Merton으로, 청바지를 입고 은 귀고리를 하고 있다. 또 한 사람은 이 회사의 사장인 일레인 그린Elaine Green으로, 약간 나이가 많은 여자이고 좀더 클래식한 정장을 입었다.

내가 일주일 후에 당신에게 지난주 화요일에 있었던 미팅에 대해 묻는다면, 당신은 정확히 보고하기 위해 방문했던 장소와 만났던 사람의 개별적인 특징들을 기억해내야 한다. 하지만 부회장, 재정 분석가, 컴퓨터 프로그래머, 사장을 회상하는 것만으로는 충분하지 않다. 뿔테 안경, 형형색색의 멜빵, 나비넥타이, 은 귀고리, 청바지, 클래식한 정장이라는 복장뿐만 아니라 윌슨, 앨버트, 머튼, 그린과 같은 이름과 도시에 있는 화려한 사무실과 교외에 있는 작은 사무실 같은 장소까지 기억해야 한다. 어떤 사람이 무엇을 입었는지도 기억해야 하고, 얼굴과 이름을 일치시켜 기억해야 하며, 누가 교외에서 일하고 누가 도시에서 일하는지, 그 사람이 어떤 지위에 있는지도 기억해내야 한다. 개별적인 특징들을 기억하고 인출하는 것에 그치지 않고, 그 특징들을 함께 연결시켜 기억해야 한다. 그렇게 해야 인물, 의상, 지위, 장소가 올바르게 결합되어 기억해낼 수 있다.

심리학자들은 이 연결 과정을 '기억 결합'이라고 부른다. 이는 경험을 구성하는 다양한 요소를 통일된 전체로 함께 묶는 것이다. 개별적인 경험들을 기억한다고 해도 '기억 결합'에서 실패하면, 제2의 용의자 사건이나 목격자 오귀인 사례처럼 출처 오귀인이 발생할 수 있다. 출처 혼란은 때때로 기억 결합 실패에서 비롯되기도 한다. 어떤 사건이 일어날 때, 특정 행위나 대상이 특정 시간과 장소와 올바르게 결합되지 않았을 때 혼란이 일어날 수 있다. 또한 기억 결합 실패가 일어나면, 실제 경험한 사건과 생각이나 상상에서 기억 혼란이 일어날 수 있다. 집을 막 나서려고 할 때, 지하실 문을 닫아야 한다고 생각한다. 그러다 1시간 후, 자동차 안에 있다가 갑자기 불안해진다. 내가 정말 문을 닫았는지, 아니면 문을 닫는 내 모습을 상상한 것인지 말이다.

이 같은 혼란 때문에 심리학 교수인 루 리버먼Lew Lieberman은 점점 신경이 날카로워졌다. "어떤 일을 하기 전에 그 일을 하고 있는 모습을 머릿속으로 그리면, 나중에 그것이 상상 속의 모습이었는지 실제 일어난 일이었는지 기억하지 못하는 것과 같다." 리버먼은 다른 사람들도 비슷한 경험을 하는지 궁금해했다. 실제로, 수많은 실험을 통해 사람들이 어떤 사물을 보고 상상하거나 어떤 행위를 하고 있다고 상상하면, 가끔 시간이 흐른 뒤에 실제로 그 사물을 보았다거나 그 행위를 했다고 믿는다는 것이 확인되었다.

한 실험을 살펴보자. 실험자는 젊은층과 고령층에게 '돋보기'를 보여주고 나중에 막대사탕처럼 돋보기와 유사한 사물을 상상하라고 지시했다. 또 '옷걸이'를 보여준 후 스크루드라이버처럼 관련이 없는 사물을 상상하라고 지시했다. 고령층은 젊은층에 비해 상상했던 막대사탕을 실제로 보았다고 주장하는 경향이 높았지만, 스크루드라이버에 대해서는 젊은층과 비슷한 수준을 보였다. 고령층은 사물의 외형(둥근 모양)을 현재의 맥락과 결합하는 데 특별히 어려움을 느끼는 것 같았다. 그래서 고령층은 '둥근 모양'의 돋보기와 비슷한 모양의 막대사탕을 머릿속으로 상상해본 후에 실제로 돋보기와 관련된 세부 사항을 기억해낼 수 없었고, 그에 따라 출처 오귀인을 일으키기가 쉬웠다.

세부 사항이 어떤 사물이나 행위와 결합되면, 그 사건이 실제로 일어났는지를 기억해내기가 더 쉬워진다. 당신은 자동차 안에서 지하실 문을 활짝 열어두고 왔는지 걱정이 된다. 그래서 그것을 알려줄 수 있는 특정 대상이나 행위를 기억해내려고 머릿속의 기억을 정신없이 뒤진다. 그러다가 지하실 문을 닫았을 때 고양이가 달아나는 모습을 보았던 것이 기억나자 안심하게 된다. 하지만 고양이를 문을 닫은 행동과 결합시키지 못했다면, 당신은 현실과 상상을 구별해내기 위해 여전히 애쓰고 있을지도 모른다.

기억 결합 실패는 '기억 결합 오류'라고 알려진 놀라운 착각을 일으킬 수 있다. 당신은 비즈니스 미팅에서 윌슨과 앨버트를 만난 다음 날 직장 동료가 그 회사의 부회장 이름을 물을 때 자신 있게 '윌버트'라고 말한다. 두 사람의 성을 올바르게 기억했지만, 그것을 잘못 결합해 새로운 성을 만들어낸 것이다. 인지심리학자들은 이 같은 기억 결합 실패가 생겨날 수 있는 실험을 개발했다. 다양한 단어, 그림, 문장의 특징뿐만 아니라 심지어 얼굴의 특징들 사이에서 잘못된 결합이 생겨나는 실험이었다. 이 실험에서 참가자들은 스패니얼spaniel(개의 품종)과 바니시

varnish(광택제)라는 단어를 학습한 후, 때때로 스패니시Spanish(스페인어)라는 단어가 기억난다고 주장했다. 단어나 얼굴의 개별적인 특징들이 기억 속에 남아 있더라도, 처음에 학습하는 동안 그 특징들을 올바르게 결합하지 않았다면, 기억 결합 오류가 일어날 수 있다.

용의자 중에서 범인이 없다면

뇌 손상 환자들을 대상으로 한 연구들을 보면, 해마가 기억 결합 과정에서 중요한 역할을 한다는 것을 알 수 있다. 이 과정에서 문제가 생기면, 기억 결합 오류의 원인이 된다. 해마에만 손상을 입은 환자들은 통제집단에 비해 최근에 학습한 단어와 얼굴에서 기억 결합 오류를 범할 가능성이 훨씬 더 높다. 환자들은 얼굴과 단어를 전체로 인식하지만, 단지 몇 초나 몇 분 후에 테스트를 받으면 분리된 얼굴의 특징이나 다른 단어의 음절을 잘못 결합한다. 해마가 손상되면, 얼굴과 단어를 결합할 때 필요한 기억 결합 단서를 더는 공급해줄 수가 없다. 이것을 증명하는 연구가 바로 PET 스캔을 이용한 뇌 영상 연구다. 해마가 특별히 활발한 활동을 보였을 때는 사람들이 관련이 없는 단어쌍을 학습할 때였다. 이렇게 하면 기억 결합 과정에 큰 부담으로 작용한다.

또한 출처 오귀인과 기억 결합 오류는 잘못된 기억의 인출 과정에서 일어날 수 있다. 어떤 얼굴이 익숙하게 느껴질 때, 왜 그런지 알기 위해서는 기억나는 것을 곰곰이 따져 보거나 모니터링할 필요가 있다. 뇌졸중으로 전두엽이 손상되었거나 수술로 전두엽이 부분적으로 절제된 환자들은 그러한 인출 모니터링 과정에 어려움을 겪는다. 이들은 익숙한 느낌이 비롯된 출처에 대해 성급히 판단하는 경향이 있으며, 그로 인해 통제집단보다 출처 오귀인을 더 많이 범한다.

전두엽 손상에 민감한 테스트에서 낮은 점수를 받은 건강한 노인들은 특히 출처 오귀인을 자주 범하는 경향이 있었다. 고령층은 비슷한 모양의 돋보기를 보았을 뿐인데도 머릿속으로만 상상했던 막대사탕을 실제로 본 적이 있다고 주장한다는 것을 기억하자. 실험 참가자들이 여러 사물을 직접 보고 머릿속으로 상상한 후 이틀이 지나 테스트를 받았을 때, 가장 낮은 점수를 받은 노인들은 실제 지각한 사물과 상상한 사물을 가장 많이 혼동했다. 하지만 여러 사물을 직접 보고 상상한 다음 15분 후에 테스트를 했을 때 이러한 출처 오귀인과 전두엽 테스트 점수 간에 아무 관계가 없었다. 전두엽에 의존하는 모니터링 과정은 어떤 사물을 실제로 지각했는지 혹은 머릿속으로만 상상했는지 기억해내는 것이 매우 어렵고 그 과정에서 상당한 숙고가 필요할 때 가장 많은 부담을 느끼는 것 같다. 15분 만에 테스트가 이루어졌다면, 실험 참가자들은 테스트를 더 쉽게 느끼고, 전두엽에 그토록 많이 의지하지 않는다.

인출 실패도 기억 결합 오류의 원인이 될 수 있다. 미국의 심리학자 수전 루빈Susan Rubin과 그의 동료들은 고령층 집단에서도 특히 전두엽 기능 테스트에서 수행 능력이 가장 저조한 참가자들이 기억 결합 오류를 많이 범한다는 사실을 알아냈다. 단어 목록에 있었던 바터barter와 밸리valley라는 단어를 보고 나서 베얼리barley라는 단어가 단어 목록에 있다고 주장하는 것과 같은 기억 결합 오류를 범했다. 이 고령층 참가자들은 자신의 기억을 꼼꼼히 살피지 못하기 때문에 베얼리와 같은 단어를 보았을 때 느끼는 강렬한 익숙함에 의존하게 된다.

1980~1990년대에 보고된 목격자 신원 확인 연구들에서 미국의 심리학자 게리 웰스Gary Wells는 용의자들을 세워두고 신원을 확인하는

일반적인 관행이 익숙한 느낌에 의존하도록 부추길 수 있기 때문에 기억의 오류가 일어날 확률을 더 높일 수 있다고 주장했다. 용의자들을 일렬로 세워놓으면 목격자는 그들을 동시에 만난다. 그리고 모든 용의자를 본 후에 그중 범인이 누구인지 찾는다. 웰스는 그런 조건에서 목격자가 상대적인 판단에 의존하는 경향이 있다고 주장했다. 즉, 목격자는 용의자들을 비교해보고 가장 용의자처럼 보이는 사람을 선택한다는 것이다.

문제는 진짜 용의자가 없을 때도 목격자는 여전히 가장 용의자처럼 보이는 사람을 선택하려고 한다는 것이다. 목격자는 용의자들의 얼굴과 실제 범인 사이에 발견되는 일반적인 유사성에 의존한다. 심지어 용의자를 구체적으로 기억하지 못할 때에도 마찬가지다. 웰스의 초기 연구를 보면, 그와 같은 상대적인 판단에 대한 의존성을 최소화할 방법이 제시되어 있다. 목격자가 용의자들의 얼굴을 모두 다 볼 때까지 기다리는 대신, 순차적으로 용의자를 보고 나서 목격자가 '맞다'나 '아니다'라고 판단하게 하는 것이다. 웰스는 이렇게 용의자를 순차적으로 보여주면 목격자가 기억을 세세히 뒤져서 사진 속 용의자가 구체적인 세부 사항과 들어맞는지 판단하게 한다는 증거를 실험을 통해 제시했다.

1990년대 후반, 웰스가 제시한 실험 증거로 인해 법무부 장관인 재닛 리노Janet Reno는 특별조사위원회를 만들었다. 경찰에 용의자를 순차적으로 보게 하는 방식을 사용하도록 권고하지 않았지만, 그것이 모든 용의자를 동시에 보는 것보다 신원 확인에서 더 정확한 결과를 내는지 확인하기 위해서였다. 2000년대 초반부터 연구자들은 웰스의 연구에서 사용된 방식보다 세련된 방식을 사용하기 시작했다. 그러나 순차적인 방식이 동시에 보는 방식에 비해 좀더 잘못된 신원 확인 오류를 줄인다는 확실한 증거를 찾지 못했다.

순차적인 방식에는 득과 실이 있다. 이 방식은 목격자가 무고한 사람을 용의자로 잘못 지목할 가능성을 줄여주기는 하지만, 범인을 제대로 찾아낼 가능성도 낮춘다. 이 새로운 연구 분야를 통해 한 뛰어난 기억 연구팀은 다음과 같은 결론을 내렸다. "순차적인 방식과 동시에 보는 방식 사이에 정확도의 차이가 있다면, 동시에 보는 방식에서 정확도가 더 높게 나올 것이다." 목격자 오귀인에 대한 연구는 중요하다. 피의자나 피해자에게 너무 큰 피해가 갈 수 있기 때문이다. 내가 볼 때 이 연구는 광범위하게 영향을 줄 수 있는 근본적인 질문을 하게 된다. '참기억'과 '오기억'을 구분하는 것이 가능한가?

참기억과 오기억

1996년 여름, 나는 다트머스대학 인지신경과학센터의 경영을 도왔다. 나는 가족과 함께 버몬트 가까이에 있는 아름다운 시골 여관에서 머물렀다. 어느 날, 저명한 연사들의 강연을 들으며 하루를 보낸 후 그곳으로 돌아왔을 때, 예상하지 못한 비현실적인 광경을 보고 매우 놀랐다. 우리 방으로 들어가는 출입문이 종잇조각들로 뒤덮여 있었는데, 그 종이에는 신문사, 텔레비전 뉴스 프로그램, 라디오 프로그램에서 보내온 메시지가 담겨 있었다. 전 세계의 미디어들이 지금 당장 나와 이야기를 나누고 싶어 했다.

그날 아침 『뉴욕타임스』 과학 섹션에 내가 동료들과 수행했던 새로운 PET 스캔 연구를 다룬 기사가 실렸다. 그것은 참기억과 오기억을 경험하는 동안 뇌 활동을 조사한 연구였다. 다른 연구에서도 참가자들이 이전 경험에 대한 참기억을 회상할 때 뇌 활동을 보려고 PET와 fMRI를 사용했지만, 어떤 연구에서도 전혀 일어나지 않은 사건에 대해 오기억을 떠올릴 때 뇌가 어떤 활동을 보이는지 관찰한 적은 없었다. 뇌 신경영상이 오기억과 참기억을 완벽하게 가려내는 일종의 최첨단 거짓말 탐지기로 사용될 가능성이 있다는 것은 흥미로운 주제였다.

PET 스캔을 하는 동안 사람들에게 참기억을 회상하게 하는 일은 쉽다. 스캔하기 전에 보여주었던 단어나 그림에 대해 물어보거나 과거에 일어났던 경험에 대해 물어보면 된다. 그러나 어떻게 PET 스캐너 안에서 오기억을 유도할 수 있겠는가? 우리가 PET 연구를 시작하기 1년 전, 미국의 심리학자 헨리 뢰디거와 캐슬린 맥더모트Kathleen McDermott는 1950년대에 제임스 디스James Deese가 개발한 방법을 재발견했다. 실제로 전혀 일어나지 않은 사건을 사람들이 경험했다고 주장하게 하는 신뢰할 만한 방법이었다. 이 과정은 현재 DRM 패러다임 또는 디스-뢰디거-맥더모트Deese-Roediger-McDermott 패러다임이라고 불린다. 실험자는 먼저 관련된 단어들로 이루어진 단어 목록을 참가자들에게 읽어준다.

단어 목록에는 실, 핀, 눈, 바느질, 날카롭다, 끝, 찌르다, 골무, 건초더미, 가시, 다치다, 주사, 주사기, 옷, 뜨개질 같은 단어가 들어 있다. 다른 단어 목록에는 침대, 쉬다, 깨어나다, 피곤하다, 꿈, 일어나다, 선잠자다, 담요, 졸다, 깜빡 졸다, 코 골다, 낮잠, 평화, 하품, 졸리다 같은 단어가 들어 있다. 기억 테스트에서 참가자들은 바느질, 문, 바늘, 잠, 사탕, 깨어나다 같은 단어 중에서 어떤 단어가 단어 목록에 있었는지 판단한다. 대부분 참가자들은 '바느질'과 '깨어나다'를 이전에 들었다고 기억하며, '문'과 '사탕'은 듣지 못했다고 진술했다. 이보다 더 흥미로운 점은 참가자들이 자주 '바늘'과 '잠'을 확실히 들었다고 틀린 주장을 한다는 것이다. 당신조차도 단어들을 대충 훑어본다면 동일한 오류를 범할 수 있다.

이 오기억 효과는 첫 번째 단어 목록이 바늘과 관련되어 있고, 두 번째 단어 목록이 잠과 관련되어 있기 때문에 일어난다. 단어 목록에 있는 단어를 들으면 그와 관련된 단어들이 활성화된다. '바늘'과 '잠'은 단어 목록에 있던 단어들과 관련이 있기 때문에, 다른 단어들보다 더 활성화된다. 이 활성화 정도가 매우 높아 단지 몇 분이 지났을 뿐인데도 참가자들은 실험자가 그 단어를 읽어주었다고 단언한다. PET 스캔은 이러한 참기억과 오기억을 구분할 수 있을까? 심지어 참가자들도 그 둘을 구분할 수 있을까? 참가자들은 스캐너에 들어가기 몇 분 전에 단어 목록에 있는 단어를 들었다. 그런 다음, 스캔하는 동안 '바느질'이나 '깨어나다'가 단어 목록에 있었는지 판단했으며, 다음 스캔을 하는 동안에는 '바늘'과 '잠'이 단어 목록에 없었는지 판단했다. 예상대로 참가자들은 단어 목록에 있는 단어를 기억한다고 주장하는 것과 거의 같은 빈도로 단어 목록에 없는 단어를 기억한다고 주장했다.

전반적으로 참재인true recognition과 오재인false recognition을 하는 동안 뇌 활동은 매우 비슷한 수준을 보였다. 그물처럼 얽혀 있는 뇌 영역들은 참가자들이 단어를 기억한다고 주장하든, 실제로 들은 적이 없는 단어를 기억한다고 주장하든, 높은 활동성을 보였다. 참재인과 오재인을 하는 동안에도 전두엽은 매우 강하게 반응했고, 해마 가까이에 있는 측두엽 안쪽에서 활동의 징후가 있었다. 해마와 그 주변 영역이 참기억에 이처럼 중요한 역할을 하기 때문에, 오기억이 인출되는 동안 이 영역이 활성화되면 참가자들은 들은 적이 없는 단어를 들었다고 잘못 확신하게 되는 것 같다.

그러나 참재인과 오재인을 하는 동안 활성화된 뇌의 영역이 매우 비슷한데도, 거기에는 또 차이를 나타내는 흥미로운 징후들이 있었다. 기억을 자세히 살피거나 모니터링하는 데 관여한다고 생각되는 전두엽 일부가 참재인을 할 때보다 오재인을 하는 동안 더 큰 활동성을 보였던 것이다. 그것은 바늘이나 잠과 같은 단어에서 무언가 이상한 점을 감지하고, 강력한 착각에 빠지기 전에 특별히 조심스럽게 기억을 면밀히 살피는 것 같았다. 또 오재인보다 참재인을 하는 동안 좌반구의 측두엽에서 더 많은 활동성을 보였다. PET 스캔은 참가자들이 실제로 들었던 단어의 희미한 울림을 포착했던 걸까?

기억 진실 탐지기

●●●

거짓에서 사실을 분리해내기 위해 병원이나 법정에서 뇌 신경영상을 사용할 가능성은 초현실적이면서 미래에나 있을 법하다. 제임스 할퍼린James Halperin의 상상력이 풍부하게 담긴 소설 『진실 탐지기The Truth Machine』를 보면, 뇌 신경영상 기술은 거짓에서 진실을 오류 없이 분리해내는 정도까지 발전해 있다. 정치가들은 이제 스캐너의 감시를 받으며 유권자들에게 공약公約을 약속해야 한다. 그러면 스캐너는 즉시 정직하지 못한 의도를 밝혀낼 것이다(1990년대에는 충분히 흥미로운 이야기였지만, 2016년 미국 대통령 선거 이후에는 상상할 수도 없는 중대한 의미를 갖게 되었다).

비록 의도적인 거짓과 진실을 구별해내는 것은 참기억과 오기억을 구분하는 것과 다르지만(거짓말쟁이는 의도적으로 속이지만, 잘못 기억하는 사람들은 솔직해지려고 한다), 우리 집을 방문한 기자들의 머릿속은 '기억 진실 탐지기'가 가능하다는 상상으로 가득 차 있었다. 현재 PET 스캔을 사용해 아동 학대를 받았던 기억이 되살아난 사건을 두고 벌이는 논쟁을 해결할 수 있을까? 한 사람은 끔찍한 학대를 생생하게 기억하고 또 한 사람은 학대를 강하게 부인하는 사건에서 말이다. 그것은 목격자의 기억이 정확한지를 알아낼 수 있을까?

이 질문들은 매우 흥미로우면서 사회에 잠재적인 영향도 끼친다. 그러나 우리가 도출해낸 결과들은 아쉽게도 그것에 부응하지 못하는 것 같다. 참재인과 오재인의 유사성은 광범위하고 놀라웠지만, 그 차이점은 미약하고 암시에 가까웠다. 우리는 일상생활과 관련이 없는 실험 과제를 사용했고, 하나의 유형의 검사 조건만 살펴보았다. 우리가 실험에서 어떤 것에 변화를 준 후에도 같은 결과를 얻을 수 있을지 알 수 없었다. 그래서 조만간 뇌 신경영상이 법정이나 그 밖의 다른 곳에서 참기억과 오기억을 판가름하는 데 이용되지 않을 것 같다.

우리는 초기 실험을 통해 발견한 것들을 재실험했다. 그 결과, 참재인과 오재인을 하는 동안 관찰되는 뇌 활동이 실험의 세부 사항에 따라 달라진다는 것을 알아냈다. 우리는 첫 번째 스캔에서 단어 목록에 있는 단어들을 테스트했고, 두 번째 스캔에서 단어 목록에 있는 단어는 아니지만, 그 단어로 인해 연상되는 단어들을 테스트했으며, 세 번째 스캔에서는 단어 목록에 없으며 그 단어들과 관련이 없는 단어들을 테스트해야 했다. 이 특징 때문에 참가자들은 '예'나 '아니오'라고 반응하기 전에 자신의 기억을 신중하게 살피게 되었다. 참가자들은 스캔이 이루어지는 동안 단어들이 모두 동일하게 익숙하거나 익숙하지 않은 것처럼 보였기 때문이다. 우리는 참가자들이 신중하게 기억을 살피는 행동을 보였기 때문에 참재인과 오재인을 하는 동안 독특한 뇌 활동을 일으켰다고 추론했다.

우리는 특정 감각 자극에 대한 뇌의 전기적 반응을 반영하는 '사건 관련 전위event-related potential'를 사용해 뇌의 다양한 영역에서 일어나는 전기적 활동을 기록했다. 사건 관련 전위는 몇천 분의 1초로 뇌 활동을 추적할 수 있다. PET는 약 1분 동안 이루어지는 뇌 활동의 평균적인 그림을 제공하지만, 사건 관련 전위는 한 차례의 테스트에서 단어 목록에 있는 단어, 단어 목록에는 없지만 연상되는 단어('바늘'과 '잠'), 단어 목록에 없고 관련도 없는 단어들을 모두 섞어서 테스트할 수 있다. 이 조건에서 단어 목록에 있는 단어나 연상되는 단어는 단어 목록에 없고 관련도 없는 단어와 비교했을 때 익숙한 것처럼 느껴지는 경향이 있었다. 그래서 참가자들은 이 단어들에 대해 즉각적으로 판단을 많이 하는 것 같았다. 우리는 이 같은 유형의 테스트로는 참재인과 오재인이 일어나는 동안 뇌의 전기적 활동에서 신뢰할 만한 차이를 찾을 수 없었다.

이 실험 결과에는 중요한 긍정적인 교훈이 담겨 있다. 자신의 기억을 신중하게 살피도록 유도하는 테스트에서는 참기억과 오기억의 차이를 증가시킨다는 것이다. 오재인을 유도하려는 다양한 방법을 사용한 연구들이 이것을 증명해주었다. 다른 연구자들은 '스패니얼'과 '바니시'를 본 후에 '스패니시'를 기억하는 것처럼 기억 결합 오류가 일어나는 동안 뇌 활동을 조사하기 위해 전기적 기록을 사용해왔다. 기억 결합 오류는 이전에 접했던 두 음절에 강한 친숙함을 느끼고 그것을 하나의 통합된 단어로 본 것으로 오귀인하기 때문에 일어난다. 이 실험 결과에는 기억 결합 오류와 참기억이 구분될 수 있다는 암시가 담겨 있다.

실험 참가자가 단어 목록에 있는 단어를 올바르게 기억할 때와 단어 목록에는 없지만 단어를 기억한다고 잘못된 주장을 할 때의 전기적 반응은 달랐다. 참가자들이 기억 결합 오류를 범했을 때 전기적 반응은 단어를 정확하게 기억할 때와 명확히 구분되었지만, 단어 목록에는 없지만 연상되는 단어와 그 단어들과 관련이 없는 단어들을 본 적이 있다고 잘못 기억할 때의 전기적 반응과는 구분되지 않았다.

잘못 기억하는 것은 일반적으로 친숙함 때문에 일어나는데, 이 친숙함은 연상되는 단어에는 가장 강하게 나타나고 연상되지 않는 단어에는 가장 약하게 나타난다. 연상 단어는 어느 정도 실제로 보았던 단어만큼이나 익숙했다. 즉, 실험 참가자들은 이 단어의 음절 2개를 모두 본 적이 있었다. 그러나 그들 중에는 두 음절을 함께 '본 적이 있다'고 말하기도 했다. 이 구체적인 기억은 본 적이 없는 연상 단어를 본 적이 있다고 잘못 말하게 하는 일반적인 친숙함과는 매우 다른 유형의 전기적 활동과 관련이 있었다.

또한 전기적 기록이나 fMRI를 사용한 연구들은 사람들이 일반적인 친숙함에 기초해 반응할 때와 과거의 경험을 구체적으로 정확히 떠올릴 때의 뇌 활동이 다르다는 것도 보여주었다. 그뿐만 아니라 DRM 기억 착각에 취약한 사람들은 참기억과 오기억을 하는 동안 뇌의 전기적 활동이 똑같이 나타났다(이들은 정확하게 기억하는 만큼 자주 잘못 기억한다). 그러나 DRM 기억 착각에 덜 취약한 사람들은 정확하게 기억하는 동안의 뇌 활동과 부정확하게 기억하는 동안의 뇌 활동이 달랐다(이들은 잘못 기억하는 것보다 정확하게 기억하는 때가 더 많다). 이 실험 결과는 사람들이 일반적인 친숙함에 의존하기보다는 구체적인 기억에 기초해 기억을 하도록 지시해서 오귀인을 줄일 수 있다는 것을 암시한다. 수많은 연상 단어를 듣는 DRM에서 사람들은 그 판단 기준을 구체적인 기억보다는 단어가 이전에 본 적이 있는 단어와 강하게 연관되어 있는지 그래서 매우 친숙한 느낌이 드는지에서 찾는다.

독특성 휴리스틱

나는 실험 참가자들에게 의미적으로 연상되는 단어 목록을 들려주면서 그림을 보여주는 방식으로 이것을 시험해보았다. 실험 참가자들이 버터, 밀가루, 우유, 반죽이 포함된 단어 목록을 들을 때, 버터 토막, 밀가루 더미, 우유 통, 밀가루 반죽 같은 그림을 함께 보여주었다. 그런 다음에 참가자들에게 학습한 단어(버터)와 학습하지 않은 연상 단어(빵)를 기억하고 있는지 물었다. 나는 그림들이 특징을 잘 묘사하고 있고 기억하기도 쉬워 실험 참가자들이 앞서 보았던 그림을 기억할 수 있을 때에만 해당 단어를 들은 적이 있다고 주장할 것이라고 예상했다. 이 실험 결과는 나의 예상과 정확히 일치했다.

여러 실험에 기초해 단어들과 함께 그림들을 보여주면 실험 참가자들이 '독특성 휴리스틱distinctiveness heuristic'에 더 잘 의지하게 된다는 가설을 세웠다. 독특성 휴리스틱은 기억을 쉽게 하기 위해 어떤 경험의 특징적인 부분들을 회상하게 하는 것이다. 다음의 질문에 답해보자. 내가 다중 성격 장애를 앓고 있으며, 실제로 각각 다른 이름으로 불리는 19가지 인격의 소유자라고 고백한 것을 기억하는가? 그러나 당신은 내가 그런 이야기를 절대로 하지 않았다고 자신 있게 주장할 것이다. 내가 그와 같은 고백을 했다면 당신은 매우 놀랐을 것이고, 독특성 휴리스틱으로 인해 당연히 내가 말한 것과 그에 대한 자신의 반응까지도 자세히 기억할 것이다.

우리는 기억 속에 어떤 경험에 대해 풍부하고 세세한 정보가 저장될 것이라고 예상할 때마다 독특성 휴리스틱을 일으킬 수 있다. 그러나 DRM 패러다임을 사용하는 실험들로 미루어볼 때, 실험 참가자들은 자신이 특정 단어들에 대해 독특한 기억을 인출할 것이라고 기대하지 않는다. 그렇기 때문에 전혀 학습하지 않은 연상 단어들을 오재인하게 된다. 하지만 단어와 함께 그림을 학습한 후에는 자신이 더 많은 것을 기억할 수 있을 것이라고 예상한다. 실험 참가자들은 자신이 찾고 있는 독특한 그림 정보를 포함하지 않은 대상에 대해 이전에 본 적이 없다는 판단을 수월하게 내린다. 내가 다중 성격 장애가 있다고 주장했을 때, 그것이 쉽게 부인될 수 있었던 것처럼 말이다.

독특성 휴리스틱은 고령층이 오재인을 피하고자 할 때 도움이 된다. 고령층은 구체적인 회상을 떠올릴 때 젊은 사람들보다 시간이 많이 걸리며 일반적인 친숙함에 더 많이 의존한다. 이 특징들은 오귀인을 야기할 수 있다. 그러나 기억에 잘 남는 정보를 주고 학습하라고 하면, 젊은 사람들만큼 효과적으로 독특성 휴리스틱을 끌어낼 수 있다. 고령층은 종종 스스로 과거의 구체적인 경험을 기억할 것이라고 기대하지 않는다. 거의 또는 아무것도 회상하지 못할 것이라고 예상할 것이다. 안타깝게도, 자신의 기억에 거의 기대하지 않는 것이 심각한 문제로 이어질 수 있다. 미국의 인지심리학자 래리 저코비가 지적했듯이, 사기꾼들은 노인들의 기억을 어떻게 이용해야 하는지 정확히 안다.

1990년대 후반, 미국 오하이오주 클리블랜드Cleveland의 경영자협회는 '수표는 어디에?'라고 불리는 사기 집단에 대해 경고했다. 이 사기꾼들은 전화 통화를 하는 동안 노인에게서 개인 정보를 수집한다. 다음 날 다시 전화해서 노인이 전날 대화를 잊어버렸는지, 그래서 다른 사건도 잊었는지 판단한다. 노인이 대화를 기억하지 못한다면, 일어나지 않은 사건에 대해 거짓 주장을 한다. "우리는 선생님의 1,200달러짜리 수표를 받았지만 950달러여야 합니다. 우리에게 950달러짜리 수표를 다시 보내주십시오. 그러면 선생님께서 보내주신 수표를 바로 되돌려 드리겠습니다." 또 다른 유형의 사기꾼들은 이렇게 주장하기도 한다. "선생님께서 2,400달러를 지불하고, 잔금이 600달러가 남아 있습니다. 오늘 수표를 보내서 잔금을 처리해주세요." 이전 대화가 기억나지도 않는데다 자신이 잊었을 것이라고 생각한 대부분 노인들은 당황해서 문제가 발생하지 않도록 수표를 보내준다.

값비싼 대가를 치러야 했던 이 슬픈 사건들은 독특성 휴리스틱을 끌어내지 못해서 일어난다. 내가 1,200달러나 2,400달러짜리 수표를 보냈다면, 나는 그것을 분명히 기억했을 것이다. 노인들은 대개 과거의 경험에 대해 독특한 정보를 거의 회상하지 못하기 때문에, 자신이 수표를 사용한 것을 기억할 것이라고 기대하지 않는다. 그 이유로 인해 자신이 무언가를 기억하지 못할 때 놀라지 않는다. 우리가 DRM 패러다임을 이용해 수행했던 연구는 구체적인 기억으로 무장하면 고령층도 독특성 휴리스틱을 효과적으로 사용할 수 있다는 것을 보여준다. 베이비붐 세대가 노화를 겪으면서, 많은 사람이 이와 유사하게 사기꾼들의 표적이 된다.

사기꾼들은 기억력이 좋지 않아 자신이 구체적인 기억을 떠올릴 수 있을 것이라고 기대하지 않는 사람들을 노린다. 고령층이 사기를 쉽게 당하지 않기 위해서는 자신의 기억에 대한 기대를 변화시키려고 노력하는 것이 중요하다. 이를 위해 고령층에게 독특성 휴리스틱이 무엇인지 설명해주고 그것을 어떻게 효과적으로 이용할지 알려주는 것도 좋다. 우리는 고령층에게 약간의 도움만 준다면, 오기억에 대비할 수 있고 기억의 오류와 왜곡을 피할 수 있다는 것을 알게 되었다.

프레골리 증후군

사람들은 오귀인에 대비하지 못하면, 과거의 경험에 대해 황당하다 못해 괴상한 주장을 해서 기억과 현실의 관계를 단절시킨다. 1991년, 영국의 40대 중반의 사진작가는 기억에 문제가 생기기 시작했다. 그는 가까운 과거와 먼 과거에 있었던 일을 기억해내는 데 어려움을 겪었다. 더구나 알지 못하는 사람들도 친숙하게 느낀다고 했다. 그는 자기 부인에게 낯선 사람이 영화배우나 기자, 지역 인사 같은 '유명한 사람'인지 계속해서 묻기 시작했다. 그는 자신의 느낌을 진짜라고 너무 확신한 나머지 종종 낯선 사람에게 다가가 정말 유명인사인지 물었다. 그는 '어디에서나 영화배우를 보는' 듯한 느낌 때문에 괴로워하다가 정신과 의사에게 도움을 청했다. 이 의사는 그가 느끼는 근거 없는 친숙함이 심리적인 문제에서 비롯되는 것이 아니라고 결론을 내렸다.

그가 검사를 받았을 때, 실험에 참가한 건강한 사람들만큼 정확하게 실제 유명인사들의 얼굴을 재인했다. 그러나 그는 친숙하지 않은 얼굴의 75퍼센트 이상을 '재인'했지만, 건강한 통제집단은 거의 재인하지 않았다. 신경 검사를 해보니 그는 다발성 경화증multiple sclerosis을 앓고 있다는 것이 밝혀졌다. 다발성 경화증은 신경세포의 신경 돌기를 싸고 있는 말이집myelin sheath을 공격하는 질병인데, 이로 인해 그의 전두엽 영역이 손상을 받았던 것이다. 그의 전두엽이 다발성 경화증으로 손상되었다는 사실은 그가 앓고 있는 희귀병의 원인이 무엇인지 알아낼 수 있는 중요한 단서를 제공한다(대부분 다발성 경화증 환자들은 이런 종류의 기억 장애에 시달리지 않는다). 이와 비슷한 단서가 미국 애리조나대학의 신경학자 스티븐 랩차크Steven Rapcsak의 연구에서도 발견되었다. 그는 우측 전두엽의 하부와 내부 영역이 손상되어 처음 보는 얼굴을 오재인하는 환자들을 관찰하는 연구를 해왔다.

전두엽은 일반적으로 다른 신경 체계에서 제공되는 신호들을 측정하고 모니터링하는 데 중요한 역할을 한다. 얼굴을 오재인하는 사례들에서, 뇌 손상은 전두엽 체계와 얼굴 재인에 관여한다고 여겨지는 그 외 영역 사이에 잘못된 연결을 일으킬 수 있다. 미국의 심리학자 앤드루 영은 친숙한 얼굴을 만나면, 그 사람의 얼굴이 무엇처럼 보인다는 정보가 활성화된다고 주장한다. 이 정보는 사람의 얼굴이 친숙하다는 신호를 내보낸다. 그러나 이 신호는 그 사람의 신원에 대해서는 어떤 세부 사항도 제공하지 않는다. 그 정보를 회상하려면 그 사람의 개별적인 특징인 직업, 관심, 배경 같은 세부 사항이 활성화되어야 한다.

랩차크는 전두엽이 손상된 환자들은 다른 곳에 있는, 약하게 활성화된 얼굴 생김새들이 생성하는 신호들을 충분히 모니터링하지 않거나 정밀하게 조사하지 않는다고 말한다. 여러 연구에 따르면, 뇌의 뒤쪽인 측두엽의 하부 영역과 후두엽 가까이 있는 영역에서 얼굴의 시각적인 묘사를 기록하고 인출한다고 한다. 원숭이를 대상으로 하는 연구에서는 다른 사물들보다 얼굴에 더 강하게 반응하는 세포가 발견되었다. 인간을 대상으로 한 최근의 fMRI 연구에서는 사람에게도 비슷한 것이 발견되었다. 뇌의 뒤쪽에 있는 시각 피질의 핵심 영역인 방추상회fusiform gyrus는 다른 많은 종류의 사물보다 사람의 얼굴을 볼 때 강한 활동성을 보였다. 방추상회가 손상되면 유명인사의 얼굴을 보고 친숙하다고 느끼는 능력이 저하된다.

랩차크와 다른 연구자들에 따르면, 우리가 어떤 얼굴을 접할 때 방추상회가 매우 활성화되며, 이로 인해 얼굴에 대한 정보들이 자극을 받는다고 한다. 그러나 이 정보들에는 시각적인 정보만 있기 때문에 친숙하다는 것이 어디에서 왔는지 그 출처는 구체화되지 않는다. 다시 말해 이전에 만난 적이 있기 때문인지, 이미 알고 있는 다른 얼굴을 닮았기 때문인지 알 수 없다. 그 사람의 얼굴 생김새는 친숙한 얼굴에 대해 그 특징을 활성화시켜 우리가 그 사람에 대한 세부 정보를 회상하게 한다.

문제는 낯선 얼굴이 얼굴 생김새를 활성화시켜 친숙한 느낌을 만들어내지만, 그 특징에서 그 사람에 대한 구체적인 정보를 불러일으키지 못할 때 일어난다. 이제 전두엽 체계는 중재하고 인물에 대한 구체적인 정보 회상을 요구해야 한다. 랩차크와 연구자들이 연구한 전두엽 손상 환자들은 그것을 자발적으로 작동하지 못하고, 그 대신 활성화된 얼굴의 특징에서 나오는 신호들을 친숙하다고 경솔하게 받아들인다. 여기서 랩차크가 환자들에게 그 사람에 대한 구체적인 정보를 제공할 수 있을 때만 '친숙하다'는 반응을 하게 해서 얼굴에 대한 오재인을 줄일 수 있었다는 것이 중요하다. 그러면 환자들은 친숙하지 않은 얼굴에 대해 구체적인 정보를 찾아낼 수 없어서 그 얼굴을 낯익다고 말하려는 충동을 견뎌냈다.

영국의 사진작가는 '어디에서나 영화배우를 보는 것'뿐만 아니라, 팝 스타나 역사적인 인물의 이름과 비슷하게 만들어낸 가짜 이름을 듣고 아는 이름이라고 주장하기도 했다. 그들에 대해 물으면, 사진작가는 일반적인 명칭(가수, 정치인, 스포츠 스타)밖에 말할 수 없었다. 그러나 놀랍게도 만들어낸 장소 이름은 오재인하지 않았다. 그는 자카르타Jakarta는 실제 도시이고 워베라Wabera는 아니라는 것을 알았다. 그는 레지파이legify나 플로리컬florrical처럼 만들어낸 단어들도 오재인하는 일이 없었다. 그의 문제는 사람들을 재인하는 데 국한되어 있었는데, 이는 전두엽 체계가 다른 영역들에서는 정상적으로 작동하지만 특정 영역에서만 작동되지 않는다는 것을 말해준다.

우리는 이 현상을 정확히 이해할 수 없지만, 이 발견을 통해 가장 기이한 오귀인인 '프레골리 증후군Frégoli Syndrome'을 밝혀낼 수 있었다. 1927년, 프랑스 정신과 의사인 쿠르봉P. Courbon과 파일G. Fail은 자신을 '적들의 희생자'라고 믿는 한 환자를 묘사했다. 이 환자는 프랑스 여배우 2명이 자신을 괴롭히려 한다고 믿었다. 두 의사는 다른 사람들을 흉내내서 당시 파리의 관객들에게 즐거움을 주었던 이탈리아의 영화배우 레오폴도 프레골리Leopoldo Frégoli의 이름을 본떠 이 증상에 이름을 붙였다. 프레골리 증후군은 낯선 사람 안에 친구나 친척, 유명인사가 깃들어 있다고 강하게 믿는 것이 특징이다. 영국의 사진작가와 같은 환자들은 일반적으로 낯선 사람들에게서 친숙한 느낌을 받지만, 프레골리 증후군 환자들은 특정한 오기억으로 고통을 받는다.

프레골리 증후군은 보통 정신과 환자에게서 발견되지만, 최근 신경학자들과 신경심리학자들은 정신과적 병력이 없는 사람에게서도 뇌 손상 이후에 나타났다는 사례를 보고했다. 그중에 북대서양의 마데이라Madeira에서 온 27세 여성이 있었다. 영국 런던에서 영어 공부를 하고 있던 그녀는 버스에서 막 내리려는 순간, 갑자기 버스가 앞으로 움직이는 바람에 떨어져 머리에 심한 부상을 당했다. 그녀는 전두엽 피질뿐만 아니라 우측 전두엽의 아래쪽과 안쪽에도 심한 손상을 입었다.

그녀가 병원에서 회복하고 있을 때, 자신과 가까운 침대를 쓰고 있는 한 여자 환자가 자신의 어머니라고 확신하게 되었다. 이 주관적인 확신이 너무 강한 그녀는 당황해하는 여자 환자의 침대에 같이 누우려고 했다. 여자 환자가 다른 병실로 옮겨졌을 때에도 따라가기도 했다. 이 프레골리 증후군은 어머니가 고향인 마데이라의 병원에 있다는 사실을 아버지가 확인해주었을 때 진정이 되었다. 그녀는 어머니가 병원에 입원해 있다는 정확한 정보를 왜곡해 강력한 망상으로 만들었던 것이다.

그녀를 면밀히 검사해보니 기억에 문제가 있다는 것이 드러났다. 그녀는 때때로 일어나지 않은 사건에 대해 이야기를 만들어내거나, 어린 조카가 병원의 다른 병실에서 치료를 받고 있다고 망상하기도 했다. 그녀를 관찰했던 연구자들은 그녀의 전두엽 체계에 문제가 있다고 결론을 내렸다. 이 전두엽 체계는 개연성과 일관성을 위해 기억을 정밀하게 조사하는 역할을 한다. 그녀의 문제는 특정한 얼굴의 특징에서 나오는 신호를 잘못 해석하는 것과 관련된 듯했다. 그녀는 '어디에서나 영화배우를 보지는' 않지만, 어떤 특정한 개인의 신원을 혼동했다. 왜 여러 환자에게서 다양한 형태의 오귀인이 발견되는지 정확히 알려진 것은 없지만, 나는 신경영상 기술을 통해 그 이유가 밝혀질 것이라고 생각한다.

비의도적인 표절

윌리엄 월리스William Wallace는 스코틀랜드 역사에서 전설적인 인물이다. 1995년, 영화 〈브레이브하트Braveheart〉에서 멜 깁슨Mel Gibson의 연기로 유명해진 월리스는 같은 해 스코틀랜드인 제임스 매카이James Mackay가 집필한 전기의 주인공이기도 했다. 그러나 매카이가 찬사를 받은 윌리스의 전기는 그 신뢰에 심각한 타격을 받았다. 스코틀랜드 역사가인 제임스 퍼거슨James Ferguson이 1938년에 집필한 윌리스의 전기에서 많은 부분을 표절했다는 혐의를 받았기 때문이다.

그러나 매카이는 항변했다. "나는 정말로 그 사실을 알지 못했습니다. 이것은 완전히 무의식적인 일이었어요. 나는 항상 사람에 대한 새로운 자료를 찾으려고 노력했습니다." 그 자료의 출처를 알지 못한 채 다른 사람의 저작 중 중요한 부분을 똑같이 써내는 것이 가능할까? 우리는 무의식의 영향이라고 말하는 매카이의 주장을 의심해볼 필요가 있다. 그가 집필한 다른 책들도 노골적인 표절로 비난을 받았기 때문이다. 스코틀랜드 역사가인 제프리 배로Geoffrey Barrow는 매카이의 윌리스 전기를 "내가 본 표절작 중에서 가장 최악의 표절작이며, 어쩌면 이 세상에 나온 표절작 중에서 가장 최악의 표절작일 것이다"고 평가했다.

그러나 사람들이 나쁜 의도 없이 타인의 저술이나 아이디어를 기억해내고 자기도 모르는 사이 그것을 자신의 창작물로 오귀인할 수 있다는 것을 보여주는 증거도 존재한다. 이는 오귀인의 한 종류로 '잠복기억'이라고 알려져 있다. 잠복기억은 수많은 오귀인과 거울처럼 정반대로 닮았다. 오재인은 전혀 일어난 적이 없는 사건에서 비롯된 것인데, 잠복기억은 익숙한 것을 새롭다고 느끼는 것이다. 1900년대 초, 스위스의 심리학자 카를 융Carl Jung은 프리드리히 니체Friedrich Nietzsche의 『차라투스트라는 이렇게 말했다』가 어렸을 때 읽은 한 이야기에서 가져온 내용이라는 것을 발견했다. 니체는 다음과 같이 썼다.

"차라투스트라가 행복의 섬에 머물고 있을 때, 연기를 내뿜는 화산이 있는 섬에 배 1척이 닻을 내렸다. 선원들이 토끼를 잡으려고 상륙했다. 그런데 선장과 선원들이 다시 모인 정오쯤 그들은 갑자기 공중에서 한 남자가 그들을 향해 걸어오는 것을 보았다. 그리고 '때가 왔다! 때가 무르익었다'라고 말하는 목소리를 또렷이 들었다. 그런데 그 남자가 선장과 선원들의 근처로 왔다가 화산이 있는 쪽으로 그림자처럼 빠르게 날아갔을 때 그들은 그 남자가 차라투스트라라는 것을 알고 무척 놀랐다."

융은 독일의 물리학자이자 시인인 유스티누스 케르너Justinus Kerner가 쓴 옛날 유령 이야기와 비슷하다고 생각했다.

"선장 4명과 상인 1명이 토끼를 잡으려고 스트롬볼리산Mt. Stromboli이 있는 섬에 상륙했다. 3시쯤 이들이 승선하기 위해 모였을 때, 매우 놀랍게도 공중에서 이들을 향해 빠르게 날아오는 두 남자를 보았다. 두 남자는 이들 곁을 재빨리 지나갔다. 그리고 경악스럽게도 타오르는 불길을 뚫고 스트롬볼리산의 무시무시한 분화구 속으로 내려갔다. 이들은 두 남자가 런던에서 온 사람이라고 알아보았다."

두 문단의 유사성은 명백하지만, 융은 니체가 케르너의 작품을 의도적으로 표절하지 않았다고 결론지었다. 니체가 단순히 아이디어의 출처를 잊었을 것이라고 생각했다. 비의도적인 표절의 주목할 만한 예는 조지 대니얼스George H. Daniels의 『미국 사회에서 과학Science in American Society』이 『사이언스』에서 호평을 받은 후 표면화되었다. 대니얼스는 『사이언스』에 보낸 편지에서 자신의 책 일부가 그가 막연하게만 알고 있던 다른 출처의 내용을 포함하고 있다는 것을 인지하게 되었다고 썼다.

"여전히 독자들에게 읽히는 저자의 책을 주요 출처로 가장 먼저 인용할 때, 대체로 그 저자는 내 책을 검토할 사람일 확률이 높다. 그런데도 그 저자의 글을 고의적으로 훔친다는 것은 나보다도 훨씬 순진한 사람이라야 할 수 있는 일이다."

무슨 일이 있었던 걸까? 대니얼스는 자신의 집필 과정을 재구성해본 후, 여러 책의 내용을 머릿속에 담고 있다가 무의식적으로 그것을 그대로 책에 썼다는 것을 깨달았다. 대니얼스는 자신이 그 내용을 일반적으로 서술한다고 생각했지만, 실상은 인용했던 것이다. "내가 원할 때마다 자료를 기억해낼 수 있는 능력이 내게 있다는 것은 확실히 알고 있었지만, 무의식적으로 그런 일을 한다고 생각하지 못했다." 대니얼스는 대단히 유감스러워했다.

우리는 모두 잠재적으로 비의도적인 표절을 저지를 수 있다. 그러한 행동을 하고 있는 자기 자신을 의식하게 될 때도 있다. 캐나다의 심리학자 그레이엄 리드Graham Reed는 그의 마음속에 귀에 박히는 곡조가 떠올라 한밤중에 깨어났던 때를 설명했다. 그는 다음 날 아침 신이 나 그 곡조를 다듬었고, 종일 들뜬 상태로 작업에 몰두했다. 자신이 만든 멋진 곡에 어떤 제목을 붙일지 고민하던 그때, 그는 이미 그 곡에 제목이 있다는 사실을 깨달았다. 바로 요한 스트라우스 2세Johann Strauss II가 작곡한 〈푸른 도나우강The Blue Danube〉이었다. 사람들은 심지어 자기 자신의 아이디어를 비의도적으로 '표절'하기도 한다. 미국의 심리학자 버러스 프레더릭 스키너Burrhus Frederic Skinner는 다음과 같이 말했다. "자신이 지금 막 제시한 의미 있고 멋있게 표현된 주장이 오래전에 자신이 발표한 연구에서 제시되었다는 것을 알게 되는 것이 노년기의 가장 절망스러운 경험이다."

잠복기억은 언제 점화되는가?

●●●

잠복기억을 통제된 조건하에서 연구하기는 어렵다. 실험 참가자에게 어떻게 다른 사람들의 아이디어를 비의도적으로 표절하도록 유도할 수 있겠는가? 1989년, 미국의 인지심리학자 앨런 브라운Alan Brown과 데이나 머피Dana Murphy는 그렇게 할 수 있는 실험을 생각해냈다. 그들은 4명으로 구성된 그룹에 1명씩 특정 범주의 단어를 순서대로 말해보라고 지시했다. 실험자가 '과일'이라고 말하면, 구성원들이 사과, 배, 오렌지, 복숭아라고 돌아가면서 말하는 방식이었다. 그 후 테스트에서 실험 참가자들에게 그전과 동일한 범주에서 구성원들이 언급한 적이 없는 새로운 단어를 말해보라고 지시했다. 구성원들이 언급했던 것을 말하지 말라고 분명하게 지시했지만, 실험 참가자들은 사과나 배 같은 단어를 가끔 '표절'했다.

이 실험에서 잠복기억은 '점화priming'로 알려진 기억의 무의식적인 영향 때문에 일어난다고 볼 수 있다. 구성원들이 사과나 배 같은 단어를 언급하는 것을 들을 때, 그 단어는 기억에서 활성화되거나 점화된다. 점화는 시간이 흘러도 지속되어 실험 참가자들이 언급된 적이 없는 단어를 생각해내려고 할 때도 그 활성화된 단어들이 쉽게 떠오른다. 실험 참가자들은 점화된 단어를 들었다고 기억하지 못하기 때문에 자신이 그 단어를 처음 말했다고 믿는다.

최근의 연구는 사람들에게 아이디어의 출처에 대해 주의 깊게 집중하도록 요구하면 잠복기억을 줄일 수 있다는 것을 보여준다. 미국의 심리학자인 리처드 마시Richard Marsh는 대학생들에게 2가지 문제를 제시하고 각 문제에 대해 새로운 해답을 내놓으라고 지시했다. 첫 번째 문제는 "대학을 발전시킬 방안에는 어떤 것이 있는가?"였고, 두 번째 문제는 "교통사고를 어떻게 감소시킬 수 있는가?"였다. 첫 번째 그룹을 일주일 후에 다시 불러 이전에 언급된 적이 없는 새로운 해답을 내놓으라고 지시했다. 이 대학생들은 종종 다른 대학생들이 일주일 전에 제안했던 의견을 내놓았다. 하지만 두 번째 그룹을 일주일 후에 다시 불렀을 때는 자신의 의견이 이전에 언급된 적이 없거나 다른 대학생들이 제안했던 의견과 관련이 있는지 주의 깊게 생각해보라고 지시했다. 이 두 번째 그룹의 대학생들이 첫 번째 그룹의 대학생들보다 표절을 덜 했다.

사람들은 자신이 생각해낸 아이디어가 어디에서 왔는지 자세히 살피지 않고 '점화'의 과도한 영향을 그대로 받는다. 자신의 아이디어가 어디에서 왔는지 생각해보라고 지시하면, 최소한 어느 정도 점화의 영향을 막고, 자신이 가지고 있는 정보를 이용할 수 있다. 잠복기억에서 오귀인은 오재인을 일으키는 2가지 요인으로 발생한다. 첫 번째 요인은 정보의 출처에 대해 구체적으로 기억하지 못하는 것이며, 두 번째 요인은 정보의 출처를 자세히 살펴보지 않는 것이다. 그 결과 오귀인이 발생하며, 이것은 일상생활에 커다란 피해를 준다. 그 대표적인 사례가 제2의 용의자를 잘못 지적한 목격자, 노인들의 기억을 이용한 사기꾼, 프레골리 증후군이라고 할 수 있다.

래리 저코비는 기억에서 발견되는 귀인歸因과 사회적 상황에서 발생되는 귀인의 유사성에 주목했다. 미국의 사회심리학자 스탠리 샥터 Stanley Schachter가 수행한 실험에서 유쾌한 상황이나 불만스러운 상황에 있는 참가자들에게 아드레날린을 주입했다. 유쾌한 상황에 있었던 참가자들은 행복을 느꼈으며, 불만스러운 상황에 있었던 참가자들은 분노를 느꼈다. 아드레날린은 모호한 흥분감을 만들어냈고, 참가자들은 그 흥분감의 원인을 자신이 처한 긍정적이거나 부정적인 상황에서 찾아냈다.

아드레날린 주입으로 생겨난 흥분감은 사람들이 과거의 경험에 뿌리를 둔 친숙함 때문에 발생한다고 여기는 정신 활동과 유사하다. 이

거침없고 빠르게 진행되는 정신 활동이 과거에 뿌리를 두고 있다는 판단은 옳을 때도 있고 옳지 않을 때도 있다. 이것은 프랑스 정신과 의사인 프랑수아-레옹 아르노가 환자들이 자주 겪는 데자뷔라는 독특한 기억의 착각을 설명하고자 할 때 염두에 두었던 것은 아니었을까? 그의 환자가 아드레날린 쇼크를 받은 것으로 해석하려고 했지만, 궁극적으로 전혀 일어나지 않은 과거의 경험에 그것을 귀인하는 것과 같다. 이 환자가 겪은 이상한 경험과 우리가 일상에서 자주 경험하는 오귀인은 기억의 본질에 대해 중요한 교훈을 일깨워준다. 우리는 구체적인 과거의 경험에서 비롯되거나 현재의 미묘한 영향에서 일어날 수 있는 친숙한 느낌과 잠깐 스쳐가는 영상 같은 모호한 신호를 구분할 필요가 있다. 그럴듯한 귀인을 생각해내기 위해 판단과 추론에 의지할 때, 우리는 종종 잘못된 방향으로 나아간다.

누구나 한 번쯤 데자뷔를 경험한다

사람들은 적어도 한 번쯤 데자뷔를 경험하지만, 그 경험을 자주 하는 사람은 별로 없다. 그것은 어떤 기분일까? 정신과 의사 아르노가 소개한 환자의 사례는 끊임없이 데자뷔를 겪는 삶이 어떤지 살짝 들여다보게 해준다. 영국 『타임스』의 기자인 팻 롱Pat Long은 2012년에 절제한 뇌종양으로 인해 뇌전증이 생겨 데자뷔를 겪는 삶을 살게 되었다. 그는 데자뷔를 하루에 10번씩 정기적으로 겪기 시작했다. 2017년 자신의 경험을 기사로 쓴 그는 이 기사에 다음과 같은 충격적인 제목을 붙였다. "내가 겪는 데자뷔는 너무 심해서 무엇이 진짜인지 알 수 없다." 이 혼란스러운 경험을 이해하는 것은 쉬운 일이 아니다. 그리고 데자뷔를 설명할 수 있는 방법은 많다. 그중에는 초자연적인 현상에 바탕을 둔 신기한 경험들도 있다. 하지만 드물게 나타나고 짧게 지속되는 데자뷔의 속성 때문에, 과학자들이 데자뷔를 발현시켜 체계적으로 연구하기는 힘들었다. 그런데 지난 10년간 그 흐름이 바뀌기 시작했다.

가장 혁신적인 연구는 미국의 인지심리학자 앤 클리어리Anne Cleary와 그의 동료들이 수행한 것이었다. 클리어리는 데자뷔에 대한 오래된 특징을 실험해보고자 했다. 그는 그 경험의 특징인 친숙함이라는 유사한 경험이나 그 경험에 대한 기억을 반영한다는 것을 실험하려고 했다. 내가 새로 오픈한 식당에 처음 갔는데 갑자기 이전에 와본 적이 있는 것 같다는 느낌이 들었다면, 나는 테이블이 비슷하게 배치된 식당에 가본 적이 있을 수 있어도 그 식당은 절대 가본 적이 없는 것이다.

이것을 실험해보기 위해 클리어리는 맨 먼저 실험 참가자들에게 일상적인 화장실을 보여주었다. 그 후에 비슷하게 배치되거나 다르게 배치된 화장실을 보여주고, 이전에 가본 적이 있는지를 물었다. 실험 참가자들은 배치가 다른 화장실보다 비슷한 화장실에서 자주 데자뷔를 느낀다고 말했다. 클리어리는 실물과 똑같은 가상현실을 만들어 이 방법을 적용했다. 실험 참가자들에게 울타리가 쳐진 정원 같은 가상의 공간을 살펴보게 할 생각이었다. 이 실험에서 참가자들은 가상으로 체험한 정원과 비슷하게 배치되거나 다르게 배치된 새로운 정원을 보기도 했다. 역시 실험 참가자들은 다르게 배치된 정원보다 비슷하게 배치된 정원에서 자주 데자뷔를 경험했다.

2018년 클리어리는 다음에 무슨 일이 일어날지 안다는 주관적인 느낌을 주의 깊게 살펴보았다. 팻 롱은 이것을 '예지豫知'라고 불렀는데, 이 느낌이 너무 강렬해서 실제 사건과 환상 속 사건을 잘 구분하지 못했다. 클리어리는 가상현실을 체험하는 참가자들에게 처음 접하는 장면을 볼 때 이렇게 말했다. "여러분은 앞으로 화면이 어느 방향으로 회전할지 알 수 있을 겁니다. 어느 방향으로 회전할지 가리켜보세요. 왼쪽이면 왼쪽 버튼을 누르고, 오른쪽이면 오른쪽 버튼을 누르세요." 놀랍게도 참가자들은 처음 보는 비슷한 배치의 정원에서 데자뷔를 느끼지 않았을 때보다 데자뷔를 느꼈다고 말했을 때, 어느 방향으로 화면이 회전할지 알 것 같다고 주장했다. 참가자들은 정말 화면이 어느 방향으로 회전할지 알았던 걸까? 그런데 참가자들은 어느 방향으로 회전할지 알고 있다고 확신했지만, 그 예측은 우연히 맞힐 확률보다 높지 않았다. 그러므로 데자뷔는 과거의 경험에 대해 단순히 오귀인하는 것이 아니다. 데자뷔는 미래의 사건에 대한 환상이기도 하다.

1996년, 나와 동료들은 참기억과 오기억을 구분하기 위해 뇌 스캔을 사용한 첫 연구를 발표했을 때, 우리가 참기억과 오기억의 신경학적 차이를 발견할 수 있을 것이라고 생각했다. 우리는 연구 성과가 실험의 세부 사항에 달렸다는 것을 알게 되었는데, 실험 절차가 어떠했느냐에 따라 그 결과가 달라진다는 것이다. 그 첫 연구가 나오고 나서 우리는 '기억 진실 탐지기' 찾기에 조금이라도 더 가까워졌을까? 그렇기도 하고 아니기도 하다.

많은 연구에서 참기억과 오기억을 구분하려는 시도가 있어왔고, 그 연구는 대부분 fMRI와 분석 기법을 사용한 것이었다. 그리고 우리는 그 목표에 어느 정도 진전을 이루었다. 2004년 미국의 인지신경과학자 스콧 슬롯닉Scott Slotnick과 나는 fMRI 실험 결과를 발표했다. 이 실험에서 참가자들은 여러 선과 색으로 구성된 처음 보는 원형 그림과 비슷하면서도 변형된 새로운 그림을 보았다. 참가자들은 이 그림을 학습한 후 스캐너에 들어가 테스트를 받았는데, 이때 대부분 원형 그림을 정확히 재인했다.

하지만 그와 비슷한 횟수로, 보여준 적이 없는 원형 그림을 보았다고 틀린 주장을 하기도 했다(참가자들은 보여준 적이 없는 원형 그림을 본 적이 없다고 올바르게 대답하는 데 별 문제가 없었다. 그 그림은 참가자들이 스캐너에 들어가기 전 유심히 보았던 그림과 비슷한 점이 없었다). 참재인과 오재인을 하는 동안 동일한 뇌 영역이 비슷한 수준의 활동성을 보였지만, 본 적이 없는 원형 그림을 오재인했을 때보다 실제로 본 그림을 제대로 재인했을 때, 시각 피질의 여러 영역에서 더 큰 활동성이 있었다. 이 실험 결과는 '감각 재활성화sensory reactivation'가 이 차이를 만들어낸다는 것을 암시한다. 즉, 학습했던 그림의 구체적인 특징을 처음으로 부호화했던 시각 피질의 영역이 테스트에 등장했던 특징들로 인해 재활성화되었으나, 학습한 적이 없는 원형 그림에 대한 감각 재활성화는 훨씬 낮은 정도로 일어났다.

우리가 진행한 다른 실험에서도 이런 종류의 신경 감각 재활성화를 통해 오기억과 참기억이 구분될 수 있다는 증거가 더 많이 발견되었다. 또한 감각 재활성화는 fMRI로 오기억과 참기억의 차이를 구분할 때 사용하는 유일한 방법은 아니다. 수많은 fMRI 연구 결과를 검토한 결과, 전두엽 내 영역들이 참기억보다 오기억을 회상할 때 더 강하게 관여한다는 것이 밝혀졌다. 이 실험 결과는 고무적이면서 한때 상상 속에서나 존재했던 fMRI 진실 탐지기라는 아이디어에 진전이 있었다는 것을 반영한다. 하지만 목격자에 의한 용의자 신원 확인이 정확한지, 피해자가 범죄를 정확히 기억하고 있는지를 알아내기 위해 법정에서 활용할 수 있게 되었다는 의미는 아니다.

기억은 허구일지 모른다

●●●

문제는 참기억과 오기억을 구분할 수 있다는 fMRI 증거가 실험 방법과 실험 참가자들을 평균화한 결과라는 것이다(현재 fMRI 연구는 대체로 20~40명으로 구성된 집단을 활용한다). 연구자들은 fMRI 신호의 강도를 증가시키기 위해 평균화를 사용한다. 하지만 법정에서는 한 사람이 하나의 사건을 객관적으로 기억하고 있는지를 가려야 하며, 그것을 해낼 만한 fMRI 진실 탐지기가 존재한다는 증거도 없다.

하지만 어느 정도 진전이 되고 있다. fMRI 연구에서 인기를 끌고 있는 기술은 '패턴 분류기pattern classifier'를 훈련시켜 인간의 정신을 '해석'하는 것이다. 미국의 인지신경과학자 제시 리스먼Jesse Rissman과 앤서니 와그너는 최근에 본 얼굴을 제대로 인식하는 것과 인식하지 못한 것의 뇌 활동 정보가 담긴 엄청난 데이터를 패턴 분류기에 집어넣어 연구했다. 그렇다면 문제는 이 정보를 담고 있는 패턴 분류기가 훈련에 사용된 적이 없는 얼굴에 대한 실험 참가자의 주관적인 느낌을 알아낼 수 있느냐는 것이다. 패턴 분류기는 어떤 사람이 이전에 보았던 얼굴을 자신이 기억하고 있다고 믿는지를 알아낼 수 있었다.

패턴 분류기는 그 사람이 믿는지와 상관없이, 특정 얼굴을 실제로 보았는지도 알아낼 수 있을까? 그렇다는 증거는 거의 없다. 하지만 어떤 사건을 진짜로 기억하고 있는지를 구분하려면, 패턴 분류기는 기억의 객관적인 상황을 알아낼 수 있어야 한다. 아직은 사람의 기억 속 사건을 이런 식으로 확실히 알아낼 수 있는 증거는 없다. 그렇지만 패턴 분류기를 사용하는 연구는 빠르게 진전을 보이고 있으며, 개개인에게서 얻은 데이터를 사용하는 게 점점 중요해지고 있다. 이 흐름은 fMRI 진실 탐지기가 허황된 꿈이 아니라는 것을 말해준다.

그렇지만 문제는 여전히 남아 있다. 참기억과 오기억을 탐구하는 실험연구는 보통 참가자들에게 단어 목록이나 사물을 기억하라고 지시한다. 하지만 이것들을 가지고 도출해낸 실험 결과가 일상에서 벌어지는 다양한 경험에 적용될 수 있을까? 신경영상 연구는 일상적인 경험과 관련된 뇌 활동을 조사하는 데 점점 집중하고 있다. 하지만 법정에서 fMRI를 사용해 참기억과 오기억을 구별할 수 있으려면, 이 연구가 더 많이 진행되어야 한다.

이 한계가 극복될지라도, 사람들은 '테스트를 속일' 전략적인 대응을 할 수 있지 않을까? 리스먼이 개발한 얼굴 인식 방법을 사용한 연구를 생각해보자. 연구자들은 실험 참가자들에게 어떤 얼굴에는 정직하게 반응하고, 어떤 얼굴에는 전략적인 대응을 사용하라고 지시했다. 이들이 사용한 전략적인 대응은 2가지였다. 첫 번째는 실험 참가자들이 어떤 얼굴을 본 적이 있다고 생각할 때, 그 얼굴을 '처음 본다'고 거짓으로 말하게 하고 주의를 기울이지 않았던 빛을 받는 위치와 조명 등에 집중하게 했다. 이는 뇌의 새로운 반응을 강화해 기억에 관한 경험을 감추려는 의도였다. 두 번째는 실험 참가자들이 어떤 얼굴을 본 적이 없다고 생각할 때, 그 얼굴을 '본 적이 있다'고 또다시 거짓으로 말하게 하고 그 얼굴과 닮은 사람과의 개인적인 경험을 떠올리게 했다. 이는 개인적인 경험이 패턴 분류기의 판단을 잘못 유도해 실험 참가자가 처음 본 얼굴을 친숙하게 느낀다고 결론을 내리도록 만들려는 의도였다. 이 전략적인 대응은 효과가 있었다. 패턴 분류기는 실험 참가자들이 진실하게 반응했을 때의 기억은 제대로 해석했지만, 이 기억에 대해 전략적인 대응을 사용하자 제대로 해석하지 못했다.

이것은 무엇을 의미할까? 우리는 오귀인에 대한 뇌의 신경적 활동에 대해 많은 것을 알게 되었다. 하지만 이것을 법정에서 특정 기억을 해석하기 위해 사용하려면 더 많은 진전을 이루어내야 한다. 잘못된 유죄 판결에 사용된 증거나 데자뷔와 잠복기억 등은 오귀인이 일상에서 중대한 문제를 일으킬 수 있다는 사실을 강하게 드러낸다. 게다가 오귀인이 피암시성과 결합하면, 사람들은 일어난 적이 없는 사건에 대해 구체적이고 확고한 기억을 만들어낼 수 있다. 1990년대 초, 이 같은 기억은 법정 사건의 목격자나 어린 시절 성적 학대에 대한 오기억, 어린이집과 유치원에 제기된 학대 혐의 같은 골치 아픈 사건들과 관련되어 있었다. 그 결과 많은 가정과 개인의 삶이 망가졌다.

제5장

기억은 피암시성을 받는다

비행기가 충돌하는 장면을 보았는가?

•••

1992년 10월 4일, 엘 알El Al 화물 수송기가 네덜란드 암스테르담의 스히폴Schiphol 공항을 이륙한 후 얼마 지나지 않아 엔진 2개가 고장이 났다. 조종사들은 회항을 시도했지만, 그들은 돌아가지 못했다. 비행기는 남부의 한 교외에 있는 11층 아파트와 충돌했고, 주민 39명과 승무원 4명이 사망했다. 기자들과 방송국 카메라가 아수라장이 된 사고 현장에 몰려들었으며, 네덜란드 언론에서는 이 비극적인 사고를 며칠 동안 주요 뉴스로 보도했다. 네덜란드의 모든 사람이 이 사고를 지켜보고, 들었으며, 말하기도 했다.

10개월 후, 네덜란드의 심리학자들은 대학생들이 이 비행기 추락 사고를 어떻게 기억하는지 조사했다. 질문은 간단했다. "당신은 텔레비전에서 비행기가 아파트와 충돌하는 영상을 보았습니까?" 응답자의 55퍼센트가 '그렇다'고 답했다. 그 후 연구에서는 응답자의 65퍼센트가 '그렇다'고 답했다. 대학생들은 비행기가 아파트에 추락했을 때의 속도와 각도 같은 세부 사항도 기억했고, 충돌 전에 불이 났는지, 충돌 직후 비행기 동체에 무슨 일이 일어났는지에 대해서도 기억했다. 이는 매우 놀라운 사실인데, 실제로 비행기가 추락했던 순간을 담은 영상은 존재하지 않았기 때문이다.

심리학자들은 비행기가 추락할 당시의 모습이 텔레비전에 방영되었던 것처럼 암시적인 질문을 노골적으로 했다. 실험 참가자들은 추락 후의 장면을 녹화한 영상을 보았을 것이다. 그리고 충돌 직전에 일어났을 법한 일에 대해 상상하거나 대화를 나누었을 것이다. 암시적인 질문에 영향을 받은 참가자들은 이런저런 출처에서 얻은 정보를 본 적도 없는 영상에서 보았다고 오귀인했다.

1997년, 앨런 알다Alan Alda가 진행하는 기억 다큐멘터리 프로그램인 '사이언티픽 아메리칸 프런티어즈Scientific American Frontiers'를 보고 있던 나는 사진을 보는 것처럼 평범한 일상 활동에서도 비슷한 일이 일어날 수 있다는 것을 알게 되었다. 나는 이 프로그램 제작진과 협력해 실험을 고안해냈다. 알다가 이 실험에 참가자로 참여했다. 알다와 나는 어느 화창한 가을 아침에 매사추세츠주의 브루클린에 있는 공원에서 만났다. 우리는 벤치에 앉았고, 그 앞에는 젊은 남녀가 연출된 피크닉 장면을 연기하고 있었다. 알다는 남녀가 배우라는 사실을 알고 있었고, 자신의 기억이 테스트될 것이라고 알고 있었다. 남녀는 음료수를 마시고, 선크림을 바르고, 머리를 쓸어 넘기고, 샌드위치를 먹고, 사진을 찍는 등 화창한 날 피크닉을 즐기는 사람들이 할 법한 행동을 했다. 알다는 남녀의 행동을 매우 주의 깊게 바라보았다.

이틀 후, 우리는 하버드대학 연구실에서 만났다. 나는 알다에게 전원 풍경의 사진들을 보여주면서 각 사진의 미적 수준만을 판단해달라고 했다. 알다는 내가 무엇을 하려는지 금방 눈치챘다. 감자칩을 먹고 있는 배우들의 사진을 보았을 때 그는 실험의 의도가 무엇인지 알아차렸다(알다는 공원에서 배우들이 감자칩을 먹었던 것을 전혀 기억하지 못했다). 어떤 사진에는 공원에서 있었던 장면이 담겨 있었지만, 어떤 사진에는 시각적인 암시만 담겨 있었다. 그 사진은 일어났을 법하지만 실제로 일어난 적이 없는 장면들이었다. 알다는 자신의 기억력을 가지고 무슨 장난을 치려고 하는 거냐며 궁금해했다.

나는 알다에게 내가 보여준 물건과 행동을 공원에서 보았다면 '그렇다'고 대답해달라고 지시했다. 알다가 추측했던 것처럼 방금 본 사진에만 등장했을 뿐, 실제로 공원에서는 없었기 때문에 주의해야 한다고도 충고했다. 알다는 요리조리 의심해보며 정확하게 기억하고 있었지만, 곧 실수를 했다. 그는 공원에서 여성이 손톱을 다듬는 것을 보았다고 주장했지만, 그 행동은 사진에서 본 것이었다. 그리고 사진에서만 등장한 물병을 공원에서 보았다고 잘못 기억했다. 알다는 자신의 기억에 오류가 있었다며 특유의 기분 좋은 유머로 받아들였고, 나는 누구나 그런 경험을 한다고 말해주었다.

피암시성은 타인에게서 얻은 정보와 글, 사진, 미디어에서 본 정보를 자신의 기억의 일부라고 잘못 믿는 것을 의미한다. 피암시성은 오귀인과 밀접한 관련이 있는데, 암시를 부정확한 기억으로 전환하는 과정에 오귀인이 포함되기 때문이다. 하지만 암시 없이 오귀인이 일어나기도 해서 피암시성은 하나의 독립적인 기억의 오류다.

암시된 기억들은 진짜 기억만큼 사실적으로 느껴질 수 있다. 2000년

5월 31일, 『뉴욕타임스』에는 6·25전쟁 참전 용사인 에드워드 데일리 Edward Daly의 황당한 사례가 실렸다. 데일리는 실제로 참전한 적이 없는 전투에서 적군을 대패시켰다고 말하는 등 자신의 전투 공적을 자세히 설명했지만, 이 이야기는 상상에서 비롯된 것이었다. 데일리는 망각에서 비롯된 이야기를 만들어내면서도 전투에 실제로 참전했던 참전 용사들과 대화하며 그들에게 자신이 했던 영웅적인 행동을 '상기'시켰다. 데일리의 암시는 참전 용사들의 기억에 스며들었다. "나는 데일리가 그곳에 있었다는 것을 알아요." 한 참전 용사가 주장했다.

피암시성은 여러 이유로 우려가 된다. 유도 질문으로 용의자의 신원을 잘못 확인할 수 있고, 암시적인 심리 치료로 오기억이 만들어질 수 있다. 또한 아이들을 대상으로 한 암시적인 인터뷰는 교사나 다른 사람이 아동 학대를 저질렀다고 추정된 사건에 대해서 왜곡된 기억을 만들어낼 수 있다. 이것은 피암시성이 위험하기 때문에, 심리학적 이론을 발전시키는 것만큼 법적·사회적 문제를 해결하는 데 피암시성을 이해하고 해결하려는 노력이 중요하다는 것을 일깨워준다.

유도 질문이 목격자에게 미치는 영향

●●●

엘 알 화물 수송기 추락 사고에 대한 연구에서, 연구자들은 비행기와 아파트의 충돌 장면을 담은 영상의 존재에 대해 사실상 잘못된 정보를 제공했다. 이 과정에서 연구자들은 미국 워싱턴대학의 심리학자 엘리자베스 로프터스Elizabeth Loftus가 수많은 실험연구에서 선구적으로 시행했던 방법을 따랐다. 실험 참가자들은 먼저 슬라이드나 영상에 담긴 일상적인 사건을 본 후, 이 사건과 관련된 유도 질문을 받았다. 그러고는 마지막으로 실제로 보았던 사건에 대한 기억을 조사하는 테스트를 받았다. 영국의 심리학자 필립 하이엄Philip Higham의 한 연구에서는 실험 참가자들이 연출된 편의점 강도 사건을 영상으로 보았다. 그러고 나서 점원의 옷차림에 대한 잘못된 암시를 받았고, 그 후에 점원의 옷과 강도 사건 장면에 등장한 다른 세부 사항들을 기억해내야 했다.

이 연구를 도왔던 연구생은 어떤 심리학 수업에서 자기가 기억하고 있는 것을 묘사하면서 영상에서 점원이 흰색 앞치마를 두르고 있었다고 설명했다. 이 연구생은 대학생들에게 그 일을 전달하기 위해 자신이 기억하고 있는 세부 사항을 자신 있게 정교화했다. 그러다 자기가 연구하고 있던 효과의 힘을 부지중에 자신의 행동으로 입증하고 있었다는 것을 알아차렸다. 그 점원은 흰색 앞치마를 두르지 않았으며, 그것은 영상을 시청한 후에 실험자가 암시했던 것이다. 이전의 실험들을 보면, 암시적인 질문이 기억 출처 문제를 만들어냄으로써 기억의 왜곡을 일으킨다는 것을 알 수 있다. 다시 말해 실험 참가자들은 원래 영상에 관해 암시적인 질문에만 들어 있던 정보를 오귀인했다.

하이엄의 실험 결과는 그것 말고도 또 다른 왜곡을 보여준다. 실험 참가자들은 유도 질문을 받고 난 후 몇 분밖에 지나지 않아 기억 테스트를 받았기 때문에 실험자가 '흰색 앞치마'를 암시했다고 올바르게 기억해낼 수 있었지만, 점원이 '흰색 앞치마'를 두르고 있었다고 주장했던 것이다. 사실상, 이 실수는 잘못된 암시를 받고 이틀이 지난 후 기억 테스트를 받은 참가자들과 비슷했다. 이 시간은 참가자가 흰색 앞치마는 암시일 뿐이라는 것을 잊을 만한 시간이다. 이 결과는 잘못된 암시의 영향을 보여주는 증거가 된다. 사람들은 거짓 정보가 암시되었다는 것을 기억하고 있을 때조차, 어떤 사건에 대한 오기억을 만들어낼 수 있다는 것이다.

이 실험 결과는 경찰의 목격자 심문에 대해 잠재적으로 중요한 시사점을 던져준다. 왜냐하면 목격자가 경찰에게서 암시적인 질문을 받거나 경찰이 중요한 정보를 언급했다는 것을 알아차렸을 때조차 목격자의 기억이 왜곡될 수 있다는 것을 보여주기 때문이다. 비록 목격자가 어느 정도 암시적인 질문을 받는지는 알 수 없지만, 실제 면접을 활용한 영국의 한 연구를 보면 경찰이 목격자에게 했던 질문의 약 15퍼센트는 어떤 식으로든 암시적이었다. 로프터스의 연구에 기초한 수많은 연구를 살펴보면, 기억의 왜곡은 존재하지도 않는 흰색 앞치마처럼 부정확한 정보를 제공하는 암시에 의해 일어난다. 하지만 좀더 미묘한 암시조차도 목격자의 증언에 영향을 줄 수 있다. 미국 미주리주에서 일어난 사건을 살펴보자.

줄 서 있는 용의자들을 살펴보고 있는 목격자 맙소사……. 모르겠어요. 이 둘 중 한 명인데……. 그런데 잘 모르겠어요. 이런……. 두 번째 사람보다 조금 더 키가 컸는데……. 이 둘 중 한 명인데, 잘 모르겠습니다.

30분 후, 아직도 결정하기 어려워하는 목격자 글쎄요……. 두 번째 사람?

용의자 확인을 주관하는 경찰 좋아요.

몇 달 후, 재판에 선 피고인 변호사 두 번째 사람이 범인이라고 확신했습니까? 그것은 추측이 아니었나요?

목격자 추측은 아니었습니다. 확실합니다.

이 목격자는 자신을 공격한 사람을 찾으려고 용의자 4명을 살펴보았을 때, 약 30분의 시간이 걸렸다. 처음에는 상당히 망설였지만, 몇 달 후 재판에서는 자신의 판단에 추호의 의심도 없다고 증언했다. 미국의 심리학자 게리 웰스는 "좋아요"라는 담당 경찰의 단순한 말이 목격자의 확신을 증가시키는 역할을 해서 이것이 암시로 작용한 것이 아닌지 의문을 가졌다. 그렇다면 이는 목격자의 법정 증언에 중요한 영향을 미칠 수 있다. 배심원단이 목격자의 증언을 신뢰할 것인지를 판단할 때, 목격자의 확신이 유일하고도 중요한 기준이 되기 때문이다. 목격자가 매우 확신에 차 있을 때, 배심원단은 가해자를 인식하거나 식별하기 어려웠을 수 있는 실제 정황보다는 목격자의 확신에 더 초점을 맞추는 경향이 있다.

배심원단이 불확신하는 목격자보다 확신하는 목격자를 더 신뢰하고, 목격자의 자신감이 기억의 정확성을 판단할 때 매우 신뢰할 만한 기준이 된다는 연구가 많이 나왔다. 하지만, 목격자의 확신과 정확성의 관계는 미약하기도 한다. 다른 목격자가 같은 용의자를 지목했다고 듣거나 재판을 준비하는 동안 증언을 반복해서 연습하면 목격자의 확신은 더 부풀려질 수 있다. 여기서 분명한 것은 목격자의 확신이 사건 발생 당시에 확정되지 않는다는 사실이다. 그러나 위험해 보이지 않는 "좋아요" 같은 말로도 목격자의 확신은 크게 부풀려질 수 있을까?

부정확한 증언은 공포의 씨앗이 된다

●●●

이것을 알아보기 위해, 게리 웰스와 에이미 브래드필드Amy Bradfield는 실험 참가자들에게 한 남자가 대형 쇼핑몰에 들어가는 영상을 보여주고, 바로 다음 장면에 이 남자가 경비원을 살해했다고 말해주었다. 그런 다음 여러 사진에서 그 범인을 찾아보라고 지시했다(실제 범인은 사진에 없었다). 어떤 참가자들은 "좋아요. 당신은 진짜 범인을 알아보셨네요"와 같은 긍정적인 피드백을 받았고, 어떤 참가자들은 긍정적인 피드백을 받지 못했으며, 그 외 참가자들은 자신이 선택한 사진 중에 범인이 없다는 부정적인 피드백을 받았다. 이 모든 참가자는 자신이 범인을 얼마나 자세히 살펴볼 수 있었는지를 평가하고, 기억의 확실성과 명료성 등의 다른 특징도 평가했다.

긍정적인 피드백을 받지 못하거나 부정적인 피드백을 받은 참가자들보다 긍정적인 피드백을 받은 참가자들은 자신의 기억에 대해 큰 확신과 신뢰를 보였다. 더구나 자신이 범인을 더 자세히 보고 명료하게 기억한다거나 얼굴의 세부 사항에 대해 기억한다고 과장되게 주장했다. 물론, 이 주장에는 아무런 근거도 없었다. 세 그룹의 실험 참가자들은 범인을 인지하고 기억할 수 있는 기회를 동일하게 받았다. 실제로 목격자의 진술이 완전히 틀렸더라도 목격자가 범인을 자세히 보았고 그에 대한 기억이 명료하다며 확신에 차서 주장한다면, 배심원단은 그 주장이 매우 설득력이 있다고 느낀다.

이것은 목격자 증언의 타당성을 평가하기 위한 법적 기준이라는 측면에서 중요하다. 이는 암시적인 질문이 목격자 증언에 영향을 줄 수 있다는 증거라고 할 수 있다. 1972년 미국 대법원은 목격자 진술이 근본적으로 정확하다고 믿을 만한 근거가 있다면, 그것 때문에 진술이 무효화되는 것은 아니라고 판결했다. 이 기준에 따르면, 목격자 진술의 정확성은 목격자의 확신, 범인을 묘사할 수 있는 능력, 최초 범죄 상황에 대한 주의집중, 사건이 발생한 때부터 용의자 확인을 시도한 때까지 걸린 시간에 따라 좌우된다. 그러나 웰스와 브래드필드가 지적한 것처럼 긍정적인 피드백이 암시적인 질문을 통해 얻은 증거의 신뢰성을 평가하는 기준에 영향을 미칠 수 있다. 그러면서 일종의 딜레마가 생기게 된다.

"피드백을 하는 행위가 암시적이라고 주장해도 그 주장은 목격자의 증언을 채택하는 것을 막지 못할 것이다. 목격자가 자신의 증언을 확신하고, 범죄 상황을 제대로 목격했다고 주장하기 때문이다. 물론, 목격자가 이렇게 주장하게 된 것은 암시적인 질문 때문이다. 그러나 이 판단 기준은 이것을 고려하지 않는다.……목격자 진술이 매우 정확하다는 평가 때문에 암시적인 질문은 문제가 되지 않는다고 주장하는 것은, DNA 검사에서 범죄 현장의 혈액과 용의자의 혈액이 완벽하게 일치한다고 나왔기 때문에 용의자의 혈액이 범죄 현장의 혈액으로 오염된 사실이 문제되지 않는다고 주장하는 것과 비슷하다."

웰스와 브래드필드의 실험 결과와 1972년의 대법원의 판단 기준에 의존하는 법원의 상황에 비춰볼 때, 경찰이 면접을 하는 동안 암시적인 질문을 제한하는 것은 매우 중요하다. 그러나 경찰이 목격자를 면접할 때 직면하는 문제는 피암시성 말고도 더 존재한다. 즉, 경찰은 정확한 정보를 가능한 한 많이 이끌어내고 싶어 한다. 전문가들은 목격자의 기억력을 증진하기 위해 최면을 활용해야 한다고 주장한다. 최면술사는 목격자가 긴장을 풀고 특정 사물이나 행동에 주의를 집중하도록 기술을 사용한다. 이때 최면에 걸린 사람은 벽에 걸린 사진을 바라보며 자신의 눈꺼풀이 무겁게 내려앉는 것처럼 느끼기도 하고, 따뜻한 해변에 누워 있는 상상을 하기도 한다. 일단 충분히 깊은 최면에 들어서면, 최면술사는 목격자에게 시간을 거슬러 올라가서 실제 사건을 다시 경험해보라고 요구하거나 사건이 재생되는 상상을 해보라고 주문한다.

최면을 활용해 실제 범죄와 관련된 극적인 성과를 얻기도 했다. 그중 가장 인상적이었던 사례는 1976년 캘리포니아주 차우칠라Chowchilla에서 어린이 26명과 버스 운전기사가 납치된 사건이었다. 복면을 한 남자 3명이 총으로 위협하며 버스를 납치한 후, 어린이들과 운전기사를 채석장으로 끌고 가서 약 2미터 깊이의 땅을 파서 묻어버렸다. 어린이들과 운전기사는 기적적으로 탈출했지만, 경찰은 이들에게서 납치범에 대한 정보를 얻어내지 못했다. 그래서 버스 운전기사는 최면 조사를 받았는데, 이때 납치범들이 타고 있었던 승합차의 번호판 숫자 6개 중 5개를 정확히 기억해냈다. 이 결정적인 정보는 범죄자 전원 체포와 유죄판결을 이끌어냈다.

이처럼 많은 성공 사례가 있지만, 최면으로 얻어낸 증언이 법적으로 타당한지에 대해서는 여전히 논란이 많다. 최면은 자주 부정확한 진술을 이끌어내기도 하고, 가끔 유도 질문의 암시적인 효과를 증폭하기도 한다. 여러 연구에서는 최면이 목격자 기억의 정확성을 신뢰할 만한 수준으로 증진시킨다는 증거를 거의 찾지 못했다. 하지만 최면은 목격자의 확신이 강화되는 것을 가능하게 한다. 그것이 배심원단에 잠재적으로 끼치는 효과가 크다는 점에서 확신에 찬 목격자의 부정확한 증언은 공포의 씨앗이 되어 심각한 우려를 낳는다.

미국의 법심리학자 마틴 레이서Martin Reiser처럼 최면의 도움을 받아 증언할 수 있다고 주장하는 사람들은 극적인 성공 사례를 강조한다. 그러면서 최면이 항상 피암시성을 증가시키는 것은 아니라고 지적한다. 게다가 사건이 미궁에 빠지고 다른 방법도 실패했다면, 범죄의 단서를 얻는 데 최면이 유용하게 이용될 수도 있다. 그 단서는 별도의 증거에 의해 검증되는 것도 가능하다. 또한 최면은 일종의 '체면 유지' 도구로 작용할 수 있다. 때때로 목격자들은 보복의 두려움이나 개인적인 창피함 때문에 처음에는 정보를 제공하려고 하지 않는다. 그런데 목격자가 마음을 바꿔 자신이 거짓말을 했다는 사실은 인정하고 싶어 하지 않을 때 기억을 '되찾기' 위해 최면을 활용할 수 있다. 이 체면 유지 사례를 통해 우리는 최면이 성공적인 조사로 이어졌던 이유를 이해할 수 있다.

최면을 통해 얻은 증언과 관련된 문제 때문에, 연구자들은 피암시성을 증가시키지 않으면서도 목격자에게서 정확한 정보를 이끌어내기 위한 방법을 개발하려고 노력해왔다. 그중에 가장 효과적인 방법이 '인지 면접cognitive interview'이라고 알려진 방식이다. 미국의 인지심리학자 로널드 피셔Ronald Fisher와 에드워드 가이즐맨Edward Geiselman이 1980년대에 처음 개발한 인지 면접은 통제집단의 기억 연구에서 이루어진 발견과 개념에 기초한 것으로, 암시적인 질문이나 유도 질문을 피하는 방법이다.

인지 면접은 4가지 요소로 이루어져 있다. 첫 번째는 목격자에게 사건에 대해 알고 있는 모든 것을 기록하라고 요구한다. 경찰은 "당신을 공격한 사람을 묘사해주세요?"라고 말하지 않고, "그 남자가 입은 셔츠는 무슨 색이었나요?" 같은 목격자의 기억을 최대로 끌어내지 못하는 구체적인 질문을 자주 한다. 두 번째는 처음에 기억하지 못한 세부 사항을 회상하도록 목격자에게 사건이 일어난 경위나 상황을 마음속으로 떠올려보라고 요구한다. 수많은 실험연구는 사건의 상황을 다시 떠올려보는 것이 기억의 인출을 증진시킬 수 있다는 것을 증명한다.

세 번째는 목격자에게 시간 순서를 바꿔가며 사건을 회상해보라고 요구한다. 처음부터 마지막까지 시간순으로 떠올려보기도 하고, 마지막부터 처음까지 거꾸로 되짚어보기도 한다. 이 절차는 여러 실험연구에서 기억을 향상시켰다. 네 번째는 목격자에게 여러 관점으로 사건을 바라보도록 요구한다. 가해자나 피해자의 관점에서 사건을 떠올려보면, 간과했을 사건의 특징을 알 수 있다. 1990년대 초, 이 4가지 요소 외에도 면접자와 목격자의 사회적 상호 작용과 의사소통을 촉진하는 요소가 추가되었다.

많은 실험연구에서 인지 면접과 경찰 면접 조사를 비교해왔다. 이 실험들에서 인지 면접은 목격자의 기억에 중요한 효과를 거두었으며, 때때로 그 효과가 매우 막대하기까지 했다. 이 효과는 여러 유형의 면접자가 다양한 목격자와 면접하는 상황에서 관찰되었다. 면접자는 경험이 없는 대학생부터 경험이 많은 경찰까지 다양했으며, 목격자는 성인, 노인, 어린이 등이었다. 하지만 인지 면접도 부정확한 정보를 이끌어내기도 한다. 그러나 그 양은 대체로 적으며, 인지 면접이 목격자 진술의 정확성을 떨어뜨린다는 증거는 존재하지 않는다. 이 실험 결과는 지금까지 인지 면접이 기억을 향상시키면서도 피암시성을 증가시키지 않는다는 것을 알려준다. 그 때문에 영국의 경찰들은 인지 면접을 훈련받고 이것을 목격자 조사에서 일상적으로 사용한다. 그뿐만 아니라, 미국 법무부 장관 재닛 리노는 인지 면접의 여러 특징을 목격자 증거 수집을 위한 가이드라인에 포함시키기도 했다.

기억 불신 증후군

●●●

피암시성은 경찰 조사에서 사건 해결에 큰 방해가 되는 거짓 자백이 나왔을 때도 우려된다. 용의자들은 자신이 범죄를 저지르지 않았다는 것을 알면서도 심리적·신체적 고통을 끝내려고 거짓 자백을 한다. 또 용의자들은 관심을 받기를 원할 때 때때로 거짓 자백을 하기도 한다. 그러나 사람들은 자신이 범죄를 저질렀다고 잘못된 믿음을 갖게 되어 거짓 자백을 하기도 한다. 물론 이런 종류의 거짓 자백이 얼마나 많은지는 아무도 정확히 모른다.

미국 하버드대학 교수인 후고 뮌스터베르크Hugo Münsterberg는 이러한 유형의 거짓 자백에 주목한 심리학자였다. 1908년에 출간된 『증인석On the Witness Stand』에서 뮌스터베르크는 정서적 스트레스가 사회적 압력과 암시와 결합될 때, 자신이 범죄를 저질렀다고 잘못 믿을 정도로 기억이 왜곡되기도 한다고 주장했다. 정치범들의 거짓 자백은 전체주의 지배가 절정에 이르렀을 때 구소련에서 빈번하게 일어났다. 미국의 심리학자 로런스 힝클Lawrence Hinkle과 해럴드 울프Harold Wolff는 공산주의자들의 심문 기술에 대해 이렇게 말했다.

"공산주의자들은 죄수들에게 정보를 털어놓게 하거나 죄수들이 명령을 따르도록 만드는 데 노련하다. 그들은 다른 사람들에게 자신이 저지르지 않은 범죄를 자백하게 한 후, 그것을 진실이라고 믿게 만들다 못해 자신을 감옥에 넣은 사람들에게 공감과 감사를 표현하게 만들 수도 있는 것 같다."

현대 사회에서조차 사람들은 자기가 죄를 지었다고 믿으며 거짓 자백을 한다. 1970년대 영국에서 보고된 한 기이한 사례를 살펴보자. 피터 라일리Peter Reilly는 집에 돌아와 어머니의 시신을 발견하고 즉시 경찰에 신고했다. 경찰은 그를 용의자로 보고 거짓말 탐지기 검사를 실시했다. 이 검사에서 라일리의 말은 거짓말로 밝혀졌다. 처음에는 살인을 부인했지만, 자기가 살인을 저질렀다고 확신하게 되었고, 자백 진술서에 서명했다. 그러나 2년 후, 라일리가 어머니를 살해하지 않았다는 새로운 증거가 나타나 그는 석방되었다.

이 사례는 영국의 임상심리학자 기즐리 궃존슨Gisli Gudjonsson이 '기억 불신 증후군'이라고 부르는 증상을 보여주는 예다. 라일리는 살인을 저지른 기억을 세세하게 떠올리지 못했는데도, 경찰의 강압적인 질문을 받고 자신의 기억을 불신하기 시작했다. 그는 자신의 기억을 신뢰하지 않았고, '독특성 휴리스틱'도 사용하지 못했을 것이다. 어머니를 살해하는 것처럼 끔찍한 사건을 저질렀다면, 당연히 자신이 그 사건을 기억하는 것은 정상이다. 기억 불신 증후군은 난폭한 범죄라도 자신이 취한 상태거나 끔찍한 사건을 내면에서 억눌렀을 수도 있다고 믿을 때 일어난다. 자신이 어떤 사건을 명확하게 기억할 것이라고 기대하지 않으면, 그 사람은 자신의 기억을 불신하게 된다.

거짓 자백을 하는 용의자들은 처음에 자신의 무죄를 믿지만, 경찰의 암시적인 질문을 받으면 자신이 저지르지도 않은 범죄에 대해 구체적인 기억을 만들어내기도 한다. 1990년대 중반 미국 워싱턴주 보안관인 폴 잉그램Paul Ingram이 두 딸을 성폭행하고, 사탄 의식·동물 희생제의祭儀·유아 살해 등의 행위를 하는 기괴한 사이비 종교 집단에 참여했다고 자백했다. 경찰서에서 강압과 협박을 받은 잉그램은 자신이 이 엄청난 일을 벌인 것을 완전히 기억한다고 자백했는데, 그는 자신이 이 기억을 내면에서 억압했다고 믿었다. 그가 자백한 어떤 것도 뒷받침할 확실한 증거가 없어 그는 나중에 자신의 자백을 철회했다. 하지만, 그는 감옥에 보내져 2003년 출소하기까지 징역을 살았다.

경찰의 강압적인 질문은 거짓 자백의 원인이 되기도 한다. 궃존슨과 그의 동료들은 영국 런던의 잔혹한 살인 사건 조사 과정에서 여러 차례 경찰의 심문을 받은 17세의 남성이 어떤 기이한 결말을 맞이했는지 소개했다. 이 남성은 피해자 얼굴의 '환영幻影'에 사로잡히게 되었고, 자신이 그 범죄를 저질렀는지 의문을 품기 시작했다. 이 남성은 자발적으로 경찰서에 출두해 처음에는 "저였을 수도 있어요"라고 말하다가, "제가 그녀를 죽였는지 안 죽였는지 모르겠어요. 자꾸 그녀의 모습이 보여요"라고 진술했다. 그러나 하루가 채 지나기도 전에 이 남성은 "제가 그녀를 살인한 게 틀림없어요. 그녀의 모습이 보이거든요"라고 말했다. 마침내 이 남성은 확신에 차서 "제가 죽인 게 확실해요.……제가 알아요"라고 주장했다. 이 주장을 뒷받침하는 증거는 없었지만, 이 남성은 자백 진술서에 서명한 후 감옥에 보내졌다. 그 후, 유죄판결을 뒤집은 새로운 증거가 나타날 때까지 그는 25년을 복역했다.

이 사례는 거짓 자백을 하기 쉬운 사람들이 존재하며, 이는 다른 사람의 영향을 쉽게 받는 성향 때문일 수 있다는 가능성을 제기한다. 굿존슨은 잘못된 정보와 암시적인 질문에 반응해 자신의 주장을 변화시키는 '심문 피암시성'에서 개인들이 어떤 차이를 보이는지 조사하는 검사를 개발했다. 굿존슨은 자신에게 불리한 증거가 있지만 범죄를 극구 부인하는 사람들보다 자백을 하고 나중에 그것을 철회한 사람들이 암시적인 질문에 더 많이 영향을 받는다는 사실을 발견했다. 이 두 집단은 임상실험에서 기억 수행 능력에 차이를 보이지 않았다. 어떻게 자기가 저지르지 않은 범죄를 인정하는지 이해하기는 여전히 힘들다. 거짓 자백과 관련된 피암시성은 일상적으로 일어나는 기억의 오류와는 이질적이다. 그러니 배심원단은 저지르지 않은 범죄를 자백하는 사람이 있다는 가능성에 대해 매우 회의적이다.

미국의 심리학자 사울 카신Saul Kassin과 그의 동료들이 수행한 실험들은 거짓 자백이 그리 비정상적이지 않다는 것을 보여주었다. 이 실험에서 대학생들은 컴퓨터 앞에 앉아 들려주는 글자들을 타이핑하라는 지시를 받았다. 한 그룹은 빠른 속도로 치도록 했고, 한 그룹은 좀더 여유로운 속도로 치게 했다. 모든 대학생에게 알트Alt 키를 누르면 프로그램이 멈추므로 그 키를 누르지 말라고 지시했다. 어느 누구도 알트 키를 누르지 않았지만, 실험자는 대학생들이 그 키를 눌렀다고 지적했다. 대학생들은 그 지적이 잘못되었다고 부인했는데, 이후에 절반은 사전에 실험자와 공모한 '목격자'가 실수하는 것을 보았다고 말하는 것을 들었고, 나머지 절반에게는 목격자가 없었다. 그러나 대학생의 약 70퍼센트가 알트 키를 눌렀다고 거짓 자백을 했다. 빠른 속도로 타이핑하고 목격자의 증언을 들은 그룹에서는 그 결과가 놀라웠다. 이 그룹의 모든 대학생이 자백에 동의했으며, 이들 중 35퍼센트는 자신이 어떻게 실수를 저지르게 되었는지도 구체적으로 기억했다.

이 실험 결과는 조건만 갖춰지면 많은 사람이 전혀 하지 않은 행위를 자백하도록 유도될 수 있다는 점에서 우려스럽다. 물론 사람들은 사신이 알트 키를 눌렀어도 그것을 기억하지 못할 것이라고 예상하지만, 대체로 폭력적인 범죄를 저지른 것은 기억할 것이라고 예상한다. 범죄를 저지른 것보다 알트 키를 누른 것을 자백하도록 하는 것이 쉬운데, 실험 참가자들이 '독특성 휴리스틱'을 덜 이끌어낼 것이기 때문이다. 실험 참가자들이 그러한 행동을 했다면, 그것을 기억하지 못할 리 없다. 이것은 빠른 속도로 타이핑한 대학생들한테서 거짓 자백이 흔했다는 실험 결과를 뒷받침한다. 아마도 천천히 타이핑한 대학생들보다 빠르게 타이핑한 대학생들이 자신의 기억에 대해 큰 기대를 하지 않았을 것이다. 어쩌면 빠르게 타이핑했기 때문에 자신이 실수할 수 있으며, 처음에는 그 실수를 기억하지 못할 가능성이 높다고 생각했을지도 모른다.

목격자 증언과 경찰 심문에서 피암시성이 작용하면 그 결과는 치명적일 수 있다. 하지만 피암시성의 폐해는 공적인 영역에만 국한되지 않는다. 피암시성은 가장 개인적이고도 사적인 과거의 경험에 대해서 기억을 만들어내는 일까지 해낼 수 있다.

쇼핑몰에서 길을 잃다

1992년, 경각심을 느낀 중년들이 모여 기억의 왜곡을 다루는 '오기억 증후군 재단False Memory Syndrome Foundation'을 만들었다. 주로 성인이 된 딸과 충격적인 갈등을 겪고 있는 부모들로 구성되었다. 초기 구성원들이 들려준 이야기는 당시에 충격적으로 받아들여졌지만, 1990년대가 저물면서 무감각해질 정도로 익숙해졌다. 학식 있고 지적인 중류층 여성들은 우울증이나 그와 유사한 심리 치료를 받기 시작했는데, 대개 아버지나 어머니에게서 아동기에 성적 학대를 받았던 기억을 떠올리게 되었다. 이 단체를 만든 부모들과 이들과 같은 상황에 처한 부모들은 자식이 받아들이게 된 기억이 타당하지 않다며 분노했다. 고소인들과 지지자들은 이 부모들이 받아들일 수 없는 현실을 부인하고 있다고 비난했다.

수년간 떠올리지 않았던 아동기 성적 학대의 기억은 이미 과학적으로 입증되기도 했으며, 그 정확도도 높은 것으로 보인다. 그러나 많은 전문가와 고발당한 부모는 일부 심리치료사가 사용하는 암시적인 기술이 오기억의 원인이라고 비난했다. 이 심리치료사들이 기억에서 잊혔을 수도 있는 트라우마를 끌어내기 위해 최면이나 가능한 학대 시나리오를 상상하도록 도와주는 심상 훈련 등과 같은 암시적인 기술을 사용했다며 이의를 제기했다. 그 후 여러 가지 증거를 통해 그 기억 중 많은 부분이 부정확하다고 밝혀졌다. 기록상으로 전혀 존재하지 않는 악마 숭배 집단의 기이한 의식에 대해 신뢰하기 어렵다거나, 흔히 사용되는 기억술에 대한 과학적인 근거가 부족하다거나, 자신의 기억이 사실이 아니라고 말하는 여성이 꾸준히 증가하고 있다는 것이 그 증거다. 하지만 초기의 연구자들은 그 기억이 진짜인지를 판단할 결정권자로 이 같은 논쟁에 휩쓸렸다. 개인의 삶에 트라우마로 남을 사건을 오기억으로 만들어낸다는 것이 가능한가? 오기억을 만들어내기 가장 쉬운 기억술은 어떤 것인가? 전혀 일어난 적이 없는 사건을 유난히 쉽게 받아들이는 사람들이 존재하는가? 이처럼 여러 질문이 제기되면서 과학적으로 증명된 해답을 요구했다.

1990년대 초, 연구자들은 이 질문에 대해 적절한 대답을 내놓지 못했다. 심리학자들은 일반적으로 기억이 암시적일 수 있다는 것을 알았다. 그러나 대부분 엘리자베스 로프터스의 실험 방법들에서 나온 증거에 의존해야 했다. 그것은 어떤 사건의 세부 사항이 암시되면, 그 내용이 목격자의 기억 속으로 스며든다는 것이다. 이를 비판하는 사람들은 그 같은 종류의 기억이 어떤 경험의 일부분이라고 반박했다. 그 증거들이 성적 학대와 같은 트라우마를 완전히 오기억으로 만들어낸다는 것을 입증하거나 암시하지 않는다고 보았다. 이들은 실험 결과들이 진행 중인 논쟁에 어떤 정보를 제공하려면 연구가 한참 더 진전되어야 할 것이라고 비판했다. 그 후 실제로 연구에 진전이 있었다. 아이러니하게도, 기억에 대한 논쟁이 여러 가정에 충격적인 영향을 끼치고 심리학과 정신의학에 격렬한 분열을 일으켰지만, 피암시성 연구에 새로운 변화를 일으켜 기억 연구에 유익한 효과를 가져오기도 했다.

초기 피암시성 연구의 중추적인 인물인 로프터스는 약하게나마 정신적인 충격을 남기는 개인적인 사건을 만들어내기 위해 수행했던 첫 실험을 보고했다. '쇼핑몰에서 길을 잃다'라고 알려진 연구에서 크리스Chris라는 한 10대 남자아이는 자신의 형에게서 5세 때 쇼핑몰에서 길을 잃어버렸던 기억을 떠올려보라는 요구를 받았다. 처음에 크리스는 아무것도 기억하지 못했지만, 며칠 후 그 사건을 구체적으로 기억해냈다. 이 연구는 유명세를 얻었는데, 가족 구성원의 말에 따르면 크리스는 쇼핑몰에서 길을 잃어버린 적이 전혀 없었기 때문이다. 그 후 실험 참가자 24명으로 구성된 더 큰 집단을 대상으로 연구를 수행한 로프터스는 조사 면접을 여러 번 진행했다. 그리고 실험 참가자의 약 25퍼센트가 쇼핑몰 같은 공공장소에서 어렸을 때 길을 잃어버렸다는 오기억을 만들어냈다고 보고했다.

미국 웨스턴워싱턴대학의 심리학자 아이라 하이먼Ira Hyman과 그의 동료들은 소수의 실험 참가자에게 아동기 경험에 대한 오기억을 성공적으로 이식했다. 하이먼은 대학생들에게 부모들이 실제로 일어났다고 말한 아동기 경험들에 대해 질문했다. 그뿐만 아니라 전혀 일어난 적이 없다는 것을 부모들에게서 확인한 가짜 사건에 대해서도 물었다. "여러분은 5세 때 친척의 결혼 피로연에서 다른 아이들과 뛰어다니다가 테이블에 부딪쳐 신부의 부모에게 주스를 쏟았습니다."

실험 참가자들은 실제 있었던 사건들을 정확하게 기억했으나, 가짜 사건을 처음 들었을 때에는 어떤 기억도 나지 않는다고 말했다. 그러나 다른 실험에서는 20~40퍼센트가 가짜 사건에 대한 기억을 묘사했다. 한 실험에서는 오기억을 한 참가자들의 절반 이상이 구체적인 내용을 또렷이 묘사했다. 그들은 정확히 어디에서 어떻게 주스를 쏟았는지 기억해냈다. 절반 정도의 사람들은 부분적으로 오기억을 말했는데, 세부 사항은 기억해도 중심적인 사건에 대해서는 구체적으로 기억하지 못했다.

이 실험 결과는 시각적 심상이 암시된 기억의 원인이라는 것을 보여준다. 이 연구에서 아동기 경험에 대해 오기억을 만들어낸 참가자들은 기억이 정확한 참가자들보다 시각적 심상을 측정하는 검사에서 더 높은 점수를 받았다. 더구나 하이먼과 그의 동료들은 실험 참가자들에게 가짜 사건을 들려주고 그들이 기억나지 않는다고 하면, 그 사건을 머릿속으로 상상해보라고 지시했다. 이렇게 지시를 받은 참가자들은 그저 조용히 앉아서 그 사건이 일어났는지 생각하라고 지시받은 참가자들보다 더 많은 오기억을 만들어냈다. 이 결과는 풍부하고 상세한 시각적 심상이 참기억의 특징임을 보여주는 다른 증거에 비춰보았을 때 일리가 있다. 시각적 심상이 참기억을 나타내는 일종의 심리적 특징이라면, 오기억을 생생한 시각적 심상으로 꾸미는 행위를 통해 오기억을 참기억처럼 보이게 하고 느껴지게 하도록 작용한 것이다.

당신의 최초 기억은 무엇인가?

●●●

엘리자베스 로프터스와 공동 연구를 한 이탈리아의 심리학자 줄리아나 마초니Giuliana Mazzoni는 꿈 해석과 같은 다른 유형의 암시적인 절차가 오기억을 일으킬 수 있는지 의문을 제기했다. 어떤 심리치료사는 환자가 과거에 무슨 일을 겪었는지 추론해보기 위해 꿈을 활용한다. 꿈 해석이 과거의 경험을 드러내주는 것이 아니라 만들어낼 수 있을까? 이것을 알아내기 위해, 마초니와 로프터스는 실험 참가자들에게 일어나거나 일어난 적이 없는 경험들에 대해 얼마나 확신하는지를 평가하게 했다. 그런 다음 한 집단은 2주 후에 임상심리학자가 참가자들의 꿈을 해석하는 실험에 참가했다.

임상심리학자는 참가자들의 꿈에 3세 이전에 일어났던 사건이 억압되었다는 암시를 주었다. 즉, 부모에게서 버림받거나, 공공장소에서 길을 잃어버렸거나, 낯선 환경에 혼자 남겨졌다는 것이었다. 참가자들은 이 같은 사건을 겪은 적이 없다고 말했다. 그런데도 꿈을 해석한 지 2주가 지나 어릴 적 경험들에 대해 다시 묻자, 대부분 3가지 경험 중 1가지 이상을 기억한다고 주장했다. 그러나 꿈에 대해 암시를 받지 않았던 통제집단에서는 이 같은 결과가 나타나지 않았다.

로프터스와 마초니와 하이먼이 수행한 연구에서 오기억으로 만들어진 사건 중에는 약간 마음을 불편하게 하는 것이 있지만, 심한 정신적인 충격을 일으키는 것은 아니었다. 그 후 실험에서는 좀더 충격적인 사건을 가지고 비슷한 결과를 냈다. 하이먼의 실험 방법을 이용한 캐나다의 심리학자 스티븐 포터Stephen Porter와 그의 동료들은 실험에 참가한 대학생 중 약 33퍼센트에게 어린 시절과 관련된 오기억을 이식하는 데 성공했다. 동물에게서 심하게 공격을 받은 기억, 야외에서 큰 사고를 당한 기억, 다른 아이에게서 심한 상해를 입은 기억을 심었다. 물론, 성공적으로 암시될 수 있는 기억은 한정적인 듯하다. 실험 참가자의 15퍼센트가 쇼핑몰에서 길을 잃어버린 오기억을 만들어냈지만, 관장灌腸(약물을 항문으로 넣는 것)을 받았다고 오기억을 만들어낸 참가자는 아무도 없었다.

그렇지만 암시될 수 있는 기억이 얼마나 많은지를 생각하면 놀라지 않을 수가 없다. 당신의 최초 기억을 생각해보라. 당신이 기억하는 가장 오래된 일은 무엇인가? 오스트리아의 심리학자 알프레트 아들러Alfred Adler는 어린 시절의 기억들이 개인의 성격을 이해하는 중요한 통찰을 제공하기 때문에 심리학적으로 큰 의미를 지닌다고 믿었다. 대부분 기억은 3~5세 사이에 있었던 일이다. 사람이 2세 이전에 일어났던 사건들을 기억할 수 있다는 증거는 없는데, 일화기억에 필수적인 뇌 영역이 2세까지는 완전히 발달하지 못하기 때문이다.

한 연구에서는 일반적으로 사람의 최초 기억은 3~4세였을 때의 일이라고 보고했는데, 이는 대부분의 연구와 일치하는 결과였다. 그 후, 실험자들은 참가자들에게 자신이 아장아장 걷는 모습을 상상하고, 좀 더 어렸을 때의 기억을 떠올려보라고 지시했다. 실험자들은 어떤 사건을 머릿속에 떠올리려고 노력하면, 거의 누구나 2세 때의 생일 같은 사건까지 기억할 수 있다고 호언장담했다. 이렇게 암시적인 절차를 거친 사람들은 평균적으로 약 생후 18개월 때의 일까지 기억한다고 말했다. 이는 '아동기 기억상실증childhood amnesia'이 시작되는 시기보다 한참 앞선다.

실제로 암시적인 절차를 거친 사람들의 약 33퍼센트는 생후 12개월이 되기 전의 일을 기억한다고 했지만, 암시적인 절차를 거치지 않은 사람들은 누구도 그렇게 말하지 않았다. 사람이 이 정도로 이른 시기에 일어난 사건을 기억한다는 증거가 없기 때문에, 실험 참가자들의 기억이 어떤 사건에 대한 정확한 기억이 아니라는 것은 거의 확실하다. 생후 24개월 이전의 기억을 떠올렸던 사람은 그렇지 않은 사람보다 '심문 피암시성' 검사에서 암시에 취약한 것으로 나타났다.

아동기 기억에 대해 영향을 주는 암시적인 절차는 머릿속에 떠올리는 방법만 있는 것이 아니다. 한 연구에서, 최면술사가 몸을 이완하라거나 숫자를 세어보라고 지시할 때보다 최면 암시를 주었을 때 기억하는 개인적인 사건이 상대적으로 더 이른 시기의 것으로 밝혀졌다. 최면

암시를 받은 참가자 중 약 40퍼센트가 자신의 첫 번째 생일이나 그 이전에 일어났던 사건을 기억한다고 주장했다.

기억과 암시와 최면

●●●

2세 이전의 기억이 정확한 기억이 아니라 암시의 결과라는 것에 의심이 든다면, 캐나다의 최면 연구자 니컬러스 스파노스Nicholas Spanos의 실험 결과를 통해 분명하게 알 수 있다. 다음 질문을 생각해보자. 당신이 태어난 병원의 침대 위에 색깔 있는 모빌이 걸려 있었는지 기억나는가? 당연히 그것을 기억하는 것은 불가능하다. 스파노스와 그의 동료들은 실험 참가자들에게 자신이 태어났을 때 사용했던 침대 위에 색깔 있는 모빌이 있었는지 알아내고 싶다고 말해주었다.

첫 번째 그룹에는 최면을 통해 생후 며칠간의 사건을 기억할 수 있다고 알려주었는데, 그때의 경험을 재경험하도록 만들 수 있다고 말했다. 첫 번째 그룹은 최면을 통해 태어난 다음 날로 되돌아가는 경험을 했다. 두 번째 그룹은 첫 번째 그룹과 동일하게 최면이 기억을 끄집어낼 수 있다는 말을 들은 다음에 최면과 동일한 효과를 내는 '기억 재구조화 가이드'를 받을 것이라고 들었다. 두 번째 그룹은 태어난 날을 재경험하도록 하는 도움을 받았지만, 최면은 받지 않았다. 세 번째 그룹은 최면이나 기억 향상에 대해 어떤 말도 듣지 못했으며, 자신이 태어난 다음 날 침대 위에 무엇이 매달려 있었는지 기억해보라는 지시만 받았다.

세 번째 그룹에서는 침대 위에 매달려 있던 모빌에 대해 기억하는 사람이 전혀 없었으나, 다른 두 그룹에서는 절반에 가까운 사람들이 기억했다. 실제로 최면을 받았는지에 상관없이 태어난 날의 경험을 기억해낼 수 있을 것이라고 기대하도록 유도된 사람들은 자신의 기억을 강하게 믿었다. 대체로 최면을 받은 상태에서 외계인에게 납치되었던 순간을 기억해내는 사람들은 종종 있었지만, 이 실험 결과는 오기억을 만들어내는 데 기대가 핵심적인 역할을 한다는 점에서 중요하다. 참가자들에게 태어난 날을 기억할 수 있을 것이라고 암시를 주었을 뿐인데, 참가자들의 절반이 그 같은 터무니없는 기억을 되살렸다고 믿게 되었다.

사람들이 유아기와 아동기에 대해 오기억을 손쉽게 만들어낸다는 것은 그리 놀라운 일이 아니다. 보통 우리는 자신이 어릴 때 일어난 사건을 최근의 사건처럼 생생하고 명료하게 기억할 것이라고 기대하지 않는다. 사람들은 최근에 일어난 사건을 정확하고 자세하게 기억할 것이라고 기대하기 때문에 어제 쇼핑몰에서 길을 잃어버린 것과 같은 뚜렷한 개인적인 경험에 대해 오기억을 심는 것은 매우 어렵다. 최근의 사건이라면, 우리는 독특성 휴리스틱을 이끌어낼 수 있다. 그리고 암시된 사건이 진짜 일어났다면, 그것은 생생하게 기억날 것이다. 그러나 아동기의 기억이라면 거의 기대하지 않는다. 따라서 아동기 경험을 기억하는 것이 가능하다고 지시를 받으면, 희미한 이미지가 떠오르거나 익숙하다는 느낌을 받았을 때 기억이 떠오르는 증후로 해석할 것이다.

우리는 피암시성이 과거를 기억한다는 행위가 단순히 머릿속에 들어 있는 흔적이나 이미지를 활성화하고 깨우는 것이 아니라, 현재의 경험과 자신이 기억할 것이라고 기대하는 것과 과거부터 간직해온 경험 사이의 훨씬 더 복잡한 상호 작용을 포함한다는 것을 알 수 있다. 암시적인 절차는 이 구성 요소 간의 균형을 깨뜨려 실제로 일어난 과거의 사건보다 현재의 경험이 더 큰 역할을 하게 된다.

스파노스와 다른 연구자의 실험 결과들은 기억과 관련된 논쟁에서 분별력 있는 정보를 제공한다. 이 연구들이 보고되기 전에 사람들이 믿었던 것보다 기억은 쉽게 변한다. 최면과 시각적 심상 같은 암시적인 절차가 변하기 쉬운 아동기 기억을 끄집어내는 데 사용되면, 오기억을 만들어낼 수 있다. 1990년대 초중반에 심리치료사들에 대한 설문조사가 진행되었는데, 많은 사람이 최면과 시각적 심상이 아동기 기억을 끄집어낼 수 있다고 믿었으며, 환자의 기억을 자극하기 위해 이 기법을 사용한다고 대답했다. 그리고 이 환자 중 일부가 일어난 적이 없는 사건을 기억해낸다고 해도 전혀 놀랄 일이 아니다.

특별히 생생한 시각적 심상을 가진 사람들과 '심문 피암시성' 검사에서 높은 점수가 나오는 사람들은 어떤 유형의 오기억을 만들어낼 위험이 더 큰 것 같다. 하이먼은 실수를 저지르는 경향을 조사하는 테스트에서 점수가 높게 나온 사람들이 낮게 나온 사람들보다 잘못된 아동기 기억을 만들어낼 가능성이 더 높다고 말했다. 또한 대학생을 대상으로 한 실험에서 점수가 높은 사람들이 '사탕, 시다, 설탕, 쓰다' 등과 같은 단어들을 학습한 후에 '달콤하다'와 같은 연상 단어를 오재인하는 확률이 더 높았다. 수전 클랜시Susan Clancy가 진행한 연구에서도 성인 여성에게서 비슷한 결과가 나왔다. 이 연구에서는 아동기 성적 학대를 어른이 되어 기억하게 된 여성이 어린 시절 학대 받은 기억을 유지했던 여성과 학대 받은 적이 없는 통제집단의 여성과 비교했을 때, 연상 단어인 '달콤하다'를 오재인하는 경향이 많았다.

기억을 되찾았다고 말하는 여성들이 어린 시절 학대를 당했지만, 그 경험을 잊고 있다가 후에 그 학대를 기억해내는 것은 있을 수 있는 일이다. 생애 초기에 받은 트라우마가 오재인에 더 취약해지는 원인일 수 있으니 말이다. 그러나 이 가설은 왜 기억을 되찾은 여성들이 학대를 기억하고 있었던 여성들보다 오재인을 더 많이 일으키는지 설명하지 못한다. 그 가능성은 기억이 부정확하다는 것이다. 이는 기억의 왜곡에 대해 취약하다는 것을 반영하는데, 그로 인해 연상 단어를 더 많이 오재인하는 것이다.

우리는 인과적 순서에 대해서는 확신할 수 없다. 생애 초기의 트라우마가 오기억을 증가시킨 것인지, 오기억에 더 취약하기 때문에 트라우마를 부정확하게 보고한 것인지 알 수 없다. 수전 클랜시는 외계인에게 납치되어 학대당한 일을 기억해낸 사람들이 연상 단어를 오재인하는 사례가 증가한다는 것을 보여주는 연구를 진행했다. 외계인에게 납치되었다는 기억은 확실히 거짓이기 때문에, 이 연구 결과는 실험실에서 연상 단어로 오재인을 하는 것이 실험실 밖에서 오기억을 증가시키는 것을 반영할 수도 있다는 것을 보여준다. 적어도 우리가 얻어낸 연구 결과는 오재인에 더 취약한 사람들이 존재한다는 것을 뒷받침한다.

1990년대가 끝나갈 무렵, 기억과 관련된 문제가 누그러지기 시작했다는 증거들이 있었다. 이는 심리치료사들이 피암시성과 기억에 대해 새로운 정보를 얻어 기억에 좀더 신중히 접근했기 때문이거나, 기억을 되찾았던 사람들이 거꾸로 심리치료사를 상대로 승소했기 때문에 기억에 대한 새로운 사례들이 줄어들었는지 모른다. 오기억 증후군 재단이 발행한 1999년 겨울 '뉴스레터'에서 편집장인 패멀라 프리드Pamela Freyd는 재단에 도움을 요청하는 전화와 편지가 급격히 줄어들었다고 말했다. 프리드는 "오기억 증후군 재단의 도움 요청 전화를 처리하는 부서가 폐지될 정도로 급감했다"고 말했다. 기억을 둘러싼 논란이 고조되다가 누그러지는 과정은 외부의 영향에 가장 취약한 피암시성이 발견되느냐에 따라 고조되기도 하고 잠잠해지는 양상과 비슷하다.

아이들은 성적 학대를 받았을까?

•••

1999년 4월 19일, 미국 보스턴의 변호사 제임스 술탄James Sultan은 매사추세츠주와 셰럴 애미럴트 르페이브Cheryl Amirault LeFave의 소송을 제기하기 며칠 전에 변론서辯論書(소송 당사자나 변호인이 법정에서 주장하거나 진술한 내용을 적은 문서) 복사본을 나에게 보내주었다. 셰럴은 보스턴 북쪽에 있는 교외 지역인 몰덴Malden에서 동생 제럴드 애미럴트Gerald Amirault와 어머니 바이올렛 애미럴트Violet Amirault와 함께 펠즈에이커스 어린이집을 운영했는데, 이들은 아이들을 학대했다는 혐의로 10년 전에 유죄판결을 받았다.

이 가족의 이야기는 1980~1990년대 초에 들불처럼 번지며 공론화된 로스앤젤레스의 맥마틴 유치원 사건과 노스캐롤라이나주 이든턴Edenton의 리틀래스컬즈 어린이집 사건과 비슷한 점이 많았다. 리틀래스컬즈 어린이집 사건은 어린이들이 혐오스럽다 못해 끔찍하기까지 한 행위를 당했다고 보고했다. 어린이들은 성적 학대뿐만 아니라 잔혹한 고문, 살인, 아기 사체를 먹으라는 강요를 받았으며, 심지어 외계인 우주선 방문과 같은 기이한 일을 하라는 지시를 받았다고 주장했다.

그러나 어린이들이 학대를 받았다는 의학적 증거가 부족했고, 어느 누구도 범죄가 일어났다고 추정되는 어린이집에서 이상한 점을 발견하지 못했다. 이 문제가 불거진 어린이집 중에는 이전에 같은 문제가 제기된 적이 한 곳도 없었다. 펠즈에이커스 어린이집은 1984년에 제럴드 애미럴트가 처음으로 고발을 당하기 전까지는 부적절한 행동으로 고발된 적이 없었다. 어린이집을 고발했던 어린이들은 거의 예외 없이 경찰이나 보육 전문가들에게서 암시적인 질문을 받았다.

하지만 내가 받은 변론서에는 펠즈에이커스 어린이집 사건과 다른 두 사건에 결정적인 차이점이 있었다. 검찰은 맥마틴 유치원 사건에서 유죄판결을 얻어내지 못하고 끝내 재판을 포기했다. 리틀래스컬즈 어린이집 교사들은 새로운 증거가 나타나서 결국 모두 풀려났다. 이와 대조적으로, 변호사들이 합심해 노력하고 기억 분야의 손꼽히는 연구자들이 강력히 권고했지만, 매사추세츠주는 셰럴을 수감해야 한다고 주장했다.

1992년 셰럴과 어머니 바이올렛은 죄를 인정하는 대가로 가석방 제안을 받았으나, 그들은 범죄를 저지르지 않았다고 주장했다(제럴드에게는 그 어떤 제안도 없었다). 그들은 1995년에 재심을 받고 감옥에서 풀려났다. 그러나 검찰이 항소해 1997년 매사추세츠주 고등법원은 재심 판결을 뒤집고 그들을 다시 감옥으로 보낼 것을 명령했다. 그 후 법적 공방이 치열하게 진행되자 1997년 5월 아이작 보렌스타인Isaac Borenstein 판사는 셰럴과 바이올렛이 어린이들과 직접 대면하는 것이 허용되지 않았다며 두 사람에게 내려진 유죄판결을 번복했다. 1997년 9월, 바이올렛은 암으로 사망했다. 그때 검찰은 셰럴을 석방했던 판결에 대해 항소를 준비하고 있었고, 술탄은 재심에서 이길 수 있는 새로운 증거를 발견했다.

술탄은 기억의 피암시성을 연구한 매기 브루크Maggie Bruck에게 도움을 청했다. 브루크는 매사추세츠주가 셰럴에게 재판 기회를 주어야 한다고 주장했는데, 아이들의 피암시성에 대한 새로운 연구가 나왔기 때문이다. 이 연구는 펠즈에이커스 어린이집의 어린이들에게 사용한 면접이 아이들에게 부정확한 답을 하도록 유도했다는 것을 보여주었다. 술탄의 변론서에는 새로운 연구에 대한 브루크의 해석과 그것이 셰럴의 유무죄 결정과 잠정적으로 관련되어 있다는 것을 뒷받침하는 내용이 담겨 있었다. 나를 비롯해 기억 연구 분야에서 신뢰받는 연구자 29명이 이 변론서에 서명했다.

이 변론서에 기술된 대부분의 증거는 아이들이 기억하는 개인적인 경험에서 피암시성이 보이는 특징과 범위에 대한 뚜렷한 사례들이었다. 1900년대 초부터 연구자들은 암시적인 질문으로 인해 아이들이 과거의 경험을 왜곡할 수 있다는 것을 보여주었다. 때때로 이 왜곡은 성인에 비해 범위가 더 넓기도 했다. 그러나 1990년 이전까지는 대부분 이 연구가 펠즈에이커스 어린이집 사건이나 그와 비슷한 사례에서 논의된 아이들보다는 나이가 더 많은 아이들을 대상으로 진행되었다. 셰럴의 가족이 유죄판결을 받았을 때 이들에게 불리한 증언을 했던 아이들의 피암시성을 다룬 연구는 드물었다.

더구나 초기 연구들은 잘못된 유도 질문을 통해 아이들이 사건의 세부 사항을 암시받는 것이 가능한지에 맞춰져 있었다. 아이들에게 자기를 만나러 온 대머리 남자의 머리색을 물었을 때, 그 남자가 검은 머리였다고 기억한다는 아이들은 암시에 취약하다고 여겨졌다. 그러나 이런 유형의 연구는 암시적인 질문이 아이들에게 현실에서 전혀 일어나지 않았던 사건을 부정확하게 기억하도록 유도할 수 있는지를 밝혀내기에는 불충분했다.

제임스 술탄과 매기 브루크는 소아과 간호사 수전 켈리Susan Kelley가 진행한 펠즈에이커스 어린이집의 어린이들과의 면접에 관심을 가졌다. 이 아이들은 어느 누구도 부모에게 학대받은 사실을 말한 적이 없었고, 그와 관련된 질문을 받았을 때도 학대받은 적이 없다고 말했다. 그러나 부모, 경찰, 켈리 등 다른 사람들에게서 질문을 받고 난 후에 아이들은 학대를 받았다고 말했다. 이 결과는 어린이들의 자발적인 기억은 정확한 경향이 있지만, 구체적인 질문들에 대한 대답은 쉽게 왜곡될 수 있다는 것을 보여주기 때문에 매우 중요하다.

1996년에 연구자들은 2~5세 어린이들에게 응급실에서 방금 받은 치료에 대해 질문을 했다. 이때 연구자들은 "무슨 일이 있었니?"와 같은 개방형 질문을 했을 때, 아이들은 자신이 겪은 경험의 세세한 부분을 정확히 말했다. 그러나 "어디에서 다쳤니?"처럼 좀더 구체적인 질문을 했을 때에는 세부 사항을 부정확하게 기억하는 일이 많아졌다. 개방형 질문을 했을 때 부정확한 대답을 한 비율은 9퍼센트였지만, 구체적인 질문에 부정확한 대답을 한 비율은 49퍼센트였다.

브루크는 켈리가 어린이들을 면접하면서 "무슨 일이 있었니?"와 같은 개방형 질문을 하지 않고, 구체적인 질문을 했다는 것에 주목했다. 켈리는 어린이집 교사들에 대해 물으면서도 선생님들이 친절했는지와 같은 질문을 했다. 또한 '아니요'라는 답을 원치 않는 것처럼 구체적인 질문을 자주 반복해서 했다. 조사관들은 아이들이 어린이집과 관련해 언급했던 어릿광대가 학대에 어떤 식으로든 관련되어 있을 것이라는 가설을 세웠다. 켈리는 아이들에게 그 어릿광대의 행동에 대해 반복적으로 질문했다.

켈리 그 어릿광대가 너를 만졌니?

어린이 아니요…….

켈리 어릿광대가 네 옷을 벗겼다고 말했잖니?

어린이 네.

켈리 그런 다음 무슨 일이 있었니?

어린이 음, 별일 없었어요.

켈리 어릿광대가 어딘가를…… 네 몸을 만졌다면 그게 어느 부분인지 보여줄래?

어린이 아니요. 아무 데도 안 만졌어요.

켈리 이것이 너였다고 가정해보자. 어릿광대가 너를 만졌니? 어디를 만졌니?

어린이 바로 거기. (신발을 가리킨다.)

켈리 그 사람이 네 속옷을 벗겼니?

어린이 (무반응)

켈리 그러면 그 사람이 무슨 행동을 했니?

어린이 그것 말고 다른 것은 없었어요.

켈리 없었어? 그 사람이 너를 만졌니?

어린이 이제 그거(신발) 신을래요.

켈리 그런데 어릿광대가 너를 만졌는지를 말해주면 좋겠구나.

어린이 네.

다른 어린이들에게도 반복적인 면접이 진행되었다. 이때 첫 면접에서는 만족스러운 대답을 얻지 못했지만, 결과적으로는 앞의 녹취록과 상당히 비슷한 면접이 진행되었다. 결국 부정적인 대답은 긍정적인 대답으로 바뀌었다. 이와 같이 반복적으로 질문을 하는 것은 우려된다. 브루크와 여러 연구자가 수행한 연구에서 어린이들을 두 차례 면접하면서 두 번째 면접에서 첫 번째 면접 때 언급되지 않은 세부 사항이 나왔다면, 그 내용은 부정확할 확률이 매우 높다는 것이 발견되었기 때문이다.

미국 코넬대학의 심리학자 스티븐 세시Stephen Ceci와 브루크는 다른 연구에서 쥐덫에 손가락이 끼어 병원에 갔던 일처럼 부모가 일어난 적이 없다고 말한 사건에 대해 아이들에게 반복적으로 질문했다. 아이들은 그 사건들에 대해 생각하고 머릿속으로 떠올려보라는 지시를 받았다. 이렇게 반복적으로 질문을 한 후, 아이들의 58퍼센트가 처음에는 겪은 적이 없다고 말한 사건 중 최소한 하나의 사건에 대해서는 구체적으로 기억한다고 말했으며, 그중 25퍼센트는 겪은 적이 없는 일을 대부분 오기억했다.

기억의 출처는 어디인가?

●●●

암시적인 질문에서 나타나는 어떤 해로운 영향은 아이들의 기억 체계가 근본적으로 취약하기 때문에 일어난다. 많은 실험연구에 따르면, 어린이들은 출처 정보를 기억하는 것을 특히 어려워한다. 즉, 정확히 언제 어디에서 특정 사건이나 행동이 일어났는지 기억하는 데 어려움을 느낀다고 한다. 어린이들이 특정 사건에 대해 반복해서 질문을 받으면, 단순히 실험자에게서 여러 번 들었기 때문에 그 사건을 익숙하게 느낀다. 그 느낌이 어디에서 비롯되었는지 자세히 기억하지 못하는 아이들은 단편적인 과거의 경험들을 함께 뒤섞거나, 공상과 상상의 요소까지도 집어넣을 수 있다. 이 기억 출처 문제는 때때로 부모들이 무심코 일어난 적이 없는 일을 아이들에게 암시하게 되는 이유를 설명해준다.

한 연구에서 아이들은 대학 실험실의 어린이를 위한 과학 프로그램에 참가해서 어떤 실험을 하는지 지켜보았다. 그리고 4개월 후, 부모들은 아이들이 지켜본 실험들과 지켜보지 않은 실험들과 일어난 적이 없는 사건이 묘사된 설명문을 받았다. "선생님이 물수건으로 ○○의 손과 얼굴을 닦았습니다. 물수건이 ○○의 입에 가까워지자 정말 역겨운 냄새가 났습니다." 부모들은 이 이야기를 아이들에게 세 번씩 읽어주었다. 그 후 이 아이들에게 실험실에서 무엇을 보았는지 질문했을 때, 부모들에게서 들었던 실험을 자주 기억해냈다. 선생님이 자신의 입에 역겨운 것을 집어넣었는지 물었을 때는 아이들의 절반 이상이 '그렇다'고 대답했다. 이는 출처를 기억하는 능력이 부족해서 일어났을 가능성이 높다.

펠즈에이커스 어린이집 사건에서 아이들이 증언한 내용은 종종 면접 상황을 둘러싼 사회적 압력에 의해 만들어진 것일 수도 있다. 브루크는 켈리가 증언의 대가로 무언가를 약속하고, 뇌물로 유혹한 사례들을 기록했다. 셰럴이 재판을 받던 당시에는 사회적 압력이 아이들의 기억에 어떤 효과를 내는지에 대해 알려진 것이 거의 없었다. 연구자들은 보통 암시적인 질문의 효과를 연구할 때, 1980년대 어린이집 사건들을 조사하면서 자주 발견되었던 사회적 압력이 없는 환경에서 진행했다. 그리고 실제로 여러 연구에서는 아이들이 암시적인 질문을 딱 하나만 받았을 때는 낯선 사람이 자신의 옷을 벗겼는지와 같은 특정 사건의 특징을 틀리게 증언한 적이 없었다.

1998년, 미국 텍사스대학의 심리학자 세나 가빈Sena Garven과 제임스 우드James Wood는 펠즈에이커스 어린이집 재판에서 사용할 수 없었던 맥마틴 유치원 사건의 면접 내용을 이용했다. 켈리가 진행한 면접에서처럼, 맥마틴 유치원 사건의 조사관들은 아이들에게서 정보를 끌어내기 위해 다양한 종류의 사회적 압력을 가했다. 조사관들은 암시적인 질문을 하는데서 멈추지 않고, 정보를 끌어내기 위해 칭찬을 하고 보상을 제안했다. 그러나 아이들이 바라는 대답을 하지 않을 때는 실망스럽다거나 못마땅하다는 감정을 드러냈다. 처음 질문했을 때 어떤 반응도 하지 않으면 질문을 반복적으로 했으며, 아이들에게 일어났을지도 모르는 사건이 실제로 일어났다고 상상해보라고 지시했다.

두 심리학자는 맥마틴 유치원 사건에서 사용된 면접 방법을 암시적인 질문만 한 통제집단과 비교해보았다. 이 실험에 참가한 아이들은 한 대학생이 빅토르 위고Victor Hugo의 『노트르담의 꼽추』를 이야기하는 모습을 보며 귀를 기울였다. 이 이야기를 마친 대학생은 컵케이크와 냅킨을 나눠주고 인사하며 그 자리를 떠났다. 그리고 일주일 후, 연구자들은 아이들에게 대학생이 했던 행동들에 대해 질문했다. 또한 연구자들은 아이들에게 대학생이 하지 않았던 행동에 대해서도 암시적인 질문을 했다. 책 찢기, 아이들의 무릎에 스티커 붙이기, 나쁘게 말하기, 떠드는 아이들에게 크레용 던지기 등의 행동에 대해 물었다. 사회적 압력이 제공된 집단의 아이들에게도 같은 질문을 했지만, 통제집단과의 차이점은 조사관이 맥마틴 유치원 사건에서 사용된 면접 방법도 사용했다는 것이다.

그 결과는 충격적이었다. 사회적 압력이 제공된 집단에 속했던 5~6세 아이들은 잘못된 유도 질문 중 50퍼센트가 조금 넘는 질문에 '그렇다'고 대답했고, 통제집단의 5~6세 아이들은 잘못된 유도 질문 중 10퍼센트 미만의 질문에만 '그렇다'고 대답했다. 이 결과는 4세 아이들에게서도 비슷하게 관찰되었다. 3세 아이들에게서는 그 결과가 더 심각했다. 통제집단의 아이들의 31퍼센트가 유도 질문에 '그렇다'고 대답했고, 사회적 압력이 제공된 집단에서는 81퍼센트가 '그렇다'고 대답했다. 따라서 맥마틴 유치원 사건과 펠즈에이커스 어린이집 사건의 조사관들이 사용한 것과 같은 사회적 압력으로 인해 아이들이 증언한 과거 경험의 정확성이 크게 떨어진다는 것이 거의 확실해졌다.

암시적인 질문과 사회적 압력

●●●

사람들에게 널리 알려진 다른 사례는 미국 워싱턴주 웨나치Wenatchee에 있는 작은 마을에서 성인 19명이 아동 성매매를 해온 혐의로 유죄 선고를 받은 사건이다. 그러나 핵심 목격자였던 13세 소녀가 자신의 증언을 철회하면서 이 유죄 선고에 의문이 제기되었다. 이 소녀는 조사관이 성적 학대에 대한 혐의를 진술하도록 강요했다고 주장했다. 소녀가 지난 일을 떠올리며 말했다. "저는 증언을 전부 지어내야 했어요. 처음에는 그런 일이 없었다고 말했는데……. 그러자 그 아저씨가 거짓말을 만들어내라고 강요했어요."

미국의 심리학자 제니퍼 아킬Jennifer Ackil과 마리아 자라고자Maria Zaragoza의 실험은 초등학교 학생들에게 이전에 보았던 영상에서 일어난 사건에 대해 암시적인 질문을 하고 대답하도록 강요하면 심각한 기억 출처 문제가 생긴다는 것을 보여준다. 이 실험에 참가한 아이들은 영상에서 일어났던 일과 자신이 대답한 것을 혼동했다.

술탄의 변론서에 서명한 연구자 29명이 보기에 아이들의 피암시성을 다룬 이 새로운 연구는 설득력이 있지만, 검찰은 셰럴의 재심이 타당하다는 근거로는 불충분하다고 주장했다. 1998년 겨울 브루크는 보렌스타인 판사에게 새로운 연구를 설명하며, 최초 셰럴 가족의 재판에서 쓰였던 연구와의 중요한 차이점을 강조했다. 검찰은 반박했지만, 보렌스타인 판사는 브루크의 주장이 설득력이 있다고 생각했다. 그는 검찰의 증거에 대해 날카롭게 비판하면서 재심을 결정했다.

그러나 그는 최종 판결을 내린 것이 아니었다. 1999년 8월, 매사추세츠주 최고법원은 검찰의 주장에 손을 들어주었다. 아이들의 피암시성과 관련된 증거 확보가 가능했으며, 브루크가 제기한 내용에는 근본적으로 새로운 것이 없다는 검찰의 주장을 받아들인 것이다. 그러면서 셰럴 가족의 유죄판결이 옳다고 결정했다. 이 판결로 인해 셰럴이 감옥으로 돌아가게 될 것이 확실해 보였다. 그러나 감옥으로 보내지기 며칠 전인 10월 말, 검찰과 변호사 측은 셰럴 가족의 미결 구금 일수(판결이 확정되기까지 피고인이 구속된 기간)를 본형本刑(어떤 범죄에 해당하는 형벌)에 산입해 석방하는 대신, 유죄 선고를 받은 중죄인의 신분은 유지하기로 합의했다. 제럴드 애미럴트는 2004년까지 수감되어 있었고, 이후에는 가석방되었다.

셰럴 가족과 펠즈에이커스 어린이집의 부모와 아이들에게는 비극이지만, 이로 인해 1990년대에 새로운 연구가 진행될 수 있었다. 이 연구들은 아이들뿐만 아니라 다른 사회 구성원들에게도 유익한 영향을 주었다. 아이들에게 피암시성을 일으키는 요소(유도 질문, 사회적 압력, 강요 등)가 무엇인지 알게 된다는 것은 그 요소를 줄일 수 있는 방법을 알게 되는 것을 의미한다. 단순한 개방형 질문을 하고, 과거에 사용되었던 위험한 방법들을 피하는 조사관은 나이가 어린 목격자에게서도 정확한 정보를 얻어낼 가능성이 꽤 높다.

여전히 피암시성은 우려되는 기억의 오류이며, 이는 아이들에게 특히 그렇다. 피암시성은 가장 큰 피해를 일으킬 수 있지만, 그 악영향을 상쇄시키기가 가장 쉽기도 하다. 대체로 피암시성의 악영향을 피하는 방법은 하지 말아야 하는 일이 무엇인지 아는 것이다. 법적인 맥락이나 치료적인 맥락에서 아이들이나 성인들을 조사하는 경찰과 정신건강 전문가들은 이제 수많은 실수를 반복할 필요가 없다. 지금까지 연구들은 우리의 기억이 암시에 얼마나 취약한지를 보여주고, 기억을 온전히 지킬 수 있는 방법을 제공해주었다. 그렇지 않았다면, 기억의 진실성은 훼손될 수도 있었다.

기억은 암시에 의해 왜곡될 수 있을까?

●●●

1990년대에 이룬 가장 중요한 성과는 로프터스가 '풍부한 오기억(현실에 존재하는 복잡한 경험에 대한 환상 속 기억)'이라고 부르는 것을 확실히 유도해낼 실험 방법을 개발한 것이다. '쇼핑몰에서 길을 잃다' 같은 방법을 사용한 연구들은 암시적인 절차를 이용해 실험 참가자의 20~30퍼센트가 오기억을 만들 수 있다는 것을 보여주었다. 이때의 오기억은 결혼식장에서 음료수 쏟기부터 동물의 공격을 받은 일처럼 더 충격적인 경험까지 다양했다.

2015년 캐나다의 심리학자 줄리아 쇼Julia Shaw와 스티븐 포터가 수행한 연구에서는 심리학자들이 실험실에서 유도한 '풍부한 오기억'의 유형과 빈도를 한 차원 더 높였다. 쇼와 포터는 이 연구에서 여러 암시적인 절차를 사용했는데, 대학생의 70퍼센트가 청소년기에 범죄를 저지른 적이 있다고 오기억을 만들어냈다고 주장했다. 이는 언론의 헤드라인을 장식할 만한 수치였고, 실제로 이 연구 결과는 널리 보도되었다. 이는 충격적인 결과였다.

그 이유는 2가지다. 첫 번째는 어떤 연구에서도 70퍼센트의 사람들이 '풍부한 오기억'을 이끌어내지 못했다. 두 번째는 젊은 사람들이 어린 시절에 일어났다고 추정되는 사건들을 오기억했다. 우리는 보통 어린 시절의 경험을 생생하게 기억할 것이라고 기대하지 않는다. 이 때문에 암시적인 절차에서 모호한 생각이나 이미지가 나타나면, 그것을 기억이 떠올랐다는 증거라고 여긴다. 하지만 우리는 최근에 일어난 사건은 훨씬 더 구체적으로 기억할 것이라고 기대하기 때문에 '독특성 휴리스틱'을 끌어내어 오기억을 만들어내지 않을 수 있다. 정말 대학생의 70퍼센트가 불과 몇 년 전에 일어났다고 추정되는 범죄를 저질렀다고 오기억했던 걸까? 우리의 기억은 암시에 의해 쉽게 왜곡되는 걸까?

이 질문에 답하기 위해 쇼와 포터의 연구를 좀더 면밀히 들여다보도록 하자. 두 심리학자는 부모들의 협조를 얻어 대학생들이 경찰서에 가거나 어떤 범죄에도 가담한 적이 없다는 것을 확인받았다. 부모들은 대학생들이 실제로 겪었지만, 범죄와 관련 없는 감정적 사건을 설명해주기도 했다. 대학생들은 일주일 간격으로 세 번의 면접을 했다. 대학생들은 면접 때마다 가장 먼저 진짜 있었던 사건에 대한 질문을 받았는데, 모두 그 사건들을 쉽게 회상했다. 그중 절반은 자신이 범죄를 저질러 경찰서에 갔다는 '거짓 사건(폭행이나 절도)'에 대한 이야기를 들었다. 절반은 범죄와 관련 없는 감정적 사건(부상, 개 물림 사고, 큰돈을 잃은 일)을 겪었다는 이야기를 들었다.

처음에는 거짓 사건을 기억한다는 대학생이 아무도 없었다. 이는 풍부한 오기억 연구에서 일반적으로 볼 수 있는 결과다. 하지만 연구자들은 사회적 압력을 가하기 시작했다. 대학생들에게 부모들에게서 그 사건이 있었다는 말을 들었다고 하고, 대부분 사람들은 충분히 노력하기만 하면 그것을 기억해낼 수 있다는 말도 해주었다. 또한 연구자들은 대학생들이 상상력을 발휘하도록 했다. 다음 번 면접 전까지 그 사건을 반복적으로 시각화해보라고 격려했다. 사회적 압력과 반복적인 시각화는 언론의 헤드라인을 장식할 만한 수치를 낳았다. 마지막 세 번째 면접에서 청소년기의 범죄에 대해 질문을 받았던 대학생의 70퍼센트가 오기억을 만들어냈다. 이 수치는 우연히 나온 것이 아니었다. 그리고 자신이 겪은 적이 없는 감정적 사건에 대해 질문을 받았던 대학생 중 약 76퍼센트가 오기억을 만들어냈다.

이 실험 결과는 기억 연구에 획기적인 전환을 가져왔지만, 모든 연구자가 이것을 받아들인 것은 아니다. 뉴질랜드의 심리학자 킴벌리 웨이드Kimberley Wade와 그의 동료들은 쇼와 포터가 대학생들이 말한 것을 오기억으로 분류할 때 사용한 기준에 문제가 있다고 비판했다. 두 심리학자는 대학생들이 실험자가 암시했던 정보가 포함된 사건을 자신들이 기억한다고 말하면, 그것을 오기억으로 분류했다. 그런데 그것이 정말 대학생들이 일어난 적이 없는 사건에 대해 기억했다고 할 수 있을까?

웨이드와 그의 동료들은 거짓 믿음과 오기억을 구별했던 연구를 거론했다. 이 연구에서는 사람들이 암시를 진실로 받아들이고 일어났을지도 모르는 일에 대해 추측하는 것을 거짓 믿음으로 분류하고, 그 사건에 대한 기억을 주관적으로 경험하고 일어난 일을 회상하는 것을 오기억으로 분류했다. 웨이드는 이 연구를 참고해 쇼와 포터의 연구 결과를 재분류했다. 그리고 실험 참가자들의 25~30퍼센트만이 범죄를 저질렀다는 오기억을 만들어냈다는 것을 발견했다. 이는 '풍부한 오기억'을 연구했던 실험들과 매우 유사한 비율이지만, 70퍼센트라는 수치와는 완전히 동떨어진 결과였다. 그 밖에 실험 참가자들이 범죄를 저질렀다고 말한 것은 거짓 믿음으로 분류했다.

이는 극적인 차이를 보여주는 결과다. 하지만 25~30퍼센트의 참가자들이 범죄를 저질렀다는 오기억을 갖도록 유도될 수 있다는 것은 여전히 마음을 심란하게 한다. 게다가 70퍼센트가 범죄를 저질렀다는 거짓 믿음을 가졌다는 것은 더욱 우려스럽다. 비록 그 거짓 믿음이 오기억으로 분류되기에는 부족했더라도 말이다. 이는 거짓 자백 연구와 관련이 깊다. 사울 카신이 수행한 연구를 보면, 실험 참가자들의 약 70퍼센트가 알트 키를 누르지 않았지만 자백에 동의했으며, 35퍼센트가 알트 키를 눌렀다고 오기억했다. 쇼와 포터의 연구 결과는 이 같은 결과와 딱 들어맞지만, 이 연구 결과는 실수로 알트 키를 누르는 것보다 훨씬 더 위험하다고 할 수 있다.

살인자 만들기

•••

거짓 자백은 최근 몇 년간 대중의 관심을 사로잡았는데, 이는 '센트럴파크 파이브Central Park Five' 사건 때문이다. 남성 5명이 경찰의 압력으로 1989년에 센트럴파크를 조깅하고 있던 트리샤 메일리Trisha Meili라는 여성을 잔인하게 성폭행했다는 거짓 자백을 하고 유죄 선고를 받았다. 남성들은 결국 2002년 다른 남성이 범행을 자백해서 무죄로 풀려났다. 2012년 PBS 다큐멘터리 〈센트럴파크 파이브〉와 2019년 넷플릭스 미니시리즈 〈그들이 우리를 바라볼 때When They See Us〉는 이 이야기를 많은 사람에게 알리며 거짓 자백의 위험에 대한 논의에 불을 붙였다.

넷플릭스 다큐멘터리 시리즈 〈살인자 만들기Making a Murderer〉에서 묘사된, 거짓 자백으로 논란이 된 사건도 마찬가지다. 2005년에 16세의 브렌던 데시Brendan Dassey는 자신의 삼촌인 스티븐 에이버리Steven Avery를 도와 사진작가인 테리사 할바크Teresa Halbach를 성폭행하고 살해했다고 자백했다. 그러나 그는 강압에 의한 자백이었다며 나중에 자신의 주장을 철회했지만, 무기징역을 선고 받았다. 한 판사는 그의 자백이 강압에 의한 것이므로 석방되어야 한다는 판결을 내렸다. 하지만 그 판결은 항소심에서 뒤집혔다. 2019년 12월에 데시를 석방해달라는 청원이 거부되었으며, 현재 그는 수감 중이다.

존 그리샴John Grisham이 2006년에 출간한 『이노센트 맨The Innocent Man』과 2018년에 발표된 동명의 넷플릭스 다큐멘터리는 두 사건을 다루고 있는데, 오클라호마주 에이다Ada에서 벌어진 살인사건에서는 거짓 자백이 이루어졌던 것으로 보인다. 첫 번째 사건에서는 론 윌리엄슨Ron Williamson과 데니스 프리츠Dennis Fritz가 1982년 칵테일바 웨이트리스인 데브라 수 카터Debra Sue Carter를 살해한 혐의로 유죄판결을 받았다. 윌리엄슨이 살인을 저지른 꿈을 꾸었다고 인정한 것이 자백으로 받아들여졌다. 1999년에 윌리엄슨과 프리츠의 무죄를 입증하는 DNA 증거가 나오고 나서 두 사람은 석방되었다. 두 번째 사건에서는 칼 폰테노Karl Fontenot와 토미 워드Tommy Ward가 1984년에 가게 점원인 드니스 해러웨이Denice Haraway를 살해한 혐의로 유죄판결을 받았다. 이 사건에서는 강압에 의한 것이라고 의심되는 자백이 주요한 증거로 작용했다. 두 남성이 연루된 이 사건은 각각 따로 항소심이 진행되었다. 2019년 12월 19일에 폰테노는 석방되었으며, 워드의 항소심은 여전히 진행 중이다.

거짓 자백에는 매우 난감한 질문이 숨어 있다. '왜 어떤 사람들은 자신이 저지르지 않은 범죄를 자백하는 걸까?' 그런 일이 일어나는 이유는 다양하다. 사울 카신과 그의 동료들이 말한 자신이 정말 범죄를 저질렀다고 잘못된 믿음을 갖게 되는 것은 일부에 지나지 않는다. 쇼와 포터의 연구 결과가 우리에게 상기시켜주는 것은 강압과 상상이 결합되면 놀랄 만큼 많은 사람이 저지르지 않은 범죄를 저질렀다고 믿게 된다는 것이다.

경찰의 강압적인 질문으로 완전히 오기억을 만들어낸 비율이 그보다 훨씬 더 작았다는 것은 이론적으로 중요한 의미를 갖는다. 하지만 재판에서 거짓 자백은 심각한 문제를 야기한다. 누군가가 오기억을 만들어내지는 않았어도 범죄를 저질렀다는 거짓 믿음을 갖게 되면 틀림없이 거짓 자백을 내놓을 확률이 높아지기 때문이다. 지금까지 심리학자들은 암시가 오기억을 유도하는 방식을 이해하는 데 맞춰져 있었지만, 이제 암시가 거짓 믿음을 유도한다는 것에도 그만큼의 관심을 기울여야 한다.

누군가에게 오기억을 암시하면

1990년대에 성인과 아이들에게서 발견된 오기억에 대해 사람들이 보인 격렬한 반응과 지금까지 살펴본 새로운 연구는 피암시성의 위험을 충분히 보여준다. 그렇지만 당시에 가정과 공동체를 분열시켰던 오기억이 사라지기 시작했다고 긍정적으로 바라볼 이유가 있었다. 1999년 패멀라 프리드는 오기억 증후군 재단이 새로운 사건을 받는 일이 너무 드물어서 도움 요청 전화를 처리하는 부서를 축소했다고 말했다. 매기 브루크와 스티븐 세시 등이 수행한 연구는 아이들의 기억이 암시에 얼마나 취약한지를 명확히 밝혀냈고, 부당하게 기소된 어린이집 직원들이 무죄로 풀려나도록 했다. 그 후 우리는 암시의 악영향을 막아내는 데 성공했지만 여전히 위험은 존재한다.

2019년 12월 31일, 오기억 증후군 재단은 공식적으로 해체되었다. '오기억 증후군 재단에 대한 수요가 지난 몇 년간 급감했다'는 이유에서였다. 최근 몇 년간 암시적인 절차를 이용해 만들어냈던 끔찍한 어린이집 학대 사건은 발생하지 않았다. 1990년대 브루크와 세시의 연구들이 이런 변화를 가져오게 한 것은 분명하다.

맥마틴 유치원 사건이나 펠즈에이커스 어린이집 사건에서 발생한 오기억을 사람들이 인식하도록 만든 개인의 노력도 한몫했다. 그중 가장 눈에 띄는 사람이 도러시 라비노위츠Dorothy Rabinowitz다. 그는 『월스트리트저널』에 글을 기고했으며, 2003년 『이보다 더 무도한 행위는 없다No Crueler Tyrannies』라는 책을 펴내기도 했다. 1980~1990년대에 있었던 끔찍한 어린이집 사건을 분석한 『우리는 아이들을 믿는다We Believe the Children』에서 리처드 벡Richard Beck이 지적했던 것처럼 과거의 큰 실패를 초래한 실수들로 인해 아이들을 면접하는 방법도 좋은 쪽으로 변화했다. 여전히 아동 학대는 심각한 문제지만, 암시와 관련된 어린이집 학대 사건에 대한 오기억이 더는 심각한 문제가 아니게 되었다.

그렇다면 암시가 오기억을 유도할 수 있다는 인식이 기억을 되찾기 위한 암시적인 치료를 감소시켰을까? 2012년에 미국의 심리학자 로런스 파티히Lawrence Patihis와 그의 동료들은 심리치료사 53명을 대상으로 설문조사를 진행했다. 이 조사에서는 여러 가지 문장을 보여주고 그 내용에 동의하는지를 물었는데, 그중에는 다음과 같은 문장이 들어 있었다. "누군가에게 오기억을 암시하면, 그 사람은 오기억을 참기억으로 받아들일 가능성이 있다." 심리치료사의 96퍼센트가 이 문장에 동의했는데, 이는 1992년에 같은 문장을 심리치료사들에게 제시했을 때 86퍼센트가 동의했던 것과 비교해보면 훨씬 높은 수치다. 이보다 더 극적인 변화도 발견되었다. 1992년 설문조사에서 심리치료사의 48퍼센트가 "최면이 실제로 일어난 사건에 대한 기억을 되찾는 데 이용될 수 있으며, 탄생의 순간까지 기억해내는 것이 가능하다"는 문장에 동의했지만, 2012년 설문조사에서는 오직 9퍼센트만이 동의했다.

암시적인 기억 치료의 위험성을 인지하는 심리치료사가 증가하고 있다는 것은 고무적인 현상이다. 하지만 파티히와 그의 동료들은 심리치료를 통해 정확한 기억을 회복할 수 있다는 가능성에 대해 연구자들이 심리치료사들보다 회의적이라는 것을 발견했다. 2019년에 파티히와 작가인 마크 펜더그라스트Mark Pendergrast는 심리 치료를 받은 적이 있는 사람들의 경험에 대해 설문조사를 했다. 이 조사에서 소수의 심리치료사는 여전히 치료 중에 억압된 성적 학대 기억을 되찾으려고 한다는 것이 드러났다. 1990년대와 비교해보면, 이것은 드물다고 할 수 있지만, 완전히 없어진 것은 아니다. 이것은 오기억이 늘어난다는 것을 의미하지 않지만, 암시적인 기억 치료가 위험하다는 사실을 고려해보았을 때, 경계를 늦추지 않아야 한다.

제6장

기억은 편향된다

과거는 현재에 달려 있다

전체주의 정치 체제의 삶을 섬뜩하게 묘사한 조지 오웰George Orwell의 소설 『1984』를 보면, 집권당은 과거를 의도적으로 수정해서 국민들을 심리적으로 지배한다. 집권당의 슬로건은 "과거를 지배하는 자가 미래를 지배하고, 현재를 지배하는 자가 과거를 지배한다"였다. 이 정부의 진실부Ministry of Truth는 이미 쓰인 역사 기록을 수정하고, 기억이라는 실제 경험까지도 조작하려고 했다.

"과거의 사건은 객관적으로 존재하지 않으며, 문서 기록과 인간의 기억 속에서만 살아남는다고 주장된다. 과거란 기록과 기억이 일치된 것을 의미한다. 과거를 지배하는 것은 무엇보다도 기억의 훈련에 달려 있다. 문서 기록들을 현재의 정통성과 일치시키는 것은 기계적인 행위일 뿐이다. 그러나 사건들이 원하는 방식으로 일어났다고 기억하는 것도 필요하다. 그리고 자신의 기억을 바꾸거나 기록을 수정해야 한다면, 그 자신이 그렇게 했다는 것을 잊을 필요가 있다. 이렇게 하는 기술은 어떤 정신 훈련처럼 습득될 수 있다."

오웰이 상상한 것과 같은 전체주의 사회는 동유럽 공산주의 정권들이 붕괴한 이래 계속 줄어들었다. 그러나 진실부가 휘둘렀던 힘은 개인의 마음속에서 여전히 작동하고 있다. 기억 속 과거는 종종 현재 우리 자신의 필요에 따라 다시 쓰인다. 기억의 편향은 우리의 지식과 신념과 기분이 새로운 경험이나 그에 대한 기억에 왜곡된 영향을 주는 것을 의미한다. 『1984』의 진실부는 인간의 기억을 집권당의 통치에 유리하도록 이용했다. 이와 거의 비슷한 방식으로 편향도 과거의 경험을 회상할 때 기억이 어떤 식으로든 우리의 인지 체계의 주인을 위해 희생되는지를 보여준다.

편향의 5가지 주요 유형은 기억이 주인을 위해 희생되는 방식을 분명히 보여준다. 일관성 편향과 변화 편향은 자기 자신에 대한 생각이 어떻게 과거를 현재와 매우 비슷하거나 다르게 재구성하는지를 보여준다. 사후 과잉 확신 편향은 과거의 사건에 대한 기억이 현재의 지식이라는 여과기를 통과해 어떻게 받아들여지는지를 보여준다. 자기중심적 편향은 현실의 지각과 기억을 조화시킬 때, 자아self의 강력한 역할을 보여준다. 고정관념 편향은 우리가 일반적인 기억의 존재나 영향을 알지 못할 때에도 어떻게 세상에 대한 해석을 형성하는지 보여준다.

일관성 편향과 변화 편향

1992년 7월 16일, 로스 페로Ross Perot가 갑자기 대선후보 경선에서 물러난다고 발표했을 때, 그의 열렬한 지지자들은 큰 충격을 받았다. 언론은 페로를 비난했다. 『뉴스위크』는 '겁쟁이'라는 제목의 커버스토리를 싣기도 했다. 지지자들은 그가 결정을 번복할지도 모른다는 희망과 슬픔과 분노가 뒤섞인 복잡한 감정을 느꼈다. 10월 초 페로가 다시 경선에 뛰어들었을 때, 그를 지지했던 사람들은 다양한 방식으로 반응했다. '열성 지지자들'은 흔들리지 않고 페로를 지지했다. '되돌아온 지지자들'은 처음에 다른 후보를 지지했지만, 금방 되돌아왔다. '포기한 지지자들'은 페로가 출마를 취소하자마자 그에 대한 지지를 철회하고 다시 돌아오지 않았다.

페로가 7월에 경선을 중단하고 며칠 후, 미국 캘리포니아대학 어바인캠퍼스의 심리학자 린다 러빈Linda Levine은 페로의 지지자들에게 어떤 감정을 느꼈는지 물었고, 11월 선거가 끝난 후 다시 한번 이들의 기억을 조사했다. 열성 지지자들, 되돌아온 지지자들, 포기한 지지자들은 모두 페로의 충격적인 발표에서 느꼈던 희망과 슬픔과 분노를 어느 정도 정확하게 기억했다. 그러나 11월에 느꼈던 감정과 일치시키기 위해 자신들의 기억을 고쳐 쓰기도 했다. 열성 지지자들은 페로가 경선을 중단했을 때 자신들이 느꼈던 슬픔을 과소평가했다. 되돌아온 지지자들은 자신들이 실제 말했던 것보다 상대적으로 분노가 덜했다. 포기한 지지자들은 실제 자신들이 느꼈던 것보다 덜 희망적이었다.

이 일관성 편향은 다른 상황에서도 발견되었다. 자신이 과거의 통증을 회상하는 것은 현재의 통증 정도에 따라 크게 영향을 받는다. 만성 통증에 시달리는 환자가 현재 높은 강도의 통증을 경험하고 있다면, 이 환자는 과거에 그와 비슷한 강도의 통증을 느꼈다고 편향되게 회상한다. 그러나 현재의 통증이 그리 심하지 않으면, 과거의 통증도 괜찮았던 것처럼 느낀다.

일관성 편향은 정치적·사회적 쟁점에 대한 태도에서도 드러난다. 시간이 지나면서 정치적 견해가 변해왔던 사람들은 자신들의 과거의 견해가 현재의 견해와 매우 비슷했다고 착각한다. 과거의 정치적 견해를 기억할 때는 실제로 현재의 정치적 견해에 훨씬 더 밀접하게 관련되어 있다. 한 연구에서, 고등학교 학생들은 스쿨버스 운행에 대한 자신들의 의견을 말한 다음에 스쿨버스 운행의 찬반 논쟁을 들었다. 이 학생들은 찬반 논쟁에 맞춰 자신들의 견해를 바꾸었지만, 그 견해가 이전부터 계속 고수해왔던 견해였다고 잘못 회상했다.

사람들이 왜 이러한 일관성 편향을 보이는지 이해하기 위해, 당신이 5년 전 사형에 대해 어떤 견해를 가졌는지 기억해보자. 그때의 견해를 명확히 기억할 수 있는가? 캐나다의 심리학자 마이클 로스Michael Ross는 사람들이 종종 과거에 자신이 믿었거나 느꼈던 것에 대해 명확히 기억하지 못하며, 자신의 현재 상태에서 과거의 신념이나 기분을 추론한다고 말한다. 사형에 대한 자신의 견해가 바뀌었다고 믿을 만한 타당한 이유가 없다면, 사람들은 현재의 의견을 가늠해 5년 전에도 그와 동일하게 느꼈다고 추정하는 것 같다. 여기서 로스가 '암묵적 안정성 이론implicit theory of stability'이라고 명명한 것을 적용해본다면, 시간이 지나면서 견해가 바뀌지 않은 사람들은 정확하게 회상하지만, 그 견해가 변화되면 일관성 편향이 나타난다.

그러나 사람들이 항상 '암묵적 안정성 이론'을 적용하는 것은 아니다. 우리는 때때로 시간이 지나면 우리 자신이 변했거나 변할 수밖에 없다고 믿는다. 자기개발 프로그램은 우리의 그런 기분을 이용하기도 한다. 사람들은 체중 감량, 대학입학시험 준비, 운동 등 자신의 변화를 도와주는 프로그램에 시간과 노력을 투자한다면, 실제로 경험한 변화의 정도를 과장한다. 학습 기술을 향상시킨다는 프로그램을 완수한 학생들은 이 프로그램을 시작하기 전에 말했던 것보다 자신의 학습 기술 수준이 더 낮았던 것으로 기억했다. 하지만 이 프로그램에 참여하기 위해 대기자 명단에 있었던 학생들은 어떠한 변화 편향도 보이지 않았다.

변화 편향은 여성들이 생리 기간의 정서를 어떻게 회상하는지에도 영향을 준다. 한 설문조사에 따르면, 일반적으로 여성들은 생리 기간에 매우 짜증나고 우울하다고 믿는 것으로 나타났다. 여성들을 대상으로 수행한 연구에서는 요통, 두통, 복통 같은 신체적 증상이 더 많이 발생한다는 것이 명확히 발견되었다. 그러나 우울증과 같은 기분 변화가 심해진다는 증거는 거의 없다. 여성들은 신체적인 불편으로 인해 생리가 부정적인 기분이나 심리적인 고통을 일으킨다고 생각한다.

마이클 로스가 수행한 연구에서도 생리 중인 여성들은 생리를 하지 않을 때와 비교해 신체적 증상을 더 많이 느낀다고 했지만, 기분이나 성격에서는 별다른 변화를 보이지 않았다. 그런데도 여성들은 생리를 하지 않은 기간에 느꼈던 감정을 실제보다 긍정적이었다고 회상해서 생리가 부정적인 기분을 만들어낸다는 자신의 생각을 뒷받침하려고 했다. 즉, 여성들은 생리 기간에 부정적인 증상을 더 많이 경험했다고 믿을수록, 생리가 끝난 후 그 증상을 과장되게 회상했다.

당신은 결혼 생활에 얼마나 만족합니까?

●●●

일관성 편향과 변화 편향의 효과는 친밀한 대인 관계에 대한 기억에서 가장 두드러지는 듯하다. 1970년대에 바브라 스트라이샌드

Barbra Streisand가 부른 노래 〈우리가 지나온 길The way we were〉을 떠올려보자. 이 노래는 과거의 관계를 떠올리게 하는 아픈 기억은 이제 잊고 웃었던 순간들만 생각하자고 말한다. 지금까지 살펴본 증거나 견해뿐만 아니라 이 노래가 함축하고 있는 내용처럼, '우리의 현재 모습the way we are'을 판단하는 일과 '우리의 과거 모습the way we were'을 회상하는 일을 별개로 분리하는 것은 어려운 일이다.

일관성 편향은 종종 과거의 기억에 영향을 주기 때문에 연인들에게 자신들이 한때 어떤 기분이었는지를 뒤돌아보며 평가할 때 왜곡을 한다. 2개월의 시간차를 두고 수행된 두 차례의 설문조사에서 연구자들은 대학생들에게 연인의 정직함, 친절함, 지능과 같은 특징에 대해 평가하게 하고, 연인을 좋아하고 사랑하는 정도를 평가하게 했다. 대학생들은 두 번째 설문조사를 받는 동안에 첫 번째 설문조사의 평가도 회상해야 했다. 연인에 대한 평가가 더 부정적으로 바뀐 학생들은 첫 번째 설문조사에서 느꼈던 인상을 실제보다 더 부정적으로 회상했다. 첫 번째 설문조사보다 두 번째 설문조사에서 연인을 좋아하거나 사랑한다고 말한 대학생들은 과거에 연인을 더 좋아하고 사랑했다고 회상했다. 과거의 인상과 느낌에 대한 기억은 현재의 인상과 느낌을 통해 걸러지고, 현재의 인상과 느낌과 일관되게 나타났다.

일관성 편향은 결혼한 부부와 연인 모두에게서 일반적으로 나타난다. 다음의 질문을 생각해보자. 상대에게 얼마나 애착을 느끼는가? 두 사람은 얼마나 행복한가? 상대는 얼마나 자주 신경을 건드리는가? 상대를 얼마나 사랑하는가? 이 질문에 답해보았다면, 이번에는 1년 전에 어떠했는지 떠올리며 같은 질문에 답해보자. 8개월 또는 4년의 간격을 두고, 이와 비슷한 질문을 두 차례 받았던 부부들과 연인들은 대체로 자신들이 두 차례 모두 비슷한 평점을 주었다고 올바르게 기억했다.

그러나 시간이 지나 감정의 변화가 있는 사람들은 자신들이 계속 같은 방식으로 느꼈다고 잘못 기억했다. 자신들이 4년 전에 어떤 감정을 느꼈는지 기억해내면서 감정의 변화가 없었던 5명 중 4명은 정확하게 회상했지만, 감정이 변화한 사람은 5명 중 1명만이 '그들의 과거 모습'을 정확하게 회상했다. 8개월 전에 어떤 감정을 느꼈는지 기억해낼 때는 그 결과가 훨씬 더 극적이었다. 감정이 안정적인 여성들의 89퍼센트와 남성들의 85퍼센트가 첫인상을 정확하게 기억했으나, 감정이 변한 여성들의 22퍼센트와 남성들의 15퍼센트만이 정확하게 기억했다. 그것의 사실 여부와 상관없이 그들은 '내가 지금 느끼는 것은 항상 느껴왔던 것이다'고 말하는 듯했다.

이러한 유형의 편향은 때때로 결혼한 부부들이 처음 몇 년 동안 함께 경험하는 문제들에서도 나타난다. 일단 '허니문'이 끝나면, 많은 부부가 결혼 만족도가 급격히 하락하는 것을 경험한다. 결혼 초기에는 현재의 문제를 이야기하는 것이 어렵다. 그러나 일관성 편향은 현재의 유쾌하지 않은 분위기가 과거를 왜곡시키기 때문에 문제를 더 악화시킬 수 있다. 400쌍에 가까운 부부의 결혼 초기를 추적한 연구를 살펴보자. 4년의 연구 기간에 점점 더 불행해졌다고 표현한 부부 중에 남성들은 결혼 초기에 행복하다고 말했지만 그 시절을 부정적으로 회상했다. 연구자들은 "그러한 편향은 상황을 위험하게 만들 수도 있다. 상대에 대한 현재의 견해가 나쁠수록 그에 대한 기억은 더 나빠지며, 이는 현재의 부정적인 태도를 더 강하게 확인시킬 뿐이다"고 말했다.

이처럼 일관성 편향이 관계의 기억을 형성하는 데 강력하게 작용한다고 해도, 변화 편향이 일어날 수 있다. 그리고 변화 편향은 때때로 긍정적인 방향으로 일어나기도 한다. 1960년대 말에 유행한 '나는 어제보다 오늘의 당신을 더 사랑해요'라는 가사의 노래를 기억하는가? 사람들은 자신들의 낭만적인 애정이 시간의 흐름에 따라 더 강해진다고 믿고 싶어 할 것이다. 연구자들이 연인들에게 1년에 한 번씩 현재의 관계를 평가하고, 과거에는 어떻게 느꼈는지 회상하라는 질문을 했을 때, 연인들은 이 유행가 가사와 같은 정서를 표현했다. 4년 동안 사귄 연인들은 사랑의 강도가 마지막으로 관계를 평가한 이래 계속 증가해왔다고 회상했다. 그러나 당시 그들이 실제로 평가한 내용은 사랑과 애착에서 나아졌다는 어떤 증거도 보여주지 못했다. 연인들의 사랑은 어제보다 오늘 더 깊어진 것이 아니었다. 그러나 기억이라는 주관적인 관점에서 그들의 사랑은 더 깊어졌다.

이런 패턴은 다른 연인들과 부부들에게서 발견된 일관성 편향과 다르다. 연인들은 과거를 실제보다 덜 긍정적으로 잘못 기억했고, 그러면서 상대적으로 현재를 더 장밋빛으로 보이게 만들었다. 일관성 편향과 변화 편향은 한 관계 내에서 서로 다른 시기에 나타날 수 있으며, 이 관계의 성격과 시기에 따라 어느 한 편향이 더 우세할 수 있다. 미국의 사회심리학자 벤저민 커니Benjamin Kearney와 로버트 쿰스Robert Coombs는 결혼 생활에 대한 아내들의 감정을 20년 동안 연구한 것을 분석했다. 이 연구는 여성들이 20대 중반이던 1969년에 시작되었다. 이 연구에 참여한 과학자들은 여성들의 결혼 생활 첫 10년과 이후 10년을 따로 살펴보았다. 첫 10년은 부모가 되는 시기였고, 이후 10년은 경제적으로 안정기에 들어가는 시기였다. 각 시기에 여성들은 여러 질문을 받고 대답했는데, 그중에는 '당신은 결혼 생활에 얼마나 만족합니까?'라는 일반적인 질문도 있었고, '남편과 얼마나 많은 관심사를 공유합니까?'라는 구체적인 질문도 있었다.

결혼 생활의 첫 10년을 회상할 때, 여성들은 변화 편향을 보였다. 그들은 처음에 평가했던 내용을 실제보다 더 나빴던 것으로 기억했다. 여성들이 결혼 초기에 느꼈던 것보다 결혼 생활을 유지한 10년간을 더 부정적으로 느꼈지만, 변화 편향으로 인해 현재의 감정이 비교적 개선된 것처럼 보이게 만들었다. 결혼 생활을 20년간 유지한 시점에서 두 번째 10년간의 시기를 되돌아보았을 때 여성들은 일관성 편향을 보였다. 10년 전 감정이 현재의 감정과 비슷하다고 잘못 기억한 것이다. 하지만 실제로 이 여성들은 결혼 후 10년이 지났을 때보다 20년 후에 더 부정적인 감정을 많이 느꼈다.

이 두 편향은 여성들이 결혼 생활을 헤쳐나가도록 도와주었다. 결혼 후 10년 시점에서 기억이 개선되었다는 평가로 편향될수록, 여성들은 20년 시점에서 결혼 생활에 더 행복해했다. 결혼 후 20년 시점에서 결혼 생활에 가장 만족했던 여성들은 기억의 편향이 가장 적었지만, 그렇지 못했던 여성들은 기억의 편향이 가장 심했다. 이는 과거를 왜곡하는 방식으로 행복하지 않은 현재를 계속 극복하려고 한다는 것을 반영하는 듯하다. '우리의 과거 모습'에 대한 기억은 '우리의 현재 모습'에서 영향을 받을 뿐만 아니라 영향을 주기도 한다.

일관성 편향과 변화 편향은 사회심리학자들이 모순되는 사고와 감정 때문에 일어나는 '인지 부조화'라는 현상을 줄이는 데 도움이 될 수 있다. 사람들은 인지 부조화를 줄이기 위해 어떤 일도 서슴지 않는다. 알코올의 위험성을 강조하는 최신 건강 통계를 읽은 알코올 중독자는 인지 부조화를 줄이기 위해 자신은 사교 목적으로 술을 약간 마실 뿐이라고 스스로 설득하거나 그 통계를 폄하하려고 할 것이다. 마찬가지로,

불행한 결혼 생활을 하고 있지만 자신의 결혼이 성공적이어야 한다고 믿는 여성은 현재를 좀더 참을 만하게 만들어주는 일관성 편향이나 변화 편향으로 과거를 왜곡해서 인지 부조화를 줄일 수 있다.

인지 부조화는 그것을 가져온 사건을 회상하지 못할 때에도 감소될 수 있다. 다음의 시나리오를 생각해보자. 당신은 어떤 화랑을 방문해 어느 화가가 그린 그림 두 작품에 푹 빠지게 되었다. 하지만 당신에게는 한 작품만 살 수 있는 정도의 돈밖에 없다. 당신은 두 작품 중 무엇을 살지 결정하지 못하다가 마침내 선택을 하지만, 새로 구입한 그림을 가지고 화랑을 나서면서도 다른 그림을 두고 가는 것에 갈등을 느낀다. 다음 날, 구입하지 못한 그림보다 구입해온 그림이 좀더 좋다는 것을 깨닫고 나서 어렵게 내린 결정으로 생겼던 인지 부조화는 사라진다.

여러 연구 결과는 사람들이 이전에 똑같은 정도로 마음에 든다고 했던 두 작품 중 하나를 선택해야 할 때 이러한 유형의 인지 부조화 감소를 보인다는 것을 보여준다. 사람들은 결정한 후에 이전에 말했던 것보다 자신이 선택한 그림을 더 좋아한다고 주장했으며, 선택하지 않은 그림은 덜 좋아한다고 주장했다. 미국의 사회심리학자 매슈 리버먼Matthew Lieberman과 케빈 오스너Kevin Ochsner의 연구에서는 건망증 환자들도 선택하지 않은 그림보다 선택한 그림을 얼마나 더 많이 좋아했는지 부풀려 말하고 자신이 똑같은 정도로 좋아했던 두 작품 중 하나를 선택한 후 생겼던 인지 부조화를 줄였다. 그러나 건망증 환자들은 처음에 그런 인지 부조화를 야기했던 선택을 의식적으로 기억하지 못했다. 이 결과는 일관성 편향과 변화 편향을 포함한 다양한 인지 부조화 감소가 일어나기 위해서 그 갈등이 어디에서 비롯된 것인지 제대로 의식하지 못할 때에도 일어난다는 것을 암시한다.

사후 과잉 확신 편향

●●●

미국 프로야구 팀인 보스턴 레드 삭스가 1999년 10월 플레이오프 시리즈의 결정적인 경기에서 클리블랜드 인디언스(현재 클리블랜드 가디언스)를 이겼을 때, 보스턴 팬들은 아메리칸리그 챔피언십 시리즈에서 뉴욕 양키스와 싸울 생각에 즐거워했다. 행복에 취해 스포츠 라디오 토크쇼에 전화를 건 사람들은 오랫동안 고생한 보스턴 레드 삭스가 미움을 받고 있는 강력한 뉴욕 양키스를 이길 수 있는 좋은 기회를 잡았다는 이유를 하나하나 열거했다. 레드 삭스는 인디언스와 맞서 역전승을 해서 엄청난 탄력을 받았다는 것, 레드 삭스의 압도적인 투수인 페드로 마르티네스Pedro Martínez의 공을 때릴 팀이 전혀 없다는 것, 포스트시즌에서는 어떤 일도 일어날 수 있다는 것이었다.

보스턴 레드 삭스가 아메리칸리그 챔피언십 시리즈에서 패배한 후 라디오 토크쇼에 전화한 사람들은 전혀 다른 이야기를 했다. 그들은 레드 삭스에 승산이 있다고 생각해본 적이 없다며 침울하게 말했다. 어떤 사람들은 레드 삭스의 타격이 양키스와 경쟁하기에 부족하다는 것을 확신했다고 회상했다. 또 레드 삭스의 구원투수들이 너무 약하다고 느꼈다고 기억했다. 심지어 레드 삭스의 골수팬들조차 양키스의 실력이 너무 뛰어나다는 것을 알고 있었다고 인정했다.

라디오 토크쇼에 전화를 건 사람들의 기억은 아메리칸리그 챔피언십 시리즈 결과에 크게 영향을 받는 것 같았다. 이들은 '사후 과잉 확신'을 갖고 레드 삭스가 패배할 운명이었다는 것을 처음부터 알고 있었다고 느꼈다. 아마도 챔피언십 시리즈 전에는 낙관적인 사람들이 전화했을 것이고, 비관적인 사람들은 챔피언십 시리즈가 끝날 때까지 전화하지 않았을 것이다. 그 때문에 이 의견들만 갖고 확실한 결론을 끌어내기는 어렵겠지만, 다른 스포츠 팬들을 대상으로 한 실험연구들도 레드 삭스 팬들이 말한 것과 거의 비슷했다.

미국 노스웨스턴대학 미식축구팀 팬들은 1995년 포스트시즌 동안 위스콘신대학 · 펜실베이니아주립대학 · 아이오와주립대학과 벌인 홈 경기 전후에 우승 가능성이 얼마나 되느냐는 질문을 받았다. 1995년 시즌을 매우 성공적으로 보냈던 노스웨스턴대학 미식축구팀은 이 세 경기에서 승리했다. 각 경기가 끝난 후에 우승 가능성을 어떻게 예측했냐고 질문을 받은 팬들은 경기 전에 우승 가능성을 예측해보라고 질문을 받았던 팬들보다 더 높은 우승 가능성을 예측했다고 답했다.

스포츠 팬들만 '사후 확신'을 주장하는 것은 아니다. 사람들이 강하게 의견을 표현했던 공적 사건을 생각해보자. 당신은 O. J. 심프슨의 형사재판에서 배심원단이 유죄 평결을 내릴 가능성이 얼마나 높다고 생각했는지 기억할 수 있는가? 대학생들은 배심원단이 무죄 평결을 내리기 2시간 전과 이틀이 지난 시점에서 배심원단의 유죄 평결 가능성을 추측해보라는 지시를 받았다. 이들은 배심원단이 결정을 내리기 전보다 결정을 내린 후에 유죄 평결 가능성을 더 낮게 평가했다.

이러한 판단은 일상생활에서 흔하게 일어난다. 일단 어떤 사건의 결과를 알고 나면, 우리는 무슨 일이 일어날지 알고 있었던 것처럼 생각한다. 어떤 사건의 결과를 보고 이것을 당연하다고 보는 경향을 심리학자들은 '사후 과잉 확신 편향'이라고 부른다. 우리는 현재 우리가 알고 있는 사실과 일관성을 이루도록 과거를 재구성한다.

사후 과잉 확신 편향은 어떤 경선이 그렇게 끝날 수밖에 없었던 이유를 서둘러 설명해대는 다양한 정치 평론가가 활동하는 선거철에 흔한 것 같다. 그러나 이들은 개표되기 전에 결과를 명확히 파악했던 걸까? 1980년 대통령 선거가 있던 전날에 연구자들은 대학생들에게 결과를 예측해보라고 지시했다. 다른 대학생들에게는 선거 다음 날에 결과를 어떻게 예측했을 것 같으냐는 질문을 했다. 선거 다음 날에 질문을 받았던 대학생들은 선거 전날에 질문을 받았던 대학생들보다 로널드 레이건Ronald Reagan의 득표율을 더 높게 예측했고, 지미 카터Jimmy Carter와 존 앤더슨John Anderson의 득표율은 더 낮게 예측했다(이 선거에서 공화당 후보 로널드 레이건이 승리했다).

사후 과잉 확신 편향은 사람들이 결과의 결정적인 원인을 구체적으로 열거하는 '사후 설명'을 생각해낼 때 뚜렷해진다. 영국과 네팔의 구르카족 사이에 일어났던 19세기 전쟁의 결과를 다르게 판단했던 사람들을 살펴보자. 전쟁의 결과를 예측해야 하는 상황에서 실험 참가자들은 글을 읽고 그 결과를 예측해야 했다. 전쟁의 결과를 알게 된 상황에서 실험 참가자들은 영국이 이겼다고 들었는데, 실험자는 이들에게 무슨 일이 일어났는지 모르는 것처럼 그 결과를 예측해보라고 지시했다. 이렇게 지시했는데도 전쟁의 결과를 알고 있던 실험 참가자들은 '사후 과잉 확신 편향'을 나타냈다.

사후 과잉 확신 편향은 실험자가 영국의 우월한 군대 훈련법이 승리의 결정적인 원인이라는 사실을 알려주었을 때 강하게 나타났다. 그러나 승리의 원인이 변덕스러운 날씨였다고 말했을 때는 사후 과잉 확신 편향이 거의 나타나지 않았다. 마찬가지로, 사후 과잉 확신 편향은 노스웨스턴대학 미식축구팀 팬들의 일부에서 확인할 수 있었다. 이들은 경기가 끝난 후에 자신들의 예측을 회상했을 때, '우리의 수비가 상대를 꼼짝 못하게 했다'거나 '상대편이 결정적인 필드골을 놓쳤다'와 같은 결과에 대한 인과적인 설명을 만들어냈다. 사람들은 결과를 알고 있고 그 결과를 필연적인 것처럼 만드는 '인과적 시나리오'를 구성할 때, 자신들이 처음부터 결과를 알고 있었다고 강하게 느낀다.

사후 과잉 확신 편향은 아주 강력해서 사건의 실제 결과를 무시하라는 지시를 분명하게 받았을 때에도 일어난다. 그것은 결과에 대한 지식이 의미기억 속 다른 일반적인 지식과 혼합되는 것과 같았다. 또한 이렇게 새롭게 얻은 정보를 자신이 내리려는 판단과 관련된 다른 정보와 다르게 취급하는 것이 불가능한 것 같기도 했다. 사후 과잉 확신 편향이 결과에 대한 지식을 무시하려고 할 때조차도 지속된다는 것은 일상생활에서 중요한 의미를 갖는다.

당신이 이론異論의 여지가 있는 진단을 받은 후에 그와 관련해 또 다른 의학적 소견을 알고 싶다면, 첫 번째 의사의 소견에 편향되지 않고 당신의 상태를 새로운 관점으로 이야기해줄 의사를 만나고 싶을 것이다. 그러나 사후 과잉 확신 편향이 강력할 때, 첫 번째 의사의 소견을 안다는 것만으로도 두 번째 의사의 판단에 영향을 줄 수도 있다. 심지어 두 번째 의사가 첫 번째 의사의 소견을 무시하려고 노력해도 말이다. 이것은 의사들이 백혈병이나 알츠하이머병처럼 특정한 진단명을 무시하고 독립된 진단을 내려달라는 요청을 받았을 때도 일어난다. 이 의사들은 진단명을 몰랐던 의사들보다 진단명과 일치하는 진단을 내릴 가능성이 더 높았다.

이것은 법정의 배심원단에서도 일어난다. 검찰이 유죄를 입증하는 듯한 전화 통화에서 입수한 증거를 제출하자 피고인의 변호사가 이를 부인하고, 판사는 증거 채택 불가 판결을 내렸다고 가정해보자. 판사는 배심원단에 그 증거를 무시하라고 분명하게 지시한다. 그러나 배심원들이 증거를 무시하라는 지시를 받았지만, 그 증거를 무시할 수 없다는 것을 보여주는 실험연구가 많다. 다시 말해 증거에 대해 듣지 않은 배심원보다 증거에 대해 들었던 배심원이 유죄 평결을 내릴 가능성이 더 높았다. 배심원들은 그 증거를 무시해야 하지만, 일단 증거가 배심원들의 기억에 자리 잡으면, 피고인이 유죄라는 것을 '처음부터 알았다'고 느끼도록 편향된다.

사후 과잉 확신 편향은 어디서든 쉽게 볼 수 있다. 사람들은 대부분 자기가 현재 아는 것에 맞춰 과거를 재구성하려는 욕망에 사로잡힌다. 사람들은 이미 알려진 결과를 감안해 그 결과를 확인해주는 사건을 더 쉽게 기억해낼 수 있다. 여러 실험 결과를 보면, 이러한 선택적인 회상에는 사건에 대한 지각과 이해에 영향을 주고 오귀인에 대해 취약한 일반적인 지식과 관련이 있다는 것을 알 수 있다.

다음의 시나리오를 살펴보자. 뉴잉글랜드에 사는 24세의 미혼녀 바버라Barbara는 경영대학원 수업에서 잭Jack이라는 사교적이고 똑똑한 남자를 만나 함께 강의 프로젝트를 시작했다. 두 사람은 수업이 끝나고 어울리면서 학교와 직업과 좋아하는 스키 이야기를 나누었다. 어느 날, 두 사람은 음식점에 갔고, 잭이 웨이터와 싸우고 바버라에게 소리를 질렀다. 그녀는 울면서 혼자 집으로 돌아왔다. 며칠 후 잭과 바버라는 밤새도록 술을 마시며 종강을 자축했다. 그러다가 잭은 바버라에게 버몬트에 있는 부모님의 스키 별장에서 주말을 보내자고 제의했고, 바버라는 그의 초대를 받아들였다. 첫날 밤, 바버라는 저녁에 와인을 마시고 잭에게 키스했다. 다음 날 스키를 탄 후, 잭은 특별한 저녁 식사를 위해 바버라를 데리고 나갔다. 두 사람은 와인을 마셨고, 잭은 바버라의 손을 잡았다. 저녁 식사를 마치고 별장으로 돌아온 잭은 바버라에게 섹시하다고 이야기한 뒤 사랑한다고 말했다. 그리고 바버라도 잭에게 좋아한다고 했다.

미국 웰즐리대학의 심리학자 린다 칼리Linda Carli는 대학생들에게 중요한 인생 경험에 대한 연구에서 면접했던 한 여성의 개인사라고 소개하면서 잭과 바버라에 대해 쓴 글을 읽으라고 지시했다. 칼리는 이 이야기의 끝부분을 2가지로 다르게 구성했다. 바버라가 잭에게 좋아한다고 말한 뒤에 어떤 대학생들에게는 잭이 청혼했다는 결말을 읽게 하고, 어떤 대학생들에게는 잭이 바버라를 강간했다는 결말을 읽게 했다. 2주 후에 대학생들은 '실제 결말을 모르는 것처럼' 이 이야기의 결말을 예측해보라는 지시를 받았다. 그리고 이 이야기에서 일어났거나 일어나지 않았던 구체적인 사건들에 대해 기억 테스트를 받았다.

칼리는 사후 과잉 확신 편향을 뒷받침하는 강력한 증거를 발견했다. 청혼으로 끝나는 이야기를 읽은 대학생들은 강간으로 끝나는 이야기를 읽은 대학생들보다 청혼이라는 결말이 더 그럴 듯하다고 판단했다. 그러나 강간으로 끝나는 이야기를 읽은 대학생들은 그 반대로 판단했다. 청혼으로 끝나는 이야기를 읽은 대학생들은 '잭이 바버라에게 반지를 주었다', '바버라와 잭이 촛불 옆에서 저녁을 먹었다', '바버라는 가족을 매우 원했다'와 같이 실제로 일어나지 않았지만, 청혼으로 예상되는 사건들을 오재인하는 경향이 있었다. 강간으로 끝나는 이야기를 읽은 대학생들도 '잭은 여자에게 인기가 없다', '바버라는 잭을 흥분시키고 관계를 거부했다', '잭과 바버라는 수업이 끝난 후 자주 술을 마시러 나갔다'처럼 강간으로 예상되는 사건들을 오재인하는 경향이 있었다. 게다가 대학생들이 이 사건들을 잘못 기억하는 경향으로 사후 과잉 확신 편향의 규모를 예측할 수 있었다. 즉, 오기억을 많이 한 대학생들이 사후 과잉 확신 편향을 더 보였다.

이 결과는 대학생들이 원래 이야기에서 일어난 일을 재구성하려고 할 때, 자신들이 읽었던 청혼이나 강간과 관련된 일반적인 지식을 활성화했다는 것을 알려준다. 때때로 대학생들은 이야기를 오귀인해서 일어났던 일을 잘못 기억하기도 했고, 이야기가 자신이 읽은 결말과 일치되는 방식으로 끝날 것이라고 '처음부터 알았다'고 믿기도 했다. 사후 과잉 확신 편향은 경험을 통해 배우는 것을 방해할 수 있다는 점에서 걱정스럽다. 우리가 어떤 일이 일어날지 '처음부터 알았다'고 느낀다면, 어떤 특별한 사건에서 얻을 수 있는 교훈을 덜 배우게 될 것이다. 그러나 그렇게 될 것이라고 처음부터 알았다는 것은 우리의 지혜와 통찰에 대한 판단을 부풀려 자기 자신에게 자부심을 느끼게 한다. 이 사후 과잉 확신 편향은 확실히 자신을 더 좋게 느끼도록 강화하는데, 개인적인 경험을 재구성하려는 시도들의 공통된 특징이기 때문이다.

자기중심적 편향

1958년 뮤지컬 〈지지Gigi〉에서 모리스 슈발리에Maurice Chevalier와 헤르미온느 진골드Hermione Gingold가 연기한 옛 연인들은 여러 해를 뒤돌아보며 그들의 마지막 데이트 순간을 함께 회상한다. 노래 〈나는 또렷이 기억해요I Remember It Well〉에서 표현된 것처럼, 각자 그 일을 생생하게 기억하더라도 그들의 기억은 서로 너무 달랐다. 그들은 서로 다른 시간을 기억했고, 둘이 식사를 했는지 친구들과 식사를 했는지도 기억이 달랐다. 그 운명적인 데이트가 4월이었는지 6월이었는지도 다르게 기억했다. 두 사람 중 한 사람은 분명 틀렸지만, 둘 중 누구도 자신이 기억하는 이야기를 절대적으로 믿고 있다. 이처럼 극단적이지는 않더라도, 대부분 연인들은 이와 비슷한 사건들을 기억해낼 수 있을 것이다. 12월 휴가 기간에 있었던 파티에서 한 대학생이 남편과 심하게 다투기 일보 직전까지 갔다. 지난해 파티에서 도넛을 만든 사람이 누구인지에 대한 기억 때문이었다. 대학생은 도넛을 만들어 사람들에게 대접했던 일을 생생하게 기억했고, 그의 남편도 마찬가지였다.

우리는 자신의 기억이 머릿속에서 생생하고 강렬하게 구체적으로 떠오를 때, 다른 사람의 기억보다는 더 신뢰하는 것 같다. 우리는 다른 사람의 기억에 대해서라면 불가능한 방식으로 자신의 기억을 절대적으로 믿는 경향이 있다. 이 자기중심적 편향이 연인들에게 과거의 사건에 대해 의견 충돌을 겪게 하는 원인이다. 부부와 연인을 대상으로 한 연구는 여러 사건에서 자기 자신이 배우자나 상대방보다 더 많은 책임을 지고 있다고 기억한다는 것을 보여준다. 돈을 어떻게 써야 할지, 휴가를 어떻게 보내야 할지 등을 결정할 때, 자신이 얼마나 공헌했는지 기억해보라고 지시하면, 자신은 80퍼센트라고 주장하고 배우자는 40퍼센트라고 주장한다. 두 사람 모두 한 사람이 더 많은 책임을 지고 있다는 데 동의했지만, 그들은 모두 자신의 공헌을 과도하게 주장했다. 이 자기중심적 편향은 부정적인 사건에서도 일어난다. 둘의 관계에서 일어난 싸움의 책임을 자신이 너무 많이 떠맡는다는 것이다. 이것은 상대방의 행동이나 말보다 자기 자신의 행동이나 말을 더 쉽게 회상하기 때문이다.

기억에서 자기중심적 편향은 '자아'가 정신적인 생활을 조직하고 조절하는 데 중요한 역할을 한다는 것을 반영한다. 심리학자들은 자아를 풍부하게 상호 연결된 지식들로 여긴다. 즉, 자아는 개인의 특성과 경험이 만들었다고 보는 것이다. 새로운 정보를 자아와 관련시켜 부호화하면, 다른 유형의 부호화와 비교했을 때 그 정보에 대한 기억이 증진된다는 것을 보여주는 실험이 많다. 내가 '정직하다'나 '똑똑하다'와 같은 특성이 당신을 묘사하기에 적당한 단어인지를 생각해보라고 묻는다면, 친구나 유명인사처럼 당신이 아닌 다른 사람을 묘사하기에 적당한지를 판단하라고 할 때보다 이 단어들을 더 잘 기억할 가능성이 높다. 또한, 이렇게 했을 때 자기와 직접적으로 관련되지 않은 단어의 의미나 특징에 초점을 맞춰 정교화하는 것보다 이후 기억이 더 좋았다.

그러나 자아는 세상을 중립적으로 관찰하기가 무척 어렵다. 개인들은 자기 자신을 높게 평가하고, 종종 자신의 능력과 성취에 대해 비현실적인 자만심을 갖기도 한다. 미국의 사회심리학자 셸리 테일러Shelley Taylor와 그의 동료들이 수행한 연구에 따르면, 사람들은 자아존중감을 부풀리는 '긍정적인 착각positive illusions'에 빠지기 쉽다고 한다. 대부분 사람들은 바람직한 성격의 특징은 보통 사람들보다 자신을 묘사하기에 더 적합하다고 보지만, 바람직하지 않은 성격의 특징은 자신보다 보통 사람들을 묘사하기에 더 적합하다고 본다. 대부분 사람들이 보통 사람들보다 더 나을 수는 없기 때문에, 어떤 사람들에게는 이 순진한 자기 평가는 환상일 수밖에 없다. 마찬가지로, 사람들은 실패보다는 성공을 자신에게 귀인할 확률이 더 높으며, 실패는 외부의 힘에 귀인할 확률이 높다.

과거의 자신보다 현재의 자신을 좋게 평가한다

기억의 부호화와 인출 과정에서 자아가 수행하는 역할은 자기 자신을 긍정적으로 바라보고자 하는 인간의 강렬한 특성과 결합해 편향이 생겨날 수 있는 환경을 만든다. 여기서 편향이란 사람들에게 자기중심적 관점에서 과거의 경험을 기억하게 하는 것을 말한다. 대학생들에게 내향성이 학업의 성취를 이루게 하는 바람직한 성격이라고 믿게 한 후, 자신이 내향적이거나 외향적으로 행동했던 일을 기억해보라고 지시했다. 이들은 외향성이 바람직한 성격이라고 믿게 한 대학생들과 비교해 자신이 외향적으로 행동했던 기억보다 내향적으로 행동했던 기억을 더 빨리 회상했다. 기억은 자기를 긍정적으로 보려는 열망에 편향되어 있으며, 이것은 대학생들에게 바람직한 성격이 포함된 과거의 사건을 선택하게 만든다.

현재의 자신에 대한 평가를 강화하려는 방식으로 과거의 경험을 이야기하는 상황에서는 이와 비슷한 과정이 작동한다. 당신은 고등학교 성적을 기억해낼 수 있는가? 성적표에 A와 D가 몇 개나 있었는지 기억하는가? 이때 당신은 나쁜 성적보다는 좋은 성적을 기억해낼 확률이 더 높다. 대학생들에게 고등학교 성적을 기억해보라고 지시하고 실제 성적표와 대조해보았다. 대학생들은 A 학점에 대해서는 89퍼센트가 정확히 기억했지만, D 학점에 대해서는 71퍼센트가 정확하게 기억했다.

이혼은 자기중심적 편향을 두드러지게 한다. 최근에 이혼한 부부들이 자신의 실패한 결혼 생활을 뒤돌아보며 평가한 내용을 보면, 각자가 매우 상이하면서도 일관되게 자신에게 유리하게 과거를 묘사하는 것으로 드러났다. 한 남편은 '아내가 원한 것은 은행에 넣을 돈뿐이었다'고 이혼한 이유를 기억했지만, 아내는 '남편은 돈을 버는 일에 집착하는 것 같았다'고 기억했다. 또 다른 남편은 자신이 '더 젊고 예쁜' 여성을 만나게 되어 이혼했다고 기억했지만, 아내는 그 여성을 '예쁘기만

한 멍청한 여자'로 묘사하며 "사람들은 곧잘 '뇌가 순수하다'는 표현을 쓰더군요"라며 비웃었다.

또한 자기중심적 편향은 과거에 겪었던 어려움을 과장하기 때문에 일어날 수도 있다. 당신이 어려운 시험을 불안한 마음으로 준비하다가 시험을 치르고 나중에 합격 소식을 듣게 되었다고 상상해보자. 당신은 얼마나 불안했을까? 대학생들은 중요한 시험을 치르기 전에 자신이 얼마나 불안했는지 기록하고 한 달 후에 시험 보기 전에 자신이 느꼈던 불안을 회상해보라는 지시를 받았다. 대학생들은 시험 전에 느꼈던 자신의 불안을 과장했는데, 자신이 시험에 통과했다는 것을 알고 있는 대학생들에게서 기억의 편향이 더 두드러지게 나타났다. 실제로 경험한 것보다 더 큰 불안을 느꼈다고 기억함으로써 대학생들은 자신의 성취감을 더 강화했고, 역경을 극복하는 자신의 능력에 자부심과 자신감을 더 많이 느끼게 되었다. 헌혈을 한 사람들도 비슷한 기억의 편향을 보인다. 이들은 헌혈하기 전에 느꼈던 불안을 과장해서 회상했다. 이는 용기 있는 행동을 하기 위해 장애물을 극복해야 했던 자신의 담대함을 강조하려는 것이다.

사람들은 때때로 현재의 자신을 호의적으로 바라보고 긍정적으로 느끼기 위해 과거의 자신을 비난한다. "제가 살아온 모든 삶 중에서 이 순간이 가장 마음에 든다고 말해야 할 것 같네요. 제가 기대했던 모습보다 더 친절한 사람이 되었다는 사실이 자랑스러워요. 지금은 전보다 덜 비판적이었고, 저 자신에 대해서도 덜 비판적이게 되었어요." 미국의 영화배우 메리 타일러 무어Mary Tyler Moore가 1997년 한 잡지 인터뷰에서 이렇게 말했다. 어쩌면 무어는 정말로 시간의 흐름에 따라 더 나은 사람으로 변했는지도 모른다. 하지만 마이클 로스는 그녀가 과거의 자신을 지금의 자신보다 덜 친절하고 더 비판적인 사람으로 회상함으로써 현재의 자신의 가치를 강화시켰다고 말한다.

로스는 사람들이 일반적으로 현재의 자신을 과거의 자신에 비해 더 좋게 평가한다고 주장한다. 메리 타일러 무어처럼 사람들은 진정으로 발전된 자신의 모습을 반영하는 것일 수도 있지만, 과거의 자신을 비난하는 경향을 반영하는 것일 수도 있다. 마찬가지로 대부분 대학생들과 중년층은 현재의 자신을 동년배와 비교했을 때 평균 이상이라고 평가했지만, 과거의 자신은 그렇게 평가하지 않는다. 사람들은 자신의 동료 집단에 비해 평균 이상이 될 수 없다. 그러므로 이 결과는 사람들이 과거의 자신을 비난함으로써 현재의 자신의 가치를 부풀려 판단한다는 것을 의미한다. 따라서 자기중심적 편향은 현재의 자신을 긍정적으로 보기 위해 과거의 자신을 비난하는 과정에서 드러난다.

고정관념 편향

아프리카계 미국인 저널리스트 브렌트 스테이플스Brent Staples는 시카고대학에서 학생으로 지낼 때, 밤에 호숫가 산책을 즐겼다. 어느 날 저녁, 스테이플스는 한 백인 직장인 여성이 거리에서 자신의 존재를 의식하고 갑자기 빠르게 걸어가다가 달리는 것을 보았을 때 당황했다. "제가 바보였어요. 저를 보고 무서워하는 사람들한테 웃으면서 저녁 인사를 건네며 산책을 했죠." 스테이플스는 자기가 뒤를 몰래 쫓아가거나 나쁜 의도가 없다는 것을 알리기 위해, 그저 산책하는 선량한 학생이라는 것을 나타내는 신호로 안토니오 비발디Antonio Vivaldi의 〈사계〉를 휘파람으로 불기 시작했다. "사람들이 내 휘파람 소리를 듣자 긴장을 풀더군요. 심지어 몇 명은 어둠 속에서 내 옆을 지나가며 미소를 짓기까지 했어요."

스테이플스가 〈사계〉를 휘파람으로 분 것은 자신의 존재가 백인들의 기억에서 강력한 고정관념을 활성화시켰기 때문이다. 밤에 조용한 거리를 걸을 때 만난 흑인 남성은 위험하다는 고정관념은 스테이플스를 편향된 관점으로 인식하게 했다. 스테이플스는 그런 잘못된 고정관념을 피하기 위해 효과적인 방법을 생각해낸 것이다.

고정관념은 우리가 사람과 사물을 범주화하기 위해 사용하는 과거의 경험을 포괄적으로 표현한 것이다. 사회심리학자들은 고정관념을 세계를 단순하게 이해하게 하는 장치라고 생각한다. 우리가 새롭게 만나는 사람들을 독특한 개인이라고 판단하기 위해서는 상당한 인지적 노력이 필요하기 때문에, 여러 경험에서 축적된 정형화된 일반화에 의존하는 것을 편하게 생각할 때가 많다. 우리가 고정관념에 의존하면 삶은 한결 쉬워질 수는 있지만, 바람직하지 않은 결과를 초래하기도 한다. 스테이플스의 사례처럼 어떤 고정관념이 실제 현실과 어긋날 때, 편향은 부정확한 판단과 정당하지 않은 행동을 일으킬 수 있다.

미국의 사회심리학자 고든 올포트Gordon Allport는 고정관념의 이중성이 어떻게 인종 편견에 기여하는지를 처음으로 인식한 사람이었다. 그는 고정관념이 세상을 범주화하는 것을 돕는다는 사실을 인정하면서도 "우리는 종종 사건을 범주에 맞추려는 실수를 하며, 그로 인해 자기 자신을 곤란하게 만든다"고 말했다. 1954년에 출간한 『편견The Nature of Prejudice』에서 올포트는 스테이플스가 수십 년 후에 직면할 상황을 꽤 명확하게 예견했다.

"어두운 갈색 피부를 가진 사람은 우리 마음속에 자리 잡은 흑인이라는 개념을 무엇이든 활성화시킬 것이다. 그 우세한 범주가 부정적인 태도나 신념으로 구성된 것이라면, 우리는 자동적으로 그 사람을 피하거나 거부하는 가장 손쉬운 선택을 할 것이다."

이 말은 올포트가 고정관념 편향이 무의식적으로 일어날 수 있다는 것을 강조하는 연구를 지속적으로 해왔기 때문에 통찰력이 있다고 할 수 있다. 그는 여러 실험에서 의식적으로 자각할 수 없을 만큼 매우 빠르게 단어들을 제시해서 고정관념이 활성화된다는 것을 발견했다. 백인 대학생들은 중립적인 단어를 제시했을 때보다 흑인에 대한 고정관념을 활성화하는 단어(복지, 버스 통학, 빈민가 등)를 제시했을 때, 인종이 특정되지 않은 남자를 더 적대적으로 판단하는 경향이 있었다. 게다가 고정관념 편향은 인종 편견을 공공연히 드러낸 사람들만큼이나 거의 드러내지 않은 사람들에게도 강하게 나타났다.

이 결과는 의식적인 차원에서 편견을 거의 경험하지 않는 사람들조차도 고정관념 편향을 자동적으로 활성화한다는 것을 암시한다. 그러나 영국에서 발표된 한 연구 결과는 편견이 큰 사람과 작은 사람의 개인차가 존재한다는 것을 보여준다. 미국 대학생들과 마찬가지로, 크고 작은 편견을 가진 영국의 백인 대학생들은 약물, 무례, 범죄처럼 인종에 대한 고정관념을 직접 활성화하는 부정적인 단어들에서 인종이 특정되지 않은 사람을 적대적으로 보았다. 그러나 편견이 큰 대학생들만이 유색, 아프리카계, 서부 인디언과 같은 흑인의 일반적인 범주를 활성화하는 중립적인 단어들에서 편향을 보였다.

또한 고정관념 편향은 사람들에게 존재하지 않는 흑인 범죄자의 이름에 대해 들어본 적이 있다는 기억을 만들어내기도 했다. 미국의 하버드대학 심리학과 교수 마자린 바나지Mahzarin Banaji와 그의 동료들은 대학생들에게 남성의 이름 몇 개를 보여주면서, 그중 몇몇 이름이 최근 미디어에 나온 범죄자들의 이름이기 때문에 익숙할 것이라고 넌지시 말했다. 실제로 범죄자의 이름은 하나도 없었지만, 대학생들은 전형적인 백인 이름(애덤 매카시Adam McCarthy, 프랭크 스미스Frank Smith)보다 전형적인 흑인 이름(타이론 워싱턴Tyrone Washington, 다넬 존스Darnell Jones)을 범죄자로 2배 가깝게 더 많이 지목했다. 이 편향은 "인종주의자들은 백인의 이름들보다 흑인의 이름들을 더 많이 지목합니다. 그러니 판단을 내릴 때 이름의 인종을 고려하지 마세요"라는 지시를 받았을 때에도 나타났다.

편향은 인종에 대한 고정관념에만 국한되지 않는다. 마자린 바나지와 그의 동료들은 실험 참가자들에게 유명한 사람들과 유명하지 않은 사람들의 이름을 보여주고, 나중에 이 이름들과 다른 이름들을 보여주며 유명한 사람의 이름인지를 판단하게 했다. 앞서 수행된 연구들에서는 유명하지 않은 이름들을 본 사람들은 그 이름들을 유명한 사람들의 이름으로 잘못 구분하기도 했다. 유명하지 않은 이름들을 보았기 때문에 그 이름들이 익숙하다고 느꼈는데, 실험 참가자들은 그 이름들을 어디에서 접했는지는 기억하지 못했다. 그런데 이 실험에서 참가자들은 여자 이름보다는 남자 이름에서 오류를 더 많이 저질렀다. 남자가 여자보다 더 유명할 것이라는 성 고정관념이 편향을 일으켜 참가자들에게 가짜로 지어낸 남자 이름이 유명한 사람들의 이름이라고 잘못 주장하도록 만들었다.

이 고정관념 편향이 논리적으로 옹호될 수 있을 뿐만 아니라 심지어 합리적이라는 주장을 펼치는 것도 가능하다. 우리 사회에서 남자가 여자보다 유명할 가능성이 더 높으며, 마찬가지로 흑인이 백인보다 감옥에 수감된 비율이 더 높으니 말이다. 밤에 산책하던 사람들이 스테이플스를 노골적으로 피했던 것은 아마도 이 이유 때문이었을 것이다. 스테이플스가 살았던 시카고대학 주변은 대부분 흑인이 범죄를 저질렀던 지역에 접해 있었다.

남자와 여자, 흑인과 백인처럼 사람을 집단으로 나누어 적용하는 통계적인 관점에서 보면, 고정관념 편향이 꼭 잘못된 것은 아니다. 문제는 종종 사람들이 이 같은 편향이 완전히 부당하더라도 편향에 따라 행동하려고 하기 때문에 일어난다. 그 결과, 바나지의 말처럼 '행동'이 아닌 '연상'을 야기하면서 문제가 발생하게 된다. 즉, 한 개인은 자신의 구체적인 행동이나 자질이 아니라 자신이 속한 집단에 의해 부정적으로 인식된다.

고정관념 편향은 우리가 생각하고 행동하는 방식을 편향되게 만들 뿐만 아니라, 우리가 기억하는 것에도 영향을 줄 수 있다. 내가 당신에게 어느 예술가가 창의적이고 개성이 강하고 관대하며 대담한 사람이라고 말한다면, 당신은 예술가의 고정관념에 잘 맞는 앞의 두 특성을 그렇지 않은 뒤의 두 특성보다 더 잘 기억할 것이다. 내가 그 예술가가 인종주의자라고 말하고 그의 특징 몇 가지를 열거한다면, 당신은 예술가가 운이 좋은 겸손한 사람이라고 기억하기보다 반항적이고 공격적인 사람이라고 기억할 것이다.

이 고정관념 편향은 사람들이 어떤 특정 집단에 대해 강한 고정관념을 지닐 때, 일어날 가능성이 높다. 인종 편견이 강한 사람은 편견이 덜한 사람보다 흑인의 고정관념적인 행동을 더 잘 기억하고, 고정관념과 일치하지 않는 행동을 기억하지 못할 것이다. 이 고정관념이 동일한 사건들에 대한 기억을 편향시키고, 그로 인해 다시 고정관념 편향이 강화되는 반복이 생겨난다.

고정관념 편향은 우리가 정신적으로 다른 문제에 몰두해 있어서 개인의 고유한 특징을 고려하려는 노력을 하지 않을 때 일어나기도 하다. 고정관념 편향은 실험 참가자들이 다른 사람들에 대한 인상을 형성하면서 동시에 어려운 과제를 수행해야 할 때 뚜렷하게 나타난다. 당신이 예술가를 처음 만났을 때, 중요한 미팅이나 곧 치를 시험을 생각하는 데 주의를 쏟는다면, 예술가는 창의적이고 개성이 강하다는 것만 기억할 것이다. 예술가를 한 개인으로 평가하려는 인지적 노력을 더 많이 할수록, 실제로 고정관념과 일치하지 않는 정보를 더 많이 회상할 수도 있다. 당신이 예술가를 만났을 때 그가 매우 안정된 성격인 것처럼 보였다면, 당신은 개성 있는 예술가라는 정형화된 모습과 왜 다른지 궁금해할 것이다. 그러면 이 뚜렷한 불일치를 해결하기 위해 당신은 정교하게 부호화하고, 나중에 예술가의 안정된 태도를 명확하게 기억하게 된다.

세상에 대한 고정관념과 그에 기초한 우리의 기대가 모순되는 방식으로 사건이 전개될 때, 우리는 기억과 기대를 일치시키기 위해 일어난 적이 없는 사건들을 조작하도록 편향될 수 있다. 밥Bob이라는 남자는 여자 친구 마지Margie와 정말로 결혼하고 싶었지만, 아이를 원하지 않는다는 이야기를 했을 때 마지가 어떻게 반응할지 몰라 불안해하고 있었다. 이 이야기의 첫 번째 버전은 마지가 아이를 원하지 않는다는 밥의 이야기를 듣고 매우 기뻐한다. 밥의 바람이 마지의 계획과 잘 맞았기 때문이다. 두 번째 버전은 마지가 아이를 원하지 않는다는 밥의 이야기를 듣고 충격을 받는다. 마지는 아이를 무척 원했기 때문이다. 이 이야기는 밥과 마지가 결혼하는 것과 헤어지는 것 두 버전으로 생각해볼 수 있다.

당신이 밥의 고백에 마지가 기뻐했다는 이야기를 읽었다면, 연인 관계에 대한 일반적인 지식에 기초해 그들이 결혼할 것이라고 예상하고 그들이 헤어지는 결말을 읽는다면 놀랄 것이다. 밥의 고백에 마지가 충격을 받았다는 이야기를 읽었다면, 결별을 예상하고 그들이 결혼한다는 결말을 읽는다면 놀랄 것이다. 여러 실험에 따르면, 상황과 어울리지 않는 결말을 읽은 사람들은 이야기를 회상할 때 결말을 이해하려는 방식으로 결정적인 사건들을 잘못 기억했다. 마지가 충격을 받았다는 내용을 읽은 다음에 밥과 마지가 결혼했다는 것을 알면 사람들은 "그들은 헤어졌지만 그 문제를 논의해본 후 두 사람의 사랑이 더 중요하다는 것을 깨달았다"는 식으로 이야기를 부정확하게 회상했다. 마지가 기뻐했다는 내용을 읽은 다음에 두 사람이 헤어졌다는 것을 알면 사람들은 "밥이나 마지의 부모와 문제가 있었다"거나 "아기를 갖는 것에 대해 두 사람의 의견이 달랐다"고 잘못 회상했다.

조지 오웰의 『1984』의 진실부가 현재의 질서에 맞춰 과거의 사건을 조작하는 것처럼, 일반적인 지식은 기억과 예상이 잘 들어맞도록 이야기에 대한 기억을 편향시킨다. 진실부의 조작은 소설 속 주인공 윈스턴 스미스Winston Smith처럼 진실부에서 일하는 사람들이 수행한다. 기억의 세계에서 편향은 인간의 뇌 속 가장 큰 수수께끼인 여러 하부 체계 중 하나와 연결되어 있다.

좌반구와 우반구의 기억

•••

1960년대 말, 신경심리학자들은 과학자들과 일반 대중의 상상력까지도 순식간에 사로잡은 흥미로운 연구를 소개했다. 뇌전증을 치료하기 위해 뇌의 좌반구와 우반구를 분리하는 수술을 받은 환자들이 하나의 몸에 두 정신이 담긴 것처럼 행동한다는 것이었다. 좌반구는 언어와 상징을 다루고, 우반구는 이미지나 공간 위치와 같은 비언어적인 정보를 다룬다. 이 환자들이 일상적인 대화나 사회적인 상호작용에서는 정상적으로 보였지만, 주의 깊은 심리 검사에서는 좌반구와 우반구가 다른 쪽 반구가 경험하는 것을 의식하지 못한 채 입력되는 정보를 저장한다는 사실이 드러났다.

우반구에서 일어나는 일을 모르는데도 좌반구는 뇌 분리 수술 때문에 일어나는 이상한 상황들을 꽤 능숙하게 다양한 방식으로 설명한다. 이 환자들에 대한 많은 연구를 선구적으로 진행한 미국 다트머스대학의 신경과학자 마이클 가자니가Michael Gazzaniga는 좌반구의 성향을 밝히고자 좌반구와 우반구의 갈등을 만들어내는 기발한 실험을 했다. 이 환자의 우반구에 좌반구가 알지 못하게 "걸어라"는 명령을 보내자 환자는 그 지시대로 일어나 걸었다. 실험자가 이 환자에게 왜 걷는지 물었을 때, 환자는 언어를 담당하는 좌반구에 의지해 음료수를 가지러 가고 있다고 합리화했다.

다른 실험에서 가자니가는 눈으로 덮여 있는 집 사진을 우반구에, 닭발을 좌반구에 보여주었다. 이때 환자는 여러 그림 중에서 그가 본 사진과 관련된 대상이 그려진 그림을 고르라는 지시를 받았다. 좌반구가 통제하는 환자의 오른손은 닭발과 관련된 수탉을 선택했지만, 우반구가 통제하는 환자의 왼손은 겨울과 어울리는 눈삽을 선택했다. 환자는 자신의 양손이 다른 그림을 가리키는 기이한 상황에 직면하자, 좌반구에 의존해 즉시 설명을 내놓았다. 환자는 닭장을 청소할 때 사용할 수 있기 때문에 눈삽을 선택했다고 주장했다. 우반구에 제시된 겨울에 걸맞기 때문에 눈삽을 선택했다는 것을 모르는 좌반구는 자신 있게 사후 합리화를 수행해 이 선택을 이해하려고 했다.

이와 비슷한 실험에서 가자니가는 심리적 세계에 질서를 부여하기 위해 일반적인 지식과 과거의 경험에 지속적으로 의지하는 '프로그램'이 좌반구에 존재한다고 가정했다. 이 활동은 기억의 편향을 낳기도 한다. 마이클 가자니가와 뉴욕대학의 심리학자 엘리자베스 펠프스 Elizabeth Phelps는 이 환자들에게 하루 일과를 시작하려고 일어나는 남자의 모습 등을 담은 슬라이드를 보여주었다. 그리고 좌반구와 우반구의 기억 테스트를 진행했다. 자명종을 보고 있는 남자처럼 이전에 보여주었던 슬라이드와 텔레비전을 고치고 있는 남자처럼 새로운 슬라이드를 보여주는 테스트였다. 여기서 가장 중요한 것은 하루 일과를 위해 일어나는 것과 관련된 정형화된 이미지에는 걸맞지만, 처음 슬라이드를 보여주었을 때는 없었던 침대에 앉아 있기나 이 닦기 등에 대해 질문을 했다는 것이다.

좌반구는 종종 고정관념과 일치하지만 슬라이드에서는 본 적이 없던 슬라이드를 오재인했지만, 우반구는 그런 일이 거의 없었다. 좌반구에 존재하는 '프로그램'이 하루 일과를 시작하려고 일어날 때 하는 보통의 활동들에 대한 일반적인 지식에 기초해 반응하려는 편향을 드러내며 작업을 수행했던 것이다. 좌반구의 반응은 일반적인 관점에서 이해되기는 하지만(사람들은 아침에 일어나면 침대에 앉거나 이를 닦는다), 특정 슬라이드에 적용했을 때는 맞지 않았다.

좌반구의 프로그램은 과거와 현재를 관련시키려 할 때 추론·합리화·일반화에 의존하는데, 그렇게 해서 일관성 편향·변화 편향·사후과잉 확신 편향·자기중심적 편향에도 기여하는 듯하다. 이 프로그램은 현재의 태도를 과거의 행동·감정과 조화시키거나, 우리가 일이 어떻게 흘러갈지 알고 있었다거나, 자기 자신에 대한 의견을 강화시킴으로써 우리 삶에 질서를 부여하도록 도와준다. 하지만 우리를 망각의 길로 이끌어갈 잠재력을 가지고 있다. 이 프로그램이 제공하는 설명과 합리화가 강력한 편향을 만들어내서 우리에게 현실적인 관점으로 보지 못하게 한다면, 우리는 미래에도 과거의 실수를 반복할 것이다.

다행히, 좌반구의 프로그램은 외적인 세계의 제약들에 좀더 순응적인 우반구의 체계에 의해 균형을 유지한다. 가자니가와 펠프스의 실험 연구에서 우반구는 그것이 목격한 사건만을 기억했고, 일어난 적이 없는 비슷한 사건들을 오재인하는 일은 거의 없었다. 미국의 심리학자 윌마 쿠츠탈이 진행했던 연구에서 우측 시각 피질 일부가 같은 사물을 2가지 다른 예(다른 탁자가 그려진 그림 2개)와 같은 사물을 2가지 다른 상황에서 보여주는 예(탁자 1개가 그려진 동일한 그림)에 대해 민감하게 반응한다는 사실을 발견했다. 그러나 좌측 시각 피질은 두 상황에서 보여준 사물들이 같은 것인지 그저 비슷한지에 관계없이 동일한 반응을 보였다.

우반구는 상대적으로 더 포괄적이고 오류를 일으키기 쉬운 좌반구를 억제하도록 도움을 준다. 조지 오웰의 『1984』에서 진실부는 절대적인 권력을 누렸고, 이를 견제하는 어떤 세력도 없다. 그리고 그 결과는 전체주의라는 재앙이었다. 좌반구의 프로그램도 그대로 놔두면, 개인의 정신에 비슷한 재앙을 가져올 것이다. 검증되지 않은 편향과 합리화는 우리를 자기기만의 끝없는 심연으로 이끌 수도 있다. 그러나 인간의 뇌에는 조지 오웰의 악몽 같은 상상세계에는 없는 검증과 균형의 체계가 존재한다.

다양한 형태의 편향이 인간의 인지에 너무 깊이 박혀 있어 그것을 극복하거나 피하게 해주는 효과적인 해결책은 별로 없다. 어쩌면 우리가 할 수 있는 최선은 현재의 지식과 신념과 감정이 과거에 대한 우리의 기억에 영향을 줄 수 있고, 현재의 사람들과 사물들에 대한 우리의 확신을 형성할 수 있다는 사실을 이해하는 것인지도 모른다. 과거와 현재를 확신하게 해주는 기억의 출처가 어디인지 확인해보면서 우리는 기억이 왜곡되는 것을 줄일 수 있다.

가짜뉴스와 대안적 사실

나는 조지 오웰의 『1984』에서 진실부가 과거의 사건을 조작했다고 이야기했다. 이 전체주의 체제가 제시하는 것은 "과거의 사건은 객관적으로 존재하지 않는다"는 것이다. 외부의 힘에 취약한 인간의 기억은 정치적 통제를 위해 조작될 수 있으며, 과거의 사건이란 그런 인간의 기억에서 살아남은 것이다. 이것은 편향이 개인의 기억을 형성할 수 있다는 것을 설득력 있게 보여준다. 그러나 『1984』의 진실부가 조작한 문제 중 일부가 그 후 정치적 논의의 중심에 자리 잡게 되리라고 생각하지 못했다.

2016년 미국 대선에서 기승을 부렸던 가짜뉴스와 도널드 트럼프 행정부 사람들의 거짓 주장을 묘사하는 '대안적 사실alternative facts'은 진실과 관련된 논쟁이 정치권에서 벌어질 수 있다는 것을 보여주었다. 유권자들이 자신의 믿음을 강화하고 그 믿음을 재확인시켜주는 미디어에서 정치 뉴스를 소비한다는 사실을 고려해보았을 때, 오늘날 정치권에서 벌어지는 '진실 게임'은 거의 일관성 편향의 부산물이라고 할 수 있다.

2013년에 수행된 진짜 정치적 사건과 가짜 정치적 사건에 대한 연구가 이 사실을 뒷받침한다. 5,000명이 넘는 실험 참가자들은 『슬레이트Slate.com』에 게시된 온라인 설문조사를 했다. 이 설문조사는 사람들이 실제로 일어난 정치적 사건 3가지와 위조된 정치적 사건 5가지를 기억하는지 알아보는 것이었다. 27퍼센트의 사람들은 뉴스에서 위조된 정치적 사건을 본 것을 기억한다고 주장했고, 약 50퍼센트의 사람들은 어떤 형태로든 위조된 정치적 사건에 대해 기억한다고 주장했다. 하지만 편향은 분명히 오기억을 형성하는 데 한몫한다. 보수적인 참가자들은 버락 오바마Barack Obama 대통령을 부정적으로 묘사하는 사건(하산 로하니Hassan Rouhani 이란 대통령과 악수를 했다)에 대해 오기억을 했지만, 진보적인 참가자들은 조지 W. 부시George W. Bush 대통령을 부정적으로 묘사하는 사건(허리케인 카트리나Katrina가 미국 남동부를 강타했을 때 야구선수와 휴가를 보냈다)에 대해 오기억을 했다.

2018년 5월 아일랜드에서 낙태권에 대한 국민투표가 있기 바로 전에 수행된 연구에서는 일관성 편향이 가짜뉴스나 오기억과 밀접하게 관련되어 있다는 사실이 발견되었다. 아일랜드의 수정헌법 제8조는 태어나지 않은 아이의 생존권을 보장하고 있고, 그 결과 아일랜드에서는 자유를 극도로 제한하는 낙태법이 존재했다. 국민투표는 수정헌법 제8조를 폐지할 것인지(찬성) 유지할 것인지(반대)에 대한 것이었는데, 결국 찬성표가 반대표보다 압도적으로 많아 폐지되었다.

국민투표가 있기 일주일 전, 아일랜드의 심리학자 질리언 머피Gillian Murphy와 그의 동료들은 3,000명이 넘는 성인을 대상으로 온라인 설문조사를 실시했는데, 대부분 국민투표에 참여할 것이라고 답했다. 이 설문조사에는 찬성·반대와 관련 있는 4가지 진짜 뉴스와 2가지 가짜

뉴스를 보도한 기사와 사진이 포함되어 있었다. 중요한 것은 가짜뉴스에는 두 버전이 있었는데, 하나는 찬성을 부정적으로 바라보는 것이었고, 하나는 반대를 부정적으로 바라보는 것이었다.

가짜뉴스 중 하나는 다음과 같았다. "찬성 캠페인 단체(반대 캠페인 단체)는 미국의 낙태 합법화 찬성(낙태 합법화 반대) 로비스트에게서 받은 기금을 사용해 포스터를 구입했다는 증거가 나온 후 2만 5,000개의 포스터를 폐기해야 했다." 그리고 이 기사에 해당 포스터를 찍은 사진이 실려 있었다. 연구자들은 참가자들에게 기사에 묘사된 사건을 기억하는지 질문한 후 다음 중에서 하나를 고르라고 지시했다. ① 나는 이것을 보거나 들었던 것을 기억한다. ② 나는 이것을 보거나 들었던 것을 기억하지 못하지만, 그 일이 일어났다는 것은 기억한다. ③ 나는 이것을 기억하지 못하지만 그 일이 일어났다고 믿는다. ④ 나는 이것을 다르게 기억한다. ⑤ 나는 이것을 기억하지 못한다.

참가자들의 48퍼센트가 1번이나 2번을 선택해서 2가지 가짜뉴스 중 적어도 1가지를 기억하고 있다고 대답했다. 이 수치는 3번을 선택한 참가자들까지 포함하면 63퍼센트까지 상승했다. 적어도 가짜뉴스 1가지를 기억한다고 주장했던 48퍼센트 중 37퍼센트는 1번을 선택하고 구체적으로 기억하고 있다고 주장했으며, 11퍼센트는 2번을 선택하고 덜 구체적으로 기억하고 있다고 대답했다.

버락 오바마와 조지 W. 부시의 오기억 연구 결과와 비슷하게 편향은 중요한 역할을 수행했다. 찬성 지지자들은 반대 지지자들보다 반대편에 대한 가짜뉴스를 더 많이 오기억했지만, 반대 지지자들은 정반대의 결과를 보였다. 연구자들은 이들의 인지 능력도 조사했는데, 상대편을 부정적으로 묘사한 가짜뉴스를 편향적으로 오기억하는 것은 인지 능력이 낮은 참가자들에게서 유독 자주 일어난다는 것을 발견했다.

우리는 마음속에 『1984』의 진실부가 작동해 가짜뉴스가 자신의 개인적인 정치 노선과 맞지 않을 때보다 맞을 때 오기억할 가능성이 더 커지도록 기억에 영향을 미친다는 사실을 알게 되었다. 2016년 미국 대선에서 도널드 트럼프를 지지한 사람들과 힐러리 클린턴Hillary Clinton을 지지한 사람들을 대상으로 한 연구는 게으른 사고와 낮은 수준의 추론 능력이 가짜뉴스의 주요 요인이라고 밝혀냈다.

오류적 진실 효과

●●●

일관성 편향뿐만 아니라 가짜뉴스에 대한 평가에 영향을 주는 것은 '진실 편향'이다. 다시 말해 사람들은 진짜일 수도 있고 가짜일 수도 있는 모호한 표현을 보통 진실이라고 추정하는 적당한 편향을 보인다. 그런데 표현을 단순히 반복하는 것만으로도 그것이 진실이라는 믿음을 더욱 강화한다는 것이다. 이것을 '오류적 진실 효과'라고 하는데, 1970년대에 처음 확립되었으나 최근에는 페이스북에 게시된 뉴스의 가짜 여부를 평가할 때 발휘된다.

최근의 연구에서 어떤 가짜뉴스를 한 번 본 적이 있을 때, 실험 참가자가 평가하는 그 뉴스의 정확성이 높아졌다. 심지어 그 뉴스가 타당해 보이지 않고, 팩트 체크를 해서 문제가 있는 것을 알게 된다고 해도 말이다. "지구는 정사각형이다"처럼 노골적으로 드러나는 거짓이더라도 오류적 진실 효과가 나타날 수 있다. 이와 유사한 반복 효과가 가짜라고 확신하는 뉴스에서도 일어난다. 어떤 가짜뉴스에 1~4회에 노출되었던 사람은 그 뉴스를 공유하는 것이 처음 본 뉴스와 비교해 상대적으로 덜 비윤리적이라고 판단한다. 그 뉴스가 가짜라는 말을 명백히 들었다고 해도 말이다. 또한 사람들은 처음 보는 뉴스보다 반복적으로 보았던 가짜뉴스를 공유할 것이라고 대답했다.

최근의 연구는 오류적 진실 효과와 일관성 편향에 작용하는 반복 효과의 영향에 대해 조사했다. 연구자들은 민주당원들과 공화당원들이 도널드 트럼프의 주장에 반복적으로 노출된 후에 어떤 반응을 보이는지 평가했다. 실험 참가자들은 팩트 체크의 기준에 따라 그 주장에 얼마나 진실이 담겨 있는지를 '진실'에서부터 '새빨간 거짓말'까지 6단계로 이루어진 척도에 따라 판단했다. 우리는 민주당원들보다는 공화당원들에게서 오류적 진실 효과가 더 크게 나타날 것이라고 생각할 수 있지만 그렇지 않았다. 도널드 트럼프의 주장은 반복될수록 진실의 척도가 상승되었는데, 민주당원과 공화당원 두 집단에서 같은 정도의 상승이 발견되었다. 게다가 팩트 체크에 의해 '거짓'이나 '새빨간 거짓말'이라고 평가되었던 주장에서도 이 효과가 두 집단에서 동일하게 확인되었다. 이 연구를 보면, 일관성 편향이 눈에 띄지 않았는데도 오류적 진실 효과는 뚜렷했다.

사람들이 가짜뉴스를 평가할 때 일관성 편향과 진실 편향이 한몫할 수 있다는 점을 고려하면, 우리는 마음속에 있는 '진실부'의 편향에 대응할 방법을 알아내는 것은 시급하다. 이 진실부는 우리가 과거의 사건을 재구조화하려고 할 때나 현재의 주장이 진실한지를 평가할 때, 우리를 잘못된 방향으로 이끌 수 있기 때문이다.

암묵적 편견

●●●

2016년 9월 26일, 힐러리 클린턴과 도널드 트럼프는 첫 번째 대선 토론에 참여했다. 이는 8,000만 명이 넘는 사람이 시청해 미국 역사상 가장 높은 시청률을 기록한 토론이었다. 그 자체만으로도 기억할 만한 날이었지만, 사회자인 레스터 홀트Lester Holt가 힐러리에게 최근 발언에 대해 물었을 때, 나는 힐러리의 말을 듣고 깜짝 놀랐다. 그 말은 경찰 업무에서 암묵적 편견이 해결되어야 한다는 것이었다. 힐러리는 "저는 암묵적 편견이 경찰뿐만 아니라 모든 사람에게 문제가 된다고 생각합니다"고 대답했다.

나는 심리학 논문에서 가져온 개념을 대선 토론에서 듣게 될 것이라고 예상한 적이 없었기 때문에 놀라웠다. 암묵적 편견은 사람들이 무의식적으로 외부의 고정관념에 의해 영향을 받을 수 있다는 편견을 가리킨다. 이 개념은 두 연구 논문에서 가져온 것이었다. 첫 번째는 2001년쯤 고정관념 편향이 무의식적으로 발생할 수 있다는 증거를 내놓은 연구였다. 두 번째는 1985년 미국의 인지심리학자 피터 그래프Peter Graf와 내가 '외현기억(과거의 경험에 대한 의식적인 기억)'과 '암묵기억(과거의 경험이 행동과 생각에 미치는지 의식하지 못하는 기억)'을 구분했던 연구였다.

1995년, 미국의 사회심리학자 앤서니 그린월드Anthony Greenwald와 마자린 바나지는 암묵기억이라는 개념을 '암묵적 사회 인지', 즉 과거의 경험이 사회적 과정에 미치는지 의식하지 못하는 효과라고 정의하며 그 개념을 확대했다. 그리고 고정관념 편향이 은연중에 작동할 수 있다는 주장을 펼치기도 했다. 몇 년 후 앤서니 그린월드와 그의 동료들은 암묵적 연관 검사Implicit Association Test라는 새로운 실험을 발표했다. 이 실험은 고정관념 편향을 새로운 방식으로 측정하게 해주었다. 2017년, 그린월드와 바나지는 다음과 같이 암묵적 연관 검사를 설명했다.

"실험 참가자들은 4개 범주로 나뉘는 자극에 2가지 방법으로 반응하도록 지시받았다(주로 컴퓨터 자판의 2가지 키). 첫 번째 암묵적 연관 검사에서는 4개 범주가 꽃·곤충·유쾌함·불쾌함이었고, 각 범주는 여러 단어로 표현되었다. 이 실험에서 컴퓨터 자판 키가 곤충 이름과 유쾌한 의미를 가진 단어에 반응하도록 쓰이고, 꽃 이름과 불쾌한 의미를 가진 단어에 반응하도록 쓰일 때보다 꽃 이름과 유쾌한 의미를 가진 단어에 반응하도록 쓰이고, 곤충 이름과 불쾌한 의미를 지닌 단어에 반응하도록 쓰였을 때, 평균 반응 속도가 0.3초 정도 더 빠른 놀라운 결과를 발견했다."

이 결과는 간단하지만 독창적이었다. 과거의 경험에 기반해 서로 어울리지 않는 범주끼리 짝 지었을 때보다 서로 어울리는 범주끼리 짝 지었을 때 반응이 더 빨랐다는 것은 기억 속 연상이 더 강하게 작용한다는 것을 보여준다. 암묵적 연관 검사를 사회적 인지와 인종적 편견과 관련시키는 실험도 했다. 이 실험에서 백인 참가자들은 검은 얼굴과 유쾌한 의미의 단어가 짝을 이루었을 때보다 흰 얼굴과 유쾌한 의미의 단어가 짝을 이루었을 때 더 빠르게 반응하는 것을 발견했다. 심지어 인종적 편견을 명시적으로 나타냈을 때, 대부분 참가자들이 흑인보다 백인을 더 선호한다는 표현을 하지 않았는데도 그랬다.

이렇게 해서 미국 하버드대학의 '프로젝트 임플리시트Project Implicit'라는 웹사이트가 만들어졌다. 이곳에서는 누구든지 인종, 젠더, 성적 지향 등 다양한 주제에 대해 암묵적 연관 검사를 받을 수 있다. 2002년에는 이 웹사이트에서 수집된 암묵적 연관 검사 데이터를 바탕으로 대규모의 연구가 진행되었다. 10만 명이 넘는 백인과 1만 7,000명의 흑인이 참여한 이 연구에서는 백인들이 흑인들보다 백인을 더 선호하는 암묵적 편견을 훨씬 드러냈지만, 백인을 더 선호한다는 명시적 편견은 그보다 적게 드러났다는 사실이 밝혀졌다. 흑인들은 백인을 더 선호하는 암묵적 편견을 훨씬 약하게 드러냈다. 흑인들은 백인들보다 흑인을 더 선호한다는 명시적 편견을 드러냈음에도 이런 결과가 나온 것이다.

암묵적 편견을 조사하기 위해 암묵적 연관 검사를 사용하는 연구가 지난 20년간 폭발적으로 증가했다. 2,000만 명이 넘는 사람이 이 웹사이트에서 암묵적 연관 검사를 받았고, 이것은 심리 실험을 넘어 일상의 영역까지 퍼져나갔다. 2016년 대선 토론에서뿐만 아니라 정부의 정책 관련 분야에서도 논의가 이루어졌다. 이렇게 암묵적 연관 검사에 대한 관심이 폭발적으로 증가하면서 그 결과의 신뢰성, 타당성, 해석에 대한 논란도 생겨났고, 그것은 지금까지도 격렬한 논쟁의 주제가 되고 있다.

그러나 암묵적 연관 검사가 암묵적 편견을 조사는 유일한 방법은 아니다. 미국의 심리학자 조슈아 코렐Joshua Correll과 그의 동료들은 '경찰관의 딜레마police officer's dilemma'와 관련된 실험을 진행했다. 이 실험에서는 '총 쏘기 게임'을 사용했는데, 이 게임에서 실험 참가자는 무장했거나 무장하지 않은 남성들의 이미지를 보게 된다. 이 남성들의 절반은 백인이고 절반은 흑인이다. 이 게임의 목적은 무장하지 않은 대상은 쏘지 않고 무장한 대상을 쏘는 것이다. 코렐은 다음과 같은 사실을 발견했다. 실험 참가자들은 백인보다 흑인일 때 무장한 대상을 더 빠르게 쏘는 확률이 높았으며, 흑인보다 백인일 때 무장하지 않은 대상을 쏘지 않을 확률이 높았다. 또한 백인보다 흑인일 때 무장하지 않은 대상을 쏘는 확률이 높았다. 이는 실험 참가자가 흑인이든 백인이든 상관없이 거의 대부분은 동일했다.

암묵적 편견은 경찰들에게 매우 시급한 문제다. 최근 세상의 이목을 끄는 비무장 흑인에 대한 총격 사건은 암묵적 편견이 개입되었을지도 모른다는 의문을 제기한다. 코렐과 그의 동료들은 미국 콜로라도주 덴버Denver의 4개 구역에서 일하는 경찰들이 같은 구역에 사는 주민들보다 일반적으로 무기 소지 여부를 더 정확하게 알아내고, 더 빠른 속도로 반응한다는 사실을 알아냈다. 또한 경찰들은 편견에 사로잡혀 백인보다 흑인을 더 많이 쏘는 일이 없었다. 하지만 주민들과 마찬가지로 경찰들도 반응 시간에서는 암묵적 편견을 드러냈다. 다시 말해, 그 대상이 인종적 편견과 일치할 때가 일치하지 않을 때보다 총을 쏘는 데 걸리는 시간이 더 짧았다.

고정관념에 부합하지 않는 흑인 상상해보기

●●●

암묵적 편견을 극복하기 위해 훈련하는 것이 인종적 편견을 없애는 데 도움이 될까? 사회심리학자들은 오랫동안 이 같은 질문을 해왔다. 그리고 암묵적 편견을 없애려는 훈련은 사회적으로 큰 관심을 받아왔다. 그러면서 차별이 명시적 편견이 아니라 암묵적 편견으로 일어났을 때, 그 차별을 저지른 사람이 책임을 추궁당할 확률이 낮아지기도 한다는 증거가 나왔다. 그러나 암묵적 편견에 의한 차별 행위를 막을 방법은 없어 보인다. 암묵적 편견 훈련이 영향이 있거나 의미가 있다는 결과가 드물 정도다.

2012년에 미국의 사회심리학자 퍼트리샤 디바인Patricia Devine이 실험 결과를 발표했다. 이 실험에서 대학생 91명은 암묵적 편견을 줄여주는 5가지 전략이 포함된 12주 훈련 프로그램에 참여했다. 이 프로그램에는 고정관념에 부합하지 않는 흑인 상상해보기나 흑인의 관점으로 바라보기 같은 방법이 포함되어 있었다. 디바인은 4주가 지난 시점과 8주가 지난 시점에서 흑인 버전과 백인 버전의 암묵적 편견 훈련을 수행한 결과 암묵적 편견이 감소했다고 말했다.

2014년에는 또 다른 실험이 진행되었다. 미국 하버드대학의 사회심리학자 캘빈 라이Calvin Lai가 이끈 연구팀이 암묵적 편견을 줄이기 위해 고안된 18가지 해결책의 효과를 평가하는 대회를 개최했다. 1만 7,000명 이상의 참가자로 구성된 집단에서 절반만이 암묵적 편견이 감소되었다. 참가자들에게 고정관념과 모순되는 흑인을 보여주었을 때가 가장 효과가 있었고, 평등을 강조하거나 공감을 느끼게 가치를 생각하게 했을 때가 가장 효과가 없었다. 특히 18가지 해결책 중에 어떤 것도 인종 차별에 대한 명시적 편견을 감소시키지 못했다.

2016년 캘빈 라이와 그의 동료들은 암묵적 편견을 감소시키는 데 성공했던 9가지 해결책을 가지고 추가 실험을 했다. 그리고 이 해결책을 사용한 후에 암묵적 편견을 평가했을 때 효과가 있었다는 사실을 확인했다. 하지만 며칠이 지난 후 암묵적 편견을 평가했을 때에는 그 어떤 해결책도 효과를 보이지 않았다. 최근에는 다양한 방법으로 암묵적 편견에 변화를 주려는 연구를 했는데, 8만 7,000명이 넘는 사람이 참여한 연구들이 진행되었다. 이 연구들에서 암묵적 편견을 변화시킨 증거가 발견되었지만, 그 효과는 미미했다. 그리고 암묵적 편견에서 관찰된 변화가 명시적 편견에 변화를 주는 것은 아니었다.

이 연구 결과는 경찰들의 일상적인 업무나 우리의 일상적인 행동에 영향을 주기 위해 고안된 암묵적 편견 훈련이 성과를 낼 수 있는지에 대한 심각한 의문을 제기한다. 그러나 암묵적 편견이 우리의 기억 속에 오랫동안 유지된 경험의 결과물로 본다면, 어떤 훈련도 강력한 효과를 장담할 수 없다는 사실은 그리 놀랍지 않다. 암묵적 편견은 문화적으로 널리 퍼져 있는 현상인데, 흑인 동네의 범죄와 가난을 보도하는 미디어와 텔레비전, 흑인을 범죄자로 묘사하는 영화 등 우리는 흑인과 위험을 연상시켜 기억한다. 이런 부정적인 문화는 흑인들 사이에서 어느 정도 상쇄될 가능성이 크다. 그것은 흑인들은 다른 흑인들과 긍정적인 상호작용을 개인적으로 더 많이 나누기 때문이다.

그 후 심리학자들은 암묵적 편견을 줄이기 위한 연구를 꾸준히 해오고 있고, 그 실험 결과들을 모은 데이터가 과거에 비해 더 탄탄해졌다. 하지만 암묵적 편견을 뿌리 뽑을 가능성은 거의 없다. 인간의 뇌 속에 너무 깊이 박혀 있어 완전히 제거하는 것은 어렵기 때문이다. 하지만 시간이 지나면서 암묵적 편견을 야기하는 문화적인 영향도 변화해 갈 것이며, 실제로 그와 비슷한 일이 이미 일어나고 있다. 마자린 바나지와 테사 찰스워스Tessa Charlesworth는 프로젝트 임플리시트 웹사이트에서 암묵적 연관 검사를 통해 모은 400만 개 이상의 데이터를 이용해 연구를 했다. 그 결과 인종, 피부색, 성적 지향과 관련된 명시적 편견과 암묵적 편견이 점차 줄어들고 있다는 사실을 발견했다. 특히 명시적 편견에서는 나이, 장애, 체중에 대한 편견이 감소되었다. 암묵적 편견도 쉽게 변화될 수는 없지만, 완전히 불변의 것도 아니다.

제 7 장

기억은 지속성을 갖는다

홈런이 그를 죽였다

1986년 10월 초 어느 화창한 오후, 미국 프로야구 팀인 캘리포니아 에인절스(현재 로스앤젤레스 에인절스) 팬들은 아메리칸리그 챔피언십 시리즈에서 보스턴 레드 삭스를 상대로 승리를 확정 짓는 순간을 기다리며 기쁨에 넘쳐 환호하고 있었다. 이 시리즈의 5차전 8회 말까지 에인절스는 5대 2로 저만치 앞서가고 있어 1승만 더하면 시리즈를 끝낼 수 있었다. 그러나 레드 삭스는 9회 초에 반격해서 5대 4까지 따라붙었고, 투아웃 상황에서 1루에 주자를 내보냈다.

진 마우치Gene Mauch 감독은 경기를 끝내기 위해 주전 구원투수인 도니 무어Donnie Moore를 마운드로 불러내서 뛰어난 외야수 데이브 헨더슨Dave Henderson을 상대하게 했다. 무어는 빠르게 투 스트라이크를 던졌다. 스트라이크 아웃을 피하려고 세 번째 공을 겨우 파울로 쳐낸 헨더슨의 모습을 지켜보던 에인절스 팬들과 선수들은 열광하기 시작했다. 그러나 헨더슨은 무어의 다음 공을 좌측으로 깊이 때려 경기를 뒤집는 역전 2점 홈런을 만들어냈다. 그 경기장에 있던 모든 사람은 헨더슨이 베이스를 빠른 걸음으로 도는 모습을 믿을 수 없다는 듯 바라보았다. 결국 에인절스는 9회 말에 경기를 역전시키지 못했고, 레드 삭스가 월드 시리즈에 진출했다.

시간이 흘러 에인절스 선수들과 팬들은 자존심에 상처가 되었던 패배에서 벗어났지만, 도니 무어는 그러지 못했다. 그는 헨더슨이 홈런을 쳤던 기억에 시달렸고 때때로 절망스러워했다. 그의 동료들은 무어가 구원승을 했던 시즌 경기들을 상기시켜주었지만, 그는 자기 자신을 비난하며 그날의 투구만 생각했다. 더구나 미디어에서 끊임없이 그 일에 대해 보도하면서 무어는 그 기억에서 벗어날 수 없었다. 그는 결혼 생활과 선수 생활에 타격을 입을 정도로 우울증이 심해졌다.

1989년 7월, 『AP 통신』에는 다음과 같은 기사가 실렸다. "단 한 번의 투구 기억으로 고통받던 전 캘리포니아 에인절스 투수 도니 무어가 선수 생활의 실패와 가정불화를 비관해 아내를 총으로 여러 차례 쏜 후 자살했다고 경찰이 전했다." 그렇게 무어의 인생은 끔찍한 사건으로 끝이 났다. 무어의 에이전트인 데이브 핀터Dave Pinter는 "공 하나로 시즌이 결정되는 것은 아니라고 말해주어도 무어는 그 기억에서 벗어나지 못했다. 결국 그 홈런이 그를 죽였다"고 말했다.

비록 무어의 죽음이 이 사건 때문에 일어났다고 할 수는 없지만, 이것은 사람을 가장 나약하게 만드는 기억의 지속성의 극단적인 예가 될 수 있다. 우리가 기억하고 싶은 정보나 사건을 잊게 하는 소멸, 정신없음, 막힘과는 대조적으로 지속성은 우리가 잊고 싶은 일을 기억하는 것이다. 지속성은 조금 짜증스러울 뿐 심각한 문제가 아닐 수도 있다. 우리는 누구나 어떤 노래를 잊으려고 해도 머릿속에서 떠나지 않는 경험을 해보았다. 처음에는 그 노래를 즐길 수 있지만, 시간이 지나면 그 멜로디에 지쳐 의식적으로 잊으려고 애쓴다. 어떤 때는 이 끈질긴 기억 때문에 중요한 일에 집중하기가 어려울 수도 있다. 나는 학창 시절에 가장 좋아하던 레드 제플린Led Zeppelin의 노래가 머릿속을 계속 맴돌아 시험에 집중하지 못했던 경험이 있다. 내가 하버드대학에서 진행했던 세미나에서 한 대학생은 이와 비슷한 문제를 털어놓은 적이 있었다.

“기말고사를 보는 과목 중에 공부한 내용을 종이 한 장에 채워서 시험 시간에 볼 수 있는 과목이 있었어요. 그런데 시험에 참고할 만한 정보가 많지 않아 그 종이를 다 채우지는 못했어요. 저는 그 여백에 가장 좋아하는 노래 5곡 정도의 가사를 적어놓았어요. 그래서 전날 제가 경험했던 상황을 다시 겪지 않으려고 한 겁니다. 노래 한 곡이 머릿속에서 성가시게 맴도는 바람에 집중하기가 힘들었거든요. 시험을 볼 때는 종이에 적어놓은 가사를 보면서 이 노래를 머릿속에서 몰아낼 수 있었어요.”

어떤 노래가 머릿속에서 맴도는 경험은 비교적 드물게 일어난다. 대체로 이것은 심각한 결과를 가져오지 않으며, 이 대학생이 했던 것처럼 관리될 수 있다. 그러나 도니 무어를 죽음에 이르게 했던 기억의 지속성은 훨씬 더 심각하다. 무어의 사례는 예외적인 특성이 있지만, 이 이야기는 실망, 후회, 실패, 슬픔, 트라우마와 같은 지속성의 주요 특징을 잘 보여준다. 그러나 머릿속을 헤집고 다니는 과거의 기억은 아무리 몰아내고 싶어도 우리가 누구이고 어떤 사람이 되고 싶은지에 대한 인식과 밀접하게 관련되어 있기 때문에 위협적이다.

스트룹 효과와 무기 집중 효과

●●●

기억의 지속성은 정서적인 삶과 밀접하게 연결되어 있기 때문에, 이것을 이해하려면 정서와 기억 간의 관계를 살펴보아야 한다. 일상적인 경험과 실험연구는 정서적인 사건이 비정서적인 사건보다 더 잘 기억된다는 것을 보여준다. 정서는 기억이 탄생하는 순간에 상승하는데, 이때 주의집중과 정교화가 강하게 영향을 주어 어떤 경험이 기억되거나 망각되는지를 결정한다. 즉, 정보에 주의를 기울이지 않거나 정교하게 부호화하지 못하면 그 정보는 기억될 가능성이 거의 없다.

노란색 연필로 노랑이라는 단어를 쓰고, 파란색 연필로 빨강, 검은색 연필로 초록이라는 단어를 쓴 다음에 각 단어를 쓴 연필의 색깔을 말해보자. 노란색보다 파란색과 검은색을 말할 때 시간이 더 오래 걸린다는 것을 알 수 있다. 이는 빨강과 초록이라고 말해야 하는 색깔과 모순되는 단어의 의미를 분석하지 않을 수 없기 때문이다. 이것을 '스트룹 효과Stroop Effect'라고 하는데, 이처럼 정서적인 정보는 자동적으로 빠르게 주의를 끈다.

이와 비슷한 현상이 '슬픈'과 '기쁜' 같은 정서적인 단어에서도 일어날 수 있다. '젖은'과 같은 중립적인 단어의 색깔을 말할 때보다 긍정적이거나 부정적인 단어의 색깔을 말할 때 시간이 더 오래 걸린다. 정서적인 단어가 자동적으로 주의를 끌면서 색깔의 이름을 말할 때 방해를 받는 듯하다. 단어를 읽을 때 걸리는 그 짧은 시간에 정서적인 의미가 머릿속에서 평가되어 색깔의 이름을 부호화하는 과정에 영향을 주기 때문이다.

정서적인 사건의 의미는 우리의 현재 목표와 관련해 평가를 받는다.

그 목표는 야구 경기를 끝내기 위해 타자를 스트라이크 아웃시키는 것처럼 단기적이거나 장래에 더 높은 연봉을 받기 위해 시즌 경기에서 좋은 성적을 내는 것처럼 장기적일 수도 있다. 도니 무어의 사례처럼, 우리의 행위가 목표를 달성하지 못할 때, 우리는 슬픔과 좌절을 느낀다. 그리고 우리의 행위가 목표를 달성할 때, 우리는 행복과 기쁨을 느낀다 (도니 무어가 데이브 핸더슨을 스트라이크 아웃시켰다고 상상해보자). 우리가 현재의 경험을 단기적이거나 장기적인 목표와 결부시킬 때, 정교하게 부호화가 되어 그 경험을 더 잘 기억하게 해준다.

일반적으로 정서적인 사건이 자동적으로 주의를 끌고 정교하게 부호화가 되어 오래 기억에 남지만, 그에 따른 대가도 있다. 은행에서 강도 사건을 목격한 사람을 생각해보자. 강도가 도망치며 총으로 위협하자, 공포를 느낀 목격자는 즉시 총에 집중한다. 그 결과, 목격자는 나중에 그 총의 특징을 매우 자세히 기억하지만, 경찰이 강도의 인상착의를 물어보면 강도의 얼굴을 희미하게만 기억할 뿐이다. 심리학자들은 이 현상을 '무기 집중 효과Weapon Focus Effect'라고 부른다. 정서를 자극하는 사물이 자동적으로 주의를 끌면서, 다른 것들을 부호화할 자원을 거의 남기지 않기 때문이다. 여러 실험을 통해, 사람들이 일반적으로 정서를 자극하는 사건의 핵심을 잘 기억하는 대신 세부 사항은 잘 기억하지 못한다는 것이 밝혀졌다. 정서적인 자극은 그 사건이 긍정적이든 부정적이든 기억에 영향을 준다. 우리는 인생의 일상적인 순간보다는 더 좋거나 나쁜 순간을 기억한다. 그리고 부정적인 경험과 마찬가지로, 긍정적인 경험도 부지불식간에 기억에 새겨진다.

정서적인 사건을 일기장에 기록한 대학생들의 약 90퍼센트는 긍정적인 사건과 부정적인 사건에 대해 최소한 어느 정도의 침투기억을 경험했으며, 정서를 더 강하게 느끼는 사건일수록 침투기억을 자주 경험했다고 말했다. 물론 최근에 있었던 사업 성공, 운동 성취, 낭만적인 만남 같은 긍정적인 기억은 대체로 오래가지만, 부정적인 기억은 절대로 오래가지 못한다는 차이가 있다.

심리학자들은 오랫동안 긍정적인 경험이 잘 기억되는지, 부정적인 경험이 잘 기억되는지에 대해 논쟁을 벌여왔다. 이와 관련된 증거는 거의 발견되지 않았지만, 미국 컬럼비아대학의 심리학과 교수 케빈 오스너는 둘 사이에 흥미로운 차이가 있다는 것을 발견했다. 오스너는 대학생들에게 미소 짓는 아기, 상처가 있는 얼굴, 평범한 빌딩 같은 긍정적·부정적·중립적인 사진들을 보여주었다. 대학생들은 중립적인 사진보다 긍정적이거나 부정적인 사진을 더 많이 기억했고, 그렇게 기억한 긍정적인 사진과 부정적인 사진의 수는 같았다.

그러나 오스너가 대학생들이 특정 사진을 기억하는 이유를 좀더 자세히 조사하자, 긍정적인 기억과 부정적인 기억의 차이가 드러났다. 대학생들은 긍정적인 사진을 기억할 때 그저 그 사진이 익숙해 보인다고 말했지만, 부정적인 사진을 기억할 때는 처음에 그 사진을 접했을 때 어떤 것을 생각하고 느꼈는지 구체적으로 기억했다. 우리가 긍정적인 사건보다 부정적인 사건을 훨씬 더 자세하게 기억하는 경향이 있다면, 우리는 가장 잊어버리고 싶은 고통스러운 경험들을 끊임없이 인출할 수밖에 없는 위험에 처할 수도 있다.

기억이 고통이 될 때

●●●

부정적인 경험을 한 후 어떤 일이 일어났느냐에 따라, 기억의 지속성은 우리를 만성적인 고통에 빠뜨릴 수 있다. 그리고 시간이 지나면서 부정적인 사건으로 받은 상처는 희미해지기도 한다. 우리는 사랑하는 사람의 죽음, 실연, 사업 실패와 같이 극심한 고통을 남기는 경험들을 이겨내며 산다. 그 후에 고통스러운 사건을 다시 경험하기도 하지만, 결국 그 쓰라린 상처는 사라진다. 여러 실험에서는 부정적인 감정이 긍정적인 감정보다 실제로 더 빨리 희미해진다는 것을 보여준다. 대학생들이 일상적인 경험을 일기로 기록했던 연구를 살펴보자. 대학생들은 자신들이 겪은 경험에서 느껴지는 여러 특징을 평가한 다음에 3개월 후부터 4년이 지난 후까지 그 경험과 관련된 정서를 기억해야 했다. 이때, 부정적인 감정에 대한 기억은 긍정적인 감정에 대한 기억보다 빨리 희미해졌다.

부정적인 경험을 상기시키는 것은 시간이 지나면서 고통스러운 감정이 희미해지는 것을 지연시킬 수 있다. 콜롬비아의 소설가 가브리엘 가르시아 마르케스Gabriel García Márquez의 『콜레라 시대의 사랑』은 다음과 같은 헌사獻辭로 시작된다. "그 어떤 예외도 없이, 씁싸름한 아몬드의 향을 맡으면 그는 항상 짝사랑의 운명을 떠올렸다." 이미 일어난 사건을 반복적으로 상기시키는 것은 그 사건의 부정적인 기억을 회상하도록 지속성을 강화시킨다.

기자들과 팬들은 데이브 헨더슨이 홈런을 친 후 여러 달 동안 도니 무어를 따라다니며 괴롭혔고, 그로 인해 도니 무어는 그 고통에서 헤어나오지 못했다. 무어의 동료인 브라이언 다우닝Brian Downing은 미디어가 무어에게 끊임없이 과거의 기억을 상기시켰다고 비난했다. 그는 무어의 자살 소식을 들은 후 슬퍼하며 이렇게 말했다. "여러분은 한 사람의 인생을 망친 겁니다. 우리가 지금까지 듣고 읽었던 것은 그가 던진

단 한 번의 투구였을 뿐이에요."

부정적인 경험을 상기시키는 것은 다른 일이 일어났을 수도 있었다거나, 다른 일이 일어났어야 했다는 '반사실적 사고counterfactual thinking'에 빠지게 만들 수 있다. 주식에 투자해본 사람은 반사실적 사고의 힘에 익숙한 것 같다. 당신은 관심 있는 주식이 꾸준히 오르는 것을 지켜보고 있었다. 결국 용기를 내서 투자했는데 가장 두려워했던 최악의 상황이 벌어진다. 며칠 사이 투자 금액의 20퍼센트를 잃게 된 것이다. 주식이 하락하는 것을 무력하게 지켜보면서, 당신은 자신의 성급했던 행동을 후회하며 절망한다. "더 참을성 있게 주식이 폭락하기를 기다렸더라면……." 당신은 주식에 돈을 투자하기로 결정한 순간을 회상하며 자기 자신을 책망한다. 당신은 잠자리에서도 자신의 결정을 되새기며, 며칠만 더 기다렸더라면 얼마나 좋았을지를 상상한다. 이 반사실적 사고는 사후 과잉 확신 편향으로 쉽게 이어지기도 한다.

나는 한겨울에 플로리다에서 있었던 학회에 참석했을 때 반사실적 사고를 경험한 적이 있다. 나는 금요일 밤에 보스턴으로 돌아올 계획이었는데, 그때 비행기 운항이 취소될 수도 있는 폭풍이 몰려오고 있다는 일기예보를 들었다. 나는 학회를 일찍 마치고 보스턴으로 돌아올지 아니면 하루 이틀 여유를 부리면서 플로리다의 해변을 즐길지 잠시 망설인 후에 폭풍이 오기 전에 보스턴으로 돌아오기로 결정했다. 그리고 내가 탄 비행기는 보스턴에 착륙 허가를 받았고, 폭풍이 오기 전에 집에 도착할 수 있을 것 같았다.

그러나 상황은 빠르게 악화되었고, 비행기가 보스턴에 착륙할 수 없어 결국 메인Maine에서 비상착륙을 했다. 나는 18시간이나 되는 긴 시간을 참아냈지만, 또다시 착륙을 시도한 비행기는 뉴욕의 JFK 공항으로 향했다. 마침내 나는 다른 승객들과 함께 야간 리무진을 타고 보스턴으로 돌아왔다. "왜 플로리다의 해변을 즐기지 않았을까?" 나의 계획이 실패로 돌아가자 나는 마음속으로 생각했다. 그리고 폭풍이 오기 전에 출발하자고 결심했던 그 순간을 돌이켜 생각했다. 지금 돌아보았을 때 공항에 전화를 걸어 플로리다에 좀더 머물겠다고 말하는 것이 현명한 결정이었다고 생각하는 나 자신을 상상했다.

끈질기게 지속되는 반사실적 사고는 비극을 막을 수 있었다거나 막기 위해 행동했어야 했다고 느낄 때 훨씬 더 심각해진다. 자살한 사람의 친구나 친척은 사랑하는 사람의 자살을 막기 위해 자신이 무엇을 할 수 있었거나 했어야 했는지 끊임없이 반사실적 사고를 하며 고통스러워한다. 영국의 심리학자 마크 윌리엄스Mark Williams는 다음과 같이 말했다. "어떤 생존자들은 자신이 개입하지 않았던 것에 대해 자책한다. 이들은 자신이 자살을 막기 위해 할 수 있었던 일에 대해 끊임없이 생각한다."

심지어 사랑하는 사람이 불치병으로 죽은 후에도 슬픔에 잠긴 가족들은 죽음의 원인이 된 사건을 반복해서 되새기고 머릿속으로 그 사건을 재생한다. 그렇게 해서 이미 일어난 사건을 돌이키거나 바꿀 수 있다고 믿는 것처럼 말이다. 반사실적 사고로 아무것도 못하게 된 한 여성은 이렇게 말했다. "저는 병원에서 보낸 마지막 일주일을 반복해서 회상해요. 그것은 사진으로 찍어둔 것처럼 머릿속에 남아 있어요." 이와 마찬가지로, 실험연구에서도 긍정적인 경험보다 부정적인 경험에서 반사실적 사고가 심해진다는 것이 밝혀졌다.

저는 과거 속에 살지 않아요

●●●

사랑하는 사람의 죽음과 같은 절망스러운 사건을 겪으면, 거의 예외 없이 기억의 지속성과 반사실적 사고를 경험하게 된다. 그러나 수많은 실망과 실패에 어떤 반응을 보일지는 우리가 우리 자신을 바라보는 방식을 만든 과거의 경험에 의해 달라진다. 심지어 부정적인 경험을 끈질기게 떠올린다고 하더라도 말이다. 그것이 꼭 도니 무어를 죽음에 이르게 한 기억의 지속성이나 인간을 무력하게 만드는 반사실적 사고로 이어지는 것은 아니다.

장 방 드 벨드Jean Van de Velde의 사례를 생각해보자. 그전까지만 해도 무명이었던 이 프랑스의 골프선수는 1999년 7월, 브리티시오픈 마지막 라운드에서 선두를 이끌며 세계적인 주목을 받았다. 18번 홀을 시작했을 때, 그는 3타 차로 선두를 지키며 우승을 확신하는 것 같았다. 큰 이변만 없다면 우승할 수 있는 상황이었다. 하지만 그는 공이 러프와 벙커로 날아가 트리플보기 8을 기록했고, 전 세계의 수백만 골프팬이 믿을 수 없다는 듯 지켜보았다. 그는 선두와 세 차례 타이를 이룬 다음에 결국 연장전에서 패배했다. 이는 프로 골프계에서 가장 충격적인 역전패였다.

다음 날 영국 런던의 수많은 신문은 패배의 기억이 장 방 드 벨드를 평생 괴롭힐 것이라고 보도했다. 그러나 그런 일은 일어나지 않았다. 장 방 드 벨드는 며칠은 괴롭고 실망했겠지만, 도니 무어처럼 지속적으로 그 기억에 사로잡히지 않았다. 그는 운명의 18번 홀에서 자신이 할 수 있었던 일이나 해야만 했던 일을 떠올리지도 않았다. 그 대신 자신의 결정이 어떤 이유로 내려졌는지 논리적으로 설명했다. 그리고 골프는 일종의 게임이고, 자신의 인생의 한 부분일 뿐이라고 말하며, 좀 더 넓은 안목으로 그 대회를 바라보았다. 또한 그는 국제적인 대회에서 실력을 겨루며 얻은 명성을 즐기기도 했다. 몇 주 후에 기자들이 어떻게 그 상황을 잘 이겨낼 수 있었고, 마지막 홀에서 일어났던 일을 되새기지 않았는지 질문하자, 장 방 드 벨드는 "아마도 제 기질 때문일 겁니다. 저는 과거 속에 살지 않아요"라고 말했다.

도니 무어와 장 방 드 벨드의 대조되는 운명은 우리가 오랫동안 기억의 지속성에 시달리는 것은 아니라고 말해준다. 자신에게 일어난 일을 어떻게 평가하느냐에 따라 그에 반응하는 방식이 달라지고 결정되는 것이다. 심리학자들은 현재의 평가에 영향을 주는 과거 경험의 축적을 '자기 스키마self schema'라고 부른다. 수년 혹은 수십 년에 걸쳐 형성된 자기 스키마에는 인생의 여러 단계에서 겪은 개별적인 경험을 바탕으로 한 평가들이 들어 있다. '슬픈, 낙천적인, 성공적인, 무기력한' 같은 단어들이 자신의 특징을 묘사하는지 생각해보자. 이 같은 판단을 하기 위해 우리는 자기 스키마에 도움을 받는다. 정서적으로 건강한 사람들은 부정적인 단어보다 긍정적인 단어를 더 많이 인정하지만, 우울한 사람들은 긍정적인 단어보다 부정적인 단어를 더 많이 인정한다. 우울증은 매우 부정적인 자기 스키마와 관련이 있어 자기 자신을 무능하거나 잘못이 있다고 인식하게 된다. 부정적인 자기 스키마는 부정적인 경험을 부호화하고 이것을 유지시키기 때문에 쉽게 우울증으로 이어질 수 있다. 우울증 환자들은 실패나 행복 같은 단어들이 자신들을 정확하게 묘사하는지 판단할 때 건강한 통제집단에 비해 긍정적인 단어보다 부정적인 단어를 더 많이 기억했다.

'반추적인 성향'의 사람들

미국의 심리학자 퍼트리샤 델딘Patricia Deldin은 우울한 사람과 우울하지 않은 사람이 긍정적이거나 부정적인 정보를 부호화하는 동안에 다른 전기적 뇌 활동을 보인다는 것을 발견했다. 건강한 통제집단과 비교할 때, 우울증 환자들은 긍정적인 단어보다 부정적인 단어에 더 큰 전기적 반응을 보였다. 기억이 새롭게 형성되는 순간에 일어나는 이러한 차이는 부정적인 경험이 지속적으로 인출되도록 만든다. 이는 우울증을 강화시켜 무한한 악순환이 될 수 있다. 우리는 도니 무어가 기억의 지속성에 취약한 극도의 부정적인 자기 스키마를 소유했는지 알 수 없다. 또한 장 방 드 벨드가 기억의 지속성의 영향에서 자신을 보호할 수 있는 매우 긍정적인 자기 스키마를 소유했는지도 알 수 없다. 그러나 우울증으로 고통받는 환자들이 기억의 지속성에 취약하다는 것은 알고 있다.

영국의 심리학자 크리스 브루윈과 그의 동료들은 우울증 환자들이 건강한 통제집단보다 부정적인 경험을 되새기게 하는 침투기억에 훨씬 더 취약하다는 것을 밝혀냈다. 이 연구팀은 최근에 누군가 사망했거나 건강 문제나 학대와 폭행으로 우울증에 빠진 환자들이 대부분 우울증을 유발하는 사건과 관련된 기억이 원하지 않는데도 계속 떠오른다고 했다. 또한 최근에 암 진단을 받은 환자들을 대상으로 침투기억을 연구하기도 했다. 어떤 환자들은 심한 우울증에 빠졌고, 어떤 환자들은 경미한 우울증을 보였으며, 어떤 환자들은 우울증에 빠지지 않았다. 심한 우울증 환자들은 경미한 우울증 환자들이나 우울증에 빠지지 않은 환자들보다 주로 질병, 상해, 죽음과 관련된 침투기억을 훨씬 더 많이 경험했다.

이처럼 기억의 지속성은 심각한 우울증에서 흔히 보이는 부정적인 기분 때문일 수도 있다. 여러 실험연구는 현재의 기분이 자주 인출되는 기억에 영향을 끼친다는 것을 보여준다. 행복한 기분일 때에는 긍정적인 경험에 대한 기억이 부정적인 경험에 대한 기억보다 쉽게 떠오르며, 불행한 기분일 때에는 그 반대의 현상이 일어난다. 암 환자들의 침투기억은 처음에 우울증을 유발하게 한 부정적인 자기 스키마와 관련이 있을 것이다. 이 환자들은 암 진단을 받았을 때 부정적인 기억을 더 많이 가지고 있을 수 있다. 이렇게 무한한 악순환이 만들어지면서 부정적인 자기 스키마와 기분이 부정적인 기억을 끊임없이 인출하게 하고 결국 우울증을 심화시키게 된다.

미국 예일대학의 심리학자 수전 놀런 혹스마Susan Nolen-Hoeksema는 현재의 부정적인 기분과 과거의 부정적인 사건에 강박적으로 집중하는 '반추적인ruminative 성향'의 사람들이 이런 악순환에 갇힐 수 있는 위험이 크다는 것을 발견했다. 이 사람들은 그렇지 않은 사람들보다 우울증을 더 오래 앓았다. 1989년 캘리포니아 북부 해안 지역을 강타했던 로마 프리에타Loma Prieta 지진이 일어나기 전, 놀런 혹스마는 대학생들의 기분과 반추적인 성향을 조사했다.

놀런 혹스마는 지진이 일어나고 며칠 후와 몇 주 후, 대학생들의 기분과 정서를 다시 조사했다. 지진이 나기 전에 반추적인 성향을 보인 대학생들은 반추적인 성향을 보이지 않은 대학생들보다 지진이 일어난 후에 우울증이 더 심해지고 오래 지속되었다. 놀런 혹스마는 우울증 위험이 높은 말기 암 환자들의 보호자들에게서도 이와 비슷한 현상을 발견했다. 현재와 과거의 부정적인 사건을 반추하는 보호자들은 그렇지 않은 사람들보다 환자를 돌보는 동안 우울증이 더 심각해졌다.

놀런 혹스마는 반추와 우울증과 기억을 이전보다 더 강하게 연결시켰다. 그래서 우울하거나 우울하지 않은 대학생들에게 2가지 유형의 과제를 수행하게 했다. 첫 번째는 대학생들의 현재 기분, 에너지 수준, 자신의 모습이 되도록 영향을 준 과거의 사건들에 집중하도록 했다. 두 번째는 모나리자의 얼굴이나 하늘의 구름을 상상하라고 지시하면서 대학생들이 자신의 기분과 관심에 집중하지 못하게 했다. 그러고 나서 대학생들에게 과거의 자서전적인 사건들을 회상해보라고 지시했다. 우울한 기분을 느꼈던 대학생들은 두 번째 과제를 수행했을 때보다 첫 번째 과제를 수행하고 난 후에 부정적인 자서전적 사건을 더 많이 떠올렸다.

반추적인 성향은 우울증에 대한 여성과 남성의 차이를 설명해주기도 한다. 놀런 혹스마는 한 달 동안 여성 참가자들과 남성 참가자들의 우울증을 관찰했다. 그 결과, 여성이 남성보다 우울한 기분을 자주 반추했으며, 남성은 일이나 취미에 더 많은 시간을 보내는 등 부정적인 기분에서 벗어나게 해주는 활동을 더 많이 한다는 것을 발견했다. 여성이 남성보다 오랫동안 반추를 지속해서 우울증의 원인이 되었다. 즉, 여성은 자신이 우울한 이유를 스스로 질문해보며, 자신이 부족하다고 느끼거나 자신을 부정적으로 바라보았던 과거의 경험을 활성화시켰다. 이 같은 부정적인 기억은 우울증을 더 고통스럽고 오래 지속시켰다.

과일반화 기억

고통스러운 경험을 반추하는 것과 그것을 다른 사람들에게 드러내는 것을 구분하는 것은 중요하다. 반추는 자신의 현재 기분이나 상황에 따라 생각과 기억을 강박적으로 반복하는 것인데, 이는 훨씬 더 나쁜 결과를 가져온다. 그러나 사람들에게 고통스러운 경험을 드러내게 하는 것은 매우 긍정적인 효과를 가져오기도 한다. 미국 텍사스대학의 심리학자 제임스 페니베이커James Pennebaker와 그의 동료들은 실험 참가들에게 자기 자신에 대해 글을 쓰거나 이야기하면서 고통스러운 경험을 드러내게 하는 연구를 수행했다. 그렇게 실험 참가자들이 만들어낸 이야기는 놀라운 효과를 가져왔다. 실험 참가자들의 기분이 긍정적으로 변했고, 면역 체계 기능이 향상되었으며, 병원도 덜 방문했다. 또한 학점이 향상되고, 결근이 감소했으며, 심지어 실직 후 재취업률도 상승했다. 이러한 긍정적인 효과에 대해서는 여전히 논란이 있지만, 이 실험 결과는 자신의 감정을 이야기하는 행위가 우울증을 감소시킨다는 사실을 말해준다.

이야기를 만들어내는 것과 끊임없이 반추하는 것의 차이는 매우 심한 우울증이나 자살 충동을 동반한 우울증에서 뚜렷하게 나타난다. 우울증 환자들은 이야기를 조리 있게 구성해내는 데 어려움을 느끼는데, 영국의 심리학자 마크 윌리엄스가 '과일반화 기억overgeneral memories' 이라고 부르는 것을 지속적으로 회상하기 때문이다. 윌리엄스는 '단어 단서word-cueing' 기법을 이용해 자살 충동을 느끼는 우울증 환자들의 자서전적 기억에 대한 실험을 수행했다. '행복한, 미안한, 화난, 성공적인'과 같은 단어를 보고 자신이 살면서 겪었던 구체적인 사건을 떠올려 보자. 대부분 사람들은 특정 경험의 기억을 떠올리는 데 별다른 어려움을 느끼지 않는다.

나는 '행복한'이라는 단어를 보고 내 딸이 4학년 농구 리그 경기에서

6점을 따냈을 때 얼마나 기뻤는지를 떠올렸다. '미안한'이라는 단어에는 내가 아는 교수의 대학에서 강의할 때 사용한 슬라이드를 그 교수가 잃어버렸는데, 그때 그가 얼마나 미안해했는지를 떠올렸다. 윌리엄스는 심한 우울증 환자들이 긍정적이거나 부정적인 단서에 반응해 구체적인 사건을 거의 기억하지 못한다는 사실에 주목했다. 그 대신에 그들은 '행복한'이라는 단어에는 '내 아버지', '미안한'이라는 단어에는 '내가 잘못된 일을 할 때'처럼 아주 간략한 표현을 생각해냈다.

윌리엄스는 과일반화 기억을 지속적으로 인출하는 것이 자살을 결정하는 원인으로 작용할 수 있다고 말한다. 자살을 결심하는 결정적인 원인이 되는 부정적인 사건이 "나는 항상 실패자였다"거나 "아무도 나를 정말로 좋아하지 않았다"처럼 부정적으로 과일반화 기억을 반추하도록 자극한다는 것이다. 우울증 환자는 이 같은 자기 파괴적인 표현을 지속적으로 회상하면서 절망하고, 이것이 환자의 마음을 사로잡아 스스로 인생을 끝내는 결정을 내리게 된다.

우울증 환자들의 뇌 활동에 대한 연구들은 지속적인 과일반화 기억에 있는 어떤 단서들을 제공한다. 여러 연구에서 우울증 환자들이 편안하게 쉬고 있거나 인지 과제를 수행할 때 좌측 전두엽 영역이 상대적으로 활동이 감소된다는 것이 밝혀졌다. 좌측 전두엽에 생긴 뇌졸중으로 고생하는 환자들은 자주 우울해했고, 우측 전두엽에 손상을 입은 환자들은 우울해하지 않는다. 어쩌면 좌측 전두엽이 긍정적인 감정을 일으키는 데 어떤 역할을 하는지도 모른다.

신경영상 연구들은 좌측 전전두엽 피질의 비슷한 영역들이 과거의 경험을 회상하고 세부 사항을 인출하는 역할을 한다는 것을 보여준다. 미국 예일대학의 심리학자 마샤 존슨Marcia Johnson과 그의 연구팀이 수행한 연구들을 살펴보면, 기억을 인출할 때 좌측 전전두엽 피질의 활동량은 과거 경험의 세부 사항을 회상할 때 크게 나타났다. 심한 우울증 환자들이 좌측 전두엽의 주요 영역들을 활성화하는 데 어려움을 겪는다면, 이들은 과일반화 기억을 쉽게 회상하게 될 것이다.

건강한 사람은 긍정적인 경험을 구체적으로 회상함으로써 부정적인 기억을 막는다. 이 긍정적인 경험에서 힘을 얻고 나면, 자신의 능력을 더 긍정적으로 생각하게 될 것이다. 그러나 자신이 우울해져서 긍정적인 경험을 회상할 수 없다면, 과일반화 기억을 하게 되어 절망적인 기분을 악화시킬 것이다. 제 기능을 하지 못하는 좌측 전두엽이 이 같은 악순환의 원인이 되는 것도 당연하다. 따라서 기억의 지속성은 슬픔과 실망이라는 정서적인 자극에서 활발하게 작용한다. 그러나 기억의 지속성의 온전한 영향은 트라우마를 초래할 정도의 경험에서도 확인할 수 있다.

포탄 쇼크와 해리 장애

●●●

"사카이Sacai에서 있었던 지진은 너무 끔찍해서 많은 사람이 제정신이 아니었다. 그리고 그 무시무시한 광경에 너무나 놀란 사람들은 자신들이 무엇을 했는지 알지 못했다. 기독교 신자인 블라시우스Blasius는 너무 겁에 질려 두 달이 지난 뒤에도 거의 제정신이 아니었고, 지진에 대한 기억도 떨쳐낼 수 없었다. 여러 해가 지나도 사람들은 몇 번이고 이 끔찍한 일을 떠올리거나 언급하기만 해도 다시 몸을 떨었다."

영국의 작가 로버트 버턴Robert Burton은 고전으로 평가받는 『우울증의 해부The Anatomy of Melancholy』에서 고대의 지진으로 빚어진 황폐한 사람들의 심리를 이렇게 묘사했다. 사카이에서 블라시우스와 사람들이 겪은 경험은 수천 년에 걸쳐 셀 수 없을 정도로 반복되었다. 트라우마의 경험은 거의 항상 끔찍한 사건이 지속되는 기억으로 남는다.

20세기 들어 사람들은 충격적인 경험이 기억과 심리에 끼치는 영향을 제1차 세계대전이 일어나는 동안 처음으로 인식하게 되었다. 의사들은 생명을 위협하는 상황에 직면했던 군인들을 치료하기 시작했는데, 이들은 '포탄 쇼크shell shock'를 앓고 있었다. 군인들은 반복되는 악몽과 죽음의 기억으로 정상적인 삶을 살지 못했다. 전쟁이 끝난 후 영국 정부는 위원회를 만들어 비겁함 때문에 사형을 당했던 군인들이 사실은 '포탄 쇼크'로 충격을 받았던 것이 아닌지 알아보았다. 제2차 세계대전으로 인해 포탄 쇼크 환자들이 또다시 급증했지만, 우리가 지금 외상 후 스트레스 장애PTSD라고 부르는 정신적 질병은 베트남전쟁이 종결되고 난 후에야 의사들에 의해 알려지고 인정받게 되었다. 전쟁에서 돌아온 군인들은 여러 병원과 단체에 몰려들었다. 이 군인들은 전쟁에 대한 악몽과 기억으로 인해 가정으로 돌아가 예전의 삶을 살고 사회에 적응할 능력을 거의 상실했다.

끊임없이 지속되는 기억은 전쟁, 폭행, 강간, 성적 학대, 지진 등의 자연 재해, 잔혹한 고문과 감금, 교통사고 같은 충격적인 경험 때문에 생긴다. 이러한 사건이 비교적 드물게 일어나는 듯 보이지만, 여러 연구는 여성의 50퍼센트와 남성의 60퍼센트가 최소한 한 번 이상을 경험하게 된다고 한다. 이 경험으로 인해 생긴 침투기억은 대체로 생생한 이미지를 갖고 있으며, 때로는 생존자들이 가장 잊고 싶어 하는 트라우마의 특징을 자세히 보존하게 된다. 침투기억은 어떤 감각에서나 일어날 수 있겠지만, 특히 시각적 기억이 가장 흔하다.

영국 옥스퍼드대학의 심리학자 안케 엘러스Anke Ehlers는 성적 학대나 교통사고로 정신적 충격을 입은 사람들을 대상으로 침투기억의 시각적 특징을 연구했다. 두 유형의 정신적 충격에서 시각적 기억은 거의 모든 생존자에게서 두드러졌다. 즉, 일부 사람들은 사건의 '한 장면'을 기억했고, 일부 사람들은 여러 이미지로 만들어진 '단편 영상'을 기억했다. 다른 감각들도 여전히 어떤 역할을 하고 있었다. 성적 학대나 교통사고에서 살아남은 생존자의 절반 이상이 냄새, 소리, 신체감각의 형태로 침투기억을 경험한다고 했다.

PTSD는 종종 우울증과 관련이 있다. 크리스 브루윈은 트라우마를 경험한 환자들과 경험한 적이 없는 우울증 환자들의 침투기억을 비교했다. PTSD 환자들은 우울증 환자들보다 더 빈번한 침투기억과 플래시백flashback(과거 회상)을 호소했으나, 두 집단에서 관찰된 기억은 전반적으로 유사했다. 그러나 트라우마를 경험한 환자들은 흔치 않은 해리 장애dissociative disorder를 호소했는데, 이들은 자신들이 다른 사람들에게 일어난 사건을 지켜보고 있는 관찰자가 된 것처럼 느꼈다.

여러 연구를 보면, 거의 모든 트라우마 생존자가 사건이 발생한 며칠 혹은 몇 주 후에 고통스러운 침투기억을 경험했다는 것을 알 수 있다. 그러나 장 방 드 벨드의 사례에서 보았듯이 모든 사람이 오랫동안 침투기억으로 괴로워하지 않는다. 트라우마를 겪은 후 침투기억을 지속적으로 경험해서 정상적인 생활을 할 수 없는 사람들은 PTSD 진단을 받을 가능성이 높다.

어떤 사람들에게는 트라우마의 영향력이 매우 강렬해서 과거에 꼼짝없이 갇히게 된다. 베트남전쟁 참전 군인들과 성적 학대를 받은 피해자들에 대한 연구는 수년간 과거에 몰두해서 사는 사람들이 현재와 미래에 초점을 맞추며 사는 사람들보다 더 큰 심리적인 고통을 느낀다는 것을 보여준다. 이 고통은 과거에 더 몰입하도록 자극해서 악순환이 만들어진다. 이는 우울증 환자들의 사례에서 관찰된 것과 유사하다.

과거에 갇히게 될 가능성은 그 사람이 트라우마에 어떤 식으로 반응했는지에 따라 달라진다. 1993년 막대한 재산을 파괴하고, 생명을 위협했던 캘리포니아 남부의 화재 사건을 살펴보자. 그때 많은 사람이 이 화재로 자신의 집을 잃었다. 미국 캘리포니아대학 어바인캠퍼스의 앨리슨 홀먼Alison Holman과 록산 실버Roxane Silver는 이 화재가 일어난 후 며칠 동안 로스앤젤레스의 말리부-토팡가Malibu-Topanga 지역과 그 근처의 라구나Laguna 해변 지역의 생존자들을 면접하고, 6개월 후와 1년 후에 다시 면접을 실시했다.

어떤 생존자들은 화재 직후 시간 감각 장애를 겪고 있다고 했다. 그들은 시간이 멈추었거나 현재가 과거나 미래와 연속적이지 않다고 느꼈다. 그러한 시간 감각 장애를 강하게 경험한 사람들은 6개월 후에 이 사건을 반추할 가능성이 높았다. 그리고 1년 후에 면접해보니, 이 사람들은 현재나 미래에 더 집중할 수 있었던 사람들보다 더 많은 고통을 경험했다. 따라서 시간 감각 장애는 지속적으로 기억의 포로가 되어 과거에 갇혀 살아가는 사람들이 겪는 고통이 되었다.

반동 효과와 증언 치료

●●●

장기적인 심리 문제는 트라우마를 겪은 후에 그 사건을 떠올리지 않으려고 하기 때문에 생길 수도 있다. 트라우마에 대한 극심한 고통은 사람들에게 자연스럽게 사건을 떠올리는 것을 피하고, 그것과 관련된 생각을 억누르게 한다. 미국의 작가인 세라 반 아스데일Sarah Van Arsdale의 소설 『기억상실증을 향해Toward Amnesia』에 나오는 주인공을 생각해보자. 리비Libby는 최근에 애인에게서 버림받은 후 지속적으로 그와의 관계가 떠올라 그 기억을 잊으려 노력하고 있다. 그녀는 자신을 계속해서 괴롭히는 기억에서 탈출하기 위해 계획을 세운다. 이 소설은 다음과 같은 문장으로 시작된다. "내가 기억상실증을 앓기 시작한 날은 전몰장병 기념일(5월 마지막 월요일)이었다." 처음에는 단순히 자기 자신에게 '잊어, 잊어, 잊어'라고 주문을 외우며 견뎌냈다. 결국 그녀는 기억에서 벗어날 수 있는 피난처를 찾아 캐나다로 떠났다.

트라우마를 경험한 후에 그 사건을 잊어버릴 수도 있다고 편안하게 생각하겠지만, 오히려 그러한 시도는 역효과를 일으킬 수 있다. 트라우마에 매우 취약한 집단을 생각해보자. 구급차 대원, 재난구조 대원, 소방관 같은 긴급구조 대원들은 마음을 심란하게 하거나 감당하기 힘든 사건에 자주 노출된다. 안케 엘러스와 그의 동료들이 구급차 대원에 대한 연구를 했을 때 이들이 거의 대부분 침투기억을 경험했다는 것을 발견했다. 이들의 침투기억은 어린아이나 가족의 죽음, 변사變死, 심한 화상, 생명 구조 실패 등의 사건에서 발견되었다.

그러나 구급차 대원들에게 지속적인 트라우마가 흔하게 발견되지만, 이 연구에서 PTSD의 기준을 만족시키는 사람은 25퍼센트뿐이었다. 이들은 초기에 종종 트라우마를 피하려고 시도했다. 이들은 트라우마를 기억하는 것이 자신이 미쳐가거나 정신이 해이해지는 것을 암시하는 것이라고 해석했다. 그래서 희망적인 생각을 하거나 과거를 바꾸거나 그 사건을 없던 일로 되돌리려는 환상에 빠지기도 했다. 그러나 이것은 시간의 흐름에 따라 더 많은 고통만을 남겼다.

이 결과는 미국의 심리학자 대니얼 웨그너Daniel Wegner의 실험 결과와 일치한다. 그는 원하지 않는 생각을 억누르려는 시도는 역설적이면서 모순적인 효과를 나타낸다고 말했다. 이 실험에서 참가자들은 특별한 주제에 대해 생각하지 말라는 지시를 받았다. 웨그너는 생각을 억압하는 단계에서 사람들이 대체로 '반동反動 효과'를 보인다는 것을 발견했다. 즉, 처음에 생각을 억누르려 시도하지 않았을 때보다 그 대상에 대해 더 자주 강하게 생각하게 된다.

"고통스러운 생각을 하지 않으려는 것이 합리적인 전략인 것처럼 보여도, 잊으려고 하는 것은 불행을 지연시킬 뿐만 아니라 상황을 더 나쁘게 만든다." 웨그너의 주장을 뒷받침해주는 다른 연구에서는 실험 참가자들에게 잔인한 영화를 보여주었다. 이때 영화와 관련된 생각을 억누르라는 지시를 받은 사람들은 그렇지 않은 사람들보다 영화와 관련된 기억을 더 많이 경험했다. 사람들은 종종 끔찍한 경험을 떠올리지 않으려고 하지만, 이것은 기억을 없애기보다는 더욱 심화시키는 것으로 보인다.

그것은 트라우마를 다시 경험하는 것이 고통을 약간 덜어낼 수 있기 때문이다. 대부분 자극이나 경험이 반복되면, 그것에 대한 심리적 반응이 감소하게 된다. 심리학자들은 이것을 '습관화'라고 부른다. 내가 일정한 간격으로 큰소리로 연주를 들려주면, 처음에 당신은 그 소리에 강한 반응을 보이다가 점차 그 정도가 감소할 것이다. 마찬가지로 트라우마에서도 같은 일이 일어난다. 트라우마를 반복해서 경험하면 그것에 대한 반응을 둔화시킬 수 있다. 부정적인 경험에 대한 기억을 억누르려는 시도는 이처럼 자연스러운 과정인 습관화를 막는다. 그렇게 되면 억압된 기억은 계속 유지되고, 결국 기억의 지속성은 증가된다.

그 이유로 트라우마 생존자의 치료는 거의 예외 없이 충격적인 사건을 다시 경험하도록 하는 것에 중점을 두고 있다. 가장 효과적인 방법은 심상적 노출 치료imaginal exposure therapy인데, 환자들을 트라우마와 관련된 자극에 반복적으로 노출해서 그 사건의 생생한 이미지를 회상하게 하는 것이다. 1980년대 초, 미국 보스턴대학의 심리학자 테런스 킨Terrence Keane과 그의 동료들은 심상적 노출 치료가 베트남전쟁 참전 군인들의 불안과 침투기억을 감소시켰다고 말했으며, 다른 연구자들은 성적 학대를 받은 생존자들에게서도 비슷한 효과가 나타났다고 말했다. 다른 연구에서는 지지 상담supportive counseling처럼 트라우마를 반복적으로 경험하지 않는 종류의 치료와 심상적 노출 치료를 비교했다. 킨의 연구팀과 심리학자 에드나 포아Edna Foa가 이끄는 연구팀은 심상적 노출 치료에서 침투기억·플래시백·PTSD와 관련된 증상이 가장 크게 감소했다고 밝혀냈다.

정신과 의사인 스티밴 웨인Stevan Weine과 그의 동료들은 국가가 개입된 테러로 트라우마를 경험한 사람들에게서 기억의 지속성을 줄이기 위해 사용했던 방법을 설명했다. 1990년대 초, 보스니아 헤르체고비나에서 자행된 집단 학살에서 도망친 난민들은 극심한 침투기억을 포함해 여러 전형적인 PTSD 증상을 보였다. 웨인과 그의 동료들은 '증언 치료testimony therapy'라고 부르는 것의 효과에 대해 연구했다. 이 연구에서 생존자들은 자신의 트라우마를 다시 말하고 체험했으며, 그것을 자신이 속한 사회의 구성원들이 받은 트라우마와 관련시키려고 노력했다. 연구팀은 생존자들의 기억을 기록하고 그것을 다른 환자들과 공유했다.

"생존자 자신의 기억이 집단적인 연구의 일부가 되고 있다는 사실을 명백하게 이해하면 그것은 생존자의 고통을 줄여줄 수 있다. 심지어 생존자들이 자발적으로 치료를 받지 않을 때조차도 말이다." 결과적으로 증언 치료는 보스니아 헤르체고비나 난민들의 침투기억을 확실히 감소시켰다. 이것은 가족의 죽음 등 부정적인 경험을 드러내는 것이 긍정적인 효과를 가져온다는 제임스 페니베이커의 연구 결과와 잘 들어맞는다. 어쩌면 가장 잊고 싶은 경험과 마주하고 그것을 드러내는 것이 기억의 지속성을 감소시키는 가장 효과적인 방법일 수 있다.

파블로프의 조건화 실험

●●●

트라우마가 왜 그렇게 강력한 지속성을 만들어내는지 더 잘 이해하려면, 트라우마를 기억하는 데 관여하는 신경 체계를 살펴보는 것이 유용하다. 뇌가 트라우마에 반응할 때 핵심적인 역할을 하는 것이 편도체다. 측두엽의 내부에 깊이 묻혀 있는 편도체는 해마 옆에 있지만, 아주 다른 기능을 수행한다. 해마와 주변의 피질 영역에 손상을 입으면, 거의 예외 없이 개인적인 경험에 대한 일화기억을 새롭게 형성하고 인출하는 데 일반적으로 고통을 받는다.

그러나 편도체가 손상되면 이러한 종류의 기억의 오류를 일으키지 않는다. 편도체가 손상된 환자들은 최근의 경험을 별다른 어려움 없이 기억할 수 있다. 그들은 보통 정서적인 자극을 일으켜서 기억을 도와주는 감정의 혜택을 받지 못한다. 이제 건강한 사람들이 슬라이드를 볼 때 어떤 일이 일어나는지 살펴보자. 어머니가 아이를 데리고 학교로 걸어가고 있는 평범한 슬라이드를 보고 난 뒤 그 아이가 자동차에 치이는, 정서적인 자극을 일으키는 슬라이드를 보게 된다. 나중에 테스트를 했을 때, 건강한 사람들은 평범한 사건보다 정서적으로 자극을 일으키는 사건을 더 잘 기억했다. 그러나 편도체가 손상된 환자들은 평범한 사건을 정상적으로 기억했지만, 정서적으로 자극을 일으키는 사건에 대해서는 기억이 증가되지 않았다.

비정상적인 공포 반응은 편도체 손상의 가장 큰 특징이다. 환자들은 대부분 사람들이 두려움을 느끼는 상황을 두려운 것으로 학습하는 데 어려움을 겪는다. 자기가 성폭행을 당했던 공원 근처를 지날 때마다 두려움과 고통을 경험하게 된 피해자를 생각해보자. 그 공원 자체에 대해 두려워할 것이 없지만, 성폭력 피해자에게 그곳은 트라우마와 어쩔 수 없이 연결되는 장소가 된다. 연구자들은 공포를 유발하는 사건과 관련된 무해한 자극에 사람이나 동물을 노출시키는 조건화 실험을 사용해 공포 조건화 실험을 만들어냈다. 이 실험은 1900년대 초 러시아의 생리학자 이반 파블로프Ivan Pavlov가 수행한 조건화 실험에 기초한다. 파블로프의 개는 벨소리를 들으면 침을 분비하도록 훈련받았는데, 이는 벨소리와 고깃덩어리를 먹었던 즐거운 경험이 결합되었기 때문에 가능한 일이었다.

공포를 느꼈을 때도 이와 비슷한 현상이 일어난다. 당신이 컬러 슬라이드를 보고 있는데, 파란색 슬라이드를 볼 때마다 깜짝 놀랄 정도로 큰 경적 소리를 듣는다고 상상해보자. 당신은 파란색 슬라이드가 나타날 때마다 정서적인 반응을 보일 것이며, 불쾌한 소리가 나는 것을 두려워하기 시작할 것이다. 연구자들은 이 반응을 조사하기 위해 정서적인 자극의 지표를 제공하는 '피부 전도성 반응skin conductance responses'을 관찰했다.

편도체가 손상된 환자들을 이 조건화 실험에 참여시키자, 이들은 파란색 슬라이드가 반복적으로 제시되어도 공포나 정서적인 자극을 나타내지 않았다. 미국 뉴욕대학의 심리학자 엘리자베스 펠프스는 비슷한 조건화 실험에 참여했던 환자를 관찰했다. 이 환자는 파란색 슬라이드가 나타날 때마다 시끄럽고 불쾌한 소리가 울릴 것이라는 사실을 아주 잘 알고 있었다. '파란색 슬라이드는 시끄러운 소리!' 이 환자는 펠프스를 향해 자신 있게 말했다. 그렇지만 이 환자는 조건화 실험을 하는 동안 공포가 학습되었다는 사실, 즉 파란색 슬라이드에 어떤 반응도 전혀 보이지 않았다.

이 결과는 편도체 손상이 공포 조건화를 방해한다는 것을 뒷받침해주는 수많은 동물실험과 딱 맞아떨어진다. 정상적인 쥐는 어떤 소리를 들은 후에 전기 충격을 받으면, 그 소리만 들어도 두려워하는 행동을 보일 것이다. 미국의 신경과학자 조지프 르두Joseph LeDoux는 두려움에 떠는 쥐를 다음과 같이 생생하게 묘사했다.

"쥐에게 소리와 전기 충격을 몇 차례 함께 제시한 후, 동일한 소리를 들려주자 쥐는 두려워하기 시작했다. 갑자기 죽은 듯 멈추더니 얼어붙은 듯 웅크리며 움직이지 않았다. 다만 숨을 쉬기 위해 가슴을 규칙적으로 움직일 뿐이었다. 또한 털이 빳빳하게 곤두서고, 혈압과 심장 박동수가 올라갔으며, 스트레스 호르몬이 혈관으로 분비되었다. 이러한 조건화된 반응은 물론, 다른 조건화된 반응도 기본적으로 모든 쥐에게서 같은 방식으로 나타났다."

조지프 르두와 연구자들은 편도체 내의 특정 영역을 선택적으로 손상시키면, 이 같이 명백하게 드러나는 두려움이 없어진다는 사실을 알아냈다. 더 나아가 건강한 동물들은 이때 만들어진 기억이 오래 지속되거나 심지어 지워지지 않을 수도 있다는 것도 보여주었다: 뇌 손상 환자를 대상으로 한 연구와 비교해서 이 결과는 편도체가 트라우마 생존자들의 머릿속에 끈질기게 떠오르는 기억을 만들어내는 데 일조한다는 것을 암시한다.

조지프 르두가 지적했듯이, 편도체는 입력되는 정보가 갖는 개인적 중요성에 대한 평가를 내리기에 좋은 위치에 있다. 그는 편도체를 바퀴의 축에 비유한다. 즉, 편도체는 주요 피질 하부인 시상視床에서 미가공 감각 정보를 받으며, 피질의 더 고등한 영역부터 좀더 광범위하게 가공된 지각 정보를 받는다. 또한 해마에서는 어떤 사건의 일반적인 맥락에 대한 신호를 받는다. 이렇게 모인 정보를 의식한 편도체는 중요한 사건이 발생했다는 것을 신호로 알리게 된다.

또한 편도체는 우리가 두려움이나 자극을 유발하는 사건을 만나면 호르몬 체계에 강력한 영향을 주기도 한다. 아드레날린이나 코르티솔 같은 스트레스 관련 호르몬이 분비되면, 스트레스의 원인이 되는 위협에 뇌와 몸이 반응하고, 그 경험에 대한 기억이 강화된다. 아마도 해마의 활동에 영향을 주기 때문일 것이다. 그러나 편도체가 손상되면 스트레스 관련 호르몬은 어떤 기억도 강화하지 못한다. 따라서 편도체는 위협적인 사건에 반응하게 하고, 그 사건을 생생하게 기억하게 하는 호르몬을 분비시켜 기억의 저장을 조절한다.

신경영상 기술은 편도체와 다른 뇌 구조가 트라우마를 일으키는 기억에서 어떤 역할을 하는지 새로운 통찰을 제공하기 시작했다. PET와 fMRI를 이용한 여러 연구는 토막 난 시체 사진, 충격적인 사건을 다룬 영화 장면, 화나거나 두려워하는 표정이 담긴 사진처럼 혐오스러운 장면이 제시될 때 편도체가 강하게 활성화된다는 것을 보여준다. 이 신경영상 연구들이 특별히 관심을 끄는 것은 두려운 표정의 얼굴을 보는 행위가 반드시 보는 사람에게서 정서적인 반응을 이끌어내지 않는다는 사실 때문이다.

미국의 신경과학자 폴 훼일런Paul Whalen과 그의 동료들이 수행한 실험에서는 두려워하는 표정의 얼굴을 매우 짧은 시간 동안 보여주어 실험 참가자가 그 표정을 알아차리지 못할 정도였는데도(참가자들은 무표정한 얼굴을 보았다고 말했다), 편도체는 여전히 행복한 얼굴보다 두려운 얼굴이 제시되었을 때 더 활발하게 활동하는 것으로 나타났다. 이와 관련해서 훼일런은 편도체가 위험 발생 가능성을 암시하는 사건들에 의해 자극을 받는다고 주장했다.

베트남전쟁 참전 군인들의 트라우마

●●●

위협적이거나 혐오스러운 사건이 일어나는 동안 편도체의 활동량을 보면 나중에 이 경험을 얼마나 잘 기억할지 예측할 수 있다. 미국 캘리포니아대학 어바인캠퍼스의 래리 캐힐Larry Cahill과 제임스 맥거프는 실험 참가자들이 중립적인 에피소드와 감정을 불편하게 하는 에피소드가 담긴 영화를 보는 동안 PET 스캔을 찍었다. 참가자들은 영화의 에피소드를 회상했는데, 이때 편도체의 활동량과 감정을 불편하게 하는 에피소드의 횟수가 밀접한 관련이 있었다. 즉, 영화를 보는 동안 편도체 활동이 많을수록 혐오스러운 사건을 더 많이 회상했다. 중립적인 에피소드에 대해서는 편도체와의 어떠한 관련도 발견되지 않았다. 흥미롭게도, 해마의 활동량은 중립적인 사건의 회상과 관련이 있었지만 혐오스러운 사건과는 아무 관련이 없었다.

신경영상 연구들은 동물을 대상으로 한 실험들과 일관되게 이때 편도체가 강하게 활성화된다는 것을 보여주었다. 그렇다면 베트남전쟁 참전 군인이나 성적 학대를 받은 피해자와 같은 트라우마 생존자들이 일상에서 침투적으로 떠오르는 트라우마를 기억하고 다시 체험할 때 편도체가 활성화된다는 사실은 놀라운 일이 아니다. 또 신경영상 연구들은 트라우마를 기억하는 동안 공포와 불안에 일조하는 것으로 생각되는 뇌의 여러 영역에서 활동성이 높아진다는 것을 보여주었다. 이 결과들은 처음 트라우마를 경험하는 동안 느꼈던 강한 두려움과 불안이 트라우마를 지속적으로 기억할 때도 유지되는 이유를 설명하는 데 도움이 된다.

동물 실험과 마찬가지로 트라우마 생존자들에 대한 실험들도 스트레스 관련 호르몬을 침투기억과 관련을 지었다. 정서적으로 자극되는 경험을 하는 동안 스트레스 관련 호르몬이 작용하면, 카테콜아민catecholamine의 분비를 자극한다. 연구자들은 주요 카테콜아민 중 하나인 노르에피네프린norepinephrine의 역할에 초점을 두었다. 베트남전쟁 참전 군인들과 성적 학대 피해자들에 대한 여러 연구를 살펴보면, 소변 샘플에서 측정된 노르에피네프린 수치가 높을수록 트라우마를 떠올리게 하는 침투기억이 더 빈번하게 일어난다는 것을 발견했다. 나아가 트라우마를 경험한 환자들이 특정 뇌 영역에서 노르에피네프린의 수치를 올리는 요힘빈yohimbin을 복용했을 때, 거의 절반의 환자가 압도적인 플래시백을 경험했으며, 그것은 종종 두려움과 고통을 수반하기도 했다.

요힘빈은 약국에서 처방전 없이 구입할 수 있으며, 최음제, 발기부전 치료제, 강정제로 판매된다. 이 약을 복용한 PTSD 환자들이 예상치 못한 플래시백과 발작을 경험했다. 최음제로 요힘빈을 복용한 한 참전 군인은 "내가 미쳐가는 것처럼 느껴졌다"고 회상했다. 그는 떠올리고 싶지 않은 전쟁 기억에 압도당하는 경험을 해야 했다. "내 전우가 부상당했다는 생각이 멈추지 않았어요. 나는 위생병이었고 그를 구해야 한다고 계속 생각했어요."

이 효과는 PTSD로 고생하는 환자들에게서 가장 극적으로 나타난다. 하지만 다른 연구들에서는 실험 참가자들이 정서적인 자극을 유발하는 슬라이드를 보는 동안 요힘빈을 복용하면 정서적인 사건을 더 많이 회상한다는 것이 밝혀졌다. 아마도 정보를 부호화하는 동안 노르에피네프린의 수치를 증가시켜 그런 결과가 나온 듯하다. 노르에피네프린은 침투기억에 불을 붙이는 화학적 불씨를 제공한다.

또한 기억의 지속성의 화학적·호르몬적 근거를 이해하면, 그것을 약물로 방지할 수 있는 단서를 얻을 수도 있다. 스트레스 관련 호르몬과 노르에피네프린의 수치를 상승시키는 요힘빈 등의 물질이 기억의 지속성도 높인다면, 그것의 수치를 낮추는 물질이 기억의 지속성을 감소시킨다고 볼 수 있다. 이것이 바로 래리 캐힐과 제임스 맥거프가 스트레스 관련 호르몬의 분비를 방지하는 베타 차단제beta blocker(교감신경의 베타 수용체를 차단해 심장 박동수를 줄이고 혈압을 낮추는 약물)인 프로프라놀롤propranolol을 주입한 연구에서 발견한 결과다.

이 연구에서 실험 참가자들은 네 그룹으로 나뉘었다. 두 그룹은 프로프라놀롤이나 위약을 받은 후, 일상적인 사건을 담은 슬라이드를 보았다. 다른 두 그룹도 프로프라놀롤이나 위약을 받은 후, 일상적인 사건들 사이에 정서적인 자극을 유발하는 사건이 담겨 있는 슬라이드를 보았다. 프로프라놀롤을 받은 그룹들은 위약을 받은 그룹들과 마찬가지로 일상적인 사건을 잘 기억했다. 하지만 위약을 받은 그룹들에서 자극적인 사건에 대한 기억이 향상되었지만, 프로프라놀롤을 받은 그룹들에서는 자극적인 사건에 대한 기억이 향상되지 않았다. 프로프라놀롤이 사실상 정서적인 자극을 유발하는 기억을 차단하는 효과가 있었던 것이다.

이 연구 결과는 지속적으로 기억을 감소시키기 위해 트라우마 생존자들에게 프로프라놀롤 같은 베타 차단제를 투여할 수도 있다는 가능성을 제시한다. 또한 구급차 대원들이 재해 지역에 들어가기 전에 베타 차단제를 복용하면, 나중에 그들을 괴롭히게 될 침투기억을 예방할 수도 있다. 이것은 침투기억이 오랫동안 우리의 일상생활을 방해할 수 있기 때문에 흥미롭다고 할 수 있다. 기억의 지속성의 잠재적인 원인에 반복해서 노출되는 긴급구조 대원들에게 베타 차단제를 미리 투여한다면, 스트레스가 심한 일을 좀더 감당하기 쉽게 만들어줄 수도 있다.

그러나 기억의 지속성을 막으려는 이 방법들은 위험을 야기할 수도 있다. 우리는 트라우마를 피하려는 시도가 종종 역효과를 낸다는 것을 살펴보았다. 침투기억을 오랫동안 가라앉히기 위해서는 그것을 인식하고, 직면하고, 철저히 연구할 필요가 있다. 떠올리고 싶지 않은 트라우마는 주의를 기울여야 하는 정신 분열의 증상이다. 베타 차단제는 트라우마 생존자들이 충격적인 사건을 직면하는 것을 쉽게 해주며, 장기적으로 그것에 적응하는 방법을 알려줄 수도 있다.

하지만 베타 차단제는 정상적인 회복 과정을 방해할 수도 있다. 우리가 심리적인 힘을 갖추고 있다면, 트라우마는 떠오르지 않을 수도 있다. 베타 차단제를 처방한다는 것은 트라우마를 단기간에 감소시키는 것과 지금까지 적절하게 대응하지 못한 트라우마가 장기적으로 증가하는 것 사이에서 효과적으로 작용하도록 하는 것이다. 기억의 지속성은 파괴적인 힘을 지니고 있지만, 우리에게 건강한 기능을 제공하기도 한다. 즉, 우리가 직면해야 하는 사건들을 무시하기 어려운 힘으로 머릿속에 떠오르게 해준다.

기억 재강화 현상

나는 베타 차단제의 장기적인 효과에 의구심을 가지면서도, 그것이 트라우마의 충격적이고도 인간을 무력화하는 힘을 완화시킬 유용한 무기가 되어줄지도 모른다고 낙관했다. 그리고 나는 쥐의 기억이 가지고 있는 신경 활동과 관련된 실험 결과가 중요한지를 몰랐다. 이 실험 결과는 기억의 지속성의 영향을 감소시키기 위해 프로프라놀롤 같은 베타 차단제를 사용했던 이후 실험에 대해 암시하고 있었다. 조지프 르두와 캐나다 맥길대학의 심리학자 카림 네이더Karim Nader는 쥐를 중립적인 자극(신호음)과 공포를 유발하는 자극(사지 충격)에 동시에 노출시켰다. 이 2가지 자극을 한 번 준 후, 24시간이 지나 그 자극을 다시 주었을 때 쥐는 움직이지 않았다. 이는 쥐가 공포 기억을 만들어내고 그것을 유지했다는 것을 보여주는 증거다.

신호음과 사지 충격을 처음으로 준 직후에 공포 기억의 형성에 매우 중요한 편도체의 특정 세포에 아니소마이신anisomycin이라고 불리는 단백질 합성 억제제를 투여하자, 공포 기억이 강화되지 못했다. 네이더는 한 실험에서 24시간 후에 처음의 자극을 준 직후 동일한 단백질 합성 억제제를 편도체에 투여했다. 어쩌면 당신은 공포 기억이 이미 강화되었기 때문에 이 단계에서 약물을 주입해도 효과가 없었을 것이라고 생각할지 모르겠다. 하지만 그렇지 않았다.

쥐는 신호음을 듣고 얼어붙은 듯 웅크리지 않았다. 처음의 자극을 받았던 기억을 상실했던 것이다. 하지만 단백질 합성 억제제를 투여하기 직전, 결정적으로 쥐가 공포 기억을 회상하게 하는 단서를 제공하지 않은 때에는 얼어붙는 반응을 보이며 약물 효과가 나타나지 않았다. 다시 말해 처음에 느꼈던 공포 기억을 인출하는 행위가 그 기억을 불안정하게 만들었고, 공포 기억은 단백질 합성 억제제에 의해 취약해진 것이다. 이것이 바로 '기억 재강화memory reconsolidation'라고 알려진 현상이다.

이 놀라운 현상은 완전히 새로운 것이 아니다. 1960~1970년대에 전기 충격을 사용한 쥐 실험에서 비슷한 현상이 발견된 적이 있다. 하지만 이 분야에서는 네이더의 연구가 좀더 정밀하고 정교한 기술을 사용해 '기억 재강화'를 유도하고 그 특징을 묘사했다. 하지만 기억을 인출할 때 그 기억을 다시 강화해야 하고, 단순한 회상 행위가 그 기억을 붕괴되기 쉬운 상태로 만들 수 있다는 주장은 선뜻 이해하기 힘들다.

네이더가 발견한 실험 결과는 사실상 후속 연구가 쏟아져 나오도록 자극했고, 우리는 이제 기억 재강화의 본질과 특징을 더 많이 이해할 수 있게 되었다. 실제로 연구자들은 인간을 대상으로도 비슷한 사실을 발견해냈다. 기억 재강화 효과는 기억의 피암시성에 영향을 미친다. 왜냐하면 기억을 인출하는 행위가 잠재적으로 기억을 변형시킬 수 있기 때문이다. 이 변형은 기억 인출 행위로 인해 새롭거나 잘못된 정보를 받아들이게 되는 취약한 상태에서 이루어진다. 그러나 기억 재강화가 기억의 지속성에 대응할 잠재적인 방법을 제공해야 한다. 침투기억을 회상하는 행위가 기억을 불안정하게 한다면, 기억을 재설계하고 기억의 해로운 영향을 줄이기 위해 프로프라놀롤을 투여할 수도 있다.

연구자들은 이 가능성을 테스트했지만, 지금까지는 엇갈린 결과들이 나왔다. 한 여성의 사례를 살펴보자. 이 여성은 남아프리카공화국을 여행하던 중 무장 강도를 당해 이후 불면증과 악몽에 시달렸고, 결국 PTSD 진단을 받았다. 2년 후, 이 여성은 치료를 받기 위해 네덜란드의 임상심리학자 메렐 킨트Merel Kindt가 진행하는 연구에 참여했다. 이 연구는 기억 재강화 연구를 바탕으로 한 치료법을 사용했다. 처음에 환자에게 매우 강렬한 반응을 불러일으키는 트라우마를 재활성화하는 것이었다.

"재활성화는 강도 사건이 일어났던 요하네스버그에 있는 호텔에서 이 여성이 깨어났던 기억에 초점이 맞춰졌다. 강도가 모자와 플라스틱 신발, 더럽고 매우 헐렁한 바지 차림으로 이 여성의 머리에 총을 겨눈 채 서 있었다. 여성은 이제 죽었다고 확신해 강도에게서 등을 돌렸다. 배우자가 옆에 누워 있었지만 혼자라는 느낌에 압도되어 어떤 말도 할 수 없었다. 재활성화가 이루어지는 동안 이 여성은 강도를 당할 당시 느꼈던 강렬한 공포와 두려움 때문에 고통스럽게 울었다."

그 후 이 여성은 프로프라놀롤 처방을 받았다. 한 달 동안 치료한 후 평가해보니 이 여성의 PTSD 증상이 크게 줄어들었고, 요하네스버그로 다시 여행을 떠났을 때는 증상이 전혀 나타나지 않았다. 2016년 킨트는 이 여성과 동일한 치료를 받은 PTSD 환자 3명을 연구한 논문을 발표했다. 이 연구 결과가 고무적인 것은 치료가 단 한 번 이루어진 후에 관찰한 내용이기 때문이다. 하지만 2015년에 PTSD 환자 18명을 실험한 연구가 발표되었는데, 이때에는 단 한 번의 프로프라놀롤 처방과 재활성화 치료만으로 PTSD 증상이 완화되었다는 효과는 발견되지 않았다. 게다가 킨트가 인정했듯이 4명의 환자 중 3명에게서 관찰된 결과가 기억 재강화 치료라는 것을 확실히 입증하지 못했다. 이 연구에서는 실험자의 관심, 환자가 호전될 것이라는 기대, 위약 효과의 원인이 될 수도 있는 다른 원인이 통제되지 않았기 때문이다. 이 같은 목적을 달성하기 위해서는 이중맹검법二重盲檢法(진짜 약과 가짜 약을 실험 참가자에게 무작위로 주고, 효과를 판정하는 의사에게도 진짜 약과 가짜 약을 알리지 않는 실험 방법)과 위약 조절이라는 임상실험이 수행되어야 한다.

2018년 캐나다 맥길대학과 미국 하버드대학 의과대학의 연구자들은 이 같은 연구를 발표했다. 연구자들은 PTSD 진단 기준을 만족하는 60명을 테스트했다. 이 환자들은 한 차례만으로 치료를 끝내는 것이 아니라, 일주일에 한 번씩 총 6주 동안 치료를 받았다. 절반은 프로프라놀롤을 받은 직후 트라우마를 기억했고, 절반은 위약을 받은 직후 트라우마를 기억했다. 프로프라놀롤을 받은 직후 트라우마를 기억했을 때는 위약을 받고 트라우마를 기억할 때보다 PTSD 증상이 크게 완화되었다.

이 연구 결과는 프로프라놀롤과 기억 재활성화를 결합한 것이 치료 효과가 있다는 좀더 설득력 있는 증거를 제공해준다. 하지만, 기억 재강화를 방해하는 행위가 효과를 낳았다는 것을 의심의 여지없이 확실하게 보여주지 못한다. 연구자들이 인정했듯이 트라우마가 재활성화되기 전에 프로프라놀롤이 투여되었기 때문에 그 효과가 기억 재강화 방해를 반영하는 것이 아닌, 트라우마에 대한 인출 장애를 반영하는 것일 수도 있다. 그렇지만 침투기억을 방해할 만한 특징과 다른 PTSD 증상을 고려해보았을 때, 임상실험에서 얻은 긍정적인 결과는 앞으로 기억 재강화 연구를 더 엄격하게 테스트할 기반이 되어줄 수 있다.

테트리스 테스트

●●●

영국 케임브리지대학의 임상심리학자 에밀리 홈스Emily Holmes와 그의 동료들은 이와 유사한 실험을 수행했는데, 어떤 약물도 사용하지 않고 테트리스라는 게임을 활용해 기억 재강화 현상을 연구했다. 테트리스는 색이 칠해진 기하학적 형태를 수평으로 이어진 블록이 되도록 조작하는 게임이다. 건강한 실험 참가자들은 폭력적인 죽음과 신체가 심각하게 손상된 장면이 담긴 영상을 시청했다. 이전 연구들에서는 이 영상을 본 후 사람들은 충격적인 내용을 떠올리게 하는 침투기억을 일상생활에서도 경험했다.

다음 날 실험 참가자들이 실험실에 돌아왔다. 이들에게 어제 본 영상의 장면들을 보여주면서 기억을 재활성화했고, 실험 참가자들은 12분 동안 테트리스를 했다. 이들은 집으로 돌아가 일주일 동안 머릿속에 떠오르는 영상을 일기에 기록했다. 연구자들은 테트리스를 할 때 필요한 행동들이 영상의 충격적인 장면들이 재강화되는 것을 방해할 것이고, 따라서 테트리스를 하고 난 다음 한 주 동안 침투기억이 줄어들 것이라는 가설을 세웠다.

연구자들은 두 실험에서 실험 참가자들과 통제집단의 침투기억을 비교했다. 첫째, 영상을 보고 난 다음 이 영상에 대한 기억을 재활성화했고, 테트리스는 하지 않았다. 둘째, 영상을 본 후 테트리스를 하고 영상에 대한 기억을 재활성화하지 않았다. 셋째, 영상에 대한 기억을 재활성화하지 않고 테트리스도 하지 않았다. 한 주 동안 영상에 대한 침투기억이 크게 줄었던 그룹은 기억 재활성화와 테트리스를 모두 한 그룹이었고, 통제집단 중 어떤 그룹에서도 침투기억이 크게 줄지 않았다.

이 결과는 기억 재활성화와 테트리스를 모두 했던 실험 참가자들은 통제집단만큼이나 트라우마 영상의 장면들을 잘 기억했고, 이는 치료 행위가 영상에 대한 기억을 완전히 지우지 않았다는 것을 나타낸다. 그러나 치료 행위가 침투적이고 자발적인 기억이 발생하는 것을 방해한 것은 확실하다. 이 침투적이고 자발적인 기억은 지속성의 전형적인 특징이다.

최근에 홈스가 이끄는 연구팀은 교통사고를 당해 응급실에 온 사람들을 대상으로 최악의 사고 장면을 기억나게 하는 단서를 준 후에 테트리스를 하게 했다. 기억 재활성화와 테트리스 치료를 받은 사람들은 응급실에서 자신이 한 행동을 기록했던 통제집단과 비교했을 때, 일주일 동안 매일 쓰는 일기에 사고와 관련된 침투기억을 더 적게 기록했다. 연구자들은 PTSD 환자들에게도 특정한 침투기억을 회상하게 한 후에 테트리스를 하게 했는데, 그 횟수가 극적으로 줄어들었지만 특정하지 않은 침투기억에는 변화가 거의 없었다. 이 연구는 트라우마를 회상하게 하고 방해해서 그 기억을 불안정하게 하는 행위가 기억의 지속성의 부정적인 영향을 줄이는 데 도움이 될 수 있다는 것을 암시한다. 이런 일이 어떻게, 왜, 얼마나, 자주 일어나는지는 여전히 더 알아내야 하지만, 기억 재강화 연구는 기억의 지속성에 대응할 방법을 알려준다.

흰곰 효과

나는 제3장에서 마이클 앤더슨이 '생각하기-생각하지 않기' 과정을 사용해 수행한 실험을 이야기했다. 실험 참가자들이 여러 쌍의 단어를 학습하고, 그 단어쌍을 제시하면 그와 관련된 단어를 떠올리거나(생각하기) 단어를 의식적으로 억눌러야 하는(생각하지 않기) 실험이었다. 앤더슨은 건강한 사람들에게는 목표가 되는 단어를 생각하지 않는 행위가 단어의 인출을 억제하지만, 불안하거나 우울한 사람들에게는 그 억제 효과가 매우 감소한다는 증거를 내놓았다.

지난 몇 년 사이, PTSD와 그와 관련된 침투기억으로 고생하는 사람들이 기억을 억누르지 못한다는 증거도 나왔다. 2015년 한 연구에서는 앤더슨과 그의 동료들이 '생각하기-생각하지 않기'를 사용해 트라우마에 노출된 적은 있지만, PTSD를 겪지 않은 통제집단과 PTSD 환자들을 대상으로 연구한 적이 있다. 이들은 PTSD 환자들이 통제집단에 비해 기억을 억제하는 것을 더 힘들어하며, PTSD 증상이 가장 심각한 환자들에게서 이것이 가장 크게 나타난다는 것을 밝혀냈다. 2016년 앤더슨과 그의 동료들이 수행했던 실험연구에서는 건강한 사람들 중에 '생각하기-생각하지 않기'에서 기억을 억제하는 것을 힘들어했던 사람들이 감정적으로 불편하게 하는 영상을 본 후 침투기억으로 고통을 더 많이 받는다는 것을 알 수 있다.

이 실험 결과는 PTSD 환자들에게 기억 억제 능력을 향상시키는 훈련이 도움이 될 수 있다는 것을 의미한다. 이것은 대니얼 웨그너의 실험 결과와 정반대처럼 보일 수도 있다. 이 실험에서 흰곰 효과는 어떤 대상을 가리키고 그 대상을 생각하지 않으려고 하면, 그에 대한 반동 효과가 나타난다는 것이다. 즉, 흰곰을 생각하지 말라고 했을 때 하루가 지난 시점에서 흰곰을 더 많이 생각하게 되는 것이다. 하지만 최근에 앤더슨과 그의 동료들은 흰곰 효과와 자신들의 실험이 꼭 상충하는 것은 아니라고 주장했다. 흰곰 효과에서는 목표를 완수하기 위해서 금지된 생각을 떠올려야 하고, 지금 무슨 일을 해야 하는지를 떠올리려면

(흰곰을 생각하지 않기), 그 목표와 반대되는 일을 하게 된다. 이와 대조적으로, '생각하기-생각하지 않기'에서는 실험 참가자가 단서가 되는 단어를 보고 그 단어를 생각하지 않으려고 해야 하지만, 목표를 떠올릴 때 단서가 되는 단어에 집중할 수 있다. 즉, 억누르고자 하는 단어에 대해 생각할 필요가 없다.

이것은 기억을 억누르려는 모든 시도가 반동 효과를 가져오는 것은 아니며, PTSD 환자들의 기억의 지속성 효과를 없애는 데 도움이 될 수도 있다는 것을 의미한다. 또한 여기서 주목할 점은 마음을 심란하게 하는 경험을 직면하는 행위가 기억의 지속성에 대응하는 효과적인 방법이라는 것이다. PTSD 환자들은 마음을 심란하게 하는 과거의 경험을 인정하는 것이 어려울 수도 있다. 이들이 기억 속에서 사라지지 않는 과거의 경험에 직면해 심리적인 행복을 증진시킬 수 있으려면, 이들의 기억 억제 장애를 완화시키는 것이 도움이 된다.

제8장

기억의 오류는 진화의 부산물이다

진화론과 자연선택

●●●

사람들은 자신의 기억에 대해 불평하기를 좋아한다. 어떤 사람을 처음 만나 이야기하다가 내 연구로 대화의 주제가 바뀌면, 꼭 듣는 말이 있다. "저를 연구하셔야겠네요." 그가 40대 이상이라면, 거의 틀림없이 어깨를 으쓱하며 이렇게 말한다. 그런 다음 최근에 정신이 없었던 일이나 이름을 기억할 수 없었던 경험을 줄줄이 늘어놓는다. 내가 그러한 기억의 오류는 흔한 것이라고 안심시켜주면, 비로소 안도의 한숨을 내쉰다. 이렇게 기억이 불완전하다는 사실 때문에 사람들은 대자연의 크나큰 실수로 인간이 제대로 기능하지 않는 신경 체계를 갖게 되었다고 쉽게 결론을 내릴 수 있다. 미국 카네기멜런대학의 인지심리학자 존 앤더슨John Anderson은 기억의 7가지 오류가 그 구조의 약점을 나타낸다는 일반적인 인식을 다음과 같은 말로 요약했다.

"수년에 걸쳐 우리는 인공지능 연구자들과 자주 대화를 나누며 인공지능 프로그램을 향상시키기 위해 인간을 모델로 이용하는 것에 대해 이야기해왔다. 그러면 언제나 '글쎄, 당연한 말이지만, 우리가 만들 인공지능 프로그램이 인간의 기억처럼 신뢰하지 못할까봐 걱정된다'고 말한다."

열쇠를 찾느라 아까운 시간을 허비한 적이 있거나, 목격자 신원 확인 오류로 잘못 투옥된 사례를 들은 적이 있거나, 직장에서 한 실수가 계속해서 생각나 한밤중에 깨어난 적이 있다면, 인공지능 연구자들의 말에 동의하고 싶을 것이다. 그러나 나는 이 말이 잘못되었다고 믿는다. 즉, 기억의 7가지 오류는 근본적인 잘못이 아니라 우리가 치러야 하는 대가이자 기억의 또 다른 적응적 특징의 부산물이다.

나는 진화생물학과 심리학을 포함한 다양한 분야에서 나온 연구 결과를 그 이유로 제시할 것이다. 최근에 진화심리학자들은 열띤 논쟁을 해왔는데, 이들은 찰스 다윈Charles Darwin의 자연선택에 크게 의존해 인간의 인지와 행동을 설명한다. 또 그것은 진화적 관점이 아니면 온전히 설명될 수 없다고 주장한다. 그러면서 정신은 진화 과정에서 환경이 부여한 특정 문제를 해결하기 위해 생겨난 능력이며, 자연선택이 정신의 복잡한 설계의 원인이라고 주장한다. 여기서 더 나아가 진화론자들은 대부분 정신이 선천적으로 복잡한 유전적 프로그램에 따라 특수화된다고도 주장한다. 이 관점으로 본다면, 심리학에서는 미국의 하버드대학 심리학과 교수 스티븐 핑커Steven Pinker가 말한 '리버스 엔지니어링reverse engineering'에 대해 좀더 폭넓은 연구가 진행되어야 할 것이다.

"포워드 엔지니어링forward-engineering에서는 어떤 것을 하기 위해 기계를 설계하지만, 리버스 엔지니어링에서는 기계가 무엇을 하기 위해 설계되었는지를 알아낸다. 리버스 엔지니어링은 파나소닉Panasonic이 새로운 상품을 발표할 때 소니Sony의 전문 기술자들이 하는 것이다. 그 반대도 마찬가지다. 이 기술자들은 경쟁사의 신상품을 구입해 실험실로 가져오고, 드라이버로 그 제품을 해체한다. 그리고 부속 하나하나의 역할이 무엇인지, 그 장치를 작동시키기 위해 어떻게 조립해야 하는지를 알아내려고 한다."

그러나 진화적 관점을 비판하는 사람들은 이 주장들이 확실한 데이터보다는 방대한 사색에 의존할 때가 너무 많다고 우려한다. 이들은 특별한 능력의 기원을 이해할 목적으로 진화론을 적절하게 테스트하는 것이 가능한지, 리버스 엔지니어링이 성공했던 적이 있었는지에 대해 의문을 제기한다. 어떤 비판가들은 진화론자들이 정신의 능력과 복잡성을 설명하려고 할 때 유전적 프로그램에 너무 의존한다고 지적한다. 또 다른 비판가들은 정신을 문제 해결자로 바라보는 것이 더 바람직하다고 말한다. 그리고 정신을 이해하기 위한 심리학자들의 비진화적 이론에 진화적 관점이 실제로 어떤 식으로 보탬이 되었는지 의문이라고 말한다.

나는 진화론적 주장들이 검증될 수 있는지 우려하는 비판가들의 말에 공감한다. 하지만 나는 초기 연구에서 진화적 관점을 취했고, 이 방법이 실험의 가설을 풍부하게 할 수 있다는 것을 발견했다. 나는 지금까지 실험연구가 기억의 7가지 오류에 대해 알려준 결과들에 초점을 맞추었다. 이제부터는 기억의 7가지 오류에 대해 여러 의견을 제시하면서 좀더 넓은 관점으로 바라볼 수 있도록 할 것이다. 그리고 그 기원에 대해서도 생각하도록 제안하고, 기억의 7가지 오류가 장점이기도 한 이유를 살펴볼 것이다.

새끼 거위의 각인

●●●

먼저 '지적인 오류intelligent errors'라는 개념을 생각해보자. 이 개념은 동물들이 주변 환경을 탐색할 때 종종 기이한 실수를 저지른다는 것을 보여주는 실험에서 생겨났다. 예를 들어, 목표 지점에 보상 수단인 음식을 놓아두고, 그것을 찾아 미로를 탐색하도록 쥐를 훈련시킨 다음에 미로 중간에 음식을 놓았다고 해보자. 그러면 쥐는 중간에 음식이 존재하지 않는 것처럼 바로 지나치고 목표 지점까지 달려가서 음식을 찾을 것이다. 이 쥐는 왜 중간에서 멈춰 서서 음식을 취하지 않은 걸까? 아마도 쥐는 이 상황을 헤쳐나가기 위해 자신의 이동 속도, 거리, 방향을 계속 파악해서 자신이 어디로 갔는지에 대한 기록을 보유하는 길 찾기 방법인 '추측 항법dead reckoning'을 사용한 것 같다.

이 같은 현상은 새끼 게르빌루스쥐 한 마리를 여러 마리의 새끼가 담겨 있던 둥지에서 꺼내 옆에 있는 컵에 넣어둘 때에도 일어난다. 어미가 잃어버린 새끼를 찾아 둥지 밖으로 멀리 나가 있는 동안 둥지를 가까운 곳으로 옮겨놓았다고 해보자. 어미는 잃어버린 새끼를 찾아내 둥지로 데려올 때, 추측 항법을 이용해 둥지의 옛 위치로 곧장 향한다. 가까운 거리에서 다른 새끼들의 냄새가 나고 울음소리가 들려도 어미는 무시하며 옛 위치에서 새끼들을 찾는다.

동물들의 행동이 이상하고 잘못된 것처럼 보이지만, 이는 동물들이 그들이 처한 일반적인 상황에 맞게 최적화된 길 찾기 방법에 의존하고 있다는 것을 보여준다. 이 체계는 동물들이 처한 환경의 여러 측면에서 최적화되어 있지만, 예상할 수 없는 방식으로 환경이 변하면 동물들이 위험에 처할 수도 있다. 다행히 동물들이 사는 현실 세계에서는 둥지가 이동하는 일은 거의 없다. 그런 혼란스러운 변화는 실험자가 개입되어야 하며, 야생에서는 좀처럼 일어나지 않는다.

이와 비슷한 일이 '각인imprinting'이라고 알려진 행동에서도 일어난다. 새끼 거위는 부화한 후 처음으로 만나는 움직이는 대상을 자기 어미로 여긴다. 대부분 새끼가 처음으로 만나는 움직이는 대상이 어미이기 때문에, 각인은 갓 태어난 새끼 거위가 적절한 먹이와 보살핌을 받기 위해 어미를 따라다니게 하는 효율적인 기제다. 그러나 오스트리아의 동물행동 연구가 콘라트 로렌츠Konrad Lorenz가 보여준 것처럼, 새끼 거위는 부화한 후 처음으로 어미가 아닌 다른 움직이는 대상을 어미로 각인했다(로렌츠는 굴러다니는 빨간 공이나 자기 자신을 각인 대상으로 실험했다). 그 결과, 새끼 거위가 로렌츠를 종종 따라다녔다. 각인은 새끼 거위가 생활하는 일반적인 환경에 맞게 최적화된 것으로, 특화된 기억 기제에 의존하는 행위다. 그러나 막 부화한 새끼 거위가 처음 만나는 움직이는 대상이 어미가 아닌 때는 문제가 될 수 있다. 하지만 자연에서 이런 일은 거의 일어나지 않는다.

중요하지 않은 기억은 삭제된다

●●●

나는 이와 비슷한 것이 기억의 7가지 오류에도 적용된다고 생각한다. 평소에 잘 작동하던 기제들이 우리를 이따금 곤경에 빠뜨리기도 한다. 그중에 기억의 지속성에서 긍정적인 측면을 가장 쉽게 찾아낼 수 있을 것이다. 프랑스의 철학자 르네 데카르트René Descartes는 오래전에 이미 이것을 구체화했다. "모든 정열의 효용성은 영혼이 보존하는 좋은 생각을 강화시키는 데 있다. 그래서 그것들이 초래할 수 있는 모든 악은 좋은 생각들을 필요 이상으로 강화시키고 보존하는 데 있거나 좋지 않은 생각을 강화시키고 보존하는 데 있다."

비록 트라우마로 생겨난 침투기억 때문에 무기력해질 수 있어도 때때로 생명을 위협하는 위험에 반응해서 일어나는 고통스러운 경험들이 오랜 시간 지속되는 것은 매우 중요하다. 편도체는 기억의 형성을 조절함으로써 우리가 종종 잊어버리고 싶어 하는 기억들을 불러일으키면서 그 경험을 지속시킨다. 그러나 우리가 생존하는 데 중요하게 작용할 수도 있는 충격적인 사건을 쉽고 빠르게 회상할 가능성이 더 높아진다. 생명을 위협하는 사건들을 지속적으로 기억하는 것은 미래에 같은 사건이 일어날 확률을 줄여준다.

시간이 지나면서 망각하는 소멸도 환경에 맞게 적응된 것이다. 우리는 망각으로 인해 짜증이 날 수도 있지만, 전화번호나 자동차를 주차했던 장소를 잊어버리는 것은 대체로 유용하고 필수적이기까지 하다. 로버트 비요크가 지적했듯이, 이제 중요하지 않거나 필요하지 않은 정보는 인출되거나 반복되지 않는다. 따라서 그 정보는 시간이 지나면서 점차 기억하기 어려워진다. 존 앤더슨은 시간에 따른 소멸은 환경의 구조에 맞춘 최적의 적응을 반영한다고 주장하면서 이 생각을 더욱 확장시켰다. 앤더슨은 정보가 인출되는 다양한 상황을 분석하고, 특정 정보를 이용한 이력이 어떻게 그 정보를 이용할 수 있게 하는지 예측했다. 그는 기억의 소멸과 아주 유사한 패턴을 발견했는데, 최근 그 정보가 사용된 시점에서 시간이 많이 흐르면 흐를수록 감소한다는 것이었다. 그는 도서관 대출 내역에서 최근이나 과거에 자주 대출된 책들이 그렇지 못한 책들보다 어떤 특정한 시점에 더 많이 대출된 것에 주목했다.

1986~1987년에 『뉴욕타임스』의 헤드라인을 조사하고, 특정 단어

가 등장할 때마다 기록했는데, 이때도 비슷한 현상을 발견했다. 특정 단어가 특정한 날에 나타날 가능성은 그 단어가 마지막으로 사용되었던 때부터 시간이 오래 지날수록 더욱 낮아졌다. 또 어린이와 나눈 대화 속 단어들에서도 유사한 현상을 발견했고, 상대방에게서 이메일을 받을 확률은 직전 이메일이 오고 나서부터 시간이 오래 지날수록 낮아진다는 것도 발견했다.

따라서 시간이 지나면서 정보를 이용하기 어렵게 만드는 시스템은 매우 실용적이다. 그것은 정보가 오랜 시간 이용되지 않으면 앞으로 그 정보가 덜 필요해질 것이기 때문이다. 다시 말해 시스템은 그 정보를 무시하는 게 더 나을 것이다. 그리고 기억의 소멸은 우리에게 정확히 그것을 말해준다. 앤더슨은 수많은 실험에서 관찰된 망각의 일반적인 형태가 과거의 정보 이용과 현재의 정보 이용 사이의 관계를 설명한 환경에서 비슷한 기능을 보여준다고 주장한다. 우리의 기억 체계가 이 규칙적인 패턴을 이해했기에 때문에 최근에 정보를 이용하지 않았다면, 앞으로도 그것이 필요하지 않을 가능성이 높다는 것이다. 우리는 내기에서 이길 때가 더 많아도 패배할 때의 경험을 더 강렬히 인식하기 때문에 우리가 이겼을 때를 잘 인식하지 못한다.

이 기본 개념은 자연 환경에서 동물행동을 연구하는 과학자들이 '균형'이라고 부르는 것과 비슷하다. 소풍을 나온 사람들의 근처에 떨어져 있는 과자 조각에 살금살금 접근하는 다람쥐를 생각해보자. 이 다람쥐는 용감하게 과자 한 조각을 물고 근처에 있는 나무 위로 도망친다. 다람쥐는 여러 번 되돌아와서 과자 조각을 집어 들고 다시 나무 위로 가져가 먹어 치운다. 과자를 가장 효율적으로 먹는 방법은 아닐지라도, 이 과정을 거치면 다람쥐는 포식자들에게 노출되는 시간을 줄일 수 있다. 실제로 연구자들은 다람쥐가 과자를 가져갈 때, 큰 조각보다 작은 조각을 더 많이 가져가는 것을 발견했다. 큰 조각은 작은 조각보다 먹는 데 시간이 많이 걸려서 다람쥐를 큰 위험에 처하게 만들 수 있다. 과자를 먹는 이익을 최대화하고 포식자를 만나는 것을 최소화하려는 다람쥐의 행동은 균형을 찾으려고 하는 것이다. 기억도 마찬가지다. 최근에 자주 이용하지 않아 미래에도 사용되지 않을 확률이 높은 정보를 줄일 때 얻게 되는 이익과 망각 때문에 겪게 되는 괴로움 사이에서 균형이 이루어진다.

기억은 적을수록 좋다

이용 빈도가 얼마나 되느냐와 최근에 이용했느냐 등은 기억의 막힘에도 적용된다. 이는 설단 현상에서 가장 명확히 관찰된다. 사람들은 최근에 떠올린 적이 없는 이름이나 정보에서 막힘을 가장 잘 경험한다는 것을 기억해보자. 또한 막힘은 개념적 표상과 음운적 표상 사이의 약해진 연결로 인해 자주 일어난다는 것도 기억하자. 그러므로 최근에 이용한 적이 없는 정보는 앞으로 필요하지 않을 가능성이 높아 기억에서 삭제되기 시작한다. 최근에 단어나 이름을 사용해 개념적 표상과 음운적 표상 사이의 연결을 강화한 적이 없다면, 그 연결 고리는 훨씬 더 불안정해져서 우리는 쉽게 막힘을 경험한다.

어떤 유형의 막힘은 정보에 접근하지 못하게 인출 억제를 작동시킨다. 심리학자들과 신경과학자들은 오래전부터 억제가 신경 체계의 근본적인 특징이라고 인식해왔다. 뇌는 활동을 강화시키는 기제에 의존하는 만큼 활동을 감소시키는 기제에도 의존한다. 억제가 작용되지 않는다면, 어떤 일이 일어날지 생각해보자. 기억 체계에서는 어떤 단서와 잠재적으로 관련된 모든 정보가 빠르게 머릿속에 떠오를 것이다. 다음의 실험을 살펴보자.

당신의 삶에서 탁자와 관련된 에피소드를 떠올려보자. 무엇이 기억나며, 그것을 떠올리는 데 시간이 얼마나 걸렸는가? 아마도 어젯밤 저녁 식탁에서 나누었던 대화나 오늘 아침 사무실 회의 책상에서 벌인 토론을 떠올리는 데 거의 어려움이 없을 것이다. 이제 탁자가 그것과 관련된 모든 기억을 떠올리게 한다고 상상해보자. 수백 혹은 수천 가지의 사건이 떠오를 것이다. 탁자를 생각하는 순간 그 모든 사건이 한꺼번에 떠오른다면 어떤 일이 벌어질까? 이렇게 기억 체계가 작동된다면, 수많은 기억이 끊임없이 떠올라 거대한 혼란을 일으킬 것이다. 이는 인터넷 검색창에 단어를 입력한 다음에 그 단어가 불러온 수천 개의 정보를 살펴보는 것과 비슷하다. 이처럼 우리는 데이터 과부하를 제공하는 기억 체계를 원하지 않을 것이다. 로버트 비요크는 억제가 작동함으로써 우리가 그러한 잠재적인 혼란을 겪지 않을 수 있다고 설득력 있게 주장했다.

기억의 소멸과 막힘에는 기억에 관한 한 '적을수록 더 좋다'는 원칙이 담겨 있다. 이 원칙은 기억의 정신없음에도 똑같이 적용된다. 정신없음은 나중에 자발적으로 기억될 수 있는 풍부한 시각적·개념적·음운적 표상을 만드는 데 주의 깊은 정교한 부호화가 필요하기 때문에 부분적으로 일어난다. 사건이 일어날 당시 최소한의 정교화가 이루어지지 않으면, 그 사건은 추후에 기억될 가능성도 매우 적다. 그런데 모든 사건이 정교하게 입력된다면 어떤 일이 일어날까? 아마도 러시아의 기억술사 솔로몬 셰르솁스키Solomon Shereshevski의 유명한 사례처럼, 구체적인 내용들이 머릿속에 어수선하게 자리 잡아 혼란이 생길 수도 있다.

수년 동안 셰르솁스키에 대해 연구한 러시아의 신경심리학자 알렉산드르 루리아Alexander Luria의 설명에 따르면, 셰르솁스키는 자신에게 일어난 거의 모든 중요한 일이나 사소한 일에 대해 매우 자세하게 기억하고 있었다. 그러나 그의 머릿속에는 애초에 기억 체계 속으로 들어오지 않았으면 좋았을 중요하지 않은 세부 사항으로 넘쳐났기 때문에 기능할 수 없었다. 우리의 기억 체계는 광범위하게 부호화를 할 만큼 중요한 사건들만 잘 기억하도록 한다. 그렇지 못한 사건들은 중요하지 않은 사건일 가능성이 높고, 따라서 기억할 가능성도 없다.

우리의 기억 체계는 일상생활에서 불필요한 정보로 머릿속을 어수선하게 만들지 않는다. 물론, 열쇠나 지갑을 평소에 보관하던 곳이 아닌 곳에 놓아두고, 나중에 그것을 어디에 두었는지 기억할 수 없을 때에는 정말 화가 난다. 그러나 그 물건을 제자리가 아닌 곳에 놓았을 때 사업 비용을 절약할 방법을 찾고 그 방법을 찾아냈다면 이익이 발생한 것이다. 우리는 자동으로 일상적인 일을 수행할 때, 좀더 자유롭게 중요한 일에 주의를 기울일 수 있다. 그래서 가끔씩 겪는 정신없음은 이런 큰 이익에 비하면 비교적 작은 대가라고 할 수 있다.

'적을수록 더 좋다'는 원칙은 기억의 왜곡이 일어나는 오귀인과 피암시성에도 적용된다. 나는 오귀인과 피암시성의 여러 사례가 경험의 출처를 잘 기억하지 못하는 것을 나타낸다고 설명했다. 그 사실을 누가 말해주었는지, 낯익은 얼굴을 어디에서 보았는지, 어떤 사건을 실제로 목격했는지 아니면 나중에 들었는지 정확히 기억하지 못할 때, 기억의 왜곡이 일어난다. 처음부터 세부 사항이 시간이 지나면서 흐려졌거나, 부호화되지 않아서 출처가 정확히 기억나지 않는다면, 오귀인에 빠지기 쉽다. 또한 우리는 모호하게 기억하고 있는 세부 사항의 특징과 관련해 나중에 이루어진 암시에 취약하다. 피암시성에 노출된 목격자의 증언은 대단히 심각한 결과를 초래할 수 있다.

그러나 우리가 일상적으로 경험하는 수많은 일과 그 세부 사항을 기억한다면, 그로 인한 이익과 대가는 무엇일까? 기억은 가장 필요할 것 같은 정보를 그 환경에 맞게 회상하도록 적응해왔다고 가정해보자. 우리는 모든 경험의 맥락과 세부 사항을 꼼꼼히 기억할 필요가 없다. 우리의 기억 체계는 일상적으로 모든 세부 사항을 기본 옵션으로 기록하는 것일까, 아니면 상황에 따라 세부 사항이 나중에 필요할 것이라는 경고를 느낄 때에만 기록하는 것일까? 기억은 후자의 원리에 의해 작동하며, 대부분 그것이 우리에게 이익이다. 그러나 우리는 특별히 부호화하려고 노력을 기울이지 않은 경험의 출처를 기억해야 할 때에 그 대가를 치러야 한다.

오귀인은 어떤 경험의 구체적인 세부 사항은 기억나지 않지만, 그 사건에 대한 일반적인 느낌은 기억날 때 나타난다. 예를 들어, 실험 참가자들은 사탕, 설탕, 맛 등 의미적으로 연상되는 단어들을 들었을 뿐인데, '달콤하다'라는 단어를 들은 적이 있다고 잘못된 주장을 했다. 이와 비슷한 실험에서도 참가자들은 외형만 비슷하고 똑같지 않은 자동차와 주전자 사진을 보았을 뿐인데도 동일한 자동차와 주전자 사진을 본 적이 있다고 주장했다. 이 실험에서 오귀인이 일어난 것은 참가자들이 일반적인 느낌이나 보고 들은 것을 요점만 기억해 그것에 반응했기 때문이다.

그러나 사건의 요점을 기억하는 능력은 기억의 또 다른 장점이다. 우리는 세부 사항을 회상하지 못해도 그 경험을 활용해 이익을 얻을 수 있다. 실제로 내가 수행했던 연구들은 요점을 기억하기 때문에 발생하는 오귀인이 건강한 기억 체계의 증거라는 것을 밝혀냈다. 예를 들어, 해마와 측두엽 근처의 영역에 손상을 입은 기억상실증 환자들은 사탕이나 설탕처럼 의미적으로 연상되는 단어들을 학습한 후에 건강한 통제집단에 비해 단어를 덜 기억했다. 이는 충분히 예상 가능한 결과였다. 하지만 기억상실증 환자들은 원래의 단어 목록에 들어 있지 않았지만, 의미적으로 관련된 '달콤하다'와 같은 단어를 오재인하는 것이 통제집단보다 적었다. 기억상실증 환자들이 자동차나 주전자 사진 등을 학습했을 때도 동일한 결과가 나왔다. 이들은 건강한 통제집단에 비해 사진은 덜 기억했지만, 이전에 본 적이 없는 비슷한 사진을 오재인하는 것도 적었다.

자폐증과 긍정적인 착각

●●●

사건의 요점을 기억하는 것은 범주화나 이해력과 같은 능력에 필수적이다. 이 능력이 있기에 우리는 경험을 일반화하고 조직화할 수 있다. 예를 들어 '조류'라는 범주에는 홍관조紅冠鳥와 꾀꼬리가 겉보기에 약간 차이가 있어도 모두 이 범주에 들어간다는 것을 아는 것이 중요하다. 우리는 모든 새를 하나로 묶어주는 특징들에 주목하고, 개별 새들을 구별 짓는 세부 사항은 무시할 필요가 있다. 미국의 인지심리학자 제임스 매클렐랜드James McClelland는 과거 경험의 요점을 알게 되면 일반화가 일어난다는 이론적인 모형을 제시했다. 매클렐런드는 일반화가 "우리의 지적 행위 능력의 핵심이다"고 주장했다. 그러나 자신의 이론적인 모형을 설명하며, "이 일반화는 필연적으로 왜곡이라는 부작용을 만들어낸다"고 언급하기도 했다.

이 같은 매클렐런드의 주장은 자폐증 환자들의 오재인을 연구한 실험에서도 동일하게 나타났다. 자폐증은 서투른 사회성, 의사소통 능력 상실, 융통성 없고 문자 그대로를 받아들이는 정보 처리 능력과 관련이 있다. 그러나 자폐를 앓는 아동과 성인은 놀랄 만큼 뛰어나거나 때때로 엄청난 암기 능력을 보이기도 한다. 영화 〈레인맨〉(1988년)에서 레이먼드 배빗Raymond Babbitt(더스틴 호프먼Dustin Hoffman)은 다른 사람들이 잘 알지 못하는 소소한 정보를 엄청나게 많이 알고 있다. 이를테면, 비행기 추락 사고가 한 번도 없었던 유일한 대형 항공사가 콴타스 항공Qantas Airways이라는 것을 툭툭 내뱉는다.

과학자들은 날짜나 이름, 시각적 패턴을 기억하는 데 비범한 능력을 보인 자폐증 환자들을 소개해왔다. 미국의 신경학자 데이비드 베버스도프David Beversdorf와 그의 동료들은 의미적으로 연상되는 단어 목록을 성인 자폐증 환자들과 자폐증 환자가 아닌 통제집단에 보여주었다. 그런데 자폐증 환자들은 통제집단만큼 많은 단어를 재인했다. 그러나 자폐증 환자들은 학습한 적이 없지만 의미적으로 연상되는 단어들에 대해 통제집단보다 잘못 기억하는 확률이 더 적었다. 따라서 자폐증 환자들은 인지적으로 문제없는 통제집단보다 참기억과 오기억을 정확하게 분별한 셈이다.

이 패턴은 참기억과 오기억에서 감소를 보였던 기억상실증 환자들의 패턴과 대조된다. 자폐증 환자들은 통제집단보다 단어 목록에 있는 단어들을 일반화하는 경향이 더 적었다. 이들은 자신이 학습한 단어들에 대해 개별적인 기억을 가지고 있었지만, 오재인을 일으키는 의미적 요점을 가지고 있지 않았다. 오재인에 취약하지 않은 기억 체계는 우리가 가끔 겪게 되는 오귀인에서 벗어나도록 해줄 것이다. 그러나 이 기억 체계는 우리가 사소한 사실을 모두 암기해야 하고, 보통의 기억 체계라면 이용했을 패턴과 규칙을 이해하지 못하게 만들 수도 있다. 다시 말해 오재인은 일반화로 얻은 이익에 대한 대가라고 할 수 있다.

편향도 우리의 인지 체계의 중요한 장점이 될 수 있다. 고정관념 편향은 여러 집단을 겪으며 축적된 과거의 경험을 바탕으로 개인을 부당하게 평가하도록 만든다. 이처럼 고정관념이 바람직하지 않은 결과를 초래할 수 있어도, 대체로 정확한 일반화를 일으켜 우리의 인지적 활동을 잘 꾸려나갈 수 있게 한다. 고든 올포트는 1950년대에 이 같은 사실을 명확하게 이해했다. 그는 고정관념을 기억과 지각의 일상적인 처리 과정의 결과라고 말했다. "편향은 일반화, 개념, 범주를 형성하려는 인간의 정상적이고 자연스러운 경향 속에서 발견할 수 있다. 그리고 그 내용은 개인의 경험 세계에 대한 과잉 단순화를 드러낸다." 고정관념 편향은 과거의 경험을 일반화하는 과정에서 우리가 지불해야 하는 또 다른 대가다.

편향은 자기 자신을 지나치게 호의적으로 묘사하기도 한다. 자기중심적 편향은 자신이 실제보다 더 좋은 점수를 받았다고 기억하게 하거나, 직장이나 집에서 자신의 기여도를 과장하게 만든다. 일관성 편향과 변화 편향은 우리가 어떤 관계에 관여하는 것을 정당화하도록 도울 수도 있고, 사후 과잉 확신 편향은 우리가 실제보다 더 현명한 사람처럼 보이게 만든다. 표면상으로 이 편향들은 현실을 잘 파악하지 못하게 하는 것처럼 보여 걱정스러울 뿐만 아니라 위험하기도 하다. 어쨌든 건강한 정신은 대체로 현실을 정확하게 지각하는 것과 관련이 있지만, 정신 질환은 현실을 왜곡해 지각하는 것과 관련이 있기 때문이다.

그러나 미국의 사회심리학자 셸리 테일러가 자신의 연구에서 '긍정적인 착각'을 주장한 것처럼, 자신을 과도하게 낙천적으로 바라보는 것이 정신건강을 해치기보다는 향상시키는 듯하다. 긍정적인 착각을 아주 잘하는 사람들은 일반적으로 성공적인 삶을 산다. 하지만 우울증 환자들은 긍정적인 착각이 결핍되어 있는 경향이 있다. 과도하게 긍정적으로 과거를 기억하는 것은 미래를 매우 낙천적으로 바라보게 만들어 새로운 도전을 하도록 우리를 고무시키지만, 과거를 더 정확하게 기억하거나 부정적으로 기억하는 것은 우리를 낙담시킬 수 있다. 이 효과에는 분명 한계가 있다. 매우 왜곡된 낙관적인 편향은 문제를 초래하기 때문이다. 하지만 테일러가 지적한 것처럼 긍정적인 착각은 대체로 심각하지 않고, 행복감을 느끼게 하는 중요한 요인이다. 따라서 우리의 인생에 만족감을 향상시키는 것이라면, 기억의 편향은 우리의 인지 체계의 적응 요소로 간주할 수 있다.

굴절 적응과 우연 적응

지금까지 나는 아주 일반적인 의미로 '적응'이라는 용어를 사용해왔지만, 기억의 7가지 오류의 근원을 설명하기 위해서는 기억의 특징을 '적응'이라고 말할 때 이 용어가 나타내는 뜻을 명확하게 할 필요가 있다. 심리학자들은 '적응'이라는 용어를 적어도 2가지 방식으로 사용한다. 첫 번째는 진화론에서 온 것으로, 매우 구체적이면서 기술적인 의미를 갖는다. 이 의미에서 적응은 개인의 번식 적합성을 증가시키기 때문에 자연선택 과정을 통해 존재하게 된 종의 특징이라고 생각한다. 이 유일한 진화 기제가 자연선택이라는 다윈의 주장은 3가지 근본적인 관찰에 의존했다.

첫째, 다윈은 각 세대의 일부만이 번식한다는 것을 관찰했다. 둘째, 자식이 부모와 똑같지 않다는 것에 주목했다. 어떤 사람들은 다른 사람들보다 더 크거나 빠르거나 강하다. 다음 세대로 전해질 수 있는 이 같은 변이는 유전될 수 있다고 여겨졌다. 셋째, 다윈은 유전될 수 있는 변이의 어떤 것이 그 개체의 생존과 번식 가능성을 높인다고 주장했다. 자연선택을 통해 남겨진 유기체의 특징들이 적응이라는 것이다.

그러나 심리학자들은 적응이라는 용어를 좀더 폭넓은 방식으로 종종 사용한다. 그것이 진화 과정에서 자연선택에 대한 반응으로 생겼든 일반적으로 이로운 결과를 가져오는 유기체의 특징을 뜻하는 구어적인 표현으로 사용하는 것이다. 우리가 전화번호를 떠올리거나 컴퓨터 사용법을 학습하는 행위에서 적응의 특징들을 살펴볼 수 있다. 우리는 자주 사용하는 전화번호를 상당히 잘 기억할 수 있고, 그러한 의미에서 기억은 과제에 적응했다고 설명할 수 있다. 그러나 전화는 최근의 발명품이므로 이 능력은 진화 과정에서 자연선택에 의해 야기된 적응으로 생겨난 것일 수 없다. 컴퓨터나 다른 유형의 현대 기술 사용법을 학습할 때 필요한 능력도 마찬가지다. 우리의 기억 체계는 이 과제들을 완수하게 해주지만, 기억은 현대 기술 사용법을 학습하기 위한 적응으로 생겨났을 수는 없다.

미국의 고생물학자 스티븐 제이 굴드Stephen Jay Gould는 '굴절 적응' 이라는 용어를 사용해 "현재의 적합성을 향상시키지만, 현재의 역할을 위해 자연선택으로 형성된 것이 아닌 특징들"이라는 의미로 사용했다. 이때의 적응은 원래의 기능과는 다른 기능으로 수행하기 위해 선택된 적응이다. 진화생물학자들은 조류의 깃털이 처음에는 온도를 조절하거나 사냥감을 잡는 기능을 수행하기 위한 적응으로 진화된 것이지만, 나중에는 비행이라는 완전히 다른 기능을 위해 선택된 것이라고 믿는다.

인간의 인지에서 읽기 능력은 적응의 한 예다. 인간의 상당수가 불과 몇 세기부터 읽기 시작했기 때문에 자연선택의 부산물이라기보다는 새로운 능력이다. 그러나 읽기는 적응으로 생겨난 것 같은 시각 능력과 인지 능력에 의지한다. 이와 비슷하게, 전화번호를 기억하고 컴퓨터를 사용하는 능력은 그 자체로 진화적 적응이 아니지만, 추측하건대 적응으로 생겨난 기억의 특징에 의지한다.

스티븐 제이 굴드와 그의 동료인 진화생물학자 리처드 르원틴Richard Lewontin은 '우연 적응spandrel'이라고 불리는 세 번째 유형의 진화적 발달에 대해 기술했다. 굴절 적응은 나중에서야 다른 기능을 수행하기 위해 이용되었지만, 우연 적응은 애초부터 적응적 기능을 갖고 있지 않다. 스팬드럴은 건물의 구조적인 요소들 사이에 남는 공간을 가리키는 건축 용어다. 굴드와 르원틴은 이탈리아 베네치아Venezia의 산마르코 성당 중심 돔에 있는 스팬드럴 4개를 예로 설명했다. 이것은 아치와 벽 사이에 생긴 공간인데, 4대 복음서의 저자(마태오[마태복음], 마르코[마가복음], 루카[누가복음], 요한[요한복음])와 『성경』에 나오는 4개의 강(비손강, 기혼강, 힛데겔강, 유브라데강)으로 장식되었다. 스팬드럴은 이 그림들을 보관하기 위한 목적으로 설계되지는 않았지만, 그 용도로 사용하기에 적합하다. 이와 유사하게 다리 기둥과 그 사이 공간은 피난처를 제공하려고 만들어진 것은 아니지만, 피난처를 찾는 사람들에게 좋은 휴식처가 되는 공간이다.

인간 정신의 특징들이 적응인지, 굴절 적응인지, 우연 적응인지는 현대의 심리학과 생물학에서 논쟁이 되어버린 주제다. 진화심리학자들은 자연선택에 의한 적응이라는 측면에서 인간의 인지와 행동을 설명하려고 노력해왔다. 진화적 관점을 열정적으로 옹호하는 스티븐 핑커는 "인간의 정신은 수렵채집 생활을 하던 조상들이 직면했던 문제들을 해결할 목적으로 자연선택에 의해 설계된 신체 기관들로 이루어진 체계다"고 주장했다. 진화심리학의 선구자인 레다 코스미데스Leda Cosmides와 인류학자 존 투비John Tooby도 "인간의 정신은 인간의 신경체계에서 진화된 정보 처리 기제들로 구성되어 있다. 이 기제들과 그것을 만들어내는 발달 프로그램들은 조상들이 살던 환경에서 진화적 시간에 걸쳐 자연선택으로 만들어진 적응이다"고 비슷한 주장을 했다.

이와 반대로, 진화심리학을 비판하는 스티븐 제이 굴드 같은 사람들은 적응과 자연선택은 정신과 행동을 설명할 때 만들어내기가 너무나 쉽다고 주장한다. 결국 "그냥 그렇게 되었다"는 식의 이야기에 지나지 않는다는 것이다. 굴드는 인간의 정신이 가지고 있는 특징들은 굴절 적응과 우연 적응이라고 주장한다(독서뿐만 아니라 글쓰기와 종교적인 믿음도 포함된다). 그는 굴절 적응과 우연 적응은 인간의 정신을 형성하는 데 절대적인 영향을 끼치며, 이 2가지는 "적응이라는 두더지굴 앞의 산"이라고 주장했다. 1997년 『뉴욕 리뷰 오브 북스New York Review of Books』에서 스티븐 핑커와 굴드가 주고받은 토론에서 드러나듯이, 이 상반된 관점들을 지지하는 사람들 사이의 논쟁은 상당히 치열하다.

일반적으로 인간의 정신, 특히 기억에 대한 진화론적 설명이 추측에 의한 사후 설명 이상의 것이 되려면, 적응·굴절 적응·우연 적응의 상대적 중요성에 대한 논쟁을 해결하기 위해 이 대립되는 견해에서 나온 가설과 예측을 경험적으로 실험해야 한다. 나와 같은 실험심리학자들은 이 대립 가설들을 판단하기 위해 통제된 연구에서 나온 확고부동한 증거가 필요하다고 생각한다. 고대 조상들의 행동을 관찰해 기록한 심리학자가 없어 인간의 인지가 진화해온 기록에 접근할 방법이 없을지라도 진화적 가설을 엄격하게 검증하지 못할 이유는 없다.

미국 텍사스대학의 심리학자 데이비드 버스David Buss와 그의 동료들은 이 검증이 어떻게 진행될 수 있는지에 대해 유용한 논의를 제공했다. 이들이 제시한 30가지 예에는 적응과 자연선택을 바탕으로 한 진화적 예측이 이끌어낸 인간의 행동이나 인지에 대한 경험적인 발견이 담겨 있다. 즉, 남성의 성적 질투의 특징, 배우자와 동성 살인의 패턴, 특정 관계에 국한된 배신에 대한 민감성, 여성의 출산 가치에 따른 짝 보호하기 등이 포함되어 있다.

진화적 적응을 검증하기 위해 심리학자들과 생물학자들은 여러 유형의 증거와 연구에 의존한다. 그중 하나의 기준은 복잡한 설계나 특수한 설계라는 것이다. 유기체의 내적인 구조가 우연히 생겨났거나 어떤 것의 우연한 부산물로 생겨났을 가능성이 거의 없을 정도로 복잡하다면, 그 유기체의 특징은 적응일 것이다. 척추동물의 눈이 복잡한 설계의 전형적인 예다. 눈의 많은 부분이 서로 복잡하게 얽혀 있어 상호 의존하고 있다는 사실은 눈이 본다는 과제를 완수하기 위해 자연선택으로 설계되었을 가능성이 높다.

눈먼 시계공

19세기 초 신학자 윌리엄 페일리William Paley는 그러한 복잡한 설계가 선견지명이 있는 설계자의 존재를 나타낸다고 주장했다. 페일리는 시계의 복잡한 구조는 살아 있는 유기체의 구조처럼 특수한 기능에 맞춰진 설계가 존재한다는 것을 보여주며, 이 다양한 부분이 모두 제 위치에 우연히 정렬되었다는 것은 불가능하다고 지적했다. 미국의 생물학자 리처드 도킨스Richard Dawkins는 『눈먼 시계공』에서 페일리의 시계 제작자 논쟁을 진화적 관점에서 설명했다. 진정한 시계 제작자는 시계를 설계하겠다는 목적으로 일을 시작하지만, 자연선택은 눈이 멀어 목적이나 목표가 없다는 것이다.

적응은 차별적인 번식을 성공으로 이끈다. 그러므로 한 특질이나 특징이 자연선택에 의해 선호되었다면, 그 특징을 지닌 사람들이 낳은 많은 자손에게서 어떤 증거가 발견되어야 한다. 여자들이 결혼할 때 키 큰 남자를 선호한다는 가설은 키 큰 남자들이 키 작은 남자들에 비해 자손을 더 많이 남겼다는 연구 결과로 뒷받침되었다. 따라서 남자의 키가 자연선택에 의해 생긴 적응일 수 있다. 또 어떤 특징이 계속 여러 종에게서 나타날 때, 자연선택이 작용했다는 것을 발견할 수 있다. 신체 대칭을 생각해보자. 인간과 다른 유기체들은 완벽한 좌우 대칭에서 벗어난 정도가 서로 다르다. 한 연구에서 실험 참가자들은 신체 대칭이 잘 맞으면 맞을수록 일반적으로 더 매력적이라고 평가했다. 더 나아가, 곤충과 조류와 영장류에서도 대칭은 비대칭과의 성적 경쟁에서 유리한 위치를 차지했다.

생물학자들은 비대칭이 유전적 기형의 존재와 관련이 있거나 기생충과 오염물질 같은 부정적인 환경에 노출된 것과 관련이 있다는 사실을 발견했다. 다른 종들에서 대칭의 정도가 큰 개체들에 대한 자연선택이 흔하다는 사실은 신체 대칭이 자연선택에 의해 이루어진 적응이라는 주장을 뒷받침하는 근거가 된다. 비록 이러한 견해가 모든 연구자에게 받아들여지지 않지만(대칭과 비대칭이 어떻게 생기는지에 대한 논란이 존재한다), 이 발견들은 '선택적 압력selective pressure'이 작용한다는 것을 알려준다.

적응은 인류학자들이 인류의 보편성이라고 부르는, 기록된 인간의 문화에 존재하는 특징과 같은 것으로 해석될 수도 있다. 여러 비교문화 연구를 보면, 대체로 남자들과 여자들에게 신체적 매력은 높이 평가되며(비록 남자들이 더 그렇지만), 다른 문화권의 사람들도 얼굴의 매력을 판단할 때 동일한 경향을 나타낸다고 한다. 얼굴의 매력에 대한 양상은 신체적·정신적 건강과 관련되어 있어, 진화적 적응이라는 가능성을 더 높여준다.

어떤 특징이 보편적이라고 해서 그 특징이 적응으로 생겨났다고 볼 수는 없다. 미국의 인류학자 도널드 브라운Donald Brown과 스티븐 골린 Steven Gaulin은 보편적인 것이 문화적 특징으로 생겨날 수도 있다고 지적한다. 이 특징들이 오래되고 매우 유용해서 많은 사회로 퍼져나갔다는 것이다. 특히 불의 사용은 인간의 보편적인 특징이다. 그러나 우리는 불의 사용이 모두가 공유하는 적응의 작용을 나타낸다고 가정할 필요가 없다. 브라운과 골린은 사람들이 오랫동안 불을 경험해왔기에 불의 유용성을 알아본 것이라고 주장하는 것은 단순하다고 말한다. 하지만 골린은 이런 식의 문화적 설명이 배제될 수 있다면, 나머지 보편성들은 심리적 적응을 탐구하는 데 도움이 될 것이라고 지적한다. 정반대로, 어떤 특징이 단 하나의 예외만 남기고 모든 문화에서 보편적으로 존재한다면, 그 예외가 반드시 적응의 존재를 배제하는 것은 아니다. 다시 말해 그 예외를 설명해줄 다른 문화적 요인들이 작용할 수 있다. 결국 보편성이 적응을 옹호하거나 반대하는 확실한 증거를 제공하지 않지만, 그것은 유용한 이정표로 작용할 수 있다.

여성이 남성보다 공간 기억 능력이 뛰어날까?

●●●

기억의 7가지 오류에 대해서는 어떠한가? 비록 우리가 진화적 기원을 주장할 증거를 많이 가지고 있지 못해도, 성적 차이에 대한 연구에서 일부 관련 자료를 얻을 수 있다. 데이비드 버스와 그의 동료들이 연구한 기억에 대한 진화적 가설을 생각해보자. 여성은 어떤 물건의 공간적 위치를 남성보다 정확히 기억한다. 캐나다의 심리학자 매리언 얼즈Marion Eals와 어윈 실버먼Irwin Silverman은 인간의 인지가 진화할 중요한 시기인 수렵채집기의 고고학적·고생물학적 자료에서 남성들은 주로 사냥을 하고 여성들은 주로 식량을 채집했다는 사실에 주목했다. 두 심리학자는 이처럼 서로 다른 활동들로 인해 필요한 공간 기억 능력이 달랐을 것이라는 가설을 세웠다. 이들은 여성들이 채집을 잘하기 위해 복잡한 초목 더미에 숨어 있는 식량의 위치를 찾아내고, 나중에 다시 찾아갈 수 있게 그 장소들을 기억해야 했을 것이라고 생각했다. 따라서 자연선택은 여성이 남성보다 공간적 위치를 더 잘 기억하게 발달시켰다는 것이다.

얼즈와 실버먼은 남성들과 여성들에게 사물의 공간적인 배열을 보여주며 이 가설을 검증했다. 한 실험에서는 사물들이 그림 속에 있었고, 다른 실험에서는 사물들이 책상과 식탁 위에 흩어져 있었다. 두 실험에서 여성들이 남성들보다 사물의 위치를 더 정확하게 기억했다. 그러나 사냥을 잘하기 위한 공간 기억 능력을 활용해야 하는 다른 과제에서는 남성들이 여성들을 능가했다. 어떤 연구들은 얼즈와 실버먼의 연구 결과를 반복 검증했지만, 어떤 연구들은 다양한 조건과 기준을 추가했다. 따라서 여성의 공간 기억 능력이 식량을 채집하는 기술을 위해 자연선택으로 만들어진 적응인지는 아직 모른다. 그렇지만 이 연구들은 기억의 기원에 대한 진화적 가설이 어떻게 형성되고 검증될 수 있는지를 보여준다.

캐나다 웨스턴대학의 심리학자 데이비드 셰리David Sherry는 자연선택이 남녀의 공간 기억 능력 차이를 만들었다고 암시하는 증거를 알아냈다. 그는 갈색머리흑조를 포함해 다양한 조류의 기억을 연구해왔다. 그들이 번식할 때 암컷은 다른 종의 둥지에 알을 낳은 다음에 알을 낳을 다른 둥지를 찾는다. 수컷은 둥지의 위치를 찾는 암컷을 돕지 못하므로, 그 위치를 꼭 기억해야 한다(어떤 종들은 암컷과 수컷이 모두 둥지를 찾는다). 셰리는 먹이를 저장하는 새들이 그것을 어디에 숨겼는지 기억하게 해주는 데 새의 해마가 중요한 역할을 한다는 것을 입증해냈다. 클라크잣까마귀는 다음 봄에 다시 꺼내기 위해 가을 동안 5,000군데에 3만 개나 되는 씨앗을 저장해둔다. 이처럼 이 새는 엄청난 회상 과제를 매우 잘 해낸다. 대체로, 먹이를 저장하고 되찾아오는 새들의 해마는 그러지 않은 새들의 해마보다 크다. 게다가 해마가 손상된 새들은 먹이가 저장된 위치를 기억하는 데 어려움을 겪는다.

셰리는 새의 해마가 공간 기억 능력에 중요한 역할을 한다면, 갈색머리흑조 암컷의 해마가 수컷의 해마보다 커야 한다고 추론했다. 즉, 둥지의 위치를 찾고 기억하는 것과 관련된 암컷의 공간 기억 능력이 자연선택의 결과라면 말이다. 갈색머리흑조의 해마 크기와 뇌 크기를 비교해 측정한 결과 이 추론과 정확히 일치하는 결과가 나왔다. 실제로 암컷의 해마가 수컷의 해마보다 상대적으로 더 컸던 것이다. 갈색머리흑조와 매우 유사한 종이지만 알을 다른 새의 둥지에 낳지 않는 두 종에게서는 이와 같은 성적 차이가 발견되지 않았다.

다른 종의 공간 기억 능력에 대한 연구는 '선택적 압력'이 수컷의 공간 학습 발달에 더 유리하게 작용할 때, 성적 차이의 방향이 역전될 수 있다는 것을 보여준다. 스티븐 골린은 짝짓기 기회를 늘리기 위해 번식기에 활동 범위를 확장하는 혼성 교배의 초원들쥐와 그 범위를 확장하지 않는 단일 교배의 프레리들쥐를 가지고 실험했다. 활동 범위를 확장하는 것은 초원들쥐의 공간 기억 능력에 대한 자연선택이 작동하도록 할 것이다. 골린이 미로 학습 과제로 두 종류의 들쥐를 테스트했을 때, 초원들쥐 수컷은 암컷에 비해 공간 기억 능력이 더 우수했으며, 프레리들쥐에게서는 암컷과 수컷의 차이가 없었다. 또한 초원들쥐 수컷은 암컷보다 해마가 더 컸으나, 프레리들쥐에게서는 수컷과 암컷의 해마 크기가 별 차이가 없었다.

셰리와 골린의 연구 결과는 기억의 어떤 특징이 자연선택에 의해 이루어진 적응이라는 일반적인 견해를 확실하게 지지해준다. 나는 기억의 7가지 오류의 기원에 적용되는 어떤 비교할 만한 증거도 알지 못한다. 1987년에 셰리와 나는 기억의 어떤 특징은 굴절 적응이고 어떤 특징은 자연선택에 의해 이루어진 적응이라고 주장했다. 이때 우리는 그 특징들을 하나하나 확인했고, 지금 내가 기억의 7가지 오류를 다루는 방식도 그와 동일하다.

짖는원숭이와 개코원숭이의 이동 행동

기억의 지속성과 소멸은 적응을 가장 잘 보여준다. 지속성이 생존에 직접적으로 위협을 가하는 상황에 대한 반응으로 생겨난 것이라면, 그 경험을 지속적으로 기억할 수 있었던 동물과 사람은 분명히 자연선택에 의해 선호되었을 것이다. 이 능력은 아주 기본적인 것처럼 보여 이것이 정말 적응에서 비롯되었다면, 많은 종이 생명을 위협하는 경험에 대한 기억을 오랫동안 보존할 신경 체계를 갖추고 있어야 하는 것이 아닐까 하는 생각이 들 정도다. 수많은 문화권에서 어떤 특징이 보편적으로 존재한다는 것은 그 특징이 적응이라는 것을 나타내는 것은 아니다. 하지만 이를 통해 우리는 적응의 징후를 알 수 있다.

조지프 르두는 인간, 원숭이, 고양이, 쥐를 포함한 다양한 종에서 편도체와 관련된 구조가 오래 지속되는 공포 조건화와 관련이 있다고 주장했다. 마찬가지로, 우리는 지속성과 편도체, 다양한 문화권과 사회집단에서 자극적이거나 위협적인 경험들 간의 관계를 관찰할 수 있을 것이라고 예상할 수도 있다. 나는 이 같은 쟁점을 직접 다루는 증거를 알지 못하지만, 지속성의 신경생물학적·인지적 패턴을 조사하는 비교문화적 연구들이 앞으로 나올 것으로 기대한다. 지속성은 편도체와 기억의 형성을 조절하는 스트레스 관련 호르몬 사이의 정교하게 조율된 상호 작용이 원인이 되어 일어난다.

존 앤더슨과 그의 연구팀은 소멸도 지속성과 마찬가지로 진화적 적응일 수 있다고 주장한다. 앤더슨은 소멸의 특성이 기억이 작동하는 환경의 특성을 반영한다고 주장하기도 한다. 그러나 소멸이 자연선택에 의해 생긴 적응이라면, 그 특성은 우리 조상들이 진화를 이루었던 고대 환경의 특성을 반영해야 한다. 하지만 수렵채집기나 그 이전 시기의 환경의 특성에 대해 우리가 어떻게 알 수 있는가? 그것은 쉽지 않은 일이다. 어떤 인류학자들은 페루의 남동 지역에 있는 마치겐카Matsigenka 토착민들과 같이 문화적으로 고립되어 있는 현대의 부족 집단을 연구했다. 이 부족에서 정보 인출의 유형을 조사할 수 있다면, 그 결과는 소멸이 현대의 서구 사회보다 고대 환경과 더 비슷한 환경의 특성을 반영하는지를 판단하는 데 도움이 될 것이다. 내가 알기로 그러한 연구는 존재하지 않는다. 하지만 기억이 환경의 특성을 반영한다는 연구를 내놓았던 미국의 인지심리학자 레이얼 스쿨러Lael Schooler는 그 쟁점을 파악하려고 노력해왔다.

스쿨러는 인류의 조상이 진화해온 환경과 매우 비슷한 열대우림과 사바나 환경에서 영장류의 행동을 연구한 라몬 라인Ramon Rhine과 후안 카를로스 세리오 실바Juan Carlos Serio Silva가 수집한 자료에 의존했다. 두 사람은 멕시코의 아겔테펙Agaltepec 화산섬 열대림에 서식하는 짖는원숭이와 탄자니아의 미쿠미Mikumi 국립공원 평원과 사바나에 서식하는 개코원숭이의 이동 행동을 연구했다. 이 두 환경에서 짖는원숭이와 개코원숭이가 수개월에 걸쳐 한 곳에서 다른 곳으로 옮겨가는 행동을 관찰한 것이다. 그러고 나서 어떤 한 무리가 특정 장소에 마지막으로 머물렀던 날부터 얼마나 많은 날이 지났느냐에 따라 다시 그 장소로 돌아올 가능성을 분석했다.

특정 장소로 되돌아올 확률은 시간이 지나면서 감소했으며, 그 곡선의 형태는 에빙하우스의 망각 곡선과 비슷했다. 스쿨러가 연구했던 현대의 환경처럼, 아겔테펙의 열대림과 미쿠미의 사바나도 정보를 이용하지 않은 기간이 길수록 잊어버릴 가능성이 점점 더 높아지는 것 같다. 이와 유사한 패턴이 현대의 인간과 영장류에서 독립된 기제로 작동되는지, 아니면 공통된 진화적 기원을 반영하는지 우리는 알지 못한다. 그렇지만 이 연구는 소멸이 현대와 고대의 영장류가 서식하는 환경의 특성에 적응한 것이라는 견해를 뒷받침한다.

셸리 테일러는 '긍정적인 착각'을 분석하면서, 그것이 지나치게 낙관적인 편향이나 진화적 적응일 수 있다고 말했다. 그러나 미국의 심리학자 스티븐 하이네Steven Heine와 그의 동료들은 이 가능성에 의문을 제기하는 증거를 제시했다. 이들은 자기 자신을 지나치게 긍정적인 방식으로 바라보는 편향은 어떤 문화에서는 특수하다고 주장했다. 이들은 일본인들이 자기 자신을 비판적으로 바라보는 경향이 있다는 것을 보여주는 인류학적·사회학적·심리학적 증거를 제시했다. 이는 북아메리카인들을 연구하면 낙관적인 편향이 흔하게 관찰되는 것과는 비교된다. 낙관적인 편향이 진화에 의한 적응이라면, 우리는 여러 문화권에서 그 편향을 관찰할 것이라고 예상할 수 있다. 그 예외가 존재한다고 해서 적응일 가능성이 배제되는 것은 아니지만, 이런 종류의 연구는 여러 가지 형태의 편향을 조사한 비교문화적 연구들이 매우 유익하다는 것을 알려준다.

기억은 순종적이지만 포학하다

●●●

편향은 높은 수준의 인지적 활동과 밀접한 관련이 있으며, 또한 복잡한 사회적 상호 작용과의 관련성이 매우 높다. 이것들은 우리가 문화들 간에 상당히 다양한 형태를 보일 것이라고 예상하는 과정들이다. 나는 기억의 편향의 특정 형태들이 여러 문화 사이에서 상당히 다를 것이라고 예측하며, 자연선택에 의해 이루어진 생물학적 진화라기보다는 사회적·문화적 부산물일 가능성이 높다고 본다. 하지만 전 세계 모든 문화의 사람들이 무언가를 기억하는 동안 편향의 유형이나 내용은 다양할지라도 일정 형태의 편향을 드러낼 가능성은 여전히 존재한다.

나는 기억의 정신없음, 막힘, 오귀인, 피암시성이 진화적 적응일 것이라는 가설을 제안한다. 자연선택이 어떻게 혹은 왜 정신없음을 특히 잘 저지르고, 이름이나 단어가 자주 막히고, 일어난 적이 없는 사건을 기억하는 시스템을 설계한다는 것인지 상상하기 힘들다. 그러나 우리는 이미 이 오류들이 적응이나 굴절 적응으로 생겨난 기억의 유용한 특징의 부산물로 여겨질 수 있다는 것을 살펴보았다. 나는 정신없음의 오류, 기억 출처 혼란으로 일어나는 오귀인, 피암시성의 영향은 모두 경험의 정확한 출처를 기억하는 데 필요한 세부 사항을 보존하지 않는 기억 체계를 만드는 적응과 굴절 적응의 부산물이라고 생각한다. 막힘은 소멸을 일으키는 정보 인출의 시간과 빈도와 관련된 효과에서 우연히 발생한 부산물일 수 있다. 그리고 사건의 요점만 기억해서 일어나는 오기억은 우리의 인지 기능에 필수인 범주화와 일반화 과정의 부산물이다.

그러나 기억의 우연 적응과 굴드와 르원틴이 논의한 스팬드럴 사이에는 차이가 있다. 스팬드럴은 건물의 구조적·기능적 통합을 방해하거나 훼손하지 않기 때문에 그 영향이 미미하다. 그러나 기억의 우연 적응은 그렇지가 않다. 기억의 정신없음 때문에 생기는 짜증과 기억의 막힘으로 일어나는 순간적인 좌절감, 오귀인이나 피암시성으로 일어나는 목격자 오귀인과 오기억의 부정적인 영향은 모두 우리의 인생을 파괴할 힘을 가지고 있다. 그렇기 때문에 그것이 우리의 인지 생활을 순탄하게 하는 과정의 부산물이라는 것을 믿거나 인정하기 어렵다. 작은 조각의 과자를 먹으면서 포식자에게 노출될 위험을 피하는 다람쥐를 생각해보면 쉽게 이해될 것이다. 우연 적응은 기억에서 일어나는 균형의 대가를 나타내는데, 이 균형은 눈에 덜 띄지만 중요한 이익을 가져다주기도 한다.

1881년 영국의 심리학자 제임스 설리James Sully는 『착각: 심리학적 연구Illusions: A Psychological Study』에서 '기억의 착각'을 다루었다. 그는 기억 왜곡의 여러 사례를 인용했는데, 이는 내가 오귀인과 피암시성이라고 부르는 것의 예들이었다. 미국의 역사가 패트릭 기어리Patrick Geary는 『기억의 유령Phantoms of Remembrance』에서 11세기 바이에른 수도승을 소개한 적이 있는데, 이 수도승은 여러 해 전 여행에서 하늘을 나는 용을 만났고 기억했다. 수도승의 오기억은 상상과 암시의 부산물일 가능성이 높았다. 오귀인과 피암시성은 오랜 시간 우리와 함께했으며, 앞으로도 그 피해는 분명 계속될 것이다. 이것은 다른 기억의 오류에도 적용된다. 소멸과 지속성에 대해 생각해보자. 사람들은 수 세기 동안 소멸의 한계를 극복하려고 노력해왔다. 새로운 정보를 생생한 시각적 이미지로 부호화해서 기억을 증진시키는 시각적 심상 기억술이 발명된 때는 그리스 시대다. 이와 비슷하게 지속성도 오랜 전통을 가지고 있다. 로버트 버턴이 묘사했던 공포에 질린 블라시우스를 다시 떠올려보자. 그는 고대 사카이에서 일어난 지진을 목격하고 나서 "그 기억을 마음에서 지울 수 없었다"고 말했다.

지속성의 효과가 고통스럽게 확대되는 PTSD는 최근에 와서 심리학자들과 정신과 의사들에게 주목받기 시작했다. 그러나 PTSD의 증상은 사람들이 오랫동안 트라우마를 경험해온 만큼 우리 주변에서 계속 존재해왔다. 이것은 정신과 의사 조너선 셰이Jonathan Shay의 『베트남의 아킬레스Achilles in Vietnam』에 잘 묘사되어 있다. 이 책은 호메로스Homeros의 『일리아드』에서 드러난 전쟁 트라우마와 베트남전쟁에서 나타난 전쟁 트라우마가 지닌 공통점을 이야기한다. 셰이는 아킬레스가 그의 동료를 엄호하지 않아 죽게 되자 비탄에 잠겼고, 그 동료에 대한 침투기억이 떠오를 때마다 기억이 사라지는 기분을 느꼈다는 이야기를 들려준다.

기억의 7가지 오류가 저주처럼 느껴질 때가 자주 있지만, 그것은 기억을 잘 작동하게 하는 특징들과 매우 밀접하게 연결되어 있기 때문에 우리 정신의 유산이다. 이 기억의 모순은 영국의 소설가 제인 오스틴Jane Austen의 『맨스필드 파크』에 등장하는 주인공 패니 프라이스Fanny Price의 주의를 끌었다. 패니는 예전에 거친 자갈밭이었던 아름다운 관목 사이의 산책로를 보고 감탄하면서, 그 산책로가 수년 전에 어떻게 보였는지 회상하고, 자신이 미래에 이 기억을 잃을지 궁금해했다. 그 순간에 패니는 모순적으로 보이는 기억의 특징에 대해 생각하게 되었다.

"우리 본성의 여러 요소 중에서 다른 어떤 것들보다 훌륭하다고 여길 만한 능력이 있다면, 나는 그것이 기억이라고 생각한다. 기억의 힘, 기억의 실패, 기억의 불일치에는 우리 지능의 다른 어떤 것보다 이해할 수 없는 무언가가 있는 것 같다. 기억은 때로는 내용을 매우 잘 간직해주며 쓸모 있고 순종적이지만, 어떤 때는 너무나 혼란스럽고 약하며, 다른 때는 너무나 포악하고 제멋대로다. 우리 자신은 진정 모든 면에서 기적이지만, 우리가 기억하거나 기억하지 못하는 힘은 알아낼 수 있는 한계를 넘어선 것처럼 보인다."

현대의 심리학과 신경과학은 기억과 망각의 힘이 알 수 있는 범위를 벗어난 것 같다는 패니의 주장이 틀렸다는 것을 증명해 보였다. 그러나 기억의 강점과 약점을 패니보다 예리하게 파악하기는 힘들 것이다. 기억의 7가지 오류는 최소화해야 하고 피해야 하는 것이 아니다. 기억이 어떻게 과거에 의존해 현재에 정보를 주거나 현재의 경험의 요소들을 보존해 미래에 참고하는지를 보여준다. 또한 우리 마음대로 과거로 되돌아갈 수 있게 해주기도 한다. 기억의 오류는 장점이기도 하며, 우리의 정신과 세계를 연결시켜주면서 시간을 가로지르는 다리 같은 것이다.

정서적 퇴색 편향

●●●

기억의 오류가 장점이기도 하다는 생각은 기억이 근본적으로 단점이 있는 능력이며, 기억의 오류가 이 결론으로 이끄는 확실한 증거라는 상식적인 견해에서 벗어나게 해준다. 다시 말해 기억의 7가지 오류는 적응적 기능을 제공하는 특징들의 확장으로 볼 수 있다. 나는 기억과 인지를 기능적이고 진화적으로 분석해 기억의 오류를 이해하는 것이 타당하거니와 효용이 있다고 주장했다. 더구나 현재 기억의 오류와 적응적 과정이나 기능을 연결하는 실험적 증거가 훨씬 많아졌다. 게다가 기억의 7가지 오류의 적응적 기능에 대한 새로운 이론과 연구도 많아졌다.

나는 소멸의 적응적 가치를 논할 때, 시간에 따른 망각이 우리 머릿속에서 무의미한 정보를 없앨 때 발휘하는 가치에 대해 이야기했다. 그러나 심리적 행복을 고무하는 망각의 역할에 대해서는 많은 이야기를 하지 않았다. 나는 대학생들이 일상적인 경험을 일기로 적었던 연구에서 최근에 알려진 결과를 가져와 짧게 언급했다. 이 연구 결과에서는 대학생들의 부정적인 감정이 긍정적인 감정에 비해 더 빠르게 희미해졌다. 대학생들은 부정적인 경험을 여전히 기억했지만, 그 정서적인 상처는 긍정적인 경험과 관련된 것보다 더 빠르게 소멸되었다. 이 연구 결과는 여러 집단과 환경에서 검증되었으며, 현재는 '정서적 퇴색 편향'이라고 알려져 있다. 이 편향이 항상 적용되는 것은 아니지만, 이것은 많은 상황에 존재한다. 어떻게 트라우마가 시간이 흘러도 부정적인 자극을 유지하거나 심각한 침투기억을 만들어내는지 보여주는 지속성과 관련된 증거가 있다.

정서적 퇴색 편향에 대해 새롭게 나온 증거를 보면, 소멸이 적응적 기능과 관련이 있다는 사실을 강조한다. 디스포리아dysphoria라고 알려진 약한 형태의 우울증을 보이는 사람들은 그 정도가 낮은 사람들에 비해 훨씬 약한 정서적 퇴색 편향을 보이며, 매우 높은 수준의 불안을 보이는 사람들에게서도 정서적 퇴색 편향이 줄어들어 있는 것이 관찰된다. 약한 정도의 정서적 퇴색 편향은 섭식 장애와 감정 표현 불능이라고 알려진 상태와 관련되어 있다.

최근 한 연구는 정서적 퇴색 편향과 그릿grit(성공과 성취를 이끌어내는 데 결정적인 역할을 하는 투지나 용기)이라고 알려진 심리적 특징 사이의 관련성을 조사했다. 상대적으로 그릿이 높은 사람들은 낮은 사람들보다 강력한 정서적 퇴색 편향을 보였다. 이 연구는 강력한 정서적 퇴색 편향이 그릿을 높여줄 수 있다고 암시한다. 부정적인 감정 자극은 역경에 맞서 앞으로 나아가지 못하게 할 수 있는데, 정서적 퇴색 편향이 실수와 좌절을 기억할 때 부정적인 감정 자극을 덜 느끼게 해줌으로써 이것이 가능하다는 것이다. 정서적 퇴색 편향과 적응적 기능 간의 관계적 특징이 정확히 무엇인지는 여전히 확실하지 않지만, 정서적 퇴색 편향이 부여한 기억의 소멸이 심리적 행복의 징후라는 것이다. 정서적 퇴색 편향은 그것과 관련된 심리적 특징의 원인일 수도 있고 결과일 수도 있다.

기억 억제 혹은 인출 억제라고 불리는 기억의 막힘이 행복에 기여한다는 것을 시사하는 새로운 증거도 존재한다. 마이클 앤더슨의 '생각하기-생각하지 않기' 과정이 사용된 연구 결과를 다시 떠올려보자. 이 연구에서 PTSD를 앓고 있는 사람들은 트라우마를 겪었지만, PTSD

를 앓지 않는 사람들과는 다르게 기억 억제 장애를 보였다. 이 연구 결과는 인출 억제가 손상되지 않으면 트라우마를 겪은 이후 심리적 행복에 도움이 된다는 것을 암시한다.

이와 유사한 연구는 비슷한 장애가 우울증을 앓는 사람들에게서 관찰되는지 조사했다. 어떤 연구에서는 그런 장애에 대한 증거가 나오기도 했고, 또 어떤 연구에서는 그렇지 않았다. 결국 우울한 사람들이 '생각하기-생각하지 않기'가 진행되는 동안 기억 억제 능력이 약간 부족한 모습을 보였다. 또 다른 연구에서는 우울한 사람들과 우울하지 않은 사람들이 '생각하기-생각하지 않기'가 진행되는 동안 기억 억제를 할 때 다른 뇌 영역을 사용한다는 것이 드러났다. 이는 적응적 인출 억제와 비적응적 인출 억제의 신경 체계를 구분하는 데 도움이 된다. 인출 억제가 언제, 어떻게, 심리적 행복에 기여하는지를 더 잘 이해하기 위해서는 더 많은 연구가 있어야 하지만, 적어도 인출 억제가 심리적 행복에 기여한다는 내용을 암시하는 증거가 존재한다.

나는 딴생각과 그것이 기억과 학습에 끼치는 부정적인 영향을 다룬 연구가 최근에 급증했다고 이야기했다. 그러나 동시에 새로운 연구들을 보면, 딴생각이 부정적인 영향뿐만 아니라 긍정적인 영향도 있다는 것을 알 수 있다. 어떤 연구에서 실험 참가자들에게 어려운 인지 과제를 수행하게 했는데, 이 과제를 하는 동안 때때로 딴생각을 했던 사람들은 대체로 미래의 사건에 초점을 맞춘 생각을 했다. 이를테면, 개인적인 성취를 목표로 한 자서전적 계획 같은 것을 세웠다. 작업기억 능력이 높은 사람들이 딴생각을 하면서 자서전적 계획을 많이 세우는데, 이는 이 사람들이 과제 수행에 필요하지 않은 인지 자원을 효율적으로 사용할 수 있었다는 것을 암시한다. 또 다른 연구들은 어려운 과제 수행 중 잠시 쉬는 동안 딴생각을 하는 것이 창의적인 문제 해결 과제를 더 잘 수행하는지를 조사했다. 지금까지는 논란이 있지만 일상생활에서 몽상을 많이 하거나 일상적인 과제를 수행하는 동안 의도적으로 딴생각을 자주 한다는 사람들이 새로운 아이디어를 만들어내야 하는 창의적인 과제를 할 때 높은 수행 능력을 보였다.

기억은 업데이트된다

●●●

오귀인과 피암시성에 대한 '기억의 오류는 장점'이라는 인상적인 증거가 새롭게 나왔다. 이전에 학습한 단어들과 의미적 연상 관계를 갖는, 즉 학습한 적이 없는 단어를 오기억하고 오재인하도록 만드는 DRM 패러다임은 오귀인를 대상으로 한 인지 연구와 신경영상 연구에 사용되었다. 그리고 나는 이 오기억 효과를 정보의 의미적 요점을 잘 유지하는 기억 체계의 중대한 혜택이라고 해석했다. 이 관점에 근거해보면, 의미적 정보를 나타내는 적응적 기능에 중요한 역할을 하는 뇌 영역이 DRM 오기억에서도 어떤 역할을 했을 것이다.

나는 이 가능성을 조사하기 위해 영국의 신경과학자 마틴 채드윅Martin Chadwick과 데미스 허사비스Demis Hassabis가 이끈 연구팀과 함께 2016년 fMRI 연구를 진행했다. 나는 좌측 측두엽 앞부분의 관자극에 집중했는데, 이 영역이 개념의 의미와 개념들 사이의 관계를 처리하고 표상하는 과정에서 중요한 역할을 수행하기 때문이다. 좌측 관자극에 나타나는 이상은 이해력과 의미적 처리에서 심각한 장애를 보이는 것을 말한다. 이 이론적인 모형들은 개념들이 좌측 관자극에서 유사점을 기반으로 한 부호로 표상된다고 주장한다. 즉, 의미적으로 가까운 개념들이 더 먼 개념들보다 좌측 관자극에서 더 유사한 신경 부호나 패턴으로 표상된다는 것이다.

우리는 다음과 같이 예측했다. 학습한 적이 없지만 의미적으로 헷갈리는 단어(달콤하다)와 그 단어와 연상 관계에 있는 단어들(사탕, 설탕, 맛)의 신경 표상이 좌측 관자극에서 매우 비슷하게 나타나는 DRM 목록이, 헷갈리는 단어와 그 단어와 연상 관계에 있는 단어들의 신경 표상이 덜 비슷하게 나타나는 DRM 목록보다 더 많은 오기억을 이끌어낼 것이라고 예상했다. 그리고 이 예측은 정확히 연구를 통해 확인되었다. 또한 중요하게도, 뇌의 다른 영역에서는 이론 관계가 나타나지 않았다. 이 발견은 DRM 오기억에 대한 적응적 기능을 지지해준다. 의미적 정보와 관계를 표상하는 데 도움을 주는 동일한 좌측 관자극이 이 과정에서 도출된 오기억과 관련되어 있기 때문이다.

DRM 오기억과 적응적 과정을 연결 짓는 또 다른 증거가 영국 시티런던대학의 마크 하우Mark Howe와 그의 동료들의 연구에서 나왔다. 우리는 DRM 목록에 노출되면 의미·연상 과정을 작동하게 해서 학습하지 않았지만 학습했다고 믿도록 헷갈리게 하는 단어에 대한 오기억을 일으키게 된다는 것을 알고 있었다. 하우는 그 과정이 어떤 연상 문제 해결을 도울 수도 있을지 의문을 가졌다. 다음의 세 단어인 '꾸러기, 숲 속의 공주, 투정'을 보고 이 단어들과 관련된 또 다른 단어를 떠올려보자.

당신은 잠이라는 단어를 생각해냈는가? 원격 연상 단어 검사Remote Associates Test, RAT에는 이와 비슷한 단어 문제가 포함되어 있다. 어떤 RAT에서는 하우의 실험에 참여한 참가자들이 먼저 해답을 알려주는 DRM 목록을 학습했고(잠이라는 단어를 알아맞히기 전에 침대, 쉬다, 깨다, 졸리다, 피곤하다, 꿈 등의 단어를 학습했다), 어떤 RAT에서는 DRM 목록을 학습하지 않았다. 하우는 DRM 목록에 노출되는 것이 RAT의 정답률을 높였지만, 참가자들이 RAT에 참여하기 전에 헷갈리는 단어를 잘못 회상했을 때만 그렇다는 것을 알아냈다.

하우는 이후 유추 과제 연구에서도 유사한 효과를 냈다. 참가자들은 '모자와 머리의 관계는 양말과 ○○의 관계와 비슷하다'는 유추 문장을 완성하라는 지시를 받았다. 이때 '발'을 연상시키는 단어로 이루어진 DRM 목록을 보고 난 후에 발이라는 단어를 더 빨리 생각해냈다. 이 추론에 영향을 미친 이 효과는 헷갈리게 하는 단어가 DRM 목록에 실제로 들어 있을 때에는 관찰되지 않았다. 또 어린아이들과 노인들을 대상으로 한 실험에서도 이와 유사한 효과가 나타났다. 그렇게 해서 DRM 목록에 노출되거나 그 결과로 오기억이 초래되는 것이 인지 능력에 좋은 영향을 미친다는 확실한 증거를 내놓을 수 있었다.

기억의 오류에 대한 적응적 기능을 지지하는 증거는 DRM 패러다임에 국한되지 않는다. 나는 피암시성을 설명할 때, 기억에 대한 사후 거짓 정보의 변질된 영향에 대해 이야기했다. 하지만 이 오류는 어쩌면 기억을 업데이트하는 일상적인 적응 과정인지도 모른다. 내가 매일 같은 주차장의 다른 자리에 주차한다면, 내 기억은 업데이트되어야 한다. 그렇지 않으면 자동차를 찾는다고 돌아다니며 시간을 낭비할 테니 말이다. 친구가 연인과 헤어진 것을 알게 되었다면, 나는 그 새로운 정보를 기억에 포함시켜야 한다. 친구에게 당황스러운 질문을 하지 않으려면 말이다. 우리의 기억은 새로운 정보로 업데이트할 수 있을 만큼 융통성이 있지만, 이 과정에서 거짓 정보가 업데이트될 수도 있다(소멸은 오래된 기억을 업데이트하는 것을 더 쉽게 만든다).

여기에서 기억 재강화 연구는 중요하다. 이 연구는 기억을 재활성화하는 것이 기억을 불안정한 상태로 만들 수 있다는 것을 보여주는데, 이 상태에서는 혼란해지기 쉽다. 기억 재강화를 연구하는 연구자들은 재활성화로 인한 불안정이 기억의 업데이트를 돕는다고 믿는다. 재활성화된 기억에는 새로운 정보를 포함할 여지가 있기 때문이다. 하지만 이는 왜곡으로 이어질 수도 있다. 어떤 fMRI 연구에서 실험 참가자들은 처음에 다른 참가자들과 함께 영화를 보았다. 그런 다음 영화에 등장한 사건에 대해 혼자서 기억 테스트를 받았다. 그리고 며칠이 지나 이들은 fMRI 스캔을 받는 동안 그 영화에 대해 또다시 질문을 받고 대답했다. 하지만 이번에는 질문 중 몇 개에 답이 있었다. 실험 참가자들은 그 답이 며칠 전 영화를 같이 보았던 참가자들의 답이라고 믿었다.

그런데 이 실험에서는 다른 참가자들이 제공했다고 여겨지는 그 답들의 일부가 완전히 틀린 답이었다. 실험 참가자들은 틀린 답이 있는 문제를 받지 않았을 때보다 틀린 답이 있는 문제를 받았을 때 정답을 많이 틀렸다. 심지어 같은 문제를 처음 풀었을 때에는 정답을 맞혔는데도 그랬다. 참가자들은 암시받은 거짓 정보와 사회적 영향에 근거해 잘못된 기억을 부정확하게 업데이트했다. 이 오류는 최종 기억 테스트에서도 계속되었다. 참가자들에게 답이 무작위로 만들어진 것이며 신뢰하면 안 된다고 경고했을 때도 마찬가지였다.

이 fMRI 연구 결과는 틀린 답이 제공되지 않았던 테스트나 틀린 답을 실수로 받아들였다고 이후에 바로잡았던 최종 테스트와 비교하면, 틀린 답을 받았을 때 기억의 오류가 측두엽의 높아진 활동성과 관련이 있다는 것을 보여주었다. 기억을 정확하게 업데이트할 때 일반적으로 사용되는 기제는 그것을 잘못되게 하고, 그 특징이 동시에 문제를 일으킨다는 것을 강조해주었다.

미래의 경험을 상상할 때

●●●

1980년대에 나는 캐나다 토론토대학에서 기억 장애를 위한 단체를 운영하며, 여러 종류의 뇌 손상으로 심각한 기억 장애를 앓는 사람들을 테스트했다. 그때 내가 만났던 가장 흥미로웠던 환자가 있었다. 이 환자는 30세에 오토바이 사고로 머리에 부상을 당했는데, 해마와 전두엽 등 기억에 중요한 역할을 하는 뇌의 여러 영역에 손상을 입었다. 그는 IQ가 정상 범위에 속하며 운동 지각 능력과 언어 능력도 대체로 여전했지만, 일화기억 능력은 완전히 저하되었다. 이와 대조적으로, 의미기억인 사실과 개념에 대한 지식은 정상이었지만 예전과 완전히 같지는 않았다. 그는 1시간 전, 하루 전, 일주일 전, 1년 전에 일어났던 어떤 사건을 기억해보라고 지시하면, 구체적으로 기억하지 못했으며 머릿속에 아무것도 떠오르지 않는다고 말했다.

일화기억과 의미기억의 차이를 처음으로 제기한 미국의 심리학자 엔델 툴빙Endel Tulving은 내가 토론토대학에서 박사과정을 밟을 때 지도교수였는데, 이 환자에게 큰 흥미를 보였다. 툴빙과 나는 실험실에서 이 환자와 마주 앉아서 간단하지만 흥미로운 테스트를 했다. "내일 무엇을 하실 건가요?" 그는 몇 초간 생각하더니 어떤 대답도 하지 못했다. 그러자 툴빙은 내일에 대해 생각할 때 머릿속이 어떤지 묘사해달라고 지시했다. 그는 "텅 빈 것 같다"고 대답했다. 이 말은 어제 무엇을 하며 지냈는지 기억해보라고 지시할 때면 자주 내놓았던 대답이다.

우리는 그의 말을 듣고 어리둥절했는데, 이는 과거의 경험을 기억하는 능력과 미래의 경험을 상상하는 능력 사이에 밀접한 관련이 있다는 것을 암시하기 때문이었다. 이 둘의 관계는 이전 심리학에서 거의 주목을 받지 못했다. 나는 기억과 미래를 상상하는 행위 사이의 관계에 대해 생각했고, 1990년대에는 이 주제에 대해 실험연구를 하려고 했다. 하지만, 다른 종류의 연구로 정신이 없었고, 그로 인해 이 주제는 뒤로 밀려버렸다.

2006년에 모든 것이 바뀌었다. 도나 로즈 에디스Donna Rose Addis가 박사학위를 취득한 후 새로운 연구원으로 연구실에 온 직후였다. 에디스는 개인의 일상적인 경험에 대한 일화기억을 조사하는 fMRI 연구를 해오고 있었다. 2000년대 초반, 과거의 경험을 기억하는 행위와 미래의 경험을 상상하는 행위 사이의 유사점을 암시하는 연구들이 발표되기도 했다. 이 연구 덕분에 나는 다시 이 주제에 흥미를 갖게 되었다. 그래서 에디스가 연구할 때 사용했던 방식을 폭넓게 확장하기로 했는데, 미래에 있을 법한 경험을 상상할 때의 기제를 연구 주제로 확장하려고 한 것이다.

우리는 간단한 실험을 해보기로 했다. 이 실험에서 참가자들은 스캐너 안에 있는 동안 단어 단서들을 받는다. 그리고 이 단어와 관련 있는 특정 시기 과거의 경험을 기억하거나 미래의 경험을 상상하라는 지시를 받는다. 예를 들어 참가자가 휴가라는 단어를 듣고 과거에 있었던 사건을 기억하라는 지시를 받으면, 지난여름에 해변에서 즐겁게 보냈던 오후를 떠올릴 수도 있다. 그리고 개라는 단어를 듣고 미래에 일어날지도 모를 사건을 상상해보라고 지시를 받으면, 참가자는 내년에 동네에 있는 애완동물 가게에 가서 새끼 강아지를 구입하는 것을 상상하게 될 수도 있다.

그 결과는 놀라웠다. 이전 신경영상 연구에서 과거의 경험을 회상하는 것과 관련된 뇌 영역을 살펴보면, 실험 참가자들에게 과거의 경험을 기억하게 하고 미래의 경험을 상상하게 했을 때 유사하게 활동성이 매우 높아지는 것을 볼 수 있었다. 다른 실험에서도 우리의 결과와 일치하는 fMRI 결과를 내놓았고, 기억과 미래 상상 사이의 유사점들을 추가적으로 밝혀내기도 했다. 우리는 청년들에 비해 노인들이 과거의 경험에 대해 구체적인 일화기억을 더 적게 가지고 있다는 것을 발견했다. 그리고 노인들은 미래의 경험을 상상할 때 구체적인 일화기억을 더 적게 이야기했다는 것을 발견했다.

과거의 사건과 미래의 사건 사이의 이 놀라운 유사점이 기억의 오류와 어떤 관계가 있는 것일까? 내가 생각하기에는 많은 것이 관련되어 있다. 우리가 2007년에 fMRI 연구 결과를 발표했을 때, 나는 '구성적 일화 시뮬레이션 가설'이라는 이론을 제시했다. 우리와 다른 연구자들이 관찰한 과거와 미래 사이의 유사성은 미래의 경험을 상상할 때 일화기억이 수행하는 중요한 역할을 반영한다는 가설이다. 사람들이 미래에 자신에게 어떤 일이 일어날지 상상할 때, 과거의 경험에 대한 일화기억을 사용해 미래의 기준으로 삼는 것은 중요하다. 하지만 미래는 과거와 일치하지 않았다.

그렇기 때문에 우리가 발생 가능한 미래의 경험을 상상할 때, 과거의 경험을 재결합해 미래에 일어날지도 모르는 새로운 상황을 시뮬레이션으로 만들어낼 수 있어야 한다. 예를 들어 내가 동료와 나눌 까다로운 대화를 어떻게 해결할지 생각한다면, 그 동료와 함께했던 과거의 경험과 다른 사람들과의 비슷한 경험을 참고할 수 있다. 그런 다음 이 경험에서 세부 사항들을 재결합해 미래의 경험을 시뮬레이션으로 만든다. 그리고 머릿속으로 이 시뮬레이션을 돌려보다가 마지막으로는 대화를 어떻게 할지 결정하게 된다.

기억의 오류는 기억의 장점이다

우리는 이런 종류의 일화 재결합이 적응이라는 가설을 세웠다. 이로 인해 우리는 실제로 행동할 필요 없이, 과거의 경험에 근거해 미래의 경험을 다른 방식으로 접근해보는 시도를 할 수 있기 때문이다. 그러나 우리는 일화기억의 요소들을 유연하게 재결합하는 이 능력이 기억 체계에 새로운 시뮬레이션을 구성할 수 있도록 적응시키는 역할을 하기도 하지만, 다양한 일화를 잘못 결합해 오류와 왜곡을 일으키기도 한다는 가설도 세웠다. 다시 말해 사람들이 다양한 일화의 세부 사항을 혼동하는 오귀인은 적응적 기능을 뒷받침하는 일화 재결합 과정, 즉 과거의 경험에 근거해 미래에 일어날 일을 시뮬레이션으로 만드는 과정에 의존하는 기억 체계를 갖기 위한 대가다.

나는 많은 연구에서 일화기억이 실제로 미래의 경험을 상상할 때 중요한 역할을 한다는 것을 밝혀낸 새로운 증거를 내놓았다. 이 증거는 구성적 일화 시뮬레이션 가설에 신빙성을 더해준다. 최근까지 우리는 새로운 시뮬레이션에서 중요한 적응적 역할을 한다고 생각했던 일화 재결합 과정과 기억의 오류를 직접적으로 연결해줄 실험적 증거를 얻지 못했다. 하지만 미국의 인지심리학자 스티븐 듀허스트Stephen Dewhurst와 그의 동료들이 DRM 패러다임을 이용해 수행한 연구에서 그 증거가 발견되었다.

이들은 실험 참가자들이 다가올 휴가를 상상하고 DRM 목록의 각 항목이 휴가를 계획하는 것과 얼마나 관련이 있는지 평가했을 때, 학습한 적이 없지만 헷갈리는 연상 단어를 잘못 회상하거나 재인할 확률이 다른 조건에서보다 훨씬 더 높았다. 이와 대조적으로, 이 부호화는 학습한 단어를 올바르게 회상하고 재인하는 것에는 어떤 영향도 미치지 않았다. 듀허스트는 다음과 같은 가설을 세웠다. "미래 사고의 유연성이 더 높아진 것이 참가자들에게 미래의 사건에서 학습한 단어를 만날 가능성에 대해 창의적으로 생각하게 만들었을 수 있으며, 그로 인해 결정적인 연상 단어를 활성화할 가능성이 높아졌다." 이를 구성적 일화 시뮬레이션 가설의 언어로 바꿔 말하자면, 유연한 일화 재결합 과정은 미래의 경험을 하기 위해 적응한 것이기도 하지만 기억의 7가지 오류의 원인일 수도 있다.

알렉시스 카펜터Alexis Carpenter가 수행했던 실험들은 유연한 일화 재결합과 기억의 오류 사이의 연결을 약간 다른 맥락에서 강화하는 역할을 했다. 당신이 아침 산책을 하고 있는데, 어떤 남자 노인이 까만 푸들을 산책시키고 있다고 상상해보자. 그다음 날 아침에는 여자 노인이 똑같은 까만 푸들을 산책시키는 것을 본다. 당신은 두 노인을 만난 적이 없다고 해도 그들이 어떤 관계인지를 추론할 수 있다(부부일 가능성이 가장 크다). 왜냐하면 두 사람이 똑같은 개를 산책시키는 것을 보았기 때문이다.

심리학자들은 이것을 '연상 추론'이라고 부르며, 이는 개별 일화들의 정보를 재결합하는 능력이 수반된 적응적 과정이다. 이것이 기억의 오류를 일으킬 수도 있을까? 카펜터는 다른 연구자들이 연상 추론을 연구하기 위해 이전에 사용했던 패러다임을 수정했다. 실험 참가자들은 사람 1명, 사물 1개, 배경 하나가 포함된 여러 장면의 슬라이드를 보았다. 그러고는 배경과 사람은 다르지만 같은 사물이 등장하는 장면 사이의 관계를 추론해보라는 지시를 받았다. 이를테면, 하나는 한 남성이 장난감을 들고 흰색 소파가 있는 방에 있고, 하나는 한 남자아이가 똑

같은 장난감을 들고 갈색 소파가 있는 방에 있다.

실험에서 참가자들은 종종 기억의 오류를 저질렀는데, 이는 유사한 장면의 세부 사항을 혼동해서 생긴 것이었다. 한 남성이 흰색 소파가 아닌 갈색 소파가 있는 방에 있었다고 잘못 회상하는 것이다. 참가자들은 다른 장면에 있는 다른 사람들 사이의 관계를 정확하게 유추하지 못했을 때보다 정확하게 유추했을 때 오귀인을 더 잘 일으켰다. 즉, 참가자들이 연상 추론을 해내지 못했을 때보다 남성과 남자아이가 장난감으로 연결되었다는 것을 정확하게 유추했을 때, 세부 사항을 잘 기억하지 못했다. 이는 적응적 과정을 뒷받침하는 과정들이 기억의 오류를 만들어낸 것이다. 그리고 이 오류의 주된 원인은 미래의 경험을 상상할 때 사용한다고 여겨지는 일화 재결합 과정이다.

기억의 장점이 왜, 어떻게 때때로 오류로 변하는지 여전히 알아내야 할 것이 많다. 하지만 우리에게는 그것을 증명할 훨씬 많은 증거가 있다. 그리고 그것은 의미적 표상, 문제 해결, 미래에 대한 상상, 연상 추론과 기억의 7가지 오류의 관계를 살펴보는 데 도움이 된다. 기억의 7가지 오류는 우리를 좌절하게 할 뿐만 아니라 우리를 곤경에 빠뜨리기도 하지만, 뇌의 작동 방식에 대해 소중한 통찰을 알려주기도 한다. 그리고 그것이 어떻게 기억의 장점으로 변하는지도 이해하게 도와준다.

참고문헌

Ackil, J. K., and Zaragoza, M. S. 1998. Memorial consequences of forced confabulation: Age differences in susceptibility to false memories, *Developmental Psychology*, 34, pp.1358~1372.

Addis, D. R., Wong, A. T., and Schacter, D. L. 2007. Remembering the past and imagining the future: Common and distinct neural substrates during event construction and elaboration, *Neuropsychologia*, 45, pp.1363~1377.

Addis, D. R., Wong, A. T., and Schacter, D. L. 2008. Age-related changes in the episodic simulation of future events, *Psychological Science*, 18, pp.33~41.

Adolphs, R., Tranel, D., Damasio, H., and Damasio, A. 1994. Impaired recognition of emotion in facial expressions following bilateral damage to the human amygdala, *Nature*, 372, pp.669~672.

Adolphs, R., Tranel, D., Hamann, S., Yang, A. W., Calder, A. J., Phelps, E. A., Anderson, A., Lee, G. P., and Damasio, A. R. 1999. Recognition of facial expression in nine individuals with bilateral amygdala damage, *Neuropsychologia*, 37, pp.1111~1117.

Agnoli, S., Vanucci, M., Pelagatti, C., and Corazza, G. E. 2018. Exploring the link between mind wandering, mindfulness, and creativity: A multidimensional approach. *Creativity Research Journal*, 30, pp.41~53.

Alba, J. W., and Hasher, L. 1983. Is memory schematic? *Psychological Bulletin*, 93, pp.203~231.

Albert, M. S. 1997. The ageing brain: Normal and abnormal memory. *Philosophical Transactions of the Royal Society of London B: Biological Sciences*, 352, pp.1703~1709.

Alkire, M. T., Haier, R., Fallon, J. H., and Cahill, L. 1998. Hippocampal, but not amygdala, activity at encoding correlates with long-term, free recall of nonemotional information. *Proceedings of the National Academy of Sciences USA*, 95, pp.14506~14510.

Allport, G. W. 1954. *The Nature of Prejudice*. Cambridge, Mass.: Addison-Wesley; 고든 올포트, 석기용 옮김, 『편견: 사회심리학으로 본 편견의 뿌리』, 교양인, 2020년.

Anderson, J. R., and Milson, R. 1989. Human memory: An adaptive perspective. *Psychological Review*, 96, pp.703~719.

Anderson, J. R., and Schooler, L. J. 1991. Reflections of the environment in memory. *Psychological Science*, 2, pp.396~408.

Anderson, J. R., and Fincham, J. M. 1994. Acquisition of procedural skills from examples. *Journal of Experimental Psychology: Learning, Memory, and Cognition*, 20, pp. 1322~1340.

Anderson, J. R., and Schooler, L. J. 2000. The adaptive nature of memory. In E. Tulving and F. I. M. Craik (eds.), *The Oxford handbook of memory* (pp.557~570). New York: Oxford University Press.

Anderson, M. C., and Spellman, B. A. 1995. On the status of inhibitory mechanisms in cognition: Memory retrieval as a model case. *Psychological Review*, p.102, pp.68~100.

Anderson, M. C. 2001. Active forgetting: Evidence for functional inhibition as a source of memory failure. In J. J. Freyd and A. P. DePrince (eds.), *Trauma and cognitive science: A meeting of minds, science, and human experience* (pp.185~210). New York: Haworth Press.

Anderson, M. C., and Green, C. 2001. Suppressing unwanted memories by executive control. *Nature*, 410, pp.366~369.

Anderson, M. C., Ochsner, K. N., Kulh, B., Cooper, J., Gabrieli, S. W., Glover, G. H., and Gabrieli, J. D. E. 2004. Neural systems underlying the suppression of unwanted memories. *Science*, 303, pp.232~235.

Anderson, M. C., and Huddleston, E. 2012. Toward a cognitive and biological model of motivated forgetting. In R. F. Belli (ed.), *True and false recovered memories: A reconciliation of the debate* (pp.53~120). New York: Springer.

Arkes, H. R., Wortmann, R. L., Saville, P. D., and Harkness, A. R. 1981. Hindsight bias among physicians weighting the likelihood of diagnoses. *Journal of Applied Psychology*, 66, pp.252~254.

Austen, J. 1816/1998. *Mansfield Park*. New York: W. W. Norton.; 제인 오스틴, 김영희 옮김, 『맨스필드 파크』, 민음사, 2020년.

Baddeley, A. D., Lewis, V., Eldridge, M., and Thomson, N. 1984. Attention and retrieval from long-term memory. *Journal of Experimental Psychology: General*, 13, pp.518~540.

Baddeley, A. D. 1992. Is working memory working? *Quarterly Journal of Experimental Psychology*, 44A, pp.1~31.

Baddeley, A. D. 1998. *Human memory: Theory and practice* (2d. ed.). Boston: Allyn and Bacon.

Baddeley, A. D., Gathercole, S., and Papagano, C. 1998. The phonological loop as a language learning device. *Psychological Review*, 105, pp.158~173.

Bahrick, H. P. 1984. Semantic memory content in permastore: 50 years of memory for Spanish learned in school. *Journal of Experimental Psychology: General*, 113, pp.1~29.

Bahrick, H. P., Hall, L. K., and Berger, S. A. 1996. Accuracy and distortion in memory for high school grades. *Psychological Science*, 7, pp.265~271.

Bahrick, H. P. 2000. Long-term maintenance of knowledge. In E. Tulving and F. I. M. Craik (eds.), *The Oxford handbook of memory* (pp.347~362). New York: Oxford University Press.

Bailey, C. H., and Chen, M. 1989. Time course of structural changes at identified sensory neuron synapses during long-term sensitization in Aplysia. *Journal of Neuroscience*, 9, pp.1774~1781.

Baird, B., Smallwood, J., and Schooler, J. W. 2011. Back to the future: Autobiographical planning and the functionality of mind-wandering. *Consciousness and Cognition*, 20, pp.1604~1611.

Baird, B., Smallwood, J., Mrazek, M. D., Kam, J. W., Franklin, M. S., and Schooler, J. W. 2012. Inspired by distraction: Mind wandering facilitates creative incubation. *Psychological Science*, 23, pp.1117~1122.

Baldwin, D. 2019, August 21. Life-saving car seat alarms that remind parents there's a baby in the back seat. *Fatherly*. https://www.fatherly.com/gear/best-car-seat-alarms/.

Banaji, M. R., and Greenwald, A. G. 1995. Implicit gender stereotyping in judgments of fame. *Journal of Personality and Social Psychology*, 68, pp.181~198.

Banaji, M. R., and Bhaskar, R. 1999. Implicit stereotypes and memory: The bounded rationality of social beliefs. In D. L. Schacter and E. Scarry (eds.), *Memory, brain, and belief,* pp.137~175. Cambridge, Mass.: Harvard University Press.

Banaji, M. R., and Greenwald, A. G. 2013. *Blindspot: Hidden biases of good people*. New York: Delacorte Press.; 마자린 바나지 · 앤서니 그린월드, 박인균 옮김, 『마인드 버그: 공정한 판단을 방해하는 내 안의 숨겨진 편향들』, 추수밭, 2014년.

Barasch, A., Diehl, K., Silverman, J., and Zauberman, G. 2017. Photographic memory: The effects of volitional photo taking on memory for visual and auditory aspects of an experience. *Psychological Science*, 28, pp.1056~1066.

Barkow, J., Cosmides, L., and Tooby, J. (eds.). 1992. *The adapted mind: Evolutionary psychology and the generation of culture*. New York: Oxford University Press.

Bartlett, T. 2017, January 5. Can we really measure implicit bias? Maybe not. *Chronicle of Higher Education*. https://www.chronicle.com/article/Can-We-Really-Measure-Implicit/238807.

Basden, B. H., Basden, D. R., and Gargano, G. J. 1993. Directed forgetting in implicit and explicit memory tests: A comparison of methods. *Journal of Experimental Psychology: Learning, Memory, and Cognition*, 29, pp.603~616.

Beck, R. 2015. *We Believe the Children: A moral panic in the 1980s*. New York: PublicAffairs.; 리처드 벡, 유혜인 옮김, 『우리는 아이들을 믿는다: 맥마틴 유치원 아동 학대 사건의 진실』, 나눔의집, 2017년.

Belluck, P. 2020, October 11. "I feel like I have dementia": Brain fog plagues Covid survivors. *New York Times*. https://www.nytimes.com/2020/10/11/health/covid-survivors.html.

Benoit, R. G., and Schacter, D. L. 2015. Specifying the core network supporting episodic simulation and episodic memory by activation likelihood estimation. *Neuropsychologia*, 75, pp.450~457.

Berrios, G. E. 1996. *The history of mental symptoms*. Cambridge: Cambridge University Press.

Beversdorf, D. Q., Smith, B. W., Crucian, G. P., Anderson, J. M., Keillor, J. M., Barrett, A. M., Hughes, J. D., Felopulos, G. J., Bauman, M. L., Nadeau, S. E., and Heilman, K. M. 2000. Increased discrimination of "false memories" in autistic spectrum disorder. *Proceedings of the National Academy of Sciences USA*, 97, pp.8734~8737.

Bjork, E. L., and Bjork, R. A. 1996. Continuing influences of to-be-forgotten information. *Consciousness and Cognition*, 5, pp.176~196.

Bjork, R. A., and Bjork, E. L. 1988. On the adaptive aspects of retrieval failure in autobiographical memory. In M. M. Gruneberg, R E. Morris, and R. N. Sykes (eds.), *Practical aspects of memory: Current research and issues* (vol. 1, pp.

283~288). Chichester, England: John Wiley.

Bogacz, T. 1989. War neurosis and cultural change in England, 1914–22. *Journal of Contemporary History*, 24, pp.227~256.

Bornstein, B. H., and LeCompte, D. C. 1995. A comparison of item and source forgetting. *Psychonomic Bulletin and Review*, 2, pp.254~259.

Bowler, D. M., Gardiner, J. M., Grice, S., and Saavalaine, P. 2000. Memory illusions: False recall and recognition in adults with Asperger's syndrome. *Journal of Abnormal Psychology*, 109, pp.663~672.

Box, O., Laing, H., and Kopelman, M. 1999. The evolution of spontaneous confabulation, delusional misidentification and a related delusion in a case of severe head injury. *Neurocase*, 5, pp.251~262.

Braga, R. M., and Buckner, R. L. 2017. Parallel interdigitated distributed networks within the individual estimated by intrinsic functional connectivity. *Neuron*, 95, pp.457~471.

Brandimonte, M., Einstein, G. O., and McDaniel, M. (eds.). 1996. *Prospective memory: Theory and practice*. Mahwah, N.J.: Erlbaum Associates.

Brashier, N. M., and Marsh, E. J. 2020. Judging truth. *Annual Review of Psychology*, 71, pp.499~515.

Brashier, N. M., and Schacter, D. L. 2020. Aging in a fake news era. *Current Directions in Psychological Science*, 29, pp.316~323.

Breckler, S. J. 1994. Memory for the experiment of donating blood: Just how bad was it? *Basic and Applied Social Psychology*, 15, pp.467~488.

Bredart, S. 1993. Retrieval failures in face naming. *Memory*, 1, pp.351~366.

Bredart, S., and Valentine, T. 1998. Descriptiveness and proper name retrieval. *Memory*, 6, pp.199~206.

Breen, N., Caine, D., and Coltheart, M. 2000. Models of face recognition and delusional misidentification: A critical review. *Cognitive Neuropsychology*, 17, pp.55~71.

Brennen, T., Baguley, T., Bright, J., and Bruce, V. 1990. Resolving semantically induced tipof-the-tongue states for proper nouns. *Memory and Cognition*, 18, pp.339~347.

Brewer, J. B., Zhao, Z., Glover, G. H., and Gabrieli, J. D. E. 1998. Making memories: Brain activity that predicts whether visual experiences will be remembered or forgotten. *Science*, 281, pp.1185~1187.

Brewer, W. F. 1996. What is recollective memory? In D. C. Rubin (ed.), *Remembering our past: Studies in autobiographical memory* (pp.19~66). New York: Cambridge University Press.

Brewin, C. R., Hunter, E., Carroll, F., and Tata, P. 1996. Intrusive memories in depression. *Psychological Medicine*, 26, pp.1271~1276.

Brewin, C. R., and Andrews, B. 1998. Recovered memories of trauma: Phenomenology and cognitive mechanisms. *Clinical Psychology Review*, 18, pp.949~970.

Brewin, C. R., Watson, M., McCarthy, S., Hyman, P., and Dayson, D. 1998. Intrusive memories and depression in cancer patients. *Behaviour Research and Therapy*, 36, pp.1131~1142.

Brewin, C. R., Andrews, B., and Mickes, L. 2020. Regaining consensus on the reliability of memory. *Current Directions in Psychological Science*, 29, pp.121~125.

Brown, A. S., and Murphy, D. R. 1989. Cryptomnesia: Delineating inadvertent plagiarism.

Journal of Experimental Psychology: Learning, Memory, and Cognition, 15, pp.432~442.

Brown, A. S. 1991. A review of the tip-of-the-tongue experience. *Psychological Bulletin*, 109, pp.204~223.

Brown, A. S., and Nix, L. A. 1996. Age-related changes in the tip-of-the-tongue experience. *American Journal of Psychology*, 109, pp.79~91.

Brown, A. S. 2004. *The déjà vu experience*. New York: Psychology Press.

Brown, D. E. 1991. *Human universals*. Philadelphia: Temple University Press.

Brown, E., Deffenbacher, K., and Sturgill, W. 1977. Memory for faces and the circumstances of encounter. *Journal of Applied Psychology*, 62, pp.311~318.

Brown, J. 1958. Some tests of the decay theory of immediate memory. *Quarterly Journal of Experimental Psychology*, 10, pp.12~21.

Brown, P. C., Roediger, H. L., III, and McDaniel, M. A. 2014. *Make it stick: The science of successful learning*. Cambridge, Mass.: Harvard University Press.

Brown, R., and McNeill, D. 1966. The "tip-of-the-tongue" phenomenon. *Journal of Verbal Learning and Verbal Behavior*, 5, pp.325~337.

Bruck, M., Ceci, S. J., and Hembrooke, H. 1997. Children's reports of pleasant and unpleasant events. In D. Read and S. Lindsay (eds.), *Recollections of trauma: Scientific research and clinical practice*, pp.119~219. New York: Plenum Press.

Bruck, M., and Ceci, S. J. 1999. The suggestibility of children's memory. *Annual Review of Psychology*, pp.419~439.

Brunet, A., Saumier, D., Liu, A., Streiner, D. L., Tremblay, J., and Pitman, R. K. 2018. Reduction of PTSD symptoms with pre-reactivation propranolol therapy: A randomized controlled trial. *American Journal of Psychiatry*, 5, pp.427~433.

Bryant, E. B., and Brockway, J. H. 1997. Hindsight bias in reaction to the verdict in the O. J. Simpson criminal trial. *Basic and Applied Social Psychology*, 19, pp.225~241.

Buckner, R. L. 2000. Neuroimaging of memory. In M. S. Gazzaniga (ed.), *The new cognitive neurosciences* (2d. ed., pp.817~828). Cambridge, Mass.: MIT Press.

Buckner, R. L., Andrews-Hanna, J. R., and Schacter, D. L. 2008. The brain's default network: Anatomy, function, and relevance to disease. In The year in cognitive neuroscience, special issue, *Annals of the New York Academy of Sciences*, 1124, pp.1~38.

Buckner, R. L., and DiNicola, L. 2019. The brain's default network: Updated anatomy, physiology and evolving insights. *Nature Reviews Neuroscience*, 20, pp.593~608.

Bulevich, J. B., Roediger, H. L., Balota, D. A., and Butler, A. C. 2006. Failures to find suppression of episodic memories in the think/no think paradigm. *Memory and Cognition*, 34, pp.1569~1577.

Burke, D., MacKay, D. G., Worthley, J. S., and Wade, E. 1991. On the tip of the tongue: What causes word failure in young and older adults? *Journal of Memory and Language*, 30, pp.237~246.

Burton, R. 1621/1989, *The Anatomy of Melancholy*. (vol. 4). New York: Oxford University Press.; 로버트 버턴, 이창국 옮김, 『우울증의 해부』, 태학사, 2004년.

Buschke, H., Kulansky, G., Katz, M., Stewart, W. E, Sliwinski, M. J., Eckholdt, H. M., and Lipton, R. B. 1999. Screening for dementia with the Memory Impairment Screen. *Neurology*, 52, pp.231~238.

Buss, D. M., Haselton, M. G., Shackelford, T. K., Bleske, A. L., and Wakefield, J. C. 1998. Adaptations, exaptations, and spandrels. *American Psychologist*, 53, pp.533~548.

Cabeza, R., Rao, S., Wagner, A. D., Mayer, A., and Schacter, D. L. 2001. Can the hippocampal memory system distinguish true from false? An event-related fMRI study of veridical and illusory recognition memory. *Proceedings of the National Academy of Sciences USA,* 98, pp.4805~4810.

Cahill, L., Prins, B., Weber, M., and McGaugh, J. L. 1994. β-Adrenergic activation and memory for emotional events. *Nature*, 371, pp.702~704.

Cahill, L., Haier, R. J., Fallon, J., Alkire, M. T., Tang, C., Keator, D., Wu, J., and McGaugh, J. L. 1996. Amygdala activity at encoding correlated with long-term, free recall ofemotional information. *Proceedings of the National Academy of Sciences USA*, 93, pp.8016~8021.

Cahill, L., and McGaugh, J. L. 1998. Mechanisms of emotional arousal and lasting declarative memory. *Trends in Neurosciences*, 21, pp.294~299.

Camerer, C. F., Dreber, A., Holzmeister, F., et al. 2018. Evaluating the replicability of social science experiments in Nature and Science between 2010 and 2015. *Nature Human Behavior*, 2, pp.637~644.

Canby, V. 1998, October 11. Theater: Highly intoxicating wit, served straight up. *New York Times*, p.5.

Cappa, S. F., Frugoni, M., Pasquali, P., Perani, D., and Zorat, F. 1998. Category-specific naming impairment for artefacts: A new case. *Neurocase*, 4, pp.391~397.

Caramazza, A., and Miozzo, M. 1997. The relation between syntactic and phonological knowledge in lexical access: Evidence from the "tip-of-the-tongue" phenomenon. *Cognition*, 64, pp.309~343.

Carlesimo, G. A., Sabbadini, M., Fadda, L., and Caltagirone, C. 1997. Word-list forgetting in young and elderly subjects: Evidence for age-related decline in transferring information from transitory to permanent memory condition. *Cortex*, 33, pp.155~166.

Carli, L. L. 1999. Cognitive reconstruction, hindsight, and reactions to victims and perpetrators. *Personality and Social Psychology Bulletin*, 25, pp.966~979.

Carpenter, A. C., and Schacter, D. L. 2017. Flexible retrieval: When true inferences produce false memories. *Journal of Experimental Psychology: Learning, Memory, and Cognition*, 43, pp.335~349.

Carpenter, A. C., and Schacter, D. L. 2018. False memories, false preferences: Flexible retrieval mechanisms supporting successful inference bias novel decisions. *Journal of Experimental Psychology: General*, 147, pp.988~1004.

Catarino, A., Kupper, C. S., Werner-Seidler, A., Dalgleish, T., and Anderson, M. C. 2015. Failing to forget: Inhibitory-control deficits compromise memory suppression in posttraumatic stress disorder. *Psychological Science*, 26, pp.604~616.

Ceci, S. J. 1995. False beliefs: Some developmental and clinical considerations. In D. L. Schacter (ed.), *Memory distortion: How minds, brains, and societies reconstruct the past* (pp.91~128). Cambridge, Mass.: Harvard University Press.

Ceci, S. J., and Bruck, M. 1995. *Jeopardy in the courtroom*. Washington, D.C.: American Psychological Association.

Chadwick, M. J., Anjum, R. S., Kumaran, D., Schacter, D. L., Spiers, H. J., and Hassabis,

D. 2016. Semantic representations in the temporal pole predict false memories. *Proceedings of the National Academy of Sciences USA*, 113, pp.10180~10185.

Charlesworth, T. E. S., and Banaji, M. R. 2019. Patterns of implicit and explicit attitudes:I. Long-term change and stability from 2007 to 2016. *Psychological Science*, 30, pp.174~192.

Choi, H., and Smith, S. M. 2005. Incubation and the resolution of tip-of-the-tongue states. *Journal of General Psychology,* 132, pp.365~376.

Chowdhury, R., Guitart-Masip, M., Bunzeck, N., Dolan, R. J., and Dü.zel, E. 2012. Dopamine modulates episodic memory persistence in old age. *Journal of Neuroscience*, 32, pp.14193~14204.

Christensen, A., Sullaway, M., and King, C. E. 1983. Systematic error in behavioral reports of dyadic interaction: Egocentric bias and content effects. *Behavioral Assessment*, 5, pp.129~140.

Chuck, E. 2019, August 6. Technology to save kids in hot cars exists. So why isn't it in every vehicle? *NBC News*. https://www.nbcnews.com/news/us-news/technology-save-kidshot-cars-exists-so-why-isn-t-n1038281.

Clancy, S. A., Schacter, D. L., McNally, R. J., and Pitman, R. K. 2000. False recognition in women reporting recovered memories of sexual abuse. *Psychological Science*, 11, pp.26~31.

Clancy, S. A., McNally, R. J., Schacter, D. L., Lenzenweger, M. F., and Pitman, R. K. 2002. Memory distortion in people reporting abduction by aliens. *Journal of Abnormal Psychology*, 111, pp.455~461.

Clayton, N. S. 1996. Development of food-storing and the hippocampus in juvenile marsh tits (Parus palustris). *Behavioural Brain Research*, 74, pp.153~159.

Cleary, A. M., Ryals, A. J., and Nomi, J. S. 2009. Can déjà vu result from similarity to a prior experience? Support for the similarity hypothesis of déjà vu. *Psychonomic Bulletin and Review*, 16, pp.1082~1088.

Cleary, A. M., Brown, A. S., Sawyer, B. D., Nomi, J. S., Ajoku, A. C., and Ryals, A. J. 2012. Familiarity from the configuration of objects in 3-dimensional space and its relation to déjà vu: A virtual reality investigation. *Consciousness and Cognition*, 21, pp.969~975.

Cleary, A. M., and Claxton, A. B. 2018. Déjà vu: An illusion of prediction. *Psychological Science*, 29, pp.635~644.

Clifford, B. R., and Gwyer, P. 1999. The effects of the cognitive interview and other methods of context reinstatement on identification. *Psychology, Crime and Law*, 5, pp.61~80.

Clohessy, S., and Ehlers, A. 1999. PTSD symptoms, response to intrusive memories and coping in ambulance service workers. *British Journal of Clinical Psychology*, 38, pp.251~265.

Cockburn, J. 1996. Assessment and treatment of prospective memory deficits. In M. Brandimonte, G. O. Einstein, and M. McDaniel (eds.), *Prospective memory: Theory and practice* (pp.327~350). Mahwah, N.J.: Erlbaum Associates.

Cohen, G., and Faulkner, D. 1986. Memory for proper names: Age differences in retrieval. *British Journal of Developmental Psychology*, 4, pp.187~197.

Cohen, G. 1990. Why is it difficult to put names to faces? *British Journal of Psychology*, 81, pp.287~297.

Conway, M., and Ross, M. 1984. Getting what you want by revising what you had. *Journal of Personality and Social Psychology*, 39, pp.406~415.

Conway, M. A. (ed.). 1997. *Recovered memories and false memories*. Oxford: Oxford University Press.

Correll, J., Park, B., Judd, C. M., and Wittenbrink, B. 2002. The police officer's dilemma: Using ethnicity to disambiguate potentially threatening individuals. *Journal of Personality and Social Psychology*, 83, pp.1314~1329.

Correll, J., Park, B., Judd, C. M., Wittenbrink, B., Sadler, M. S., and Keesee, T. 2007. Across the thin blue line: Police officers and racial bias in the decision to shoot. *Journal of Personality and Social Psychology*, 92, pp.1006~1023.

Correll, J., Hudson, S. M., Guillermo, S., and Ma, D. S. 2014. The police officer's dilemma: A decade of research on racial bias in the decision to shoot. *Social and Personality Psychology Compass*, 8, pp.201~213.

Cosmides, L., and Tooby, J. 1994. Beyond intuition and instinct blindness: Toward an evolutionarily rigorous cognitive science. *Cognition*, 50, pp.41~77.

Costello, A., Fletcher, P. C., Dolan, R. J., Frith, C. D., and Shallice, T. 1998. The origins of forgetting in a case of isolated retrograde amnesia following a haemorrhage: Evidence from functional imaging. *Neurocase*, 4, pp.437~446.

Courbon, P., and Fail, G. 1927. Syndrome d'illusion de Frégoli et schizophrénie. *Bulletin de la Societe Clinique de Medecine Mentale*.

Coyne, J. A. 2000, April 3. Of vice and men: Review of R. Thornhill and C. Palmer, *A natural history of rape. New Republic*, pp.27~34.

Craik, F. I. M., and Tulving, E. 1975. Depth of processing and the retention of words in episodic memory. *Journal of Experimental Psychology: General*, 104, pp.268~294.

Craik, F. I. M., and Byrd, M. 1982. Aging and cognitive deficits: The role of attentional resources. In F. I. M. Craik and S. Trehub (eds.), *Aging and cognitive processes* (pp.191~211). New York: Plenum Press.

Craik, F. I. M., Govoni, R., Naveh-Benjamin, M., and Anderson, N. D. 1996. The effects of divided attention on encoding and retrieval processes in human memory. *Journal of Experimental Psychology: General*, 125, pp.159~180.

Cristol, D. A. 1996. Food storing does not affect hippocampal volume in experienced adult willow tits. *Behavioural Brain Research*, 81, pp.233~236.

Crombag, H. F. M., Wagenaar, W. A., and Van Koppen, P. J. 1996. Crashing memories and the problem of "source monitoring." *Applied Cognitive Psychology*, 10, pp. 95~104.

Crook, T. H., and Adderly, B. 1998. *The memory cure*. New York: Simon and Schuster.

Cunningham, M. R., Roberts, A. R., Barbee, A. P., Druen, P. B., and Wu, C. 1995. "Their ideas of beauty are, on the whole, the same as ours": Consistency and variability in the cross-cultural perception of female physical attractiveness. *Journal of Personality and Social Psychology*, 68, pp.261~279.

Curran, T., Schacter, D. L, Johnson, M. K., and Spinks, R. A. 2001. Brain potentials reflect behavioral differences in true and false recognition. *Journal of Cognitive Neuroscience*, 13, pp.201~216.

Damasio, H., Grabowski, T. J., Tranel, D., Hichwa, R. D., and Damasio, A. R. 1996. A neural basis for lexical retrieval. *Nature*, 380, pp.499~505.

D'Amato, G. 1999, August 12. Van de Velde still smiling after British Open fiasco.

Milwaukee Journal Sentinel, p.1.

Daniels, G. H. 1972. Acknowledgment. *Science*, 175, pp.124~125.

Danielson, D. 2001, December 10. "Not guilty" verdict still leaves Kari Engholm with questions about the future. *RadioIowa*. https://www.radioiowa.com/2001/12/10/not-guiltyverdict-still-leaves-kari-engholm-with-questions-about-the-future/.

D'Argembeau, A., and Van der Linden, M. 2004. Phenomenal characteristics associated with projecting oneself back into the past and forward into the future: Influence of valence and temporal distance. *Consciousness and Cognition*, 13, pp.844 ~858.

D'Argembeau, A., and Van der Linden, M. 2006. Individual differences in the phenomenology of mental time travel. *Consciousness and Cognition*, 15, pp.342~350.

Daumeyer, N. M., Onyeader, I. N., Brown, X., and Richeson, J. A. 2019. Consequences of attributing discrimination to implicit vs. explicit bias. *Journal of Experimental Social Psychology*, 84, p.103812.

Davidson, R. J., Abercrombie, H., Nitschke, J. B., and Putnam, K. 1999. Regional brain function, emotion and disorders of emotion. *Current Opinion in Neurobiology*, 9, pp.228~234.

Davies, G. 1988. Faces and places: Laboratory research on context and face recognition. In G. M. Davies and D. M. Thomson (eds.), *Memory in context: Context in memory* (pp.35~53). New York: John Wiley.

Davis, H. P., Small, S. A., Stern, Y., Mayeux, R., Feldstein, S. N., and Keller, F. R. 2003. Acquisition, recall, and forgetting of verbal information in long-term memory by young, middle-aged, and elderly individuals. *Cortex*, 39, pp.1063~1091.

Dawes, R. 1988. *Rational choice in an uncertain world*. San Diego: Harcourt, Brace, and Jovanovich.

Dawkins, R. 1986. *The Blind Watchmaker*. New York: W. W. Norton.; 리처드 도킨스, 이용철 옮김, 『눈먼 시계공』, 사이언스북스, 2004년.

Deese, J. 1959. On the prediction of occurrence of particular verbal intrusions in immediate recall. *Journal of Experimental Psychology*, 58, pp.17~22.

De Houwer, J. 2019. Implicit bias is behavior: A functional-cognitive perspective on implicit bias. *Perspectives on Psychological Science*, 14, pp.835~840.

Deldin, P. J., Deveney, C. M., Kim, A. S., Casas, B. R., and Best, J. L. 2001. A slow wave investigation of working memory biases in mood disorders. *Journal of Abnormal Psychology*, 110, pp.267~281.

DeLillo, D. 1998. *Underworld*. London: Picador.

Descartes, R. 1649/1989. *The passions of the soul* (Voss, S., trans.). Indianapolis: Hackett.

Devine, P. G. 1989. Stereotypes and prejudices: Their automatic and controlled components. *Journal of Personality and Social Psychology*, 56, pp.5~18.

Devine, P. G., Forscher, P. S., Austin, A. J., and Cox, W. T. L. 2012. Long-term reduction in implicit race bias: A prejudice habit-breaking intervention. *Journal of Experimental Social Psychology*, 48, pp.1267~1278.

Devitt, A. L., Monk-Fromont, E., Schacter, D. L., and Addis, D. R. 2016. Factors that influence the generation of autobiographical memory conjunction errors. *Memory*, 24, pp.204~222.

Devitt, A. L., and Schacter, D. L. 2018. An optimistic outlook creates a rosy past: The impact of episodic simulation on subsequent memory. *Psychological Science*, 29, pp.936~946.

Dewhurst, S. A., and Conway, M. A. 1994. Pictures, images, and recollective experience. *Journal of Experimental Psychology: Learning, Memory, and Cognition*, 20, pp. 1088~1098.

Dewhurst, S. A., Anderson, R. J., Grace, L., and van Esch, L. 2016. Adaptive false memories: Imagining future scenarios increase false memories in the DRM paradigm. *Memory and Cognition*, 44, pp.1076~1084.

Dobbin, F., and Kalev, A. 2018. Why doesn't diversity training work? The challenge for industry and academia. *Anthropology Now*, 10, pp.48~55.

Drake, E. B., Henderson, V. W., Stanczyk, F. Z., McCleary, C. A., Brown, W. S., Smith, C. A., Rizzo, A. A., Murdock, G. A., and Buckwalter, J. G. 2000. Associations between circulating sex steroid hormones and cognition in normal elderly women. *Neurology*, 54, pp.599~603.

Drummie, G. 1998, March 20. Memory block possible—doctor. *Toronto Sun*, p.44.

DuBreuil, S. C., Garry, M., and Loftus, E. F. 1998. Tales from the crib: Age regression and the creation of unlikely memories. In S. J. Lynn and K. M. McConkey (eds.), *Truth in memory* (pp.137~162). New York: Guilford Press.

Ducharme, J. 2018, September 27. "Indelible in the hippocampus is the laughter." The science behind Christine Blasey Ford's testimony. *Time*. https://time.com/5408567/christine-blasey-ford-science-of-memory/.

Duckworth, A. L. 2016. *Grit: The power of passion and perseverance*. New York: Scribner.; 앤절라 더크워스, 김미정 옮김, 『그릿: IQ, 재능, 환경을 뛰어넘는 열정적 끈기의 힘』, 비즈니스북스, 2016년.

Dudai, Y., and Carruthers, M. 2005. The Janus face of mnemosyne. *Nature*, 434, pp.823~824.

Dudai, Y. 2012. The restless engram: Consolidations never end. *Annual Review of Psychology*, 35, pp.227~247.

Duka, T., Tasker, R., and McGowan, J. F. 2000. The effects of 3-week estrogen hormone replacement on cognition in elderly healthy females. *Psychopharmacology*, 149, pp.129~139.

Duüzel, E., Yonelinas, A. P., Mangun, G. R., Heinze, H. J., and Tulving, E. 1997. Event-related brain potential correlates of two states of conscious awareness in memory. *Proceedings of the National Academy of Sciences USA*, 94, pp.59731~59738.

Eals, M., and Silverman, I., 1994. The hunter-gatherer theory of spatial sex-differences: Proximate factors mediating the female advantage in recall of object arrays. *Ethology and Sociobiology*, 15, pp.95~105.

Ebbinghaus, H. 1885/1964. *Memory: A contribution to experimental psychology*. New York: Dover.

Eberhardt, J. 2019. *Biased: Uncovering the hidden prejudice that shapes what we see, think, and do*. New York: Viking.

Edelson, M., Sharot, T., Dolan, R. J., and Dudai, Y. 2011. Following the crowd: Brain substrates of long-term memory conformity. *Science*, 333, pp.108~111.

Effron, D. A., and Raj, M. 2020. Misinformation and morality: Encountering falsenews headlines makes them seem less unethical to publish and share. *Psychological Science*, 31, pp.75~87.

Ehlers, A., and Steil, R. 1995. Maintenance of intrusive memories in posttraumatic stress disorder: A cognitive approach. *Behavioural and Cognitive Psychotherapy*, 23, pp.217~249.

Ehlers, A., and Clarke, D. M. 2000. A cognitive model of posttraumatic stress disorder. *Behaviour Research and Therapy*, 38, pp.319~345.

Einstein, G. O., and McDaniel, M. A. 1990. Normal aging and prospective memory. *Journal of Experimental Psychology: Learning, Memory, and Cognition*, 16, pp. 717~726.

Einstein, G. O., Smith, R. E., McDaniel, M. A., and Shaw, P. 1997. Aging and prospective memory: The influence of increased task demands at encoding and retrieval. *Psychology and Aging*, 12, pp.479~488.

Eldridge, M. A., Barnard, P. J., and Bekerian, D. A. 1994. Autobiographical memory and daily schemas at work. *Memory*, 2, pp.51~74.

Ellis, A. W., and Young, A. W. 1988. *Human cognitive neuropsychology*. Hove, England: Erlbaum Associates.

Ellis, H. D., Whitley, J., and Luauté, J. 1994. Delusional misidentification: The three original papers on the Capgras, Frégoli and intermetamorphosis delusions. *History of Psychiatry*, 5, pp.117~146.

Elsey, J. W. B., Van Ast, V. A., and Kindt, M. 2018. Human memory reconsolidation: A guiding framework and critical review of the evidence. *Psychological Bulletin*, 144, pp.797~848.

Engelkamp, J., and Zimmer, H. 1996. Organisation and recall in verbal tasks and in subject-performed tasks. *European Journal of Cognitive Psychology*, 8, pp.257~273.

Engen, H. G., and Anderson, M. C. 2018. Memory control: A fundamental mechanism of emotion regulation. *Trends in Cognitive Sciences*, 22, pp.982~985.

Erdelyi, M. H. 1985. *Psychoanalysis: Freud's cognitive psychology*. New York: W. H. Freeman.

Fawcett, J. M., and Hulbert, J. C. 2020. The many faces of forgetting: Toward a constructive view of forgetting in everyday life. *Journal of Applied Research in Memory and Cognition*, 9, pp.1~18.

Fazio, L. K., Rand, D. G., and Pennycook, G. 2019. Repetition increases perceived truth equally for plausible and implausible statements. *Psychonomic Bulletin and Review*, 26, pp.1705~1710.

Feinberg, T. E., Eaton, L. A., Roane, D. M., and Giacino, J. T. 1999. Multiple Fregoli delusions after traumatic brain injury. *Cortex*, 35, pp.373~387.

Feng, S., D'Mello, S., and Graesser, A. C. 2013. Mind wandering while reading easy and difficult texts. *Psychonomic Bulletin and Review*, 20, pp.586~592.

Fernandes, M. A., and Moscovitch, M. 2000. Divided attention and memory: Evidence of substantial interference effects at encoding and retrieval. *Journal of Experimental Psychology: General*, 129, pp.155~176.

Festinger, L. 1957. *A theory of cognitive dissonance.* Stanford, Calif.: Stanford University Press.

Fink, J. R., Markowitsch, H. J., Reinkemeier, M., Bruckbauer, T., Kessler, J., and

Heiss, W. 1996. Cerebral representation of one's own past: Neural networks involved in autobiographical memory. *Journal of Neuroscience*, 16, pp.4275~4282.

Finkelstein, K. E. 1999, October 17. Yo-Yo Ma's lost Stradivarius is found after wild search. *New York Times*, p.34.

Finley, J. R., Naaz, F., and Goh, F. W. 2018. *Memory and technology: How we use information in the brain and the world*. Switzerland: Springer.

Fisher, R. P., and Geiselman, R. E. 1992. *Memory-enhancing Techniques for Investigative Interviewing: The Cognitive Interview*. Springfield, Ill.: Charles C. Thomas.; 로널드 피셔 · 에드워드 가이즐맨, 김시업 옮김, 『인지 면담: 수사 면담 시 기억 향상법』, 학지사, 2011년.

Fisher, R. P. 1995. Interviewing victims and witnesses of crime. *Psychology, Public Policy, and Law*, 1, pp.732~764.

Foa, E. B., Rothbaum, B. O., Riggs, D., and Murdock, T. 1991. Treatment of post-traumatic stress disorder in rape victims: A comparison between cognitive-behavioral procedures and counseling. *Journal of Consulting and Clinical Psychology*, 59, pp.715~723.

Foa, E. B., and Meadows, E. A. 1997. Psychosocial treatments for posttraumatic stress disorder: A critical review. *Annual Review of Psychology*, 48, pp.449~480.

Forscher, P. S., Lai, C. K., Axt, J. R., Ebersole, C. R., Herman, M., Devine, P. G., and Nosek, B. A. 2019. A meta-analysis of procedures to change implicit measures. *Psychological Bulletin*, 117, pp.522~559.

Fox, K. C. R., and Beaty, R. E. 2019. Mind-wandering as creative thinking: Neural, psychological, and theoretical considerations. *Current Opinion in Behavioral Sciences*, 27, pp.123~130.

Frenda, S. J., Knowles, E. D., Saletan, W., and Loftus, E. F. 2013. False memories of fabricated political events. *Journal of Experimental Social Psychology*, 49, pp.280~286.

Freyd, J. J. 1996. *Betrayal trauma: The logic of forgetting childhood abuse*. Cambridge, Mass.: Harvard University Press.

Friedman, W. J., and deWinstanley, P. A. 1998. Changes in the subjective properties of autobiographical memories with the passage of time. *Memory*, 6, pp.367~381.

Gaesser, B., Sacchetti, D. C., Addis, D. R., and Schacter, D. L. 2011. Characterizing age-related changes in remembering the past and imagining the future. *Psychology and Aging*, 26, pp.80~84.

Gallistel, C. R. 1990. *The organization of learning*. Cambridge, Mass.: MIT Press.

García Márquez, G. 1994. *Love in the Time of Cholera*. New York: Penguin.; 가브리엘 가르시아 마르케스, 송병선 옮김, 『콜레라 시대의 사랑』(전2권), 민음사, 2004년.

Garrett, B. L. 2011. *Convicting the Innocent: Where criminal prosecutions go wrong*. Cambridge, Mass.: Harvard University Press.; 브랜던 L. 개릿, 신민영 옮김, 『오염된 재판: 과학수사의 추악한 이면과 DNA 검사가 밝혀낸 250가지 진실』, 한겨레출판, 2021년.

Garrett, M. F. 1992. Disorders of lexical selection. *Cognition*, 42, pp.143~180.

Garry, M., Manning, C., Loftus, E. F., and Sherman, S. J. 1996. Imagination inflation: Imagining a childhood event inflates confidence that it occurred. *Psychonomic*

Bulletin and Review, 3, pp.208~214.

Garven, S., Wood, J. M., Malpass, R. S., and Shaw, J. S. 1998. More than suggestion: The effect of interviewing techniques from the McMartin Preschool case. *Journal of Applied Psychology*, 83, pp.347~359.

Gathercole, S. E., and Baddeley, A. D. 1993. *Working memory and language*. East Sussex, England: Erlbaum Associates.

Gaulin, S. J. C., and Fitzgerald, R. W. 1989. Sexual selection for spatial-learning ability. *Animal Behaviour*, 37, pp.322~331.

Gaulin, S. J. C. 1997. Cross-cultural patterns and the search for evolved psychological mechanisms. In G. R. Bock and G. Cardew (eds.), *Characterizing human psychological adaptations* (pp.195~207). Chichester, England: John Wiley.

Gawronski, B., Bodenhausen, G. V., and Becker, A. P. 2007. I like it, because I like myself: Associative self-anchoring and post-decisional change of implicit evaluations. *Journal of Experimental Social Psychology*, 43, pp.221~232.

Gawronski, B. 2019. Six lessons for a cogent science of implicit bias and its criticisms. *Perspectives on Psychological Science*, 14, pp.574~595.

Gazzaniga, M. S. 1985. *The social brain. New* York: Basic Books.

Gazzaniga, M. S. 1998. The split brain revisited. *Scientific American*, 279, pp.50~55.

Geary, P. J. 1994. *Phantoms of remembrance*. Princeton, N.J.: Princeton University Press.

Gerosa, M. 1997, Fall. Moore than ever. *Ladies' Home Journal*, pp.79~83.

Gilbert, D. T. 1991. How mental systems believe. *American Psychologist*, 46, pp.107~119.

Gilbert, D. T., King, G., Pettigrew, S., and Wilson, T. D. 2016. Comment on "Estimating the reproducibility of psychological science." *Science*, 351, p.1037a.

Gilbert, S. J., Bird, A., Carpenter, J. M., Fleming, S. M., Sachdeva, C., and Tsai, P.-C. 2019. Optimal use of reminders: Metacognition, effort, and cognitive offloading. *Journal of Experimental Psychology: General*. http://dx.doi.org/10.1037/xge0000652.

Goethals, G. R., and Reckman, R. F. 1973. The perception of consistency in attitudes. *Journal of Experimental Social Psychology*, 9, pp.491~501.

Goff, L. M., and Roediger, H. L., III. 1998. Imagination inflation for action events: Repeated imaginings lead to illusory recollections. *Memory and Cognition*, 26, pp.20~33.

Goldhill, O. 2017, December 3. The world is relying on a flawed psychological test to fight racism. *Quartz*. https://qz.com/1144504/the-world-is-relying-on-a-flawed-psychological-test-to-fight-racism/.

Goldstein, J. 2015, February 6. Is it possible to "misremember" getting shot out of the sky? A scientific exploration. *ThinkProgress*. https://thinkprogress.org/is-it- possible-to-misremember-getting-shot-out-of-the-sky-a-scientific-exploration-4114022f1b10/.

Gould, O. N., McDonald-Miszczak, L., and King, B. 1997. Metacognition and medication adherence: How do older adults remember? *Experimental Aging Research*, 23, pp.315~342.

Gould, S. J., and Lewontin, R. C. 1979. The spandrels of San Marco and the Panglossian paradigm: A critique of the adaptationist programme. *Proceedings of the Royal Society of London B: Biological Sciences*, 205, pp.581~598.

Gould, S. J. 1991. Exaptation: A crucial tool for evolutionary psychology. *Journal of Social Issues*, 47, pp.43~65.
Gould, S. J. 1997a. Darwinian fundamentalism. *New York Review of Books*, 44, pp.34~37.
Gould, S. J. 1997b. Evolution: The pleasures of pluralism. *New York Review of Books*, 44, pp.47~52.
Gourevitch, P. 1999, June 14. The memory thief. *The New Yorker*, pp.48~68.
Graf, P., and Schacter, D. L. 1985. Implicit and explicit memory for new associations in normal and amnesic subjects. *Journal of Experimental Psychology: Learning, Memory, and Cognition*, 11, pp.501~518.
Gray, J. D., and Silver, R. C. 1990. Opposite sides of the same coin: Former spouses' divergent perspectives in coping with their divorce. *Journal of Personality and Social Psychology*, 59, pp.1180~1191.
Green, J. P. 1999. Hypnosis, context effects, and the recall of early autobiographical memories. *International Journal of Clinical and Experimental Hypnosis*, 47, pp.284~300.
Greenwald, A. G. 1980. The totalitarian ego: Fabrication and revision of personal history. *American Psychologist*, 35, pp.603~618.
Greenwald, A. G., and Banaji, M. R. 1995. Implicit social cognition: Attitudes, self-esteem, and stereotypes. *Psychological Review*, 102, pp.4~27.
Greenwald, A. G., McGhee, D. E., and Schwartz, J. L. K. 1998. Measuring individual differences in implicit cognition: The Implicit Association Test. *Journal of Personality and Social Psychology*, 74, pp.1464~1480.
Greenwald, A. G., Banaji, M. R., and Nosek, B. A. 2015. Statistically small effects of the Implicit Association Test can have societally large effects. *Journal of Personality and Social Psychology*, 108, pp.553~561.
Greenwald, A. G., and Banaji, M. R. 2017. The implicit revolution: Reconceiving the relation between conscious and unconscious. *American Psychologist*, 72, pp.861~871.
Greenwald, A. G., and Lai, C. K. 2020. Implicit social cognition. *Annual Review of Psychology*, 71, pp.419~445.
Grisham, J. 2006. *The innocent man: Murder and injustice in a small town*. New York: Random House.
Gronlund, S. D., Wixted, J. T., and Mickes, L. 2014. Evaluating eyewitness identification procedures using receiver operating characteristic analysis. *Current Directions in Psychological Science*, 23, pp.3~10.
Gudjonsson, G. H. 1984. A new scale of interrogative suggestibility. *Personality and Individual Differences*, 5, pp.303~314.
Gudjonsson, G. H., and MacKeith, J. A. C. 1988. Retracted confessions: Legal, psychological and psychiatric aspects. *Medical Science Law*, 28, pp.187~194.
Gudjonsson, G. H. 1992. *The psychology of interrogations, confessions and testimony*. New York: John Wiley.
Gudjonsson, G. H., Kopelman, M. D., and MacKeith, J. A. C. 1999. Unreliable admissions to homicide: A case of misdiagnosis of amnesia and misuse of abreaction technique. *British Journal of Psychiatry*, 174, pp.455~459.
Halperin, J. L. 1996. *The truth machine*. Dallas: Ivy Press.

Hanley, J. R., and Cowell, E. S. 1988. The effects of different types of retrieval cues on the recall of names of famous faces. *Memory and Cognition*, 16, pp.545~555.

Hanley, J. R. 1995. Are names difficult to recall because they are unique? A case study of a patient with anomia. *Quarterly Journal of Experimental Psychology*, 48A, pp.487~506.

Hanley, J. R., and Kay, J. 1998. Proper name anomia and anomia for the names of people: Functionally dissociable impairments? *Cortex*, 34, pp.155~158.

Hanson, B. L., Terrance, C. A., and Plumm, K. M. 2015. Parent as both perpetrator and victim: Blame and punishment in a case of child neglect. *Applied Psychology in Criminal Justice*, 11, pp.162~184.

Happe, F. 1999. Autism: Cognitive deficit or cognitive style? *Trends in Cognitive Sciences*, 3, pp.216~222.

Hardt, O., Einarsson, E. O., and Nader, K. 2010. A bridge over troubled water: Reconsolidation as a link between cognitive and neuroscientific memory research traditions. *Annual Review of Psychology*, 61, pp.141~167.

Harley, T. A., and Brown, H. E. 1998. What causes the tip-of-the-tongue state? Evidence for lexical neighborhood effects in speech production. *British Journal of Psychology*, 89, pp.151~174.

Hasher, L., Goldstein, D., and Toppino, T. 1977. Frequency and the conference of referential validity. *Journal of Verbal Learning and Verbal Behavior*, 16, pp.107~112.

Hassabis, D., Kumaran, D., and Maguire, E. A. 2007. Using imagination to understand the neural basis of episodic memory. *Journal of Neuroscience*, 27, pp.14365~14374.

Hastie, R., Schkade, D. A., and Payne, J. W. 1999. Juror judgments in civil cases: Hindsight effects on judgments of liability for punitive damages. *Law and Human Behavior*, 23, pp.597~614.

Hauser, M. D. 2000. *Wild minds: What animals really think*. New York: Henry Holt.

Hawkins, S. A., and Hastie, R. 1990. Hindsight: Biased judgments of past events after the outcomes are known. *Psychological Bulletin*, 107, pp.311~327.

Hay, D. C., Young, A. W., and Ellis, A. W. 1991. Routes through the face recognition system. *Quarterly Journal of Experimental Psychology*, 43A, pp.761~791.

Hayden, J. O. (ed.). 1994. *William Wordsworth: Selected poems*. London: Penguin Books.

Heine, S. J., Lehman, D. R., Markus, H. R., and Kitayama, S. 1999. Is there a universal need for positive self-regard? *Psychological Review*, 106, pp.766~794.

Henke, K., Weber, B., Kneifel, S., Wieser, H. G., and Buck, A. 1999. Human hippocampus associates information in memory. *Proceedings of the National Academy of Sciences USA*, 96, pp.5884~5889.

Henkel, L. A., Johnson, M. K., and DeLeonardis, D. M. 1998. Aging and source monitoring: Cognitive processes and neuropsychological correlates. *Journal of Experimental Psychology: General*, 127, pp.251~268.

Henkel, L. A. 2014. Point-and-shoot memories: The influence of taking photos on memory for a museum tour. *Psychological Science*, 25, pp.396~402.

Henkel, L. A., Nash, R. A., and Paton, J. A. 2021. "Say cheese!" How taking photos can shape memory and cognition. In S. Lane and P. Atchley (eds.), *Human capacity in the attention economy* (pp.103~133). Washington, D.C.: American

Psychological Association.
Henson, R. N. A., Rugg, M. D., Shallice, T., Josephs, O., and Dolan, R. J. 1999. Recollection and familiarity in recognition memory: An event-related functional magnetic resonance imaging study. *Journal of Neuroscience*, 19, pp.3962~3972.
Hertel, P. T., and Gerstle, M. 2003. Depressive deficits in forgetting. *Psychological Science*, 14, pp.573~578.
Heuer, F., and Reisberg, D. 1992. Emotion, arousal, and memory for detail. In S.-A. Christianson (ed.), *The handbook of emotion and memory: Research and theory* (pp.151~180). Hillsdale, N.J.: Erlbaum Associates.
Hicks, V. L. 1998, June 14. Experts explain John Doe 2 "sightings": Bombing suspect may have been figment of witnesses' imaginations. *Boston Globe*, p.A14.
Higharn, P. A. 1998. Believing details known to have been suggested. *British Journal of Psychology*, 89, pp.265~283.
Hilts, P. 1995. *Memory's ghost: The strange tale of Mr. M and the nature of memory*. New York: Simon and Schuster.
Hilts, P. J. 1996, July 2. In research scans, telltale signs sort false memories from true. *New York Times*, p.C3.
Hinkle, L. E., and Wolff, H. G. 1956. Communist interrogation and indoctrination of "enemies of the states." *Archives of Neurology and Psychiatry*, 76, pp.115~174.
Holman, E. A., and Silver, R. C. 1998. Getting "stuck" in the past: Temporal orientation and coping with trauma. *Journal of Personality and Social Psychology*, 74, pp. 1146~1163.
Holmberg, D., and Holmes, J. G. 1994. Reconstruction of relationship memories: A mental models approach. In N. Schwarz and S. Sudman (eds.), *Autobiographical memory and the validity of retrospective reports* (pp.267~288). New York: Springer-Verlag.
Houle, D. 1998. Review of A. P. Mø ller and J. P. Swaddle, *Asymmetry, developmental stability, and evolution* (1997). Evolution, 52, pp.1872~1876.
Howe, M. L. 2011. The adaptive nature of memory and its illusions. *Current Directions in Psychological Science*, 20, pp.312~315.
Howe, M. L., Garner, S. R., Charlesworth, M., and Knott, L. 2011. A brighter side to memory illusions: False memories prime children's and adults' insight-based problem solving. *Journal of Experimental Child Psychology*, 108, pp.383~393.
Howe, M. L., Garner, S. R., Threadgold, E., and Ball, L. J. 2015. Priming analogical reasoning with false memories. *Memory and Cognition*, 43, pp.879~895.
Huijbers, W., Papp, K. V., LaPoint, M., Wigman, S. E., Dagley, A., Hedden, T., Rentz, D. M., Schultz, A. P., and Sperling, R. A. 2017. Age-related increases in tip-of-the-tongue are distinct from decreases in remembering names: A functional MRI study. *Cerebral Cortex*, 27, pp.4339~4349.
Hupbach, A., Gomez, R., and Nadel, L. 2011. Episodic memory updating: The role of context familiarity. *Psychonomic Bulletin and Review*, 18, pp.787~797.
Huppert, E. A., and Kopelman, M. D. 1989. Rates of forgetting in normal ageing: A comparison with dementia. *Neuropsychologia*, 27, pp.849~860.
Hyman, I. E., Husband, T. H., and Billings, F. J. 1995. False memories of childhood experiences. *Applied Cognitive Psychology*, 9, pp.181~197.
Hyman, I. E., Jr., and Pentland, J. 1996. The role of mental imagery in the creation of

false childhood memories. *Journal of Memory and Language*, 35, pp.101~117.
Hyman, I. E., and Billings, F. J. 1998. Individual differences and the creation of false childhood memories. *Memory*, 6, pp.1~20.
Hyman, I. E. 2018a, September 24. A Supreme Court nominee, a sexual assault, and memory. *Psychology Today*. https://www.psychologytoday.com/us/blog/mental-mishaps/201809/supreme-court-nominee-sexual-assault-and-memory.
Hyman, I. E. 2018b, September 30. Is the Kavanaugh sexual assault accusation a false memory? *Psychology Today*. https://www.psychologytoday.com/us/blog/mental-mishaps/201809/is-the-kavanaugh-sexual-assault-accusation-false-memory.
Ingvar, D. H. 1979. Hyperfrontal distribution of the cerebral grey matter flow in resting wakefulness: On the functional anatomy of the conscious state. *Acta Neurologica Scandinavica*, 60, pp.12~25.
Ingvar, D. H. 1985. "Memory of the future": An essay on the temporal organization of conscious awareness. *Human Neurobiology*, 4, pp.127~136.
Innocence Project. n.d. DNA exonerations in the United States. https://innocenceproject.org/dna-exonerations-in-the-united-states/.
Iyduri, L., Blackwell, S. E., Meiser-Stedman, R., Watson, P. C., Bonsall, M. B., Geddes, J. R., Nobre, A. C., and Holmes, E. A. 2018. Preventing intrusive memories after trauma via a brief intervention training involving Tetris computer game play in the emergency department: A proof-of-concept randomized controlled trial. *Molecular Psychiatry*, 23, pp.674~682.
Jack, C. R., Petersen, R. C., Xu, Y., O'Brien, P. C., Smith, G. E., Ivnik, R. J., Tangalos, E. G., and Kokmen, E. 1998. Rate of medial temporal lobe atrophy in typical aging and Alzheimer's disease. *Neurology*, 51, pp.993~999.
Jack, D. 1998, July 11. Between the lines of writer's fall from literary pinnacle. *Scotsman*, p.3.
Jacoby, L. L., Kelley, C. M., Brown, J., and Jasechko, J. 1989a. Becoming famous overnight: Limits on the ability to avoid unconscious influences of the past. *Journal of Personality and Social Psychology*, 56, pp.326~338.
Jacoby, L. L., Kelley, C. M., and Dywan, J. 1989b. Memory attributions. In H. L. Roediger III and F. I. M. Craik (eds.), *Varieties of memory and consciousness: Essays in honour of Endel Tulving* (pp.391~422). Hillsdale, N.J.: Erlbaum Associates.
Jacoby, L. L. 1991. A process dissociation framework: Separating automatic from intentional uses of memory. *Journal of Memory and Language*, 30, pp.513~541.
Jacoby, L. L. 1999. Ironic effects of repetition: Measuring age-related differences in memory. *Journal of Experimental Psychology: Learning, Memory, and Cognition*, 25, pp.3~22.
James, E. L., Bonsall, M. B., Hoppitt, L., Tunbridge, E. N., Geddes, J. R., Milton, A. L., and Holmes, E. A. 2015. Computer game play reduces intrusive memories of experimental trauma via reconsolidation-update mechanisms. *Psychological Science*, 26, pp.1201~1215.
James, L. E., Schmank, C. J., Castro, N., and Buchanan, T. W. 2018. Tip of the tongue states increase under evaluative observation. *Journal of Psycholinguistic*

Research, 47, pp.169~178.

James, T. W., and Kimura, D. 1997. Sex differences in remembering the locations of objects in an array: Location-shifts versus locations-exchanges. *Evolution and Human Behavior*, 18, pp.155~163.

Javadi, A.-H., Emo, B., Howard, L. R., Zisch, F. E., Yu, Y., Knight, R., Silva, J. P., and Spiers, H. J. 2017. Hippocampal and prefrontal processing of network topology to simulate the future. *Nature Communications*, 8, p.14652. https://doi.org/10.1038/ncomms14652.

Jennings, J. M., and Jacoby, L. L. 1993. Automatic versus intentional uses of memory: Aging, attention, and control. *Psychology and Aging*, 8, pp.283~293.

Jing, H. G., Szpunar, K. K., and Schacter, D. L. 2016. Interpolated testing influences focused attention and improves integration of information during a video-recorded lecture. *Journal of Experimental Psychology: Applied*, 22, pp.305~318.

Jing, H. G., Madore, K. P., and Schacter, D. L. 2017. Preparing for what might happen: An episodic specificity induction impacts the generation of alternative future events. *Cognition*, 169, pp.118~128.

Johnson, M. K., and Chalfonte, B. L. 1994. Binding of complex memories: The role of reactivation and the hippocampus. In D. L. Schacter and E. Tulving (eds.), *Memory systems* (pp.311~350). Cambridge, Mass.: MIT Press.

Johnson, M. K., Nolde, S. E, Mather, M., Kounios, J., Schacter, D. L., and Curran, T. 1997. The similarity of brain activity associated with true and false recognition memory depends on test format. *Psychological Science*, 8, pp.250~257.

Jones, G. V., and Langford, S. 1987. Phonological blocking and the tip of the tongue state. *Cognition*, 26, pp.115~122.

Jones, G. V. 1989. Back to Woodworth: Role of interlopers in the tip-of-the-tongue phenomenon. *Memory and Cognition*, 27, pp.69~76.

Jonker, T. R., Seli, P., and MacLeod, C. M. 2015. Retrieval-induced forgetting and context. *Current Directions in Psychological Science*, 24, pp.273~278.

Joormann, J., Hertel, P. T., Brozovich, F., and Gotlib, I. H. 2005. Remembering the good, forgetting the bad: Intentional forgetting of emotional material in depression. *Journal of Abnormal Psychology*, 114, pp.640~648.

Joormann, J., Hertel, P. T., LeMoult, J., and Gotlib, I. H. 2009. Training forgetting of negative material in depression. *Journal of Abnormal Psychology*, 118, pp.34~43.

Jost, J. T., Rudman, L. A., Blair, I. V., Carney, D. R., Dasgupta, N., Glaser, J., and Hardin, C. D. 2009. The existence of implicit bias is beyond reasonable doubt: A refutation of ideological and methodological objections and executive summary of ten studies that no manager should ignore. *Research in Organizational Behavior*, 29, pp.39~69.

Kamio, Y., and Toichi, M. 2007. Memory illusion in high-functioning autism and Asperger's disorder. *Journal of Autism and Developmental Disorders*, 37, pp.867~876.

Kanowski, S., Hermann, W. M., Stephan, K., Wierich, W., and Horr, R. 1996. Proof of efficacy of the Ginkgo biloba special extract EGb 761 in outpatients suffering from mild to moderate primary degenerative dementia of the Alzheimer type or multi-infarct dementia. *Pharmacopsychiatry*, 29, pp.47~56.

Kanwisher, N., McDermott, J., and Chun, M. M. 1997. The fusiform face area: A module in human extrastriate cortex specialized for face perception. *Journal of Neuroscience*, 17, pp.4302~4311.

Kapur, N. 1999. Syndromes of retrograde amnesia: A conceptual and empirical synthesis. *Psychological Bulletin*, 125, pp.800~825.

Karney, B. R., and Coombs, R. H. 2000. Memory bias in long-term close relationships: Consistency or improvement? *Personality and Social Psychology Bulletin*, 26, pp.959~970.

Karpicke, J. D., and Aue, W. R. 2015. The testing effect is alive and well with complex materials. *Educational Psychology Review*, 27, pp.317~326.

Kassin, S. M., and Wrightsman, L. S. 1981. Coerced confessions, judicial instruction, and mock juror verdicts. *Journal of Applied Social Psychology*, 11, pp.489~506.

Kassin, S. M., and Kiechel, K. L. 1996. The social psychology of false confessions: Compliance, internalization, and confabulation. *Psychological Science*, 7, pp. 125~128.

Kassin, S. M., Drizin, S. A., Grisso, T., Gudjonsson, G. H., Leo, R. A., and Redlich, A. D. 2010. Police-induced confessions: Risk factors and recommendations. *Law and Human Behavior*, 34, pp.3~38.

Kassin, S. M. 2017. False confessions: How can psychology so basic be so counterintuitive? *American Psychologist*, 72, pp.951~964.

Kawabata, Y. 1999. Yumiura. *In First snow on Fuji* (pp.187~199). Washington, D.C.: Counterpoint.

Keane, T. M., Fairbank, J. A., Caddell, J. M., and Zimering, R. T. 1989. Implosive (flooding) therapy reduces symptoms of PTSD in Vietnam combat veterans. *Behavior Therapy*, 20, pp.245~260.

Kebbell, M. R., and Wagstaff, G. F. 1998. Hypnotic interviewing: The best way to interview eyewitnesses? *Behavioral Sciences and the Law*, 16, pp.115~129.

Kebbell, M. R., Milne, R., and Wagstaff, G. F. 1999. The Cognitive Interview: A survey of its forensic effectiveness. *Psychology, Crime and Law,* 5, pp.101~115.

Kessler, H., Holmes, E. A., Blackwell, S. E., Schmidt, A. C., Schweer, J. M., Bücker, A., Herpetz, S., Axmacher, N., and Kehyayan, A. 2018. Reducing intrusive memories of trauma using a visuospatial interference intervention with inpatients with posttraumatic stress disorder (PTSD). *Journal of Consulting and Clinical Psychology*, 86, pp.1076~1090.

Keuler, D. J., and Safer, M. A. 1998. Memory bias in the assessment and recall of pre-exam anxiety: How anxious was I? *Applied Cognitive Psychology*, 12, pp.S127~137.

Kihlstrom, J. F. 1995. The trauma-memory argument. *Consciousness and Cognition*, 4, pp.63~67.

Killany, R. R., Gomez-Isla, T., Moss, M., Kikinis, R., Sandor, T., Tanzi, R., Jones, K., Hyman, B. T., and Albert, M. S. 2000. Use of structural magnetic resonance imaging to predict who will get Alzheimer's disease. *Annals of Neurology*, 47, pp.430~439.

Kindt, M., and van Emmerik, A. 2016. New avenues for treating emotional memory disorders: Towards a reconsolidation intervention for posttraumatic stress disorder. *Therapeutic Advances in Psychopharmacology*, 6, pp.283~295.

Kirkpatrick, L. A., and Hazan, C. 1994. Attachment styles and close relationships: A fouryear prospective study. *Personal Relationships*, 1, pp.123~142.

Klein, S. B., Loftus, J., and Kihlstrom, J. F. 2002. Memory and temporal experience: The effects of episodic memory loss on an amnesic patient's ability to remember the past and imagine the future. *Social Cognition*, 20, pp.353~379.

Klein, S. B. 2019. An essay on the ontological foundations and psychological realization of forgetting. *Psychology of Consciousness: Theory, Research, and Practice*, 6, pp.292~305.

Knowlton, B. J., and Squire, L. R. 1993. The learning of categories: Parallel brain systems for item memory and category level knowledge. *Science*, 262, pp.1747~1749.

Konishi, K., and Bohbot, V. D. 2013. Spatial navigation strategies correlate with gray matter of the hippocampus of healthy older adults tested in a virtual maze. *Frontiers in Aging Neuroscience*, 5. https://doi.org/10.3389/fnagi.2013.00001.

Kornell, N., and Metcalfe, J. 2006. "Blockers" do not block recall during tip-of-the-tongue states. *Metacognition and Learning*, 1, pp.248~261.

Koutstaal, W., and Schacter, D. L. 1997a. Gist-based false recognition of pictures in older and younger adults. *Journal of Memory and Language*, 37, pp.555~583.

Koutstaal, W., and Schacter, D. L. 1997b. Inaccuracy and inaccessibility in memory retrieval: Contributions from cognitive psychology and cognitive neuropsychology. In P. S. Appelbaum, L. Uyehara, and M. Elin (eds.), *Trauma and memory: Clinical and legal controversies* (pp.93~137). New York: Oxford University Press.

Koutstaal, W., and Schacter, D. L. 1997c. Intentional forgetting and voluntary thought suppression: Two potential methods for coping with childhood trauma. In L. J. Dickstein, M. B. Riba, and J. M. Oldham (eds.), *Review of psychiatry* (vol. 16, pp.79~121). Washington, D.C.: American Psychiatric Press.

Koutstaal, W., Schacter, D. L., Galluccio, L., and Stofer, K. A. 1999a. Reducing gist-based false recognition in older adults: Encoding and retrieval manipulations. *Psychology and Aging*, 14, pp.220~237.

Koutstaal, W., Schacter, D. L., Johnson, M. K, and Galluccio, L. 1999b. Facilitation and impairment of event memory produced by photograph review. *Memory and Cognition*, 27, pp.478~493.

Koutstaal, W., Schacter, D. L., Verfaellie, M., Brenner, C. J., and Jackson, E. M. 1999c. Perceptually based false recognition of novel objects in amnesia: Effects of category size and similarity to category prototypes. *Cognitive Neuropsychology*, 16, pp.317~341.

Koutstaal, W., Verfaellie, M., and Schacter, D. L. 2001a. Recognizing identical vs. similar categorically related common objects: Further evidence for degraded gist-representations in amnesia. *Neuropsychology*, 15, pp.268~289.

Koutstaal, W., Wagner, A. D., Rotte, M., Maril, A., Buckner, R. L., and Schacter, D. L. 2001b. Perceptual specificity in visual object priming: fMRI evidence for a laterality difference in fusiform cortex. *Neuropsychologia*, 39, pp.184~199.

Krebs, J. R., and Davies, N. B. 1993. *An Introduction to Behavioural Ecology* (3d. ed.). Oxford: Blackwell Scientific.; 니컬러스 B. 데이비스 외, 김창희 외 옮김, 『행동생태학』, 자연과생태, 2014년.

Kriegeskorte N., and Kievit, R. A. 2013. Representational geometry: Integrating cognition,

computation, and the brain. *Trends in Cognitive Sciences*, 17, pp.401~412.
Kroll, N. E. A., Knight, R. T., Metcalfe, J., Wolf, E. S., and Tulving, E. 1996. Cohesion failure as a source of memory illusions. *Journal of Memory and Language*, 35, pp.176~196.
Kurkela, K. A., and Dennis, N. A. 2016. Event-related fMRI studies of false memory: An activation likelihood estimation meta-analysis. *Neuropsychologia*, 81, pp. 149~167.
Lai, C. K., Marini, M., Lehr, S. A., et al. 2014. Reducing implicit racial preferences: I. A comparative investigation of 17 interventions. *Journal of Experimental Psychology: General*, 143, pp.1765~1785.
Lai, C. K., Skinner, A. L., Cooley, E., et al. 2016. Reducing implicit racial preferences: II. Intervention effectiveness across time. *Journal of Experimental Psychology: General*, 145, pp.1001~1016.
Landin-Romero, R., Tan, R., Hodges, J. R., and Kumfor, F. 2016. An update on semantic dementia: genetics, imaging, and pathology. *Alzheimer's Research and Therapy*, 8, article number 52. https://alzres.biomedcentral.com/articles/10.1186/s13195-016-0219-5.
Langer, E. J. 1997. *The Power of Mindful Learning*. Reading, Mass.: Addison-Wesley.; 엘런 랭어, 김현철 옮김, 『마음챙김 학습혁명: 어떻게 배울 것인가』, 더퀘스트, 2016년.
Laws, K. R., Sweetnam, H., and Kondel, T. K. 2012. Is Ginkgo biloba a cognitive enhancer in healthy individuals? A meta-analysis. *Human Psychopharmacology: Clinical and Experimental*, 27, pp.527~632.
Lazarus, R. S. 1991. *Emotion and adaptation*. New York: Oxford University Press.
Leary, M. R. 1982. Hindsight distortion and the 1980 presidential election. *Personality and Social Psychology Bulletin*, 8, pp.257~263.
LeBlanc, P. 2020, February 15. Klobuchar and Steyer couldn't name Mexico's president while campaigning in Nevada. *CNN*. https://www.cnn.com/2020/02/15/politics/klobuchar-steyer-mexican-president-telemundo-interview/index.html.
LeDoux, J. E. 1996. *The Emotional Brain*. New York: Simon and Schuster.; 조지프 르두, 최준식 옮김, 『느끼는 뇌: 뇌가 들려주는 신비로운 정서 이야기』, 학지사, 2006년.
Lee, J. C. L., Nader, K., and Schiller, D. 2017. An update on memory reconsolidation updating. *Trends in Cognitive Sciences*, 21, pp.531~545.
Lee, T. 2017, January 18. Rick Perry is Trump's pick to run Energy. He once forgot the agency's name. *Vox*. https://www.vox.com/2015/6/4/8731957/rick-perry-oops.
Lepore, L., and Brown, R. 1997. Category and stereotype activation: Is prejudice inevitable? *Journal of Personality and Social Psychology*, 72, pp.275~287.
LePort., A. K. R., Mattfield, A. T., Dickinson-Anson, H., Fallon, J. H., Stark, C. E. L., Kruggel, F., Cahill, L., and McGaugh, J. L. 2012. Behavioral and neuroanatomical investigation of Highly Superior Autobiographical Memory (HSAM). *Neurobiology of Learning and Memory*, 98, pp.78~92.
LePort, A. K. R., Stark, S. M., McGaugh, J. L., and Stark, C. E. L. 2016. Highly Superior Autobiographical Memory: Quality and quantity of retention over time. *Frontiers in Psychology*. https://doi.org/10.3389/fpsyg.2015.02017.
Leskin, G. A., Kaloupek, D. G., and Keane, T. M. 1998. Treatment for traumatic memories: Review and recommendations. *Clinical Psychology Review*, 18, pp.983~1002.
Levelt, W. 1989. *Speaking: From intention to articulation*. Cambridge, Mass.: MIT Press.;

빌럼 레벨트, 김지홍 옮김, 『말하기: 그 의도에서 조음까지』(전2권), 나남, 2008년.
Levine, L. J. 1997. Reconstructing memory for emotions. *Journal of Experimental Psychology: General*, 126, pp.165~177.
Levinson, A. 1999, February 22. Two-time memory champion still lives by Post-its. *San Antonio Express-News*, p.5A.
Lieberman, M. D., Ochsner, K. N., Gilbert, D. T., and Schacter, D. L. 2001. Do amnesics exhibit cognitive dissonance reduction? The role of explicit memory and attention in attitude change. *Psychological Science*, 12, pp.135~140.
Lindquist, S. L., and McLean, J. P. 2011. Daydreaming and its correlates in an educational environment. *Learning and Individual Differences*, 21, pp.158~167.
Lindsay, D. S., and Read, J. D. 1994. Psychotherapy and memories of childhood sexual abuse: A cognitive perspective. *Applied Cognitive Psychology*, 8, pp. 281~338.
Lindsay, D. S., Hagen, L., Read, J. D., Wade, K. A., and Garry, M. 2004. True photographs and false memories. *Psychological Science*, 15, pp.149~154.
Loftus, E. F., Loftus, G., and Messo, J. 1987. Some facts about "weapon focus." *Law and Human Behavior*, 11, pp.55~62.
Loftus, E. F. 1993. The reality of repressed memories. *American Psychologist*, 48, pp.518~537.
Loftus, E. F., and Ketcham, K. 1994. *The Myth of Repressed Memory: False memories and allegations of sexual abuse*. New York: St. Martin's Press.; 엘리자베스 로프터스·캐서린 케첨, 정준형 옮김, 『우리 기억은 진짜 기억일까?: 거짓 기억과 성추행 의혹의 진실』, 도솔, 2008년.
Loftus, E. F., and Pickrell, J. E. 1995. The formation of false memories. *Psychiatric Annals*, 25, pp.720~725.
Loftus, E. F., Feldman, J., and Dashiell, R. 1995. The reality of illusory memories. In D. L. Schacter (ed.), *Memory distortion: How minds, brains, and societies reconstruct the past* (pp.47~68). Cambridge, Mass.: Harvard University Press.
Loftus, E. F. 2003. Make-believe memories. *American Psychologist*, 58, pp.867~873.
Loftus, E. F. 2005. Planting misinformation in the human mind: A 30-year investigation of the malleability of memory. *Learning and Memory*, 12, pp.361~366.
Logan, G. D. 1988. Toward an instance theory of automatization. *Psychological Review*, 95, pp.492~527.
Long, P. 2017, May 29. My déjà vu is so extreme I can't tell what's real anymore. *Mosaic*. https://mosaicscience.com/story/my-deja-vu-so-extreme-i-cant-tell-whats-realanymore/.
Lorayne, H., and Lucas, J. 1996. *The Memory Book*. New York: Ballantine Books.; 해리 로레인·제리 루카스, 양영철 옮김, 『뇌를 웃겨라』, 살림Life, 2008년.
Lorenz, K. 1935/1970. Companions as factors in the bird's environment. In R. Martin (ed.), *Studies in animal and human behavior* (vol. 1, pp.101~258). London: Methuen.
Luria, A. R. 1968. *The mind of a mnemonist: A little book about a vast memory* (Solotaroff, L., trans.). New York: Basic Books.
Lynn, S. J., and McConkey, K. M. (eds.). 1998. *Truth in memory*. New York: Guilford Press.
Lyubormirsky, S., Caldwell, N. D., and Nolen-Hoeksema, S. 1998. Effects of ruminative and distracting responses to depressed mood on retrieval of autobiographical

memories. *Journal of Personality and Social Psychology*, 75, pp.166~177.
Mac Donald, H. 2017, October 9. The false "science" of implicit bias. *Wall Street Journal*. https://www.wsj.com/articles/the-false-science-of-implicit-bias-1507590908.
MacLeod, C. M. 1991. Half a century of research on the Stroop effect: An integrative review. *Psychological Bulletin*, 109, pp.163~203.
Macrae, C. N., Milne, A. B., and Bodenhausen, G. V. 1994. Stereotypes as energy-saving devices: A peek inside the cognitive toolbox. *Journal of Personality and Social Psychology*, 66, pp.37~47.
Madore, K. P., Gaesser, B., and Schacter, D. L. 2014. Constructive episodic simulation: Dissociable effects of a specificity induction on remembering, imagining, and describing in young and older adults. *Journal of Experimental Psychology: Learning, Memory, and Cognition*, 40, pp.609~622.
Madore, K. P., Khazenzon, A. M., Backes, C. W., Jiang, J., Uncapher, M. R., Norcia, A. M., and Wagner, A. D. 2020. Memory failure predicted by attention lapsing and media multitasking. *Nature*. https://doi.org/10.1038/s41586-020-2870-z.
Maguire, E. A., Gadian, D. G., Johnsrude, I. S., Good, C. D., Ashburner, J., Frackowiak, R. S. J., and Frith, C. D. 2000. Navigation-related structural change in the hippocampi of taxi drivers. *Proceedings of the National Academy of Sciences USA*, 97, pp.4398~4403.
Mak, A. 2018, April 20. What can Starbucks accomplish? *Slate*. https://slate.com/technology/2018/04/does-implicit-bias-training-work-starbucks-racial-bias-planwill-probably-fail.html.
Malinoski, P. T., and Lynn, S. J. 1999. The plasticity of early memory reports: Social pressure, hypnotizability, compliance, and interrogative suggestibility. *International Journal of Clinical and Experimental Hypnosis*, 47, pp.320~345.
Maril, A., Wagner, A. D., and Schacter, D. L. 2001. On the tip of the tongue: An event-related fMRI study of retrieval failure and cognitive conflict. *Neuron*, 31, pp. 653~660.
Markowitsch, H. J., Fink, G. R., Thone, A. I. M., Kessler, J., and Heiss, W.-D. 1997. Persistent psychogenic amnesia with a PET-proven organic basis. *Cognitive Neuropsychiatry*, 2, pp.135~158.
Markowitsch, H. J. 1999. Functional neuroimaging correlates of functional amnesia. *Memory*, 5/6, pp.561~583.
Marsh, E. J., and Rajaram, S. 2019. The digital expression of the mind: Implications of Internet usage for memory and cognition. *Journal of Applied Research in Memory and Cognition*, 8, pp.1~14.
Marsh, R. L., Landau, J. D., and Hicks, J. L. 1997. Contributions of inadequate source monitoring to unconscious plagiarism during idea generation. *Journal of Experimental Psychology: Learning, Memory, and Cognition*, 23, pp.886~897.
Marsh, R. L., and Hicks, J. L. 1998. Event-based prospective memory and executive control of working memory. *Journal of Experimental Psychology: Learning, Memory, and Cognition*, 24, pp.336~349.
Martin, M. 1986. Aging and patterns of change in everyday memory and cognition. *Human Learning*, 5, pp.63~74.
Mather, M., Henkel, L. A., and Johnson, M. K. 1997. Evaluating characteristics of

false memories: Remember/know judgments and memory characteristics questionnaire compared. *Memory and Cognition*, 25, pp.826~837.

Maylor, E. A. 1990. Age and prospective memory. *Quarterly Journal of Experimental Psyhology*, 42A, pp.471~493.

Maylor, E. A. 1996. Does prospective memory decline with age? In M. Brandimonte, G. O. Einstein, and M. A. McDaniel (eds.), Prospective memory: *Theory and applications* (pp.173~198). Mahwah, N.J.: Erlbaum Associates.

Maylor, E. A. 1997. Proper name retrieval in old age: Converging evidence against disproportionate impairment. *Aging, Neuropsychology, and Cognition*, 4, pp. 211~226.

Mazzoni, G. A., and Loftus, E. F. 1998. Dream interpretation can change beliefs about the past. *Psychotherapy*, 35, pp.177~187.

McBurney, D. H., Gaulin, S. J. C., Devineni, T., and Adams, C. 1997. Superior spatial memory of women: Stronger evidence for the gathering hypothesis. *Evolution and Human Behavior*, 18, pp.165~174.

McClelland, J. L. 1995. Constructive memory and memory distortions: A parallel-distributed processing approach. In D. L. Schacter (ed.), *Memory distortion: How minds, brains, and societies reconstruct the past* (pp.69~90). Cambridge, Mass.: Harvard University Press.

McDaniel, M. A., and Einstein, G. O. 1992. Aging and prospective memory: Basic findings and practical applications. *Advances in Learning and Behavioral Disabilities*, 7, pp.87~105.

McDaniel, M. A., and Einstein, G. O. 1993. The importance of cue familiarity and cue distinctiveness in prospective memory. *Memory*, 1, pp.23~41.

McFarland, C., and Ross, M. 1987. The relation between current impressions and memories of self and dating partners. *Personality and Social Psychology Bulletin*, 13, pp.228~238.

McFarland, C., Ross, M., and DeCourville, N. 1989. Women's theories of menstruation and biases in recall of menstrual symptoms. *Journal of Personality and Social Psychology*, 57, pp.522~531.

McKenna, P., and Warrington, E. K. 1980. Testing for nominal dysphasia. *Journal of Neurology, Neurosurgery, and Psychiatry*, 42, pp.781~788.

McKenzie, V. 2018, August 21. Memory's surprising role in child death trials. *The Crime Report*. https://thecrimereport.org/2018/08/21/when-forgetting-kills-a-child/.

McNally, R. J. 1999. Research on eye movement desensitization and reprocessing (EMDR) as treatment for PTSD. *PTSD Research Quarterly*, 10, pp.1~7.

Memon, A., and Higham, P. A. 1999. A review of the Cognitive Interview. *Psychology, Crime and Law*, 5, pp.177~196.

Memon, A., Meissner, C. A., and Fraser, J. 2010. The Cognitive Interview: A meta-analytic review and study space analysis of the past 25 years. *Psychology, Public Policy, and Law*, 16, pp.340~372.

Mercier, H. 2017. How gullible are we? A review of the evidence from psychology and social science. *Review of General Psychology*, 21, pp.103~122.

Messer, S. 2017, June 14. How 4 technologies designed to prevent hot car deaths work. *ABC News*. https://abcnews.go.com/US/technologies-designed-prevent-hot-car -deathswork/story?id=47991074.

Metcalfe, J., Funnell, M., and Gazzaniga, M. S. 1995. Right-hemisphere memory superiority: Studies of a split-brain patient. *Psychological Science*, 6, pp.157~164.

Meyer, A. S., and Bock, K. 1992. The tip-of-the-tongue phenomenon: Blocking or partial activation? *Memory and Cognition*, 20, pp.715~726.

Milders, M., Deelman, B., and Berg, I. 1998. Rehabilitation of memory for people's names. *Memory*, 6, pp.21~36.

Mill, J. S. 1843. *A system of logic*. London: Longman.

Miller, S. S. 2019, August 9. High-tech alarms go off when kids are left in hot cars. *Mashable*. https://mashable.com/article/car-seat-alarms-prevent-hot-car-death/.

Mineka, S., and Nugent, K. 1995. Mood-congruent memory biases in anxiety and depression. In D. L. Schacter (ed.), *Memory distortion: How minds, brains, and societies reconstruct the past* (pp.173~196). Cambridge, Mass.: Harvard University Press.

Misanin, J. R., Miller, R. R., and Lewis, D. J. 1968. Retrograde amnesia produced by electroconvulsive shock after reactivation of a consolidated memory trace. *Science*, 160, pp.203~204.

Møller, A. P., and Swaddle, J. P. 1997. *Asymmetry, developmental stability and evolution*. New York: Oxford University Press.

Mooneyham, B. W., and Schooler, J. W. 2013. The costs and benefits of mind-wandering: A review. *Canadian Journal of Experimental Psychology*, 67, pp.11~18.

Moss, M. 2000, May 31. The story behind a soldier's story. *New York Times*, p.A1.

Mottron, L., Belleville, S., Stip, E., and Morasse, K. 1998. Atypical memory performance in an autistic savant. *Memory*, 6, pp.593~607.

Mueller, E. 2019, December 19. Elizabeth Warren wants you to know that she takes selfies. *Politico*. https://www.politico.com/news/2019/12/19/elizabeth-warren-selfiesdebate-088552.

Muir, K., Madill, A., and Brown, C. 2017. Individual differences in emotional processing and autobiographical memory: Interoceptive awareness and alexithymia in the fading affect bias. *Cognition and Emotion*, 31, pp.1392~1404.

Munsterberg, H. 1908. *On the witness stand: Essays on psychology and crime*. New York: Clark, Boardman, Doubleday.

Murayama, K., and Kuhbandner, C. 2011. Money enhances memory consolidation-but only for boring material. *Cognition*, 119, pp.120~124.

Murphy, G., Loftus, E. F., Grady, R. H., Levine, L. J., and Greene, C. M. 2019. False memories for fake news during Ireland's abortion referendum. *Psychological Science*, 30, pp.1449~1459.

Murray, S., Stanley, M., McPhetres, J., Pennycook, G., and Seli, P. 2020. "I've said it before and I will say it again…": Repeating statements made by Donald Trump increases perceived truthfulness for individuals across the political spectrum. *PsyArXiv Preprints*. https://psyarxiv.com/9evzc/.

Myers, L. B., Brewin, C. R., and Power, M. J. 1998. Repressive coping and the directed forgetting of emotional material. *Journal of Abnormal Psychology*, 107, pp.141~148.

Nadel, L., and Zola-Morgan, S. 1984. Infantile amnesia: A neuro-biological perspective.

In M. Moscovitch (ed.), *Infant memory* (pp.145~172). New York: Plenum Press.

Nader, K., Schafe, G. E., and LeDoux, J. E. 2000. Fear memories require protein synthesis in the amygdala for reconsolidation after retrieval. *Nature*, 406, pp. 722~726.

Nathan, D., and Snedeker, M. 1995. *Satan's silence: Ritual abuse and the making of a modern American witch hunt*. New York: Basic Books.

National Safety Council. n.d. Record number of children died in hot cars in 2018. https://www.nsc.org/road-safety/safety-topics/child-passenger-safety/kids-hot-cars.

Newton, P. 1998, January 30. Prescott forgets name of the game. *Times* (London).

Noice, H., and Noice, T. 1996. Two approaches to learning a theatrical script. *Memory*, 4, pp.1~18.

Noice, H., Noice, T., Perrig-Chiello, P., and Perrig, W. 1999. Improving memory in older adults by instructing them in professional actors' learning strategies. *Applied Cognitive Psychology*, 13, pp.315~328.

Nolde, S. F., Johnson, M. K., and D'Esposito, M. 1998. Left prefrontal activation during episodic remembering: an event-related fMRI study. *NeuroReport*, 9, pp.3509 ~3514.

Nolen-Hoeksema, S. 1991. Responses to depression and their effects on the duration of depressive episodes. *Journal of Abnormal Psychology*, 100, pp.569~582.

Nørby, S. 2015. Why forget? On the adaptive value of memory loss. *Perspectives on Psychological* Science, 10, pp.551~578.

Nørby, S. 2018. Forgetting and emotional regulation in mental health, anxiety and depression. *Memory*, 26, pp.342~363.

Nordell, J. 2017, May 7. Is this how discrimination ends? *Atlantic*. https://www.theatlantic.com/science/archive/2017/05/unconscious-bias-training/525405/.

Norman, K. A., and Schacter, D. L. 1997. False recognition in young and older adults: Exploring the characteristics of illusory memories. *Memory and Cognition*, 25, pp.838~848.

Nosek, B. A., Banaji, M. R., and Greenwald, A. G. 2002. Harvesting implicit group attitudes and beliefs from a demonstration website. *Group Dynamics: Theory, Research, and Practice*, 6, pp.101~115.

Nyberg, L., and Cabeza, R. 2000. Brain imaging of memory. In E. Tulving and F. I. M. Craik (eds.), *The Oxford handbook of memory* (pp.501~519). New York: Oxford University Press.

O'Carroll, R. E., Drysdale, E., Cahill, L., Shajahan, P., and Ebmeier, K. P. 1999a. Memory for emotional material: A comparison of central versus peripheral beta blockade. *Journal of Psychopharmacology*, 13, pp.32~39.

O'Carroll, R. E., Drysdale, E., Cahill, L., Shajahan, P., and Ebmeier, K. P. 1999b. Stimulation of the noradrenergic system enhances and blockade reduces memory for emotional material in man. *Psychological Medicine*, 29, pp.1083~1088.

Ochsner, K. N. 2000. Are affective events richly recollected or simply familiar? The experience and process of recognizing feelings past. *Journal of Experimental Psychology: General*, 129, pp.242~261.

Ochsner, K. N., and Schacter, D. L. 2000. Constructing the emotional past: A social-cognitive-neuroscience approach to emotion and memory. In J. Borod (ed.),

The neuropsychology of emotion (pp.163~193). New York: Oxford University Press.

Offer, D., Kaiz, M., Howard, K. I., and Bennett, E. S. 2000. The altering of reporting experiences. *Journal of the American Academy of Child and Adolescent Psychiatry*, 39, pp.735~742.

Ofshe, R. J. 1992. Inadvertent hypnosis during interrogation: False confession due to dissociative state; mis-identified multiple personality and the satanic cult hypothesis. *International Journal of Clinical and Experimental Hypnosis*, 40, pp. 125~156.

Okuda, J., Fujii, T., Yamadori, A., Kawashima, R., Tsukiura, T., Fukatsu, R., Suzuki, K., Ito, M., and Fukuda, H. 1998. Participation of the prefrontal cortices in prospective memory: Evidence from a PET study in humans. *Neuroscience Letters*, 253, pp.127~130.

Okuda, J., Fujii, T., Ohtake, H., Tsukiura, T., Tanji, K., Suzuki, K., Kawashima, R., Fukuda, H., Itoh, M., and Yamadori, A. 2003. Thinking of the future and the past: The roles of the frontal pole and the medial temporal lobes. *NeuroImage*, 19, pp.1369~1380.

Open Science Collaboration. 2015. Estimating the reproducibility of psychological science. *Science*, 349, p.aac4716.

Orwell, G. 1950/1984. *1984*. New York: Signet Classic.; 조지 오웰, 김기혁 옮김, 『1984』, 문학동네, 2010년.

Otterman, S. 2019, August 1. He left his twins in a hot car and they died. Accident or crime? *New York Times*. https://www.nytimes.com/2019/08/01/nyregion/children-leftto-die-in-hot-cars-accident-or-murder.html.

Paley, W. 1802/1986. *Natural theology*. Charlottesville, Va.: Lincoln Rembrandt.

Park, D. C., and Kidder, D. P. 1996. Prospective memory and medication adherence. In M. randimonte, G. O. Einstein, and M. A. McDaniel (eds.), *Prospective memory: Theory and applications* (pp.369~390). Mahwah, N.J.: Erlbaum Associates.

Parker, E. S., Cahill, L., and McGaugh, J. L. 2006. A case of unusual autobiographical remembering. *Neurocase*, 12, pp.35~49.

Parker, K. 2001, July 5. Leaving the baby in the hot car. *Orlando Sentinel*. https:// helenair.com/news/opinion/leaving-the-baby-in-the-hot-car/article_8f6a1254-13b9-5ad6-8151-2dc5cdee44d3.html.

Parkes, C. M. 1986. *Bereavement: Studies of grief in adult life*. London: Tavistock.

Patihis, L., Frenda, S. J., LePort, A. K. E., Petersen, N., Nichols, R. M., Stark, C. E. L., McGaugh, J. L., and Loftus, E. F. 2013. False memories in highly superior autobiographical memory individuals. *Proceedings of the National Academy of Sciences USA*, 110, pp.20947~20952.

Patihis, L., Ho, L. Y., Tingen, I. W., Lillienfield, S. O., and Loftus, E. F. 2014. Are the "memory wars" over? A scientist-practitioner gap in beliefs about repressed memory. *Psychological Science*, 25, pp.519~530.

Patihis, L., and Pendergrast, M. H. 2019. Reports of recovered memories of abuse in therapy in a large age-representative U.S. national sample: Therapy type and decade comparisons. *Clinical Psychological Science*, 7, pp.3~21.

Patterson K., Nestor P. J., and Rogers T. T. 2007. Where do you know what you know? The representation of semantic knowledge in the human brain. *Nature Reviews Neuroscience*, 8, pp.976~987.

Paulesu, E., Frith, C. D., and Frackowiak, R. S. J. 1993. The neural correlates of the verbal component of working memory. *Nature*, 362, pp.342~345.
Pawlowski, B., Dunbar, R. I. M., and Lipowicz, A. 2000. Tall men have more reproductive success. *Nature*, 403, p.156.
Pendergrast, M. 1995. *Victims of memory: Incest accusations and shattered lives*. Hinesburg, Vt.: Upper Access.
Pendergrast, M. 2017. *The repressed memory epidemic: How it happened and what we need to learn from it*. New York: Springer.
Pennebaker, J. W. 1997. Writing about emotional experiences as a therapeutic process. *Psychological Science*, 8, pp.162~166.
Pennycook, G., Cannon, T. D., and Rand, D. G. 2018. Prior exposure increases perceived accuracy of fake news. *Journal of Experimental Psychology: General*, 147, pp.1865~1880.
Pennycook, G., and Rand, D. G. 2019. Lazy, not biased: Susceptibility to partisan fake news is better explained by lack of reasoning than by motivated reasoning. *Cognition*, 188, pp.39~50.
Perfect, T. J., and Hanley, J. R. 1992. The tip-of-the-tongue phenomenon: Do experimenter-presented interlopers have any effect? *Cognition*, 45, pp.55~75.
Perrett, D. I., Hietanen, J. K., Oram, M. W., and Benson, P. J. 1992. Organization and functions of cells responsive to faces in the temporal cortex. *Philosophical Transactions of the Royal Society of London B: Biological Sciences*, 335, pp. 23~30.
Peterson, C., and Bell, M. 1996. Children's memory for traumatic injury. *Child Development*, 67, pp.3045~3070.
Peterson, L. R., and Peterson, M. J. 1959. Short-term retention of individual verbal items. *Journal of Experimental Psychology*, 58, pp.193~198.
Petro, S. J., Herrmann, D., Burrows, D., and Moore, C. M. 1991. Usefulness of commercial memory aids as a function of age. *International Journal of Aging and Human Development*, 33, pp.295~309.
Pezdek, K. 1997. Memory for pictures: A life-span study of the role of visual detail. *Child Development*, 58, pp.807~815.
Phelps, E. A., and Gazzaniga, M. S. 1992. Hemispheric differences in mnemonic processing: The effects of left hemisphere interpretation. *Neuropsychologia*, 30, pp.293~297.
Phelps, E. A., LaBar, K. S., Anderson, A. K., O'Connor, K. J., Fulbright, R. K., and Spencer, D. D. 1998. Specifying the contributions of the human amygdala to emotional memory: A case study. *Neurocase*, 4, pp.527~540.
Phelps, E. A., and Hoffman, S. G. 2019. Memory editing from science fiction to clinical practice. *Nature*, 572, pp.43~50.
Pierce, C. P. 2000. *Hard to forget: An Alzheimer's story*. New York: Random House.
Pinker, S. 1997a. Evolutionary psychology: An exchange. *New York Review of Books*, 44, pp.55~58.
Pinker, S. 1997b. *How the Mind Works*. New York: W. W. Norton.; 스티븐 핑커, 김한영 옮김, 『마음은 어떻게 작동하는가: 과학이 발견한 인간 마음의 작동 원리와 진화심리학의 관점』, 동녘사이언스, 2007년.
Plude, D. J., and Schwartz, L. K. 1996. Compact disc-interactive memory training

with the elderly. *Educational Gerontology*, 22, pp.507~521.

Poldrack, R. A. 2018. *The new mind readers: What neuroimaging can and cannot reveal about our thoughts*. Princeton, N.J.: Princeton University Press.

Pollitt, K. 1999, October 18. "Finality" or justice? *The Nation*, 10.

Poole, D. A., and Lindsay, D. S. 1995. Interviewing preschoolers: Effects of nonsuggestive techniques, parental coaching, and learning questions on reports of nonexperienced events. *Journal of Experimental Child Psychology*, 60, pp.129~154.

Poole, D. A., Lindsay, D. S., Memon, A., and Bull, R. 1995. Psychotherapy and the recovery of memories of childhood sexual abuse: U.S. and British practitioners' opinions, practices, and experiences. *Journal of Consulting and Clinical Psychology*, 63, pp.426~487.

Porter, S., Yuille, J. C., and Lehman, D. R. 1999. The nature of real, implanted, and fabricated memories for emotional childhood events: Implications for the recovered memory debate. *Law and Human Behavior*, 23, pp.317~337.

Posner, M. I., and Raichle, M. E. 1994. *Images of the mind*. New York: Scientific American Library.

Price, J. L., and Morris, J. C. 1999. Tangles and plaques in nondemented aging and "preclinical" Alzheimer's disease. *Annals of Neurology*, 45, pp.358~368.

Price, J. L., and Davis, B. 2008. *The Woman Who Can't Forget: The extraordinary story of living with the most remarkable memory known to science*. New York: Free Press.; 질 프라이스·바트 데이비스, 배도희 옮김, 『모든 것을 기억하는 여자』, 북하우스, 2009년.

Purdon, C. 1999. Thought suppression and psychopathology. *Behaviour Research and Therapy*, 37, pp.1029~1054.

Rabinowitz, D. 2003. *No crueler tyrannies: Accusation, false witness, and other terrors of our times*. New York: Free Press.

Raichle, M. E., Fiez, J. A., Videen, T. O., MacLeod, A. M., Pardo, J. V., Fox, P. T., and Petersen, S. E. 1994. Practice-related changes in human brain functional anatomy during nonmotor learning. *Cerebral Cortex*, 4, pp.8~26.

Rapcsak, S. Z., Reminger, S. L., Glisky, E. L., Kasniak, A. W., and Comer, J. F. 1999. Neuropsychological mechanisms of false facial recognition following frontal lobe damage. *Cognitive Neuropsychology*, 16, pp.267~292.

Rapson, J. 2019, August 22. 4th grader invents device so parents won't forget their baby in the car. *For Every Mom*. https://foreverymom.com/family-parenting/4th-graderinvents-device-so-parents-wont-forget-their-baby-in-the-car-sophie-rapson/?fbclid=IwAR0gWoJMac764mDYymfYFC4lG1TlxcLuiDdb8wvi92GyOnwii-UMbeTvBoY.

Rastle, K. G., and Burke, D. M. 1996. Priming the tip of the tongue: Effect of prior processing on word retrieval in young and older adults. *Journal of Memory and Language*, 35, pp.586~605.

Rauch, S. L., van der Kolk, B. A., Fisler, R. E., Alpert, N. M., Orr, S. P., Savage, C. R., Fishman, A. J., Jenike, M. A., and Pitman, R. K. 1996. A symptom provocation study of posttraumatic stress disorder using positron emission tomography and script-driven imagery. *Archives of General Psychiatry*, 35, pp.380~387.

Read, J. D., and Bruce, D. 1982. Longitudinal tracking of difficult memory retrievals. *Cognitive Psychology*, 14, pp.280~300.

Read, J. D., and Lindsay, D. S. (eds.). 1997. *Recollections of trauma: Scientific research and clinical practice*. New York: Plenum Press.
Reason, J. T., and Mycielska, K. 1982. *Absent-minded? The psychology of mental lapses and everyday errors*. Englewood Cliffs, N.J.: Prentice-Hall.
Reason, J. T., and Lucas, D. 1984. Using cognitive diaries to investigate naturally occurring memory blocks. In J. E. Harris and P. E. Morris (eds.), *Everyday memory, actions and absentmindedness* (pp.53~69). Orlando, Fla.: Academic Press.
Rebok, G. W., Rasmusson, D. X., Bylsma, F. W., and Brandt, J. 1997. Memory improvement tapes: How effective for elderly adults? *Aging, Neuropsychology, and Cognition*, 4, pp.304~311.
Reed, G. 1988. *The psychology of anomalous experience* (rev. ed.). Buffalo, N.Y.: Prometheus Books.
Rees, G., Russell, C., Frith, C. D., and Driver, J. 1999. Inattentional blindness versus inattentional amnesia for fixated but ignored words. *Science*, 286, pp.2504~2507.
Reeve, H. K., and Sherman, P. W. 1993. Adaptation and the goals of evolutionary research. *Quarterly Review of Biology*, 68, pp.1~32.
Reinitz, M. T., Morrissey, J., and Demb, J. 1994. The role of attention in face encoding. *Journal of Experimental Psychology: Learning, Memory, and Cognition*, 20, pp. 161~168.
Reiser, M. 1990. Investigative hypnosis. In D. C. Raskin (ed.), *Psychological methods in criminal investigation and evidence* (pp.151~190). New York: Springer.
Reynolds, M., and Brewin, C. R. 1999. Intrusive memories in depression and post-traumatic stress disorder. *Behaviour Research and Therapy*, 37, pp.201~215.
Ribot, T. 1882. *Diseases of memory*. New York: Appleton-Century-Crofts.
Richards, B. A., and Frankland, P. W. 2017. The persistence and transience of memory. *Neuron*, 94, pp.1071~1084.
Riefer, D. M., Kevari, M. K., and Kramer, D. L. F. 1995. Name that tune: Eliciting the tipof-the-tongue experience using auditory stimuli. *Psychological Reports*, 77, pp.1379~1390.
Rimé, B. 1995. Mental rumination, social sharing, and the recovery from emotional exposure. In J. W. Pennebaker (ed.), *Emotion, disclosure, and health* (pp.271 ~291). Washington, D.C.: American Psychological Association.
Risko, E. F., Anderson, N., Sarwal, A., Engelhardt, M., and Kingstone, A. 2012. Everyday attention: Variation in mind wandering and memory in a lecture. *Applied Cognitive Psychology*, 26, pp.234~242.
Risko, E. F., and Gilbert, S. J. 2016. Cognitive offloading. *Trends in Cognitive Sciences*, 20, pp.676~688.
Rissman, J., Greely, H. T., and Wagner, A. D. 2010. Detecting individual memories through the neural decoding of memory states and past experience. *Proceedings of the National Academy of Sciences USA*, 107, pp.9849~9854.
Rissman, J., and Wagner, A. D. 2012. Distributed representations in memory: Insights from functional brain imaging. *Annual Review of Psychology*, 63, pp.101~128.
Rissman, J., Chow, T. E., Reggente, N., and Wagner, A. D. 2016. Decoding fMRI signatures of real-world autobiographical memory retrieval. *Journal of Cognitive Neuroscience*, 28, pp.604~620.

Ritchie, T. D., Skowronski, J. J., Hartnett, J. L., Wells, B. M., and Walker, W. R. 2009. The fading affect bias in the context of emotion activation level, mood, and personal theories of emotion change. *Memory*, 17, pp.428~444.

Ritchie, T. D., Kitsch, K. S., Dromey, M., and Skowronski, J. J. 2019. Individuals who report eating disorder symptoms also exhibit a disrupted fading affecting bias in autobiographical memory. *Memory*, 27, pp.239~249.

Roediger, H. L., III, and McDermott, K. B. 1995. Creating false memories: Remembering words not presented in lists. *Journal of Experimental Psychology: Learning, Memory, and Cognition*, 21, pp.803~814.

Roediger, H. L., III, and Karpicke, J. D. 2006. Test-enhanced learning: Taking memory tests improves long-term retention. *Psychological Science*, 17, pp.249~255.

Roese, N. J. 1997. Counterfactual thinking. *Psychological Bulletin*, 121, pp.133~148.

Roese, N. J., and Hur, T. 1997. Affective determinants of counterfactual thinking. *Social Cognition*, 15, pp.274~290.

Roese, N. J., and Maniar, S. D. 1997. Perceptions of purple: Counterfactual and hindsight judgments at Northwestern Wildcats football games. *Personality and Social Psychology Bulletin*, 23, pp.1245~1253.

Rosenbaum, R. S., Kohler, S., Schacter, D. L., Moscovitch, M., Westmacott, R., Black, S. E., Gao, F., and Tulving, E. 2005. The case of K.C.: Contributions of a memory-impaired person to memory theory. *Neuropsychologia*, 43, pp.989~1021.

Ross, D. F., Ceci, S. I., Dunning, D., and Toglia, M. P. 1994. Unconscious transference and mistaken identity: When a witness misidentifies a familiar but innocent person. *Journal of Applied Psychology*, 79, pp.918~930.

Ross, M., and Sicoly, R. 1979. Egocentric biases in availability and attribution. *Journal of Personality and Social Psychology*, 37, pp.322~336.

Ross, M. 1989. Relation of implicit theories to the construction of personal histories. *Psychological Review*, 96, pp.341~357.

Ross, M., and Wilson, A. E. 1999. Constructing and appraising past selves. In D. L. Schacter and E. Scarry (eds.), Memory, brain, and belief. Cambridge, Mass.: Harvard University Press.

Rubin, S. R., Van Petten, C., Glisky, E. L., and Newberg, W. M. 1999. Memory conjunction errors in younger and older adults: Event-related potential and neuropsychological data. *Cognitive Neuropsychology*, 16, pp.459~488.

Rudy, L., and Goodman, G. S. 1991. Effects of participation on children's reports: Implications for children's testimony. *Developmental Psychology*, 27, pp.527~538.

Sacchet, M. D., Levy, B. J., Hamilton, J. P., Makismovskiy, A., Hertel, P. T., Joormann, J., Anderson, M. C., Wagner, A. D., and Gotlib, I. H. 2017. Cognitive and neural consequences of memory suppression in major depressive disorder. *Cognitive, Affective, and Behavioral Neuroscience*, 17, pp.77~93.

Sadeh, T., and Pertzov, Y. 2019. Scale-invariant characteristics of forgetting: Toward a unifying account of hippocampal forgetting across short and long timescales. *Journal of Cognitive Neuroscience*, 32, pp.1~17.

St. Jacques, P. L., Olm, C., and Schacter, D. L. 2013. Neural mechanisms of reactivation-induced updating that enhance and distort memory. *Proceedings of the National Academy of Sciences USA*, 110, pp.19671~19678.

Salthouse, T. A. 1996. The processing-speed theory of adult age differences in cognition. *Psychological Review*, 103, pp.403~428.

Sanitioso, R., Kunda, Z., and Fong, G. T. 1990. Motivated recruitment of autobiographical memories. *Journal of Personality and Social Psychology,* 59, pp.229~241.

Santangelo, V., Cavallina, C., Colucci, C., Santori, A., Macri, S., McGaugh, J. L., and Campolongo, P. 2018. Enhanced brain activity associated with memory access in highly superior autobiographical memory. *Proceedings of the National Academy of Sciences USA*, 115, pp.7795~7800.

Sayette, M. A., Reichel, E. D., and Schooler, J. W. 2009. Lost in the sauce: The effects of alcohol on mind wandering. *Psychological Science*, 20, pp.747~752.

Schachter, S., and Singer, J. 1962. Cognitive, social, and physiological determinants of emotional learning. *Psychological Review*, 69, pp.379~399.

Schacter, D. L. 1983. Amnesia observed: Remembering and forgetting in a natural environment. *Journal of Abnormal Psychology*, 92, pp.236~242.

Schacter, D. L, and Moscovitch, M. 1984. Infants, amnesics, and dissociable memory systems. In M. Moscovitch (ed.), *Infant memory* (pp.173~216). New York: Plenum Press.

Schacter, D. L. 1987. Implicit memory: History and current status. *Journal of Experimental Psychology: Learning, Memory, and Cognition*, 13, pp.501~518.

Schacter, D. L. 1996. *Searching for memory: The brain, the mind, and the past*. New York: Basic Books.

Schacter, D. L., Reiman, E., Curran, T., Yun, L. S., Bandy, D., McDermott, K. B., and Roediger, H. L., III. 1996a. Neuroanatomical correlates of veridical and illusory recognition memory: Evidence from positron emission tomography. *Neuron*, 17, pp.267~274.

Schacter, D. L., Verfaellie, M., and Pradere, D. 1996b. The neuropsychology of memory illusions: False recall and recognition in amnesic patients. *Journal of Memory and Language*, 35, pp.319~334.

Schacter, D. L., Buckner, R. L., Koutstaal, W., Dale, A. M., and Rosen, B. R. 1997a. Late onset of anterior prefrontal activity during retrieval of veridical and illusory memories: An event-related fMRI study. *NeuroImage*, 6, pp.259~269.

Schacter, D. L., Koutstaal, W., Johnson, M. K., Gross, M. S., and Angell, K. A. 1997b. False recollection induced by photographs: A comparison of older and younger adults. *Psychology and Aging*, 12, pp.203~215.

Schacter, D. L., and Buckner, R. L. 1998. Priming and the brain. *Neuron*, 20, pp. 185~195.

Schacter, D. L., Verfaellie, M., Anes, M. D., and Racine, C. 1998. When true recognition suppresses false recognition: Evidence from amnesic patients. *Journal of Cognitive Neuroscience*, 10, pp.668~679.

Schacter, D. L. (ed.). 1999a. *The cognitive neuropsychology of false memories*. Hove, England: Psychology Press.

Schacter, D. L. 1999b. The seven sins of memory: Insights from psychology and cognitive neuroscience. *American Psychologist*, 54, pp.182~203.

Schacter, D. L., Israel, L., and Racine, C. 1999. Suppressing false recognition: The distinctiveness heuristic. *Journal of Memory and Language*, 40, pp.1~24.

Schacter, D. L., and Wagner, A. D. 1999. Medial temporal lobe activations in fMRI and PET studies of episodic encoding and retrieval. *Hippocampus*, 9, pp.7~24.

Schacter, D. L., and Addis, D. R. 2007a. Constructive memory: The ghosts of past and future. *Nature*, 445, p.27.
Schacter, D. L., and Addis, D. R. 2007b. The cognitive neuroscience of constructive memory: Remembering the past and imagining the future. *Philosophical Transactions of the Royal Society B: Biological Sciences*, 362, pp.773~786.
Schacter, D. L., Addis, D. R., and Buckner, R. L. 2007. Remembering the past to imagine the future: The prospective brain. *Nature Reviews Neuroscience*, 8, pp.657~661.
Schacter, D. L., Guerin, S. A., and St. Jacques, P. L. 2011. Memory distortion: An adaptive perspective. *Trends in Cognitive Sciences*, 15, pp.467~474.
Schacter, D. L. 2012. Adaptive constructive processes and the future of memory. *American Psychologist*, 67, pp.603~613.
Schacter, D. L., Addis, D. R., Hassabis, D., Martin, V. C., Spreng, R. N., and Szpunar, K. K. 2012. The future of memory: Remembering, imagining, and the brain. *Neuron*, 76, pp.677~694.
Schacter, D. L., and Loftus, E. F. 2013. Memory and law: What can cognitive neuroscience contribute? *Nature Neuroscience*, 16, pp.119~123.
Schacter, D. L., and Madore, K. P. 2016. Remembering the past and imagining the future: Identifying and enhancing the contribution of episodic memory. *Memory Studies*, 9, pp.245~255.
Schacter, D. L., Benoit, R. G., and Szpunar, K. K. 2017. Episodic future thinking: Mechanisms and functions. *Current Opinion in Behavioral Sciences*, 17, pp.41~50.
Schacter, D. L., Devitt, A. L., and Addis, D. R. 2018. Episodic future thinking and cognitive aging. In *Oxford research encyclopedia of psychology*. Oxford University Press. https://oxfordre.com/view/10.1093/acrefore/9780190236557.001.0001/acrefore-9780190236557-e-380.
Schacter, D. L., and Addis, D. R. 2020. Memory and imagination: Perspectives on constructive episodic simulation. In A. Abraham (ed.), *The Cambridge handbook of the imagination* (pp.111~131). Cambridge: Cambridge University Press.
Schacter, D. L., Carpenter, A. C., Devitt, A. L., and Thakral, P. P. 2005. (in press). Memory errors and distortion. In M. J. Kahana and A. D. Wagner (eds.), *The Oxford handbook of human memory*. New York: Oxford University Press.
Scharfe, E., and Bartholomew, K. 1998. Do you remember? Recollections of adult attachment patterns. *Personal Relationships*, 5, pp.219~234.
Schimmack, U. 2019. The Implicit Association Test: A method in search of a construct. *Perspectives on Psychological Science*. https://doi.org/10.1177/1745691619863798.
Schmand, B., Smit, J., Lindeboom, J., Smits, C., Hooijer, C., Jonker, C., and Deelman, B. 1997. Low education is a genuine risk factor for accelerated memory decline and dementia. *Journal of Clinical Epidemiology*, 50, pp.1025~1033.
Schmank, C. J., and James, L. E. 2019. Adlts of all ages experience increased tip-of- thetongue states under ostensible evaluative observation. *Aging, Neuropsychology, and Cognition*. https://doi.org/10.1080/13825585.2019.1641177.
Schmitz, T. W., Correia, M. M., Ferreira, C. S., Prescot, A. P., and Anderson, M. C. 2017. Hippocampal GABA enables inhibitory control over unwanted thoughts. *Nature*

Communications, 8, p.1311. https://doi.org/10.1038/s41467-017-00956-z.
Schmolck, H., Buffalo, E. A., and Squire, L. R. 2000. Memory distortions develop over time: Recollections of the O. J. Simpson trial verdict after 15 and 32 months. *Psychological Science*, 11, pp.39~45.
Schooler, J. W. 1994. Seeking the core: The issues and evidence surrounding recovered accounts of sexual trauma. *Consciousness and Cognition*, 3, pp.452~469.
Schooler, L., Rhine, R., and Silva, J. C. S. 1999. *Does human memory reflect the environment of early hominids?* Paper presented at the Annual Meeting of the Psychonomic Society, Los Angeles, Calif.
Schwartz, B. L. 1999. Sparkling at the end of the tongue: The etiology of tip-of-the-tongue phenomenology. *Psychonomic Bulletin and Review*, 6, pp.379~393.
Scoboria, A., Wade, K. A., Lindsay, D. S., Azad, T., Strange, D., Ost, J., and Hyman, I. E. 2017. A mega-analysis of memory reports from eight peer-reviewed false memory implantation studies. *Memory*, 25, pp.146~163.
Scoville, W. B., and Milner, B. 1957. Loss of recent memory after bilateral hippocampal lesions. *Journal of Neurology, Neurosurgery, and Psychiatry*, 20, pp.11~21.
Sedikides, C., and Skowronski, J. J. 2020. In human memory, good can be stronger than bad. *Current Directions in Psychological Science*, 29, pp.86~91.
Segal, Z. V. 1988. Appraisal of the self-schema construct in cognitive models of depression. *Psychological Bulletin*, 103, pp.147~162.
Seli, P., Risko, E. F., Smilek, D., and Schacter, D. L. 2016. Mind-wandering with and without intention. *Trends in Cognitive Sciences*, 20, pp.605~617.
Semenza, C., and Zettin, M. 1988. Generating proper names: A case of selective inability. *Cognitive Neuropsychology*, 5, pp.711~721.
Semenza, C., and Zettin, M. 1989. Evidence from aphasia for the role of proper names as pure referring expressions. *Nature*, 342, pp.678~679.
Semenza, C., and Sgaramella, T. M. 1993. Production of proper names: A clinical case study of the effects of phonemic cueing. *Memory,* 1, pp.265~280.
Semenza, C., Mondini, S., and Zettin, M. 1995. The anatomical basis of proper name processing: A critical review. *Neurocase*, 1, pp.183~188.
Shackelford, T. K., and Larsen, R. J. 1997. Facial asymmetry as an indicator of psychological, emotional, and physiological distress. *Journal of Personality and Social Psychology*, 72, pp.456~466.
Shackelford, T. K., and Larsen, R. J. 1999. Facial attractiveness and physical health. *Evolution and Human Behavior*, 20, pp.71~76.
Shallice, T., and Warrington, E. K. 1970. The independence of the verbal memory stores: A neuropsychological study. *Quarterly Journal of Experimental Psychology,* 22, pp.261~273.
Shallice, T., Fletcher, P., Frith, C. D., Grasby, P., Frackowiak, R. S. J., and Dolan, R. J. 1994. Brain regions associated with acquisition and retrieval of verbal episodic memory. *Nature*, 368, pp.633~635.
Shaw, J., and Porter, S. 2015. Constructing rich false memories of committing crime. *Psychological Science*, 26, pp.291~301.
Shaw, J. S., Bjork, R. A., and Handal, A. 1995. Retrieval-induced forgetting in an eyewitness memory paradigm. *Psychonomic Bulletin and Review*, 2, pp.249~253.
Shay, J. 1994. *Achilles in Vietnam: Combat trauma and the undoing of character*. New

York: Atheneum.
Sherry, D. F., and Schacter, D. L. 1987. The evolution of multiple memory systems. *Psychological Review*, 94, pp.439~454.
Sherry, D. F., and Vaccarino, A. L. 1989. Hippocampus and memory for food caches in black-capped chickadees. *Behavioral Neuroscience*, 103, pp.308~318.
Sherry, D. F., Forbes, M. R. L., Khurgel, M., and Ivy, G. O. 1993. Females have a larger hippocampus than males in the brood-parasitic brown-headed cowbird. *Proceedings of the National Academy of Sciences USA*, 90, pp.7839~7843.
Shettleworth, S. J. 1998. *Cognition, evolution, and behavior*. New York: Oxford University Press.
Shimamura, A. P. 1995. Memory and frontal lobe function. In M. Gazzaniga (ed.), *The cognitive neurosciences* (pp.803~813). Cambridge, Mass.: MIT Press.
Shin, L. M., Kosslyn, S. M., McNally, R. J., Alpert, N. M., Thompson, W. L., Rauch, S. L., Macklin, M. L., and Pitman, R. K. 1997. Visual imagery and perception in posttraumatic stress disorder: A positron emission tomographic investigation. *Archives of General Psychiatry*, 54, pp.233~241.
Shin, L. M., McNally, R. J., Kosslyn, S. M., Thompson, W. L., Rauch, S. L., Alpert, N. M., Metzger, L. J., Lasko, N. B., Orr, S. P., and Pitman, R. K. 1999. Regional cerebral blood flow during script-driven imagery in childhood sexual abuse-related PTSD: A PET investigation. *American Journal of Psychiatry*, 156, pp. 575~584.
Silverman, I., and Eals, M. 1992. Sex differences in spatial abilities: Evolutionary theory and data. In J. Barkow, L. Cosmides, and J. Tooby (eds.), *The adapted mind: Evolutionary psychology and the generation of culture* (pp.487~503). New York: Oxford University Press.
Simons, D. J., and Levin, D. T. 1998. Failure to detect changes to people during a real-world interaction. *Psychonomic Bulletin and Review*, 4, pp.501~506.
Simons, D. J., and Chabris, C. F. 1999. Gorillas in our midst: Sustained inattentional blindness for dynamic events. *Perception*, 28, pp.1059~1074.
Simons, D. J. 2000. Current approaches to change blindness. *Visual Cognition*, 7, pp. 1~15.
Skinner, B. F. 1983. Intellectual self-management in old age. *American Psychologist*, 38, pp.239~244.
Slamecka, N. J. 1968. An examination of trace storage in free recall. *Journal of Experimental Psychology*, 76, pp.504~513.
Slamecka, N. J., and McElree, B. 1983. Normal forgetting of verbal lists as a function of their degree of learning. *Journal of Experimental Psychology: Learning, Memory, and Cognition*, 9, pp.384~397.
Slamecka, N. J. 1985. Ebbinghaus: Some associations. *Journal of Experimental Psychology: Learning, Memory, and Cognition*, 11, pp.414~435.
Sloman, S. A., Bower, G. H., and Rohrer, D. 1991. Congruency effects in part-list cueing inhibition. *Journal of Experimental Psychology: Learning, Memory, and Cognition*, 17, pp.974~982.
Slotnick, S. D., and Schacter, D. L. 2004. A sensory signature that distinguishes true from false memories. *Nature Neuroscience*, 7, pp.664~672.
Small, S. A., Perera, G. M., DeLaPaz, R., Mayeux, R., and Stern, Y. 1999. Differential

regional dysfunction of the hippocampal formation among elderly with memory decline and Alzheimer's disease. *Annals of Neurology*, 45, pp.466~472.

Smallwood, J., and Schooler, J. W. 2006. The restless mind. *Psychological Bulletin*, 132, pp.946~958.

Smallwood, J., and Schooler, J. W. 2015. The science of mind wandering: Empirically navigating the stream of consciousness. *Annual Review of Psychology*, 66, pp. 487~518.

Smeekens, B. A., and Kane, M. J. 2016. Working memory capacity, mind wandering, and creative cognition: An individual-differences investigation into the benefits of controlled versus spontaneous thought. *Psychology of Aesthetics, Creativity, and the Arts*, 10, pp.389~415.

Sno, H. N., and Linszen, D. H. 1990. The déjà vu experience: Remembrance of things past? *American Journal of Psychiatry*, 147, pp.1587~1595.

Sno, H. N., Linszen, D. H., and De Jonghe, F. 1992. Art imitates life: Déjà vu in experiences in prose and poetry. *British Journal of Psychiatry*, 160, pp.511~518.

Soares, J. S., and Storm, B. C. 2018. Forget in a flash: A further investigation of the phototaking-impairment effect. *Journal of Applied Research in Memory and Cognition*, 7, pp.154~160.

Southwick, S. M., Bremner, J. D., Rasmusson, A., Morgan, C. A., Arnsten, A., and Charney, D. S. 1999a. Role of norepinephrine in the pathophysiology and treatment of posttraumatic stress disorder. *Biological Psychiatry*, 46, pp.1192~1204.

Southwick, S. M., Morgan, C. A., Charney, D. S., and High, J. R. 1999b. Yohimbine use in a natural setting: Effects on posttraumatic stress disorder. *Biological Psychiatry*, 46, pp.442~444.

Spanos, N. P., Cross, P. A., Dickson, K., and DuBreuil, S. C. 1993. Close encounters: An examination of UFO experiences. *Journal of Abnormal Psychology*, 102, pp. 624~632.

Spanos, N. P., Burgess, C. A., and Burgess, M. F. 1994. Past-life identities, UFO abductions, and satanic ritual abuse: The social construction of memories. *International Journal of Clinical and Experimental Hypnosis*, 42, pp.433~446.

Spanos, N. P., Burgess, C. A., Burgess, M. F., Samuels, C., and Blois, W. O. 1999. Creating false memories of infancy with hypnotic and non-hypnotic procedures. *Applied Cognitive Psychology*, 13, pp.201~218.

Sparrow, B., Liu, J., and Wegner, D. M. 2011. Google effects on memory: Cognitive consequences of having information at our fingertips. *Science*, 333, pp.776~778.

Spencer, K. B., Charbonneau, A. K., and Glaser, J. 2016. Implicit bias and policing. *Social and Personality Compass*, 10, pp.50~63.

Spiro, R. J. 1980. Accommodative reconstruction in prose recall. *Journal of Verbal Learning and Verbal Behavior*, 19, pp.84~95.

Sprecher, S. 1999. "I love you more today than yesterday": Romantic partners' perceptions of changes in love and related affect over time. *Journal of Personality and Social Psychology*, 76, pp.46~53.

Squire, L. R., Slater, P. C., and Chace, P. M. 1976. Reactivation of recent or remote memory before electroconvulsive therapy does not produce retrograde amnesia. *Behavioral Biology*, 18, pp.335~343.

Staples, B. 1994. *Parallel time*. New York: Pantheon Books.

Starr, K. 1998. *The Starr evidence: The complete text of the grand jury testimony of President Clinton and Monica Lewinsky*. New York: HarperCollins.

Steblay, N. M., Wells, G. L., and Douglass, A. L. 2014. The eyewitness post identification feedback effect 15 years later: Theoretical and policy implications. *Psychology, Public Policy, and Law*, 20, pp.1~18.

Stelter, B. 2016, September 27. Debate breaks record as most-watched in U.S. history. *CNN Business*. https://money.cnn.com/2016/09/27/media/debate-ratings-recordviewership/.

Stepp, D. R. 1996, October 7. Going by the book to cure forgetfulness; planners work wonders, teachers say. *Atlanta Journal and Constitution*, p.B1.

Sterelny, K., and Griffiths, P. E. 1999. *Sex and death: An introduction to philosophy of biology*. Chicago: University of Chicago Press.

Stigsdotter-Neely, A., and Backman, L. 1993. Long-term maintenance of gains from memory training in older adults: Two 3-year follow-up studies. *Journal of Gerontology*, 48, pp.233~237.

Storm, B. C., and Stone, S. M. 2015. Saving-enhanced memory: The benefits of saving on the learning and remembering of new information. *Psychological Science*, 26, pp.182~188.

Stramaccia, D. F., Meyer, A.-K., Rischer, K. M., Fawcett, J. M., and Benoit, R. G. 2020. Memory suppression and its deficiency in psychological disorders: A focused meta-analysis. *Journal of Experimental Psychology: General*. https://doi.org/10.1037/xge0000971.

Streb, M., Mecklinger, A., Anderson, M. C., Lass-Hennemann, J., and Michael, T. 2016. Memory control ability modulates intrusive memories after analogue trauma. *Journal of Affective Disorders*, 192, pp.134~142.

Suddendorf, T., and Corballis, M. C. 2007. The evolution of foresight: What is mental time travel and is it unique to humans? *Behavioral and Brain Sciences*, 30, pp.299~313.

Sully, J. W. 1881. *Illusions: A psychological study*. New York: D. Appleton.

Sunderland, A., Watts, K., Baddeley, A., and Harris, J. E. 1986. Subjective memory assessment and test performance in elderly adults. *Journal of Gerontology*, 41, pp.376~384.

Symons, C. S., and Johnson, B. T. 1997. The self-reference effect in memory: A meta-analysis. *Psychological Bulletin*, 121, pp.371~394.

Szpunar, K. K., Watson, J. M., and McDermott, K. B. 2007. Neural substrates of envisioning the future. *Proceedings of the National Academy of Sciences USA*, 104, pp.642~647.

Szpunar, K. K., Khan, N. Y., and Schacter, D. L. 2013. Interpolated memory tests reduce mind wandering and improve learning of online lectures. *Proceedings of the National Academy of Sciences USA*, 110, pp.6313~6317.

Tamir, D. I., Templeton, E. M., Ward, A. F., and Zaki, J. 2018. Media usage diminishes memory for experiences. *Journal of Experimental Social Psychology*, 76, pp.161~168.

Tang, Y. P., Shimizu, E., Dube, G. R., Rampon, C., Kerchner, G. A., Zhuo, M., Liu, G., and Tsien, J. Z. 1999. Genetic enhancement of learning and memory in mice.

Nature, 401, pp.63~69.

Taylor, F. K. 1965. Cryptomnesia and plagiarism. *British Journal of Psychiatry*, 111, pp.1111~1118.

Taylor, S. E., and Brown, J. D. 1988. Illusion and well-being: A social psychological perspective on mental health. *Psychological Bulletin*, 103, pp.193~210.

Taylor, S. E. 1989. *Positive illusions*. New York: Basic Books.

Tempini, M. L, Price, C. J., Josephs, O., Vandenbergh, R., Cappa, S. F., Kapur, N., and Frackowiak, R. S. J. 1998. The neural systems sustaining face and proper -name processing. *Brain*, 121, pp.2103~2118.

Tetlock, P., and Mitchell, G. 2009. Implicit bias and accountability systems: What must organizations do to prevent discrimination? *Research in Organizational Behavior*, 29, pp.3~38.

Thakral, P. P., Madore, K. P., Devitt, A. L., and Schacter, D. L. 2019. Adaptive constructive processes: An episodic specificity induction impacts false recall in the DeeseRoediger-McDermott paradigm. *Journal of Experimental Psychology: General*, 148, pp.1480~1493.

Thompson, C. P., Skowronski, J., Larsen, S. F., and Betz, A. 1996. *Autobiographical memory: Remembering what and remembering when*. Mahwah, N.J.: Erlbaum Associates.

Thomson, D. M. 1988. Context and false recognition. In G. M. Davies and D. M. Thomson (eds.), *Memory in context: Context in memory* (pp.285~304). Chichester, England: John Wiley.

Thornhill, R., and Mø ller, A. P. 1997. Developmental stability, disease and medicine. *Biological Reviews of the Cambridge Philosophical Society*, 72, pp.497~548.

Tiffen, R. 2009, June 17. Barefaced robbery…by mistake. *New Zealand Herald*. https://www.nzherald.co.nz/nz/barefaced-robbery-by-mistake/PY45WO2UIXIBEWNFFENHUZCUXU/.

Tong, F., Nakayama, K., Moscovitch, M., Weinrib, O., and Kanwisher, N. 2000. Response properties of the human fusiform face area. *Cognitive Neuropsychology*, 17, pp.257~279.

Tooby, J., and Cosmides, L. 1992. The psychological foundations of culture. In J. Barkow, L. Cosmides, and J. Tooby (eds.), *The adapted mind* (pp.19~136). New York: Oxford University Press.

Tronson, N. C. 2020, August 7. How Covid-19 might increase the risk of memory loss and cognitive decline. *Discover*. https://www.discovermagazine.com/health/how-covid-19-might-increase-risk-of-memory-loss-and-cognitive-decline.

Trudeau, K. 1997. *Mega Memory*. New York: William Morrow.

Tulving, E. 1972. Episodic and semantic memory. In E. Tulving and W. Donaldson (eds.), *Organization of memory* (pp.381~403). New York: Academic Press.

Tulving, E. 1985. Memory and consciousness. *Canadian Psychology*, 26, pp.1~12.

Tulving, E. 2002. Episodic memory: From mind to brain. *Annual Review of Psychology*, 53, pp.1~25.

Tun, P. A., Wingfield, A., Rosen, M. J., and Blanchard, L. 1998. Response latencies for false memories: Gist-based processes in normal aging. *Psychology and Aging*, 13, pp.230~241.

Uncapher, M. R., Boyd-Meredith, J. T., Chow, T. E., Rissman, J., and Wagner, A. D.

2015. Goal-directed modulation of neural memory patterns: Implications for fMRI-based memory detection. *Journal of Neuroscience*, 35, pp.8531~8545.
Unkelbach, C., Koch, A., Silva, R. R., and Garcia-Marques, T. 2019. Truth by repetition: Explanations and implications. *Current Directions in Psychological Science*, 28, pp.257~263.
Usher, J. A., and Neisser, U. 1993. Childhood amnesia and the beginnings of memory for four early life events. *Journal of Experimental Psychology: General*, 122, pp.155~165.
Valentine, T., Brennen, T., and Brédart, S. 1996. *The cognitive psychology of proper names: On the importance of being Ernest*. London: Routledge.
Vallar, G., and Shallice, T. 1990. *Neuropsychological impairments of short-term memory*. Cambridge: Cambridge University Press.
Van Arsdale, S. 1995. *Toward amnesia*. New York: Riverhead Books.
van Stegeren, A. H., Everaerd, W., Cahill, L., McGaugh, J. L., and Gooren, L. J. G. 1998. Memory for emotional events: Differential effects of centrally versus peripherally acting β-blocking agents. *Psychopharmacology*, 138, pp.305~310.
Varner, L. J., and Ellis, H. C. 1998. Cognitive activity and physiological arousal: Processes that mediate mood-congruent memory. *Memory and Cognition*, 26, pp.939~950.
Vigliocco, G., Antonini, T., and Garrett, M. F. 1997. Grammatical gender is on the tip of Italian tongues. *Psychological Science,* 8, pp.314~317.
Vigliocco, G., Vinson, D. P., Martin, R. C., and Garrett, M. F. 1999. Is "count" and "mass" information available when the noun is not? An investigation of tip of the tongue states and anomia. *Journal of Memory and Language*, 40, pp.534~558.
von Bartheld, C. S., Bahney, J., and Herculano-Houzel, S. 2016. The search for true numbers of neurons and glial cells in the human brain: A review of 150 years of cell counting. *Journal of Comparative Neurology*, 524, pp.3865~3895.
Vortac, O. U., Edwards, M. B., and Manning, C. A. 1995. Functions of external cues in prospective memory. *Memory*, 3, pp.201~219.
Wade, K. A., Garry, M., and Pezdek, K. 2018. Deconstructing rich false memories of committing crime: Commentary on Shaw and Porter (2015). *Psychological Science*, 29, pp.471~476.
Wagenaar, W. A. 1986. My memory: A study of autobiographical memory over six years. *Cognitive Psychology*, 18, pp.225~252.
Wagner, A. D., Schacter, D. L., Rotte, M., Koutstaal, W., Maril, A., Dale, A. M., Rosen, B. R., and Buckner, R. L. 1998. Building memories: Remembering and forgetting of verbal experiences as predicted by brain activity. *Science*, 281, pp.1188~1191.
Wagner, A. D., Koutstaal, W., and Schacter, D. L. 1999. When encoding yields remembering: Insights from event-related neuroimaging. *Proceedings of the Royal Society of London B: Biological Sciences*, 354, pp.1307~1324.
Wagner, A. D., Maril, A., and Schacter, D. L. 2000. Interactions between forms of memory: When priming hinders new learning. *Journal of Cognitive Neuroscience*, 12, pp.52~60.
Walker, W. R., Vogl, R., and Thompson, C. R. 1997. Autobiographical memory: Unpleasantness fades faster than pleasantness over time. *Applied Cognitive Psychology*, 11,

pp.399~413.

Walker, W. R., Skowronski, J. J., Gibbons, J. A., Vogl, R. J., and Thompson, C. P. 2003a. On the emotions that accompany autobiographical memories: Dysphoria disrupts the fading affect bias. *Cognition and Emotion*, 17, pp.703~724.

Walker, W. R., Skowronski, J. J., and Thompson, C. P. 2003b. Life is pleasant…and memory helps to keep it that way! *Review of General Psychology*, 7, pp.203~210.

Walker, W. R., and Skowronski, J. J. 2009. The fading affect bias: But what the hell is it for? *Applied Cognitive Psychology*, 23, pp.1122~1136.

Walker, W. R., Yancu, C. N., and Skowronski, J. J. 2014. Trait anxiety reduces affective fading for positive and negative autobiographical memories. *Advances in Cognitive Psychology*, 10, pp.81~89.

Walker, W. R., Alexander, H., and Aune, K. 2020. Higher levels of Grit are associated with a stronger fading affect bias. *Psychological Reports*, 123, pp.124~140.

Wammes, J. D., Ralph, B. C. W., Mills, C., Bosch, N., Duncan, T. L., and Smilek, D. 2019. Disengagement during lectures: Media multitasking and mind wandering in university classrooms. *Computers and Education*, 132, pp.76~89.

Ward, J., Parkin, A. J., Powell, G., Squires, E. J., Townshend, J., and Bradley, V. 1999. False recognition of unfamiliar people: "Seeing film stars everywhere." *Cognitive Neuropsychology*, 16, pp.293~315.

Warren, C. K. 1996, August 9. The forgetfulness epidemic that is a plague to many of us. *St. Louis Post-Dispatch*, p. p.E9.

Washburn, K., Major, J. S., and Fadiman, C. (eds.). 1998. *World poetry: An anthology of verse from antiquity to our time*. New York: W. W. Norton.

Wasserman, D., Lempert, R. O., and Hastie, R. 1991. Hindsight and causality. *Personality and Social Psychology Bulletin*, 17, pp.30~35.

Waterhouse, L. 1988. Extraordinary visual memory and pattern perception in an autistic boy. In L. K. Obler and D. Fein (eds.), *The exceptional brain: Neuropsychology of talent and special abilities* (pp.325~340). New York: Guilford Press.

Wegner, D. M. 1994. Ironic processes of mental control. *Psychological Review*, 101, pp.34~52.

Wegner, D. M., and Gold, D. B. 1995. Fanning old flames: Emotional and cognitive effects of suppressing thoughts of a past relationship. *Journal of Personality and Social Psychology*, 68, pp.782~792.

Weine, S. M., Kulenovic, A. D., Pavkovic, I., and Gibbons, R. 1998. Testimony psychotherapy in Bosnian refugees: A pilot study. *American Journal of Psychiatry*, 155, pp. 1720~1726.

Weiner, J. 1999. *Time, Love, Memory: A great biologist and his search for the origins of behavior*. New York: Alfred A. Knopf.; 조너선 와이너, 조경희 옮김, 『초파리의 기억: 초파리 연구를 통해 추적한 행동유전학의 비밀』, 이끌리오, 2007년.

Weingarten, G. 2009, March 8. Fatal distraction: Forgetting a child in the backseat of a car is a horrifying mistake. Is it a crime? *Washington Post Magazine*. https://www.washingtonpost.com/lifestyle/magazine/fatal-distraction-forgetting-a-child-in-thebackseat-of-a-car-is-a-horrifying-mistake-is-it-a-crime/2014/06/16/8ae0fe3a-f580-11e3-a3a5-42be35962a52_story.html?noredirect=on.

Weisberg, S. M., Newcombe, N. S., and Chatterjee, A. 2019. Everyday taxi drivers: Do better navigators have larger hippocampi? *Cortex*, 115, pp.280~293.

Wells, G. L., and Bradfield, A. L. 1998. Good, you identified the suspect: Feedback to eyewitnesses distorts their reports of the witnessing experience. *Journal of Applied Psychology*, 83, pp.360~376.

Wells, G. L., Small, M., Penrod, S., Malpass, R. S., Fulero, S. M., and Brimacombe, C. A. E. 1998. Eyewitness identification procedures: Recommendations for lineups and photospreads. *Law and Human Behavior*, 22, pp.603~647.

Wells, G. L., Malpass, R. S., Lindsay, R. C. L., Fisher, R. P., Turtle, J. W., and Fulero, S. M. 2000. From the lab to the police station: A successful application of eyewitness research. *American Psychologist*, 55, pp.581~598.

Wesnes, K. A., Faleni, R. A., Hefting, N. R., Hoogsteen, G., Houben, J. J. G., Jenkins, E., Jonkman, J. H. G., Leonard, J., Petrini, O., and van Lier, J. J. 1997. The cognitive, subjective, and physical effects of a Ginkgo biloba/Panax ginseng combination in healthy volunteers with neurasthenic complaints. *Psychopharmacology Bulletin*, 33, pp.677~683.

West, R. L., and Crook, T. H. 1992. Video training of imagery for mature adults. *Applied Cognitive Psychology*, 6, pp.307~320.

West, T. A., and Bauer, P. J. 1999. Assumptions of infantile amnesia: Are there differences between early and later memories? *Memory*, 7, pp.257~278.

Whalen, P. J. 1998. Fear, vigilance, and ambiguity: Initial neuroimaging studies of the human amygdala. *Current Directions in Psychological Science*, 7, pp.177~188.

Whalen, P. J., Rauch, S. L., Etcoff, N. L., McInerney, S. C., Lee, M. B., and Jenike, M. A. 1998. Masked presentations of emotional facial expressions modulate amygdala activity without explicit knowledge. *Journal of Neuroscience*, 18, pp. 411~418.

Whittlesea, B. W. A. 1993. Illusions of familiarity. *Journal of Experimental Psychology: Learning, Memory, and Cognition*, 19, pp.1235~1253.

Wiggs, C. L., and Martin, A. 1998. Properties and mechanisms of perceptual priming. *Current Opinion in Neurobiology*, 8, pp.227~233.

Williams, G. C. 1992. *Natural selection: Domains, levels, and challenges*. New York: Oxford University Press.

Williams, J. M. G., Mathews, A., and MacLeod, C. 1996. The emotional Stroop task and psychopathology. *Psychological Bulletin*, 120, pp.3~24.

Williams, M. 1997. *Cry of pain*. London: Penguin Books.

Wilson, B. M., Donnelly, K., Christenfeld, N., and Wixted, J. T. 2019. Making sense of sequential lineups: An experimental and theoretical analysis of position effects. *Journal of Memory and Language*, 104, pp.108~125.

Winograd, E. 1988. Some observations on prospective remembering. In M. M. Gruneberg, P. E. Morris, and R. N. Sykes (eds.), *Practical aspects of memory: Current research and issues* (vol. 1, pp.348~353). New York: Cambridge University Press.

Winograd, E., Peluso, J. P., and Glover, T. A. 1998. Individual differences in susceptibility to memory illusions. *Applied Cognitive Psychology*, 12, pp.S5~27.

Wittmann, B. C., Schott, B. H., Guderian, S., Frey, J. U., Heinze, H.-J., and Duüzel, E. 2005. Reward-related fMRI activation of dopaminergic midbrain is associated with enhanced hippocampus-dependent long-term memory formation. *Neuron*, 45, pp.459~467.

Wixted, J. T., Mickes, L., Clark, S. E., Gronlund, S. D., and Roediger, H. L. 2015. Initial eyewitness confidence reliably predicts eyewitness identification accuracy. *American Psychologist*, 70, pp.515~526.

Wixted, J. T., Mickes, L., Clark, S. E., Dunn, J. C., and Wells, W. 2016. Estimating the reliability of eyewitness identifications from police lineups. *Proceedings of the National Academy of Sciences USA*, 113, pp.304~309.

Wixted, J. T., and Wells, G. L. 2017. The relationship between eyewitness confidence and identification accuracy: A new synthesis. *Psychological Science in the Public Interest*, 18, pp.10~65.

Wixted, J. T. 2018. Time to exonerate eyewitness memory. *Forensic Science International*, 292, pp.e13~15.

Wolf, O. T., Kudielka, B. M., Hellhammer, D. H., Torber, S., McEwen, B. S., and Kirschbaum, C. 1999. Two weeks of transdermal estradiol treatment in postmenopausal elderly women and its effect on memory and mood: Verbal memory changes are associated with the treatment induced estradiol levels. *Psychoneuroendocrinology*, 24, pp.727~741.

Wong, A. H. C., Smith, M., and Boon, H. S. 1998. Herbal remedies in psychiatric practice. *Archives of General Psychiatry*, 55, pp.1033~1044.

Wood, N. E., Rosasco, M. L., Suris, A. M., Spring, J. D., Marin, M. F., Lasko, N. B., Goetz, J. M., Fischer, A. M., Orr, S. P., and Pitman, R. K. 2015. Pharmacological blockade of memory reconsolidation in posttraumatic stress disorder: Three negative psychophysiological studies. *Psychiatry Research*, 225, pp.31~39.

Wood, W. 2000. Attitude change: Persuasion and social influence. *Annual Review of Psychology*, 51, pp.539~570.

Woollett, K., and Maguire, E. A. 2011. Acquiring "the Knowledge" of London's layout drives structural brain changes. *Current Biology*, 21, pp.2109~2114.

Wright, L. 1994. *Remembering Satan: A case of recovered memory and the shattering of an American family*. New York: Alfred A. Knopf.

Young, A. W., Hay, D. C., and Ellis, A. W. 1985. The faces that launched a thousand slips: Everyday difficulties and errors in recognizing people. *British Journal of Psychology*, 76, pp.495~523.

Yu, D. W., and Shepard, G. H. 1998. Is beauty in the eye of the beholder? *Nature*, 396, pp.321~322.

Zeelenberg, M., van Dijk, W. W., van der Pligt, J., Manstead, A. S. R., van Empelen, P., and Reinderman, D. 1998. Emotional reactions to the outcomes of decisions: The role of counterfactual thought in the experience of regret and disappointment. *Organizational Behavior and Human Decision Processes*, 75, pp.117~141.

Zeithamova, D., and Preston, A. R. 2010. Flexible memories: Differential roles for medial temporal lobe and prefrontal cortex in cross-episode binding. *Journal of Neuroscience*, 30, pp.14676~14684.

Zelinski, E. M., and Burnight, K. P. 1997. Sixteen-year longitudinal and time lag changes in memory and cognition in older adults. *Psychology and Aging*, 12, pp.503~513.

찾아보기

ㅂ

ㅅ

ㅇ

옮긴이 홍보람

대학에서 경제학과 사회학을 전공했다. 처음에는 그저 문장이 좋아서, 나중에는 그 문장들을 다른 사람들과 함께 나누고 싶어서 번역을 하게 되었다. 현재 펍헙에이전시에서 번역가와 외서 기획가로 활동하고 있다. 번역한 책으로는 『운의 원리』 등이 있다.

도둑맞은 뇌

© 대니얼 샥터, 2023

초판 1쇄 2023년 2월 3일 펴냄
초판 5쇄 2024년 6월 25일 펴냄

지은이 | 대니얼 샥터
옮긴이 | 홍보람
펴낸이 | 강준우

인쇄 · 제본 | (주)삼신문화

펴낸곳 | 인물과사상사
출판등록 | 제17-204호 1998년 3월 11일

주소 | (04037) 서울시 마포구 양화로7길 6-16 서교제일빌딩 3층
전화 | 02-325-6364
팩스 | 02-474-1413

www.inmul.co.kr | insa@inmul.co.kr

ISBN 978-89-5906-671-1 03180

값 23,000원

이 저작물의 내용을 쓰고자 할 때는 저작자와 인물과사상사의 허락을 받아야 합니다.
파손된 책은 바꾸어 드립니다.